MICKEY COHEN

Infographie : Chantal Landry
Révision : Agnès St-Laurent
Correction : Sabine Cerboni et
    Véronique Desjardins

DISTRIBUTEURS EXCLUSIFS :

Pour le Canada et les États-Unis :
MESSAGERIES ADP*
2315, rue de la Province
Longueuil, Québec J4G 1G4
Téléphone : 450-640-1237
Télécopieur : 450-674-6237
Internet : www.messageries-adp.com
* filiale du Groupe Sogides inc.,
  filiale de Québecor Média inc.

Pour la France et les autres pays :
INTERFORUM editis
Immeuble Paryseine, 3, Allée de la Seine
94854 Ivry CEDEX
Téléphone : 33 (0) 1 49 59 11 56/91
Télécopieur : 33 (0) 1 49 59 11 33
Service commandes France Métropolitaine
Téléphone : 33 (0) 2 38 32 71 00
Télécopieur : 33 (0) 2 38 32 71 28
Internet : www.interforum.fr
Service commandes Export – DOM-TOM
Télécopieur : 33 (0) 2 38 32 78 86
Internet : www.interforum.fr
Courriel : cdes-export@interforum.fr

Pour la Suisse :
INTERFORUM editis SUISSE
Case postale 69 – CH 1701 Fribourg – Suisse
Téléphone : 41 (0) 26 460 80 60
Télécopieur : 41 (0) 26 460 80 68
Internet : www.interforumsuisse.ch
Courriel : office@interforumsuisse.ch
Distributeur : OLF S.A.
ZI. 3, Corminbœuf
Case postale 1061 – CH 1701 Fribourg – Suisse
Commandes :
Téléphone : 41 (0) 26 467 53 33
Télécopieur : 41 (0) 26 467 54 66
Internet : www.olf.ch
Courriel : information@olf.ch

Pour la Belgique et le Luxembourg :
INTERFORUM BENELUX S.A.
Fond Jean-Pâques, 6
B-1348 Louvain-La-Neuve
Téléphone : 32 (0) 10 42 03 20
Télécopieur : 32 (0) 10 41 20 24
Internet : www.interforum.be
Courriel : info@interforum.be

Gouvernement du Québec – Programme de crédit
d'impôt pour l'édition de livres – Gestion SODEC –
www.sodec.gouv.qc.ca

L'Éditeur bénéficie du soutien de la Société de développement des entreprises culturelles du Québec pour
son programme d'édition.

Conseil des Arts   Canada Council
du Canada   for the Arts

Nous remercions le Conseil des Arts du Canada de l'aide
accordée à notre programme de publication.

Nous remercions le gouvernement du Canada de son
soutien financier pour nos activités de traduction dans
le cadre du Programme national de traduction pour
l'édition du livre.

Nous reconnaissons l'aide financière du gouvernement
du Canada par l'entremise du Fonds du livre du Canada
pour nos activités d'édition.

TERE TEREBA

MICKEY COHEN

GANGSTER NOTOIRE

Traduit de l'anglais (États-Unis)
par Marie-José Thériault

LES ÉDITIONS DE
L'HOMME
Une société de Québecor Média

*À l'incomparable
Jerry Leiber*

Un endroit dangereux

Shirley Temple avait alors vingt et un ans quand elle sortit de chez Sherry's, resto-bar clandestin de Sunset Strip, au petit jour. Le voiturier lui remit les clés de sa Cadillac bleu marine et la belle jeune femme qu'était devenue l'enfant-star se glissa derrière le volant et prit la direction de Brentwood, où elle habitait, en empruntant Sunset Boulevard vers l'ouest. Elle roulait déjà depuis plusieurs kilomètres quand elle aperçut un feutre d'homme à côté d'elle sur la banquette.

« Je me suis rangée contre le trottoir, explique-t-elle, et j'ai examiné attentivement le chapeau de feutre sans y trouver le nom de son propriétaire. C'est alors que j'ai constaté que le revêtement du siège n'était pas celui de ma voiture. Par terre, devant la banquette arrière, il y avait un long étui verrouillé. Il était en cuir noir, souple au toucher, mais il renfermait un objet dur. [...] Quand je suis revenue à la boîte de nuit, le voiturier m'était si reconnaissant qu'il ne touchait plus terre. Il m'avait remis les clés de la Cadillac de Mickey Cohen. »

* * *

Deux ans auparavant, en 1947, Mickey Cohen était devenu le personnage interlope le plus en vue de Los Angeles. L'ancien boxeur trapu aux jambes arquées, qui mesurait à peine un mètre soixante-cinq en chaussures à semelle surélevée, faisait partie du paysage au même titre que les vedettes de cinéma, les palmiers et le smog. Il exerçait un attrait irrésistible sur le commun des mortels et ses exploits faisaient régulièrement la manchette. Véritable Al Capone de Los Angeles, il semblait se tirer de tout avec impunité. Plusieurs assassinats lui avaient été imputés et, au cours de la seule année précédente, de nombreux attentats contre sa vie avaient beaucoup alimenté la chronique. Rusé, impitoyable et flamboyant, Mickey Cohen était à trente-cinq ans un joueur pivot dans une perpétuelle guerre de gangs au centre d'un bouleversement politique majeur.

La nouvelle s'était répandue auprès de la classe politique, des membres des forces policières et de la pègre : la tête de Cohen était mise à prix une fois de plus. La mafia locale souhaitait sa mort, et un autre rival offrait un immeuble résidentiel en récompense à celui qui se chargerait de l'éliminer. Un petit groupe de policiers véreux avait juré de le tuer et certains de ses propres hommes n'attendaient que l'occasion de se débarrasser de lui. Il avait menacé de détruire la carrière de plusieurs dignitaires et de galonnés du LAPD (la police municipale de Los Angeles), et devait comparaître devant le grand jury dans le cadre d'une enquête sur la corruption des forces policières.

Après avoir dîné en compagnie d'un lobbyiste réputé pour être le faiseur de rois de la Californie, Mickey se pointa au Sherry's. Nul n'ignorait que ce local rudimentaire et enfumé était son resto-bar de prédilection pour finir la soirée. Resplendissant dans son costume gorge de pigeon à la coupe impeccable, il s'assit à sa place habituelle, le box n° 12, dos au mur, accompagné par ces messieurs-dames de la presse, les journalistes qui le suivaient partout dans l'espoir de récolter de juteux sujets d'articles. Trônant ainsi au milieu de sa cour tout en assouvissant sa passion pour la glace au chocolat, il échangeait avec eux dans un patois très personnel, ponctué de fautes de grammaire et de gros mots. Florabel Muir, une journaliste chevronnée devenue son alliée secrète, lui demanda s'il n'était pas dangereux pour lui de sortir la nuit.

« Pas si vous êtes là », répondit le mafieux. « Même un imbécile n'oserait pas tirer s'il risque d'atteindre un journaliste. » En touchant du bois, il ajouta : « Les journalistes sont trop dangereux. »

Vers 4 heures, on commença à planifier sa sortie. Deux agents en civil flanquèrent la porte : un sergent de la Brigade criminelle du LAPD et l'agent spécial Harry Cooper, officier haut gradé de la police d'État que, par une décision stupéfiante, le secrétaire à la Justice de Californie avait assigné comme garde du corps de Cohen. Apercevant les gardiens de la paix à la porte, Muir leur dit en plaisantant : « Qu'est-ce que vous faites là ? Vous avez envie de vous faire tuer ? »

Ayant reçu leur feu vert, Cohen et son entourage, encerclés par une troupe de gardes du corps provenant des deux côtés de la loi, s'avancèrent dans Sunset Strip dans les lueurs des néons. Muir se laissa distancer, s'arrêtant pour acheter l'édition du matin de l'*Examiner*. Au moment où elle prenait son journal, elle entendit des coups de feu, puis encore d'autres. Ce qu'elle vit par la porte ressemblait à une scène de cinéma.

À quelques pas d'elle, un homme et une jeune femme criaient, étendus sur le trottoir. La fusillade se poursuivit et la journaliste vit Cohen, dont la veste était rougie de sang à l'épaule, hurler des ordres. Puis, l'officier de l'État fut touché. L'agent spécial Cooper se tenait le ventre sans lâcher son revolver pendant que ses hommes se démenaient en vain pour l'engouffrer dans une voiture. C'est le parrain blessé qui prit la situation en main et hissa lui-même l'imposant policier sur la banquette arrière : la berline fonça pleins gaz dans la nuit.

C'était la sixième fois qu'on attentait à la vie à la fois séduisante et violente de ce truand hollywoodien. Trente ans plus tard seulement, au terme de quelque soixante années de crimes, ayant enterré de nombreux et redoutables assassins et tous ses pires ennemis, après avoir survécu à Bugsy Siegel, Frank Costello et Lucky Luciano, ses protecteurs légendaires, Mickey Cohen, le plus impudent et le plus pittoresque de tous les gangsters américains, mourut tranquillement dans son sommeil.

ACTE I

LA BRUTE CALIFORNIENNE

CHAPITRE 1

Le *boychik* de Boyle Heights

« *Chez nous, le type qui te traitait de youpin, de cucaracha ou de wop, on lui cassait la gueule.* »

MICKEY COHEN

Les parents de Mickey Cohen, Max et Fanny, faisaient partie de la vague d'immigrants juifs qui, dans les premières années du vingtième siècle, fuirent la pauvreté et l'antisémitisme de la Russie tsariste en émigrant aux États-Unis. Démuni, sans instruction et ne parlant pas la langue de son pays d'adoption, le couple élut domicile dans le ghetto de Brownsville, à Brooklyn.

Ainsi que Mickey le raconta plus tard, Max Cohen « travaillait dans l'import avec des Juifs paumés. » La famille comptait déjà cinq enfants, trois garçons plus vieux et deux fillettes, quand Meyer Harris (surnommé Mickey) vint au monde le 4 septembre 1913. Celui-ci ne connut jamais son père, Max étant mort deux mois après sa naissance. Mais on lui dit qu'il avait été un bon père de famille et qu'il s'était rapidement adapté à sa nouvelle vie aux États-Unis, si bien que Mickey traça plus tard de lui le portrait d'un homme religieux et intègre. « D'après ce que m'ont dit les autres, dit-il, il était très conformiste sur le plan de sa foi et très traditionnel pour tout ce qui touchait le caractère sacré de la famille et de la maison. »

En 1915, restée seule avec six enfants et presque aucun bien matériel, Fanny partit pour Los Angeles, la plus jeune ville du pays. Elle confia les aînés de ses enfants à des parents et prit avec elle Mickey, alors âgé d'à peine deux ans, et Lillian, quatre ans.

Los Angeles avait alors déjà connu des périodes de boom. Fondée en 1781 par des missionnaires espagnols, la région avait été annexée par le Mexique à compter de 1821 jusqu'à passer sous le contrôle américain après la guerre américano-mexicaine de 1846. Il fallut cependant attendre plusieurs décennies avant que des changements importants ne s'y produisent. En 1876, l'arrivée du chemin de fer de la Southern Pacific Railroad sortit cette bourgade de l'Ouest de son isolement, et le développement du commerce fit de Los Angeles une destination viable pour les touristes et les pionniers. La découverte subséquente de gisements de pétrole provoqua un afflux de population. La ville s'agrandit et la spéculation se déchaîna.

À quelque treize kilomètres à l'ouest, Hollywood était l'un des innombrables nouveaux hameaux surgis comme des champignons parmi la mosaïque de terrains vacants, d'orangeraies, de champs pétrolifères et de cultures de haricots qui constituaient le vaste territoire de Los Angeles, encore peu densément peuplé. William H. Workman, qui allait plus tard être élu maire de la ville, proposa d'établir à un peu plus de trois kilomètres à l'est du centre un développement immobilier à l'intention des cols blancs de la classe moyenne. Grâce à son poids politique, les travaux purent commencer en 1875 après qu'un pont, construit sur le fleuve Los Angeles, eut relié cette zone à la ville. C'est ainsi que naquit Boyle Heights, sur une falaise offrant une vue imprenable du centre-ville, à l'ouest.

Boyle Heights était la destination de Fanny Cohen. Quand elle y arriva, des lois discriminatoires sur l'habitation et l'escalade des prix du logement dans les régions avoisinantes avaient fait de cette collectivité un véritable *melting pot* de populations immigrées : Juifs d'Europe orientale, Mexicains, Italiens, Russes, Japonais et Chinois y occupaient les minuscules maisons de plain-pied qui bordaient ses rues étroites. Ces bungalows délabrés en bois ne différaient en rien des maisons vétustes des plus vieux quartiers de Hollywood ou des baraques en enfilade de Venice-at-the-Sea, le village côtier situé au bout de la ligne de tramways Red Car de la Pacific Electric Railway. Mais sur le plan culturel, Boyle Heights était tout autre.

Los Angeles abritait la plus importante population juive à l'ouest de Chicago, si bien que Boyle Heights devint une variante baignée de soleil du Lower East Side de Manhattan. On y parlait yiddish dans la rue et à la maison, et toutes sortes de commerces répondaient aux besoins des citoyens. La rue principale du quartier, Brooklyn Avenue, était bordée de petites boutiques aux enseignes rédigées en yiddish : librairies religieuses ; boucheries et boulangeries casher ; charcuteries et épiceries avec leurs barils à cornichons dehors, à côté de la porte. Les Juifs orthodoxes dans leur tenue traditionnelle (redingote noire, kippa, longue barbe et papillotes) se rendaient à pied dans la chaleur suffocante jusqu'à la synagogue de Breed Street, comme ils l'avaient fait ailleurs pendant des siècles. Ainsi chargé de scènes, de sonorités, d'odeurs et de saveurs des vieux pays, Boyle Heights était en fait un *shtetl* suburbain, un village juif à l'intérieur des limites de la ville dont la poussée démographique était la plus rapide du pays.

La bourgeoisie de Los Angeles était strictement WASP, c'est-à-dire blanche, protestante et d'origine anglo-saxonne, en plus d'être aveuglée par les préjugés, ce qui était aussi le cas des Juifs immensément riches du monde naissant du cinéma hollywoodien. Pour tous ces gens, Boyle Heights n'était qu'un bidonville juif.

De petite taille et parlant à peine l'anglais, Fanny Cohen avait l'habitude de la vie dure et de l'adversité. Elle avait fait l'expérience d'une dangereuse odyssée depuis sa ville natale de Kiev jusqu'à New York, du décès de son jeune mari et de la pénible traversée des États-Unis jusqu'à la côte du Pacifique. Mickey se remémorait souvent sa mère veuve comme une «femme formidable». Après avoir loué des chambres dans un édifice de deux étages en stuc au 131, North Breed Street, elle ouvrit une petite épicerie familiale. Une fois installée dans sa nouvelle vie, elle rappela ses enfants auprès d'elle. Dans son plus vieux souvenir, Mickey empilait des boîtes de conserve sur les étagères de l'épicerie de sa mère. « Je me souviens que j'époussetais les conserves. Nous avions toujours de quoi manger et maman nous habillait convenablement, mais c'était très dur. » Mue par un féroce instinct de survie, Fanny ferma les yeux quand, pendant la prohibition, ses fils aînés installèrent un alambic dans la petite pharmacie qu'ils avaient ouverte avec un pharmacien ayant le droit d'exercer.

Privé de l'influence d'un père et vivant avec une mère toujours occupée parce qu'elle travaillait beaucoup, le plus jeune n'était guère surveillé. Vivant à distance de marche du quartier d'affaires, de Bunker Hill, de Chinatown, de Little Italy et de Russian Hill, Mickey se mit à parcourir les rues de Los Angeles.

Chaque jour, ses frères le déposaient à l'angle de Brooklyn et de Soto, au cœur du secteur commercial de Boyle Heights, long d'un pâté de maisons. Ayant reçu la consigne de se taire, le tout petit garçon s'asseyait sur une pile de journaux en laissant pendre ses jambes dans le vide. Avant même d'avoir six ans, il vendait le *Los Angeles Record*. Mickey était un enfant silencieux et timide : « Il fallait que je reste assis sur les journaux ; puis quelqu'un venait, prenait un journal et déposait l'argent dans ma main. Plus tard, j'ai fait affaire avec un charcutier qui me donnait des hot-dogs en échange du journal. J'étais tout petit et je cherchais déjà des façons de faire de l'argent. »

Mickey Cohen entama sa formation en tant que rebut de la société. De onze ans son aîné, son frère Harry agissait comme père substitut et exerçait sur lui une influence corruptrice. Avant même que son plus jeune frère n'ait commencé à fréquenter l'école élémentaire Cornwell (aujourd'hui Sheridan), il l'avait exposé au jeu, au commerce clandestin d'alcool et à toutes sortes de sombres manigances. Mickey accompagnait Harry quand celui-ci passait des nuits entières à jouer, et il dormait dans la voiture en l'attendant. À la pharmacie, son frère lui avait aussi enseigné à fabriquer du gin.

Mickey, qui séchait presque toujours ses cours, décrit comme suit son éducation : « Je suis entré en première année en septembre 1918, mais mes absences fréquentes, dues aux magouilles auxquelles je me livrais pour trouver un peu d'argent supplémentaire pour ma famille, ont fait que je n'ai pas décollé de la première année pendant un an et demi. En juin 1922, j'étais encore en classe B-3. »

Ayant échoué à apprendre les matières de base, Mickey ne sut ni lire, ni écrire ni compter au-delà de cinq, et ce, jusqu'à l'âge de trente ans ou presque. Tel un gamin des rues des romans de Dickens transplanté sous le soleil de la Californie, quand il ne vendait pas des journaux il se tenait à la salle de billard du quartier : il disposait le cône de billes pour les joueurs-arnaqueurs, organisait leurs paris, leur servait de l'alcool illicite. Il goûta au tabac et à l'alcool mais, n'ayant pas aimé, il ne fut jamais tenté de céder à ces vices.

Ses premiers démêlés avec la police eurent lieu quand il avait huit ans. Surpris par des agents de la prohibition dans la distillerie clandestine de la pharmacie de ses frères, il renversa sur eux une assiette de nourriture chaude pendant que, penchés, ils examinaient l'alambic. Il fut conduit au centre de détention pour la jeunesse et incarcéré pour trafic illicite d'alcool. Il déclara plus tard en s'en vantant qu'il s'était tiré indemne de sa première infraction grâce aux accointances politiques de son frère Louis.

Son frère Sam, un Juif pratiquant, était chargé d'assurer la discipline familiale. Désireux de redresser son jeune frère, il inscrit Mickey à une école juive orthodoxe qui dispensait un enseignement judaïque. Dans la première demi-heure de son premier jour de classe, Mickey dérangea un rassemblement d'élèves en allumant et en éteignant les lampes plusieurs fois de suite, puis en frappant un camarade sur la bouche. Le rabbin le renvoya à la maison, puis il appela sa famille et leur dit que Mickey avait été expulsé de l'école et qu'il n'était pas question qu'il y revienne.

Peu après, il fut surpris en possession d'une caisse de bonbons aux arachides qu'il avait volée dans une usine voisine de la pharmacie familiale. Pour le punir, les autorités l'envoyèrent à l'école Alvaredo Special, un centre d'éducation surveillée situé à côté d'une école secondaire. Une clôture à mailles losangées séparait les cours des deux établissements. Les garçons respectueux de la loi et les jeunes délinquants s'y confrontaient en se narguant.

Il fut également appréhendé après que, armé d'un bâton de baseball, il eut tenté de braquer le guichet du Columbia, un cinéma du centre-ville. On l'expédia à une maison de correction encore plus brutale que la précédente. L'ancien édifice en séquoia sur les hauteurs de Fort Hill surplombait la ville. Le programme de cours se limitait à la menuiserie et au baseball. Les punitions, « pour tout et n'importe quoi », étaient fréquentes et consistaient en une volée de coups de pneus de bicyclette. Mickey y fut incarcéré pendant sept mois à l'âge de dix ans.

À sa sortie, il se mit à vendre des journaux en plein cœur de Los Angeles où son aptitude croissante à se battre lui devint fort utile. Il dit plus tard avec vantardise : « Je fréquentais le Newsboys Club à l'intersection des rues Spring et Court, et j'étais devenu très habile à tabasser les camelots qui osaient me contester mes coins de rue les plus rentables. » Les vendeurs ambulants dégourdis, qui payaient cher les emplacements les plus convoités, se mirent à embaucher Mickey pour assurer leur protection.

Passant ses jours et ses nuits en ville au milieu des pâtés de gratte-ciel qui formaient le dynamique quartier d'affaires s'étendant de la 7e Rue et de Broadway à la 8e Rue et à Hill Street, Mickey colportait un tabloïde de William Randolph Hearst, le *Los Angeles Examiner*. Plus la manchette était sensationnelle, plus le jeune garçon aux cheveux noirs prenait plaisir à crier : « Dernières nouvelles ! Demandez les dernières nouvelles ! » Certains grands titres (les rumeurs entourant la mort du président Warren G. Harding, le match de boxe spectaculaire entre Dempsey et Firpo, ou encore le scandale du Teapot Dome dans lequel étaient impliqués le magnat du pétrole Edward Doheny et des représentants de la classe politique de Washington) furent mémorables. Il attachait une plus grande valeur aux éditions spéciales : leur vente était assurée et elles coûtaient plus cher. Mickey dormait souvent dans les toilettes des hommes du siège social de l'*Examiner* pour être le premier à mettre la main sur le journal tout chaud sorti des presses.

Il jouissait de cet avantage grâce aux liens privilégiés qu'il avait développés avec James H. Richardson, le chef des nouvelles locales de l'*Examiner*. Dans les années 1920, Jim Richardson, qui allait plus tard jouer un rôle de premier plan dans la vie de Mickey Cohen, était alcoolique. En échange de la première édition du journal, Mickey offrait son appui au journaliste, parfois en l'aidant à se dessoûler, parfois en lui apportant de l'alcool clandestin. On finit par savoir que le petit Mickey Cohen, qui avait déjà à son emploi deux jeunes Juifs et un Mexicain, jouissait d'un premier accès au journal.

Grâce à son sens de l'humour et à son côté chaleureux et généreux, Mickey était estimé dans le milieu très soudé de Boyle Heights. Les enfants juifs, mexicains et italiens du voisinage s'entendaient bien entre eux. Ce n'est que plus tard, au Colisée de Los Angeles et à l'Auditorium olympique, que Mickey entendit pour la première fois des propos racistes. « Chez nous, expliqua-t-il, le type qui te traitait de youpin, de cucaracha ou de wop, on lui cassait la gueule. »

Comme les grands champions juifs de son temps, le boxeur adolescent Mickey Cohen porte fièrement une culotte de boxe sur laquelle est brodée une Étoile de David avec ses initiales. Vers 1930.

Après ses premiers déboires avec la justice, Mickey fut mis en probation. Son frère Sam lui dénicha un boulot dans une manufacture de vêtements, Hunt, Broughton and Hunt, où son emploi consistait essentiellement à être le garçon de courses de madame Hunt. Aux dires de Mickey, les Hunt étaient des gens « de l'élite » fort aimables, qui l'aimaient bien, lui, le petit illettré du ghetto. L'arbitre de boxe Abe Roth, un personnage très estimé du monde du sport local, le prit sous son aile dans le cadre du programme Big Brothers (Grands frères). Ils déjeunaient ensemble le samedi, puis Roth entraînait l'intrépide gamin des rues aux règles de la boxe, lui apprenait toutes sortes de techniques et l'initiait aux règles du marquis de Queensberry.

À onze ans, Mickey commença à participer à des combats amateurs de trois rounds partout à Los Angeles : à Compton, à Watts et à East Los Angeles. Le jour, il se battait pour protéger ses territoires de vente, et il combattait dans l'arène presque tous les soirs. Rarement perdant, le garçon acquit une grande confiance dans ses dons de boxeur.

À treize ans, Mickey remporta facilement le titre local poids mouche au championnat des camelots de l'American Legion (American Legion Newsboy's Championship), ce qui lui valut pour la première fois d'avoir son nom dans les journaux. Les Hunt le conduisaient parfois à ses matches dans leur immense Cadillac. Il aimait à se rappeler qu'ils misaient sur lui et qu'ils s'exhibaient en sa compagnie. Il avait pour idoles les boxeurs Mushy Callahan, Bud Taylor et Jackie Fields (né Jakob Finkelstein), le médaillé d'or olympique de 1924, originaire de Boyle Heights.

Mickey aimait la boxe, mais il aimait encore plus « fricoter ». De la vente de journaux en ville à la vente de bonbons et de coca-cola aux Olympiques en passant par le trafic de tickets, il fricotait sans cesse. Ces activités lui rapportaient ce qu'il désirait le plus : de l'argent. Sou par sou, dollar par dollar, l'argent lui procurait ce que sa mère n'avait jamais eu les moyens de lui donner. Il se mit à s'acheter des choses. Son premier achat : une paire de chaussettes, dans un grand magasin. Il offrit des glaces aux filles et il put bientôt acquérir un vieux tacot avant même d'être en âge de conduire. L'argent représentait tout pour lui : biens matériels, respect et attention. Il rêvait d'en avoir toujours plus.

Il enroulait ses billets de banque et cachait cet argent de la vue de sa mère. Alors que Mickey avait douze ans, Fanny découvrit par hasard une liasse d'environ 200 $. Se disant qu'il avait « sûrement volé une banque », elle demanda à son fils Sam de punir le petit dévoyé. Le garçon collet monté roua son petit frère de coups.

À quatorze ans, Mickey entreprit de s'approprier les coins de rue qu'il avait jusque-là protégés pour d'autres. Si les vendeurs refusaient de capituler – et de travailler *pour lui* – il les tabassait. Quand une occasion se présentait de voler de l'argent, il ne s'en privait pas non plus.

Le credo du jeune Mickey Cohen était on ne peut plus simple, et il n'y a jamais dérogé : « N'importe quoi pour faire un dollar. »

CHAPITRE 2

À l'école de l'adversité

« Il aimait les belles fringues. Il aurait dépensé ses derniers dollars pour s'acheter un chapeau. »

EDDIE BORDEN, manager de boxe,
à propos de MICKEY COHEN

De grands changements allaient s'opérer dans la vie personnelle et familiale de Mickey quand il eut quinze ans. Sa mère se remaria. Mickey prit la ferme décision de devenir boxeur professionnel et son frère Harry se porta volontaire pour lui servir de manager.

Le 1er juillet 1928, un article de la page des sports du *Los Angeles Times* annonçait un combat professionnel qui devait avoir lieu prochainement à l'Auditorium olympique. Dans cet article titré « Denver Boxer in Local Debut » (« Un boxeur de Denver fait ses débuts chez nous »), il est question de Mickey Cohen, de ses prétendus dix-huit ans et de son important parcours professionnel. Le garçon dont il était question était effectivement un jeune boxeur expérimenté originaire du Colorado, un certain David Cohen, surnommé Mickey. Cette confusion au sujet du combat à venir incita les autorités locales à se mettre à la recherche du boxeur mineur de Boyle Heights.

Sans doute en réaction à ces circonstances, de même que pour rejoindre Harry qui était retourné dans l'est du pays, Mickey fit ses bagages et, annonçant à sa mère qu'il allait faire un tour à la plage, s'enfuit de la maison. En autostop ou caché dans des trains de marchandises avec des vagabonds, il se rendit d'abord à Pittsburgh puis à Detroit, et finit par retrouver Harry à Cleveland, où celui-ci habitait. Pendant les déplacements de Mickey, la bourse s'effondra, plongeant le pays dans la Grande Crise.

La ville de Cleveland où débarqua Mickey n'était pas celle d'aujourd'hui. C'était alors la cinquième ville la plus peuplée des États-Unis. Située dans le nord-est de l'Ohio, sur la rive sud du lac Érié, elle était un centre industriel majeur. Riche, dynamique et grise, cette capitale de l'acier avait connu pendant des décennies un essor prodigieux. Dans les années 1920, son emplacement très avantageux avait favorisé le développement d'une économie florissante.

Aux États-Unis, la prohibition était sous législation fédérale. Au Canada, si certaines provinces prohibaient la vente d'alcool, chacune votait sa propre loi. Du côté canadien du lac Érié, la fabrication et la vente d'alcool étaient parfaitement légales. La frontière entre les États-Unis et le Canada traverse ce long lac étroit, si bien que Cleveland devint un important centre de stockage de spiritueux canadiens de qualité en raison de sa proximité. Le trafic illicite était extrêmement rentable. Les sommes en jeu et le pouvoir que celles-ci conféraient étaient si considérables que, à Cleveland, de la fin des années 1920 au début des années 1930, les guerres de gangs se multiplièrent pour le contrôle des territoires et du butin.

À cette époque, Morris «Moe» Dalitz, Louis Rothkopf, Morris Kleinman et Samuel Tucker étaient quatre associés qui contrôlaient à parts égales le trafic d'alcool de contrebande et les salles de jeu de la région. Habiles, rusés, les poches toujours pleines d'argent, ils étaient très bien protégés par les autorités locales et géraient aussi plusieurs entreprises parfaitement légitimes. L'élément italien de ce que les forces de l'ordre désignaient comme «un seul vaste réseau s'étendant de Detroit aux chutes du Niagara» était la bande de Mayfield Road (ou bande de Hill). Elle était dirigée par Anthony Milano, son frère Frank et Alfred Polizzi. Au fil des ans, ces truands qui avaient fait leurs débuts lors de la prohibition devinrent discrètement certains des hommes les plus riches et les plus influents du pays. Les profits gigantesques que les gangsters de Cleveland empochèrent durant la prohibition furent dévoilés quand les agents du fisc annoncèrent que Morris Kleinman n'avait pas produit de déclaration de revenus pour 1929-1930 bien qu'il ait déposé la somme faramineuse de 1 674 571,24 $ (plus de 21 millions de dollars aujourd'hui) dans huit comptes bancaires appartenant à l'une de ses entreprises, Liberty Poultry Corporation.

Les chefs de bandes de Cleveland faisaient partie d'une nouvelle organisation criminelle formée de jeunes Juifs et de jeunes Italiens progressistes qui préféraient la collaboration à la concurrence. Ce regroupement multiethnique, appelé «the Combination» (l'Organisation), avait vu le jour à New York avec l'association de Lucky

Luciano, Meyer Lansky, Frank Costello et Bugsy Siegel, puis il s'était étendu au reste du pays au début des années 1930. Al Capone avait formé une coalition similaire à Chicago. Ainsi que l'explique Ralph F. Salerno, ancien spécialiste du crime organisé du service de police de la ville de New York (NYPD) : « Un avantageux mariage de raison unit les gangsters juifs et italiens. Trois piliers soutiennent l'Organisation : le pognon, le cran et les muscles. Les Juifs ne manquent pas de cran, les Italiens jouent du muscle, et les deux groupes se partagent le pognon. »

Âgé de quinze ans, Mickey Cohen s'immergea immédiatement dans le milieu de la boxe de Cleveland. Il fréquenta les gymnases, s'y fit des amis parmi les jeunes et y rencontra des chefs du crime organisé. Il y découvrit très tôt que la boxe et la fraude étaient « une seule et même chose ». Morris Kleinman, ancien boxeur et champion poids légers de Cleveland, était promoteur et manager. Les combinards les plus influents faisaient partie du milieu de la boxe.

Mickey constata que les chefs mafieux avaient « de l'argent, de beaux vêtements et de la classe », tout ce à quoi il aspirait lui-même. Eux remarquèrent ses dons et en furent impressionnés. Ils se dirent que l'envoyer s'entraîner à New York et lui offrir l'encadrement d'un mentor en vaudrait la peine. Les plus grands gérants de la boxe le prirent sous leur aile. À seize ans, il débarqua à Manhattan et logea à l'hôtel Abbey, à l'angle de la 51e rue et de Broadway.

* * *

Les quelques heureux survivants du krach boursier ne mirent nullement fin à leurs extravagances nocturnes de Manhattan au temps de la Crise. Les plus hardis parmi les gens du monde frayaient avec des *girls* flamboyantes et des truands aux poches pleines d'argent dans les boîtes de nuit et les bars clandestins de la pègre qui parsemaient Broadway.

Avec la hausse vertigineuse du taux de chômage, la majorité de la population sombra dans une misère noire. Beaucoup de gens durent compter sur les soupes populaires pour se nourrir. La vie de l'adolescent Mickey Cohen à New York était quant à elle centrée sur la discipline de l'entraînement au gymnase Stillman, les travaux de voirie à Central Park et les combats.

Au 919 de la 54e Rue Ouest, près de la 8e, un escalier étroit menait au gymnase Stillman, pivot du monde de la boxe et de l'Organisation. Lou Stillman, un ancien détective avec un .38 chargé visible sous sa veste, gérait son entreprise d'une main de fer. Deux videurs se tenaient à l'épaisse porte en acier du gymnase pour en contrôler l'accès. L'endroit était bruyant, bondé, enfumé et puait le cigare et le liniment. Il y avait deux rings dans la salle principale. Pendant que s'entraînaient les champions, des membres de la bande criminelle de Broadway, assis sur des chaises pliantes autour du ring, analysaient des cartes de sélection de courses hippiques et parlaient affaires. Ils étaient tous là : les caïds, les postulants, les boxeurs perdants. L'ambiance y était très prisée des journalistes, notamment Damon Runyon, et des étoiles du *show-business* tel Al Jolson, la légende de Broadway qui connaissait un succès sans précédent pour son rôle dans le tout premier film parlant, *The Jazz Singer* (*Le Chanteur de jazz*).

Le boxeur de seize ans de Boyle Heights réalisait son rêve.

Les managers de Mickey le firent connaître. Ils firent sa promotion auprès des personnalités importantes du Madison Square Garden et le présentèrent comme le « California Wildcat » (la brute californienne) ou le « Featherweight with the Dempsey Punch » (le poids plume au coup de poing à la Dempsey). On lui trouva de bons adversaires. Comme les grands champions juifs de l'époque, il portait fièrement une culotte en satin bleu bordée de blanc sur laquelle était brodée une grande étoile de David avec ses initiales. Il combattit quelques aspirants au titre et boxa même en combat préliminaire au Madison Square Garden. Plus tard, il se décrirait ainsi : « Un garçon bagarreur qui pensait savoir boxer. »

Les aptitudes limitées du jeune pugiliste finirent par le décevoir. Et puis, Mickey se sentait seul ; son frère et ses copains italiens de Cleveland lui manquaient. Au bout d'une année et demie à Manhattan, il rentra à Cleveland. Mais cette expérience l'avait ouvert à de nouvelles perspectives : « À New York, j'avais eu un avant-goût de l'univers du racket – leur prestige, leurs belles fringues, leurs poches pleines d'argent. Les plus grands se comportaient toujours en gentlemen. »

* * *

Le pays était encore en proie à la Crise. Pour la somme de 25 cents, le petit peuple pouvait certes s'évader dans les luxueuses salles de cinéma de l'époque et voir des films de gangsters, *Dracula* et de superbes blondes platine telle Jean Harlow, mais les temps étaient durs à Cleveland comme partout ailleurs. Ne recevant de ses managers qu'un peu d'argent de poche et un maigre remboursement de ses frais, Mickey Cohen dut continuer les combats de boxe.

Logeant chez les parents de ses amis sur la Colline, la petite Italie de Cleveland, Mickey passait souvent ses journées à dormir et ses nuits à jouer au pinochle. Il apprit aussi à se servir d'une arme à feu. Il développa du reste une passion pour les armes légères. Il en examinait de près les différents modèles et notait leurs qualités respectives. Un voleur endurci lui procura un revolver qu'il avait personnalisé en le dotant d'une crosse en nacre de perle.

L'arme à feu devint pour Mickey Cohen un important facteur de compensation. Chaque fois qu'il en maniait une, il ressentait une montée d'adrénaline accompagnée d'un sentiment de pouvoir et d'orgueil démesuré. Il décrivit un jour cette sensation avec la candeur d'un enfant : « J'avais l'impression d'être le roi du monde. Quand je brandissais cet énorme .38, je devenais un géant de plus de deux mètres. »

Le jeune boxeur chercha un « nouveau gagne-pain ». Il se mit au « braquage », au vol à main armée. Deux ou trois fois par semaine, il accompagnait dans leurs délits des criminels plus âgés, anciens détenus et voleurs de profession. L'euphorie ressentie lors de ces vols excitait Mickey Cohen tout autant que l'argent. Mais jugeant qu'il n'était pas compensé à la hauteur de ses efforts, il recruta trois copains italiens avec lesquels il forma une bande. Des années plus tard, il déclara fièrement : « J'étais le plus jeune, mais ils me considéraient comme leur chef. »

Avant chaque coup, ils se rassemblaient dans une chambre d'hôtel. Chaque membre du groupe était alors tenu de vider ses poches. « Les deux pires erreurs quand tu voles, dit Mickey, c'est d'abord de perdre quelque chose, un objet qui servira à t'identifier. Pas de montre-bracelet. Tu n'emportes rien que tu pourrais perdre. » La deuxième infraction : « Si tu gardes tout le butin pour toi, si tu n'as pas l'intention de partager, ça peut te valoir la peine de mort. C'était moi le responsable du partage du butin, mais j'étais handicapé parce que je ne savais ni additionner ni soustraire. Alors je disais à mes gars de faire des piles parfaitement égales. C'était mon arithmétique à moi. »

Il décrira plus tard les armes qu'il utilisait dans son nouveau métier. « Toutes les armes possibles. Pistolet, fusil de chasse, *Tommy-gun*. Tout ce qui nous tombait sous la main. » Le *modus operandi* : « On se spécialisait dans les maisons de jeu, les cafés et les bordels. Une fois, chez un *bookmaker*, j'ai mis deux cents personnes en joue avec mon pétard, les mains en l'air. » Il acceptait tous les combats qu'on lui proposait, et tous les vols aussi. Avec sa bande, il eut l'audace de s'attaquer à plusieurs entreprises protégées par la pègre. « Dans le temps, je n'avais aucune idée de l'importance du Syndicat. Je prenais tout ça à la blague. »

Ses imprudences eurent de graves répercussions. Des années après, il avouera ceci : « Ils m'ont dit qu'ils m'étamperaient si je continuais à toucher à leur territoire. Je n'ai pas fait attention et j'ai continué à voler où je voulais. »

Un de ses acolytes était le neveu du parrain de la mafia de Buffalo. Après avoir beaucoup insisté, le neveu en question persuada Mickey de se rendre à Buffalo avec sa bande pour rencontrer le mafioso.

« Ce chef, dit Mickey, était un vieil immigrant italien qui s'est pris d'affection pour moi. Il refusait de croire que j'étais juif, parce qu'à force de côtoyer des Italiens, j'avais fini par prendre leurs manières. Il était propriétaire d'un très bon restaurant italien. Il m'avait dit à la blague "T'as trop de couilles. C'est pas bon pour toi." »

Le patron de Buffalo contacta les chefs de Cleveland et s'assura que personne ne ferait du mal à son neveu ni aux autres jeunes Italiens. Mickey dit que le mafioso veilla aussi à lui garantir le même respect et la même collaboration. Resté à proximité du téléphone, il entendit ses propos : « Je veux aussi que le Juif soit bien traité, qu'il ne lui arrive rien. » Il répétait sans cesse : « Le Juif est un bon garçon. Il est plus italien que juif. »

Il leur dit de rentrer à Cleveland. En route, les amis de Mickey « essayaient de me faire comprendre ce qui ne m'entrait pas dans la tête, qu'il ne fallait pas plaisanter avec la pègre et le Syndicat, qu'il fallait beaucoup les respecter, surtout à partir de maintenant ».

Les trois jeunes Italiens furent convoqués à une rencontre avec les patrons de Cleveland et aussitôt renvoyés. Puis, ce fut au tour du Juif. Debout devant les chefs mafieux, des immigrants italiens d'un certain âge qui lui parlaient d'une voix douce, Mickey observa les manitous (mot qu'il employa souvent par la suite pour désigner les patrons du milieu) et décrivit leur entretien comme suit : « Ces hommes qui étaient considérés comme des dieux étaient très sévères, mais aimables, et ils méprisaient notre façon de penser. » Constatant qu'ils pourraient exploiter à leur avantage le naturel violent et intrépide du jeune homme, ils firent une proposition à Cohen, non sans lui avoir donné l'ordre de ne pas se mêler de leurs affaires : « Ils m'ont félicité d'avoir su être le cerveau de ma petite bande, mais dit que je devrais plutôt mettre mes talents et mes tripes à leur service. »

Mickey accepta de se plier aux désirs du Syndicat et fut placé sous les ordres d'Anthony Milano. Alors âgé de dix-neuf ans, le « petit Juif », ainsi que le surnommaient les Italiens du quartier Hill, fut engagé comme homme de main. Il fut entendu qu'il resterait libre de monter des coups pour son propre compte à la condition que ceux-ci n'entrent pas en conflit avec les activités de l'Organisation.

Sa vie prit un tournant décisif. Anthony Milano (FBI n° 433240, Police de Cleveland n° 11100) devint pour lui une figure paternelle. Antonino Milano, né le 5 décembre 1888 à Milanesi, Reggio de Calabre, en Italie, avait un casier judiciaire depuis 1912. Il avait été arrêté entre autres en tant que membre suspect de la Mano Nera, et pour « contrefaçon ». Parmi ses associés dans le crime figurait le parrain le plus important de la mafia, Lucky Luciano. Aux yeux de Mickey, « monsieur Milano » était un gentleman, un homme de famille dévoué à sa femme et à ses quatre jeunes garçons, ainsi qu'un chef mafieux très respecté.

« Rien ne lui faisait autant plaisir que le sourire d'approbation de *the people* [les manitous], a écrit l'éminent essayiste Ben Hecht au sujet de Cohen. *"The people"*, expression qui sert à désigner les chefs de la mafia, est un mot important [...] Les gangsters authentiques lui portent un respect quasi mystique. »

Milano était un des plus importants manitous de la pègre. Le jeune Mickey lui témoigna bientôt une allégeance sans partage, et ce, jusqu'à la fin de ses jours.

* * *

S'étant intégré à la pègre, il n'en abandonna pas pour autant la boxe. « J'ai affronté les plus grands, dit-il plus tard, y compris Baby Arizmendi. Je n'étais pas le pire boxeur, mais je n'étais pas le meilleur non plus. »

Après avoir combattu le champion poids plume Tommy Paul à Cleveland en 1931, il commença à sérieusement remettre en question sa carrière de boxeur. Grièvement blessé pour la première fois, il était complètement sonné et se mit à saigner abondamment dès les premières secondes du match. L'année suivante, la photo de Mickey fut publiée dans la page sportive du *Los Angeles Time*, et il perdit face au champion du monde Chalky Wright à l'Auditorium olympique de Los Angeles. À Tijuana, en mai 1933, le poids plume Baby Arizmendi le mit K.O. dès la troisième reprise.

Des années après, il avoua à Ben Hecht : « Je devais être un vrai crétin de morveux. J'affrontais un assez bon boxeur du nom de Carpenter dans un match réglo. C'était un combat très important pour moi parce qu'il y avait beaucoup de manitous aux premières loges. » Désireux d'impressionner les chefs mafieux, il s'acharna sur son adversaire dans les trois premiers rounds, en vain. Mickey finit par l'envoyer au tapis cinq fois, six fois… mais il se relevait toujours.

« J'étais tellement en rogne de voir qu'il ne restait pas au tapis que je me suis jeté sur lui en essayant de lui arracher une oreille avec mes dents. Je jure que j'avais presque réussi quand l'arbitre nous a séparés. Et alors, mon adversaire se met à hurler en plaquant la main sur son oreille qui saigne. L'arbitre ne me lâche pas. "Qu'est-ce que tu veux de plus, qu'il me dit ; le bouffer tout cru ?" »

Photo signalétique de Cohen, 1933, lors de sa première arrestation en tant qu'adulte.

Sa première arrestation en tant qu'adulte eut lieu à Los Angeles, le 18 juillet 1933, après qu'il eut commis impunément une bonne centaine de vols à main armée. Il fut appréhendé par la police municipale pour suspicion de vol. Sur sa photo signalétique du LAPD, le matricule 30732 affiche l'insolence de ses dix-neuf ans, une moue de défi et des cheveux gominés. Maintenant soldat dans la famille d'Anthony Milano, il fut relâché le lendemain et l'affaire fut classée.

Mickey avait alors un sérieux problème de santé. Cette maladie, dont personne encore ne le savait atteint, figure parmi les milliers de données rassemblées dans les 1755 pages du dossier du FBI sur «Meyer Harris Cohen, n°755912». Selon un document de 1961 intitulé «Description physique», sa vision et son ouïe sont normales ; il lui manque cinq dents ; sa pression sanguine est de 120/84 ; il a un quotient intellectuel de «98, ce qui correspond à la moyenne» ; selon des membres de sa famille, il aurait subi «une fracture de la jambe à l'âge de huit ans, mais ce fait n'a pas été confirmé». Dans la section des «Maladies antérieures», on lit «gonorrhée, 1932». Avant l'introduction des antibiotiques dans les années 1940, cette infection sexuellement transmissible était incurable et difficile à soigner. Quand Mickey l'avait contractée, le médicament le plus courant était le

Protargol, une préparation à base d'argent colloïdal commercialisée par la compagnie Bayer. La maladie, que Mickey avait contractée à l'adolescence, le dévasta physiquement et le marqua psychologiquement pour le reste de sa vie.

D'autres ennuis physiques affectaient sa performance dans le ring. Une mauvaise coupure à l'œil droit persistait à se rouvrir et Mickey avait du mal à gérer une certaine surcharge pondérale. Ses combats se firent de plus en plus rares et de plus en plus médiocres. Après soixante-dix-neuf matches professionnels, sa carrière était finie. Il avait grandi dans les feux des projecteurs, aidé de ses entraîneurs et de ses soigneurs, dorloté par ses managers, adulé par la foule. Toutes ces années vécues dans l'œil du public, tous ses rêves de gloire venaient de prendre fin. À vingt ans, Mickey Cohen n'était plus qu'un bon à rien comme les autres.

Ainsi que le confia le manager de boxe Eddie Borden à la journaliste Florabel Muir : « Il était bagarreur dans l'âme et il se serait mesuré au premier venu. Il refusait de m'écouter. J'ai renoncé à m'en occuper quand il a voulu affronter n'importe qui juste pour le pognon. Il ne connaissait pas la valeur de l'argent. Il aimait les belles fringues. Il aurait dépensé ses derniers dollars pour s'acheter un chapeau. »

Complexé et peu sûr de lui, il avait passé toute sa jeune vie dans la rue, dans ce qu'on appelait alors des « écoles de réforme », dans des wagons de marchandises et dans des vestiaires puant la sueur. Cependant, très soigneux de sa personne, il rasait fréquemment sa barbe drue, ses ongles étaient toujours impeccablement manucurés, ses cheveux proprement coupés, coiffés vers l'arrière et lustrés à la brillantine. Il aimait les habits de luxe et s'aspergeait généreusement d'eau de Cologne de qualité. Dans ses vêtements coûteux qui lui donnaient fière allure, il se sentait bien et il impressionnait son entourage. Mais même coiffé d'un superbe feutre mou et vêtu d'un costume sur mesure et d'un pardessus en poil de chameau, il avait l'air du dernier des rôles de soutien dans un film de boxe de catégorie B : visage à la peau mate hérissé d'une barbe d'un jour, nez aplati comme un petit museau, sourcils noirs épais couronnant des yeux sombres au regard vide et, sur la pommette gauche, une cicatrice qui courait le long de l'œil. Ses jambes courtes, ses joues rondes et sa moue perpétuelle lui donnaient l'air d'un chérubin atrabilaire.

Mais son visage mutilé, sa petite taille et son manque d'instruction ne l'entravaient plus, semblait-il. Il s'était intégré à un univers violent et différent, fonctionnant en dehors de la société et de la loi. Mickey Cohen avait trouvé sa véritable vocation.

* * *

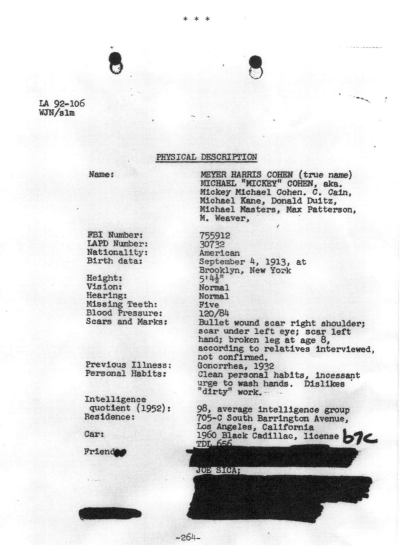

LA 92-106
WJN/slm

PHYSICAL DESCRIPTION

Name: MEYER HARRIS COHEN (true name)
                         MICHAEL "MICKEY" COHEN, aka.
                         Mickey Michael Cohen. C. Cain,
                         Michael Kane, Donald Duitz,
                         Michael Masters, Max Patterson,
                         M. Weaver,

FBI Number: 755912
LAPD Number: 30732
Nationality: American
Birth data: September 4, 1913, at
                         Brooklyn, New York
Height: 5'4½"
Vision: Normal
Hearing: Normal
Missing Teeth: Five
Blood Pressure: 120/84
Scars and Marks: Bullet wound scar right shoulder;
                         scar under left eye; scar left
                         hand; broken leg at age 8,
                         according to relatives interviewed,
                         not confirmed.
Previous Illness: Gonorrhea, 1932
Personal Habits: Clean personal habits, incessant
                         urge to wash hands. Dislikes
                         "dirty" work.

Intelligence
  quotient (1952):   98, average intelligence group
Residence: 705-C South Barrington Avenue,
                         Los Angeles, California
Car: 1960 Black Cadillac, license
                         TDL 656

Friend

JOE SICA;

-264-

Un élément biographique figurant dans son dossier du FBI est rendu public pour la première fois ici : Mickey Cohen a contracté une gonorrhée à l'adolescence, avant l'introduction des antibiotiques. Cette maladie est vraisemblablement à l'origine de son obsession de la propreté.

À Cleveland, deux événements le firent changer de cap. Ses patrons lui confièrent un boulot important et dangereux : tabasser un gangster rival qui empiétait sur leur territoire. Il avait besoin qu'on l'aide à identifier sa victime, se souvient Mickey. « Mon indicateur s'est trompé. Ma cible marchait dans la rue avec sa femme. Je me suis jeté sur lui.

Sa femme a crié "Vous vous trompez!" mais je ne l'ai pas écoutée et j'ai fait ce que j'avais à faire.» Agacé d'avoir frappé une victime innocente par la faute de son indicateur, Mickey s'attaqua à ce dernier. «Il avait un parent chez les manitous, un homme très respecté du milieu qui n'a pas aimé la promptitude du petit Juif.»

Lors d'un autre incident, Mickey et sa bande qui, à cette occasion, travaillaient pour leur propre compte, braquèrent une cafétéria. Il y eut une fusillade et, tout de suite après, le partenaire de Mickey Frank Niccoli, aussi connu sous le nom de Frankie Burns, fut appréhendé. Niccoli fut condamné et jeté en prison. Mickey fut plus tard identifié par un témoin et arrêté pour vol à main armée.

«L'affaire a traîné pendant des mois, dit-il. Finalement, ça s'est arrangé avec un petit pot-de-vin. Ils ont ramené ça à une accusation de malversation, et j'ai évité la sentence.

«Ç'a été si compliqué pour eux de régler l'affaire et d'étouffer les effets négatifs de la couverture des journaux qu'ils ont décidé de me faire sortir de Cleveland. Le problème était en partie dû au fait qu'un de mes gars avait été tué pendant qu'il me secondait dans un braquage. Les journaux poussaient la police à se démener pour trouver les complices du mort. La pression était énorme, et ça venait de partout à la fois.»

À la suite de ces méfaits flagrants, Mickey fut soulagé que les manitous ne le «virent pas», se contentant de le transférer à Chicago. Ils l'installèrent auprès de Joe Barron, un Juif qui dirigeait une importante opération de jeu dans un grand casino du haut de North Side.

* * *

Al Capone dominait Chicago depuis le milieu des années 1920. Un des surnoms de ce gangster, le plus tristement célèbre des États-Unis, était «The Big Fella». Parti de rien et se hissant rapidement au sommet, il était âgé de vingt-cinq ans quand les autorités conclurent que ses activités chicagoanes durant la prohibition procuraient annuellement 100 millions de dollars à son organisation.

Capone régnait en maître. Aux parties des Cubs, la foule des spectateurs huait vivement le président Hoover, alors en poste, tandis qu'elle acclamait frénétiquement le dangereux tueur. Le peuple tenait Hoover pour responsable de la Crise, alors que Capone, fin renard quand il s'agissait de se promouvoir, avait doré son blason en mettant sur pied une excellente soupe populaire. Durant les guerres de gangs, Capone donnait des conférences de presse. Sa gigantesque organisation jouissait d'une grande faveur politique: «La police m'appartient», se vantait Big Al (un autre de ses surnoms). Le maire Bill Thompson lui appartenait aussi.

Depuis ses débuts à New York, Capone était étroitement associé à la bande des Luciano-Lansky-Siegel-Costello. Leur association avait débuté en 1919, quand un téméraire adolescent de treize ans – qui allait devenir notoire –, Bugsy Siegel, s'était lié d'amitié avec lui. Des années après, Meyer Lansky confia à des journalistes israéliens : « Bugsy Siegel connaissait bien Capone quand ce dernier vivait et travaillait dans le Lower East Side. Capone s'était mis dans le pétrin. Il avait battu à mort un barman de Brooklyn, et la police, l'inculpant de meurtre, avait lancé un mandat d'arrêt contre lui. Bugsy Siegel était assez copain avec Capone pour le cacher chez une de ses tantes, quelque part sur la 14e Rue. »

Capone, qui avait alors vingt ans, s'enfuit à Chicago où Johnny « The Fox » Torrio, un des mafieux les plus futés qu'ait produits le célèbre gang des Five Points, le prit sous son aile. La prohibition avait déjà commencé et la bande de Capone, connue sous le nom de « the Outfit », devint en peu de temps un formidable moteur criminel multiethnique.

Mickey Cohen idolâtrait Capone, de 14 ans son aîné. Il dit un jour avec admiration : « Capone était le seul homme de tous les Syndicats qui puisse prendre une décision sans être tenu de consulter les autres. Dans toutes les questions d'argent et de sanctions, il décidait seul. »

Le jeune *shtarker*, mot yiddish pour « homme de main » ou « fier-à-bras », fut fort flatté quand des amis lui dirent qu'il ressemblait à Big Al. Mickey imitait Capone, qui était toujours élégamment vêtu, de toutes les façons possibles. Il adorait porter de superbes feutres mous à large bord, ces chapeaux de gangsters qui le caractérisaient. Jusqu'à la fin de sa vie, Mickey prétendit, en fabulant beaucoup, avoir rencontré son idole en chair et en os.

Mais quand Mickey arriva à Chicago en 1934, la ville n'était plus l'empire d'Alphonse Capone. Son organisation légendaire était alors dirigée par des membres de sa famille, des capitaines et des comptables. Ravagé par une syphilis qu'il avait contractée dans sa jeunesse quand il s'adonnait au proxénétisme, Capone était détenu à Alcatraz où il purgeait une peine de onze ans pour fraude fiscale.

Mickey décrit ainsi ses responsabilités d'homme de main de Barron pour son casino et son commerce de prise de paris clandestins : « J'étais *bookie* (preneur aux livres) pour les petits parieurs, ceux qui ne pouvaient miser que 10, 25 ou 50 cents. Il m'avait aussi confié les tables de poker le soir. »

Un homme se présenta au casino de Barron en se vantant d'avoir été payé 20 $ pour l'extorquer. Mickey se remémore leur affrontement :

« Je ne sais pas qui l'avait engagé, mais je me souviens de lui avoir dit "Prouve-moi que tu es un dur-à-cuire." Et j'ai sorti mon flingue. Dans le temps, si je n'avais pas de flingue sur moi, je me sentais tout nu. Le type s'est planqué derrière une porte. Je lui ai tiré dessus à travers la porte et ç'en a été terminé. »

Pendant qu'il était incarcéré au poste de police pour homicide, Mickey put observer un ami de Barron plaider sa cause. C'était un patron de la vieille école, un Irlandais de la bande Egan Rats de St. Louis. Sa façon de magouiller fut admirable. Résultat : ni audience, ni casier judiciaire.

Des années plus tard, il avoua que « [à cette époque] je me serais mesuré à Jack Dempsey. J'étais beaucoup trop sûr de moi. Le fait est qu'un tas de types de Chicago n'aimaient pas qu'un petit Juif maigrichon ait autant de couilles. »

Les lieutenants de Capone se réunissaient dans les cafés, les gymnases et les casinos qu'il fréquentait. Plusieurs de ces survivants des guerres de gangs des années 1920 avaient de nombreux meurtres à leur actif. Mickey fit la connaissance de Dago Lawrence Mangano et des frères de son patron, Ralph et Mattie Capone. D'autres intervenants clés le remarquèrent, notamment l'exécuteur préféré de Capone, « Machine Gun » Jack McGurn. De son vrai nom Vincenzo Gibaldi, McGurn était jeune et beau, et aussi élégant que Fred Astaire. Cet ancien boxeur qu'on soupçonnait d'avoir pris une part importante dans le Massacre de la Saint-Valentin était réputé pour avoir tailladé le visage du comique Joe E. Lewis quand celui-ci, laissant son cabaret Green Mill, alla travailler dans une boîte rivale. McGurn fut assassiné au petit matin du 15 février 1936.

Avec la bénédiction de l'Organisation, Mickey ouvrit une salle de poker dans le Loop, le quartier d'affaires de Chicago. Mickey décrit ainsi cette entreprise de Clark Street : « On était au pire de la Crise. J'avais rassemblé une excellente équipe de six ou sept types qui mouraient de faim et qui avaient besoin d'un toit pour dormir, mais nos ressources financières fondaient à vue d'œil. »

Il avait aussi une petite amie. Pendant presque tout son séjour à Cleveland et à Chicago, Cohen cohabitait avec une jolie rousse irlandaise prénommée Georgia. « Une fille formidable », dit-il. Georgia faisait la cuisine et prenait bien soin de lui, et il lui importait peu qu'il soit plein aux as ou « à son dernier billet de 10 ». Après cinq ans aux côtés de Mickey, elle fit la connaissance d'un homme désireux de l'épouser. Quant à Mickey, non seulement était-il naturellement timide avec les femmes, mais sa lutte contre la gonorrhée et sa vie criminelle le rendaient très circonspect dans ses rapports avec elles et, surtout, face au mariage. Il reconnut qu'il l'avait tout ce temps tenue pour acquise, et ils se séparèrent amicalement.

Sa concession de poker ne suffisant pas à sa subsistance, il retourna dans le ring affronter quelques adversaires. Avec ses comparses, Mickey braquait de petites entreprises, parfois jusqu'à trois par jour, pour acheter de la nourriture. Mais ces rentrées d'argent étaient trop maigres pour nourrir sa bande et apaiser sa propre fièvre acheteuse. « On m'a suggéré d'ajouter des tables de *craps*, dit-il, car ça ne semblait pas possible autrement de voir la lumière au bout du tunnel et d'assainir nos finances. »

Il transforma une table de poker en table de *craps* et finança son entreprise déficitaire grâce à un emprunt qu'il devait rembourser en entier chaque soir. Les parties étaient truquées : tous ceux qui lançaient les dés étaient perdants. Mickey soudoya un policier et paya des chauffeurs de taxi pour qu'ils appâtent des clients. Il engagea aussi des filous d'élite, d'habiles tricheurs qui se servaient de dés pipés. « Le bruit a couru parmi les pipeurs que mon tripot était formidable, qu'ils pouvaient y décrocher le gros lot puisqu'ils empochaient la moitié des mises. »

Le jeu de *craps* était interdit dans le quartier du Loop. D'autres formes de jeu étaient relativement faciles à contrôler, mais les jeux de dés étaient réputés imprévisibles et très risqués, car on y accumulait rapidement des pertes considérables. L'Organisation et la police s'étaient entendues pour que le quartier d'affaires, très achalandé, en soit exempt.

Jake Guzik, l'astucieux conseiller financier d'Al Capone, un homme d'un certain âge plutôt replet qu'on surnommait « Greasy Thumb » (le Graisseur) pour sa dextérité dans l'art de graisser la patte des autorités, était à cette époque le chef en titre de l'Organisation. Quand cet ancien proxénète à la bouille angélique, installé en Floride, apprit que les dés avaient refait leur apparition dans le Loop, il revint sur-le-champ. Mickey fut à nouveau précipité au cœur de la tempête : « J'ai été convoqué à une réunion à l'étage d'un restaurant italien. Guzik présidait. » Le caïd lui posa un ultimatum : fermer la table de *craps*.

Mickey refusa d'obéir.

Quelques jours plus tard, dans la soirée, l'Angelin rebelle était sorti dans Clark Street, à proximité de son tripot. Une longue voiture noire longea lentement le trottoir. Il y eut une rafale de pistolet mitrailleur. Plongeant dans une congère, Mickey ne fut pas touché.

Les Capone avaient l'habitude des voyous au tempérament de feu. Mickey déclara plus tard que cette fusillade n'avait été qu'une mise en garde, qu'elle n'avait eu pour but que de l'effrayer, non pas de le tuer. Mickey Cohen avait alors la réputation d'être un excellent homme de main dans une ville qui s'enorgueillissait de sa brutalité, et il était très estimé de ses chefs. « On me confiait toutes sortes de sales coups, et je les faisais. »

Dans Randolph Street, en pleine rue achalandée du Loop, un ennemi personnel de Mickey braqua une arme sur lui. Des années plus tard, il raconta cet incident en détail : « Après m'avoir enfoncé le canon dans le dos, il a aussitôt glissé sa main armée dans la poche de son manteau. Je me suis retourné, je me suis accroché à son bras, j'ai mis ma main sur la sienne, dans sa poche, et mon doigt sur la gâchette. » Arrivant à la hauteur d'un agent de police qui était à sa solde, Mickey poursuivit son chemin, puis força son assaillant à entrer dans une pharmacie bondée de monde. « J'essayais de le convaincre de capituler, j'essayais aussi de sauver ma maison de jeu et de sauver ma vie. Mais il était de plus en plus agressif. »

Mickey s'empare d'un sucrier et l'en frappe violemment à la tête. Des femmes crient, les clients courent se mettre à l'abri, la tête de l'homme éclate comme un melon, le sang gicle, mêlé de lambeaux de chair. Avec le recul, Mickey avouera : « J'étais violent à cette époque, un type volcanique… je m'énervais facilement. »

Il fut inculpé pour voies de fait. Le Graisseur de Capone demanda un ajournement après que, conformément aux règles d'étiquette de la pègre, Mickey eut refusé de collaborer avec la police, même pour démontrer qu'il s'était agi d'un acte de légitime défense.

Les manitous de Cleveland – tant les Juifs que les Italiens – restèrent dans son camp. Ils lui donnèrent l'ordre de rentrer chez lui. À Los Angeles.

Ils avaient échafaudé un plan. Un plan dont Bugsy Siegel faisait partie.

CHAPITRE 3

Les types de la côte Ouest

« Bosser... c'est ça que ç'aurait voulu dire, être avec Benny (Bugsy Siegel).»
MICKEY COHEN

Mickey retourna vivre dans la ville de son enfance en 1937. L'ancien camelot délinquant était devenu un incorrigible au tempérament explosif, et il ne savait toujours pas lire ni écrire. Los Angeles n'était encore qu'une grande bourgade. Le jeune homme de vingt-trois ans y trouva un monde interlope à la structure différente que celui de l'est du pays. Dans sa ville natale, « le jeu comme le reste, se souvient-il, était complètement géré par la police et les indicateurs ».

Comme Mickey en vint très tôt à le comprendre, les lucratives activités frauduleuses de Los Angeles étaient, depuis l'époque où il vendait des journaux dans les rues du centre-ville, aux mains d'un petit groupe d'«hommes d'affaires» d'un certain âge. Ces personnages louches, tout à fait intégrés au système politique, n'étaient pas vus comme des gangsters. Ainsi que le fait observer l'auteur Basil Woon : « Les deux centres de la finance étaient situés dans Spring Street. L'un était la bourse légitime, et l'autre la bourse du jeu et de l'alcool de contrebande, soit celle des "manitous" qui dominaient le marché du rhum et de la roulette de Los Angeles. » Le rédacteur en chef de Hearst, James H. Richardson, rappelle le pouvoir absolu que détenait l'élite bon chic bon genre des hommes d'affaires et des avocats peu scrupuleux : «La ville était dominée par un Syndicat de dirigeants de maisons de jeu et de lupanars. La police leur appartenait. Leur organisation était si parfaitement administrée que, lorsque Scarface Al Capone est arrivé de Chicago avec la ferme intention de s'imposer, ils l'ont aussitôt expulsé et remis dans le train pour Chicago. Les responsables de son expulsion étaient des policiers appartenant corps et âme au Syndicat. »

Charles Herbert Crawford était le roi incontesté de la corruption à Los Angeles durant les années folles. Arrivé à Los Angeles en 1913 à l'âge de trente-quatre ans, il reçut le surnom de Gray Wolf en raison de ses cheveux gris fer et de son esprit rusé. Il s'était déjà fait connaître pendant la ruée vers l'or du Klondike en s'alliant avec des membres de la classe politique de Seattle. Pendant trois ans, le noceur invétéré y avait géré ouvertement et avec succès des maisons de jeu et des bordels. Fait révélateur, quand il voulut étendre son empire en construisant une maison close de cinq cents chambres sur un terrain loué par la municipalité, le scandale provoqua la chute du gouvernement municipal de Seattle.

Charlie Crawford, roi de la corruption à Los Angeles durant les années folles, pouvait compter sur la collaboration de l'hôtel de ville et des forces de l'ordre. Vers 1930.

À l'intersection de Maple et de la 5ᵉ Rue, au centre-ville de Los Angeles, au cœur même du territoire de jeunesse de Mickey Cohen, Gray Wolf ouvrit le Maple Bar, un élégant et spacieux cabaret dont l'étage était occupé par un casino et des prostituées. Costaud, rougeaud et amène, Crawford y accueillait les galonnés de la police et les politiciens véreux qui faciliteraient plus tard son accession au sommet. L'élection de George Cryer au poste de maire en 1921 valut à Crawford la franchise exclusive de toutes les activités de corruption de la ville.

Cet ancien associé de Crawford fut soupçonné d'être à l'origine du meurtre de ce dernier en 1931. Guy McAfee, quarante-trois ans,

Rare photographie de Guy McAfee,
commissaire du LAPD puis baron de la
pègre et bon vivant. Après l'assassinat de
Charlie Crawford en 1931, il est devenu
le principal racketteur
de Los Angeles. Vers 1936.

anciennement commissaire de la police des mœurs de Los Angeles, et modèle de la corruption policière, qui était le rival de Crawford, prit sa place et devint le numéro un du racket dans la région.

À mesure qu'il se taillait une place dans cet univers, Mickey Cohen se familiarisa avec ces bandits conformistes et avec leurs organisations.

En 1933, Frank L. Shaw, un ancien épicier en gros au tempérament jovial, fut élu maire de Los Angeles. Sous sa gouverne, la corruption atteignit un niveau jusqu'alors inégalé. Son frère Joe, dit « Joe the Sailor », un lieutenant de la marine à la retraite, était responsable des opérations frauduleuses. Tout était à vendre à son bureau de l'hôtel de ville : des monopoles du vice aux contrats municipaux sans appel d'offres en passant par les postes de direction dans la fonction publique. Il aurait même mis au point un système macabre, apparemment géré depuis le bureau du coroner, grâce auquel des objets de valeur et de l'argent ayant appartenu à des personnes décédées depuis peu étaient transférés à l'administration municipale.

James E. Davis, le directeur du LAPD, était de connivence avec les frères Shaw. « Two-Gun Jim », ainsi qu'on le surnommait, était un type râblé, scrupuleusement bien vêtu et très cabotin. Il s'amusait, devant les journalistes, à fulminer contre les communistes et les bandits tout en faisant feu sur la cigarette qu'une recrue obéissante serrait entre ses dents. Quand il ne posait pas pour les photographes aux côtés de femmes plantureuses, il entérinait l'écoute téléphonique illégale,

Tony Cornero, le plus important gangster indépendant de Los Angeles, est libéré de prison à la suite d'une rafle à bord de son casino flottant, The Lux. 1946.

piégeait ses ennemis, et mettait sur pied la célèbre «bum brigade», une brigade chargée d'arrêter les clandestins mexicains et les ouvriers agricoles itinérants et sans le sou qui, venant de l'Oklahoma, franchissaient les limites de la ville pour échapper aux grandes sécheresses du Dust-Bowl.

Guy McAfee, un grand dégingandé aux cheveux bouclés et aux oreilles en portes de grange, et Farmer Page, son associé, qui avait été camelot à Los Angeles une génération avant Mickey Cohen, exerçaient leur influence de concert avec le mercantile Joe Shaw. Ensemble, ils contrôlaient impunément un empire de 600 bordels, 300 maisons de jeu, 1800 *bookmakers* et 23 000 machines à sous légales.

Durant la prohibition, le gangster indépendant Tony Cornero était un des plus importants trafiquants d'alcool de contrebande de Los Angeles. Déjà millionnaire à trente ans, cet ancien chauffeur de taxi et Farmer Page s'arrachaient l'un l'autre les profits de ce trafic. Puisque l'organisation de Page empêchait Cornero de s'immiscer dans le domaine des maisons de jeu, celui-ci transporta ses affaires au large des côtes. Après l'avoir transformé en casino, il amarra un ancien chalutier tout juste au-delà de la limite des eaux territoriales, donnant ainsi naissance à la fabuleuse époque des casinos flottants de Los Angeles. Le *Monte Carlo*, le *Monfalcone*, le *Rose Isle* et le *Johanna Smith*, naviguant sous pavillon des rivaux de Cornero, Guy McAfee et Farmer Page, furent bientôt lancés dans la baie de Santa Monica.

Chaque jour, des milliers de riches joueurs purent tourner le dos à la prohibition, à la Crise et à leurs inhibitions, abandonnées sur la terre ferme.

Le mafioso Jack Dragna, qui allait devenir l'un des plus grands ennemis de Mickey Cohen, œuvrait en coulisse. Né Ignazio Dragna à Corleone (Sicile) en 1891, il arriva en Californie aux alentours de 1910 : il appartenait au bon milieu et connaissait les coutumes de son pays d'origine. Bien que moins prospère et moins futé que Cornero, Dragna était craint et respecté de ses compatriotes. Au milieu des années 1920, il était considéré comme le maire officieux du ghetto italien qui s'était développé au tout début du siècle aux environs de Boyle Heights. En tant que président de l'Italian Protective League, ou IPL (Ligue pour la protection des Italiens), Dragna affirmait être le défenseur de sa communauté d'immigrants. Mais selon un rapport de police, il s'agissait plutôt d'une bande d'hommes de main « impliqués dans les maisons de jeu, la fabrication et le trafic d'alcool de contrebande, et soupçonnés de plusieurs meurtres attribués à la Mano Nera ».

Parent de Tommy Lucchese, le patron d'une des cinq familles mafieuses de New York instituées par Lucky Luciano en 1931, Dragna pouvait aspirer, grâce à ses liens familiaux, à un poste important dans la hiérarchie de ce nouveau monde du crime. Aidé de Johnny Rosselli, un ami habile qui représentait l'organisation de Chicago, il fit ses premiers pas au-delà de la communauté italienne durant le règne du maire Frank L. Shaw.

* * *

En 1935, alors que Mickey se trouvait encore dans l'est du pays, les politiciens complaisants, la police et l'*establishment* mafieux de la riche région de Los Angeles sentirent que les choses allaient changer. Pour la première fois, un gangster authentique s'était frayé un chemin parmi eux. Bugsy Siegel et Hollywood : on ne pouvait pas rêver d'un meilleur *casting*.

Né Berish Siegel en 1906 au 88, Cannon Street dans le Lower East Side de Manhattan, Bugsy était de sept ans l'aîné de Mickey Cohen. Impliqué dans des activités criminelles depuis l'âge de dix ans, ce Juif avait grandi dans les rues de New York, et il aimait les armes à feu et les filles. Il œuvrait aux côtés de Meyer Lansky, Lucky Luciano et Frank Costello depuis son adolescence. Au début des années 1930, les trois hommes étaient devenus les grandes figures du crime organisé américain.

À Hollywood, on disait en sourdine que Siegel était le maître exécuteur de la justice mafieuse, mais les rumeurs n'allaient pas plus loin. Au pays où l'illusion et la réinvention sont reines, le célèbre Bugsy Siegel passait tout simplement pour un richissime et athlétique *playboy* prénommé Ben. Aux dires de Mickey, quand Benjamin Siegel s'installa

L'homme le plus recherché de Hollywood :
le beau, le séduisant monsieur Benjamin Siegel. Vers 1942.

en Californie, ses associés lui donnèrent carte blanche. « Siegel faisait partie intégrante de la direction, il était un des six grands patrons. Il prenait toutes ses décisions seul, comme Capone. Pour lui non plus, pas de table ronde. »

Certificat de naissance de Benjamin «Bugsy» Siegel, né Berish Siegel,
dans Cannon Street, arrondissement de Manhattan.

Faire main basse sur les rackets de Los Angeles lui paraissait d'une simplicité enfantine.

* * *

Mickey avait reçu l'ordre de ses patrons de Cleveland de se mettre immédiatement en contact avec Siegel à son arrivée à Los Angeles, mais il ne les écouta pas. Redevenant rebelle, il s'acoquina avec Joe Gentile, un sexagénaire aux cheveux gris, et avec Joe Sica, un dur-à-cuire de son âge, originaire du New Jersey. Ensemble, ils multiplièrent les braquages. Gentile, une autre figure paternelle pour Mickey, leur servait d'indicateur et préparait les spaghettis. «Je pouvais compter sur la collaboration de Joe Sica dans mes vols et mes autres activités, dit Mickey. Son frère Fred n'était encore qu'un gamin, mais il excellait dans les vols de voitures. Je lui disais "Fred, va nous chercher une voiture de telle ou telle marque", et au bout de dix minutes, il était de retour avec la voiture qu'on voulait.» Les frères Sica sont demeurés ses associés jusqu'à la fin de sa vie.

Mickey loua un appartement au Hadden Hall, à l'intersection de la 8e Rue et de Fedora, dans le quartier de Mid-Wilshire. Il dépensait au fur et à mesure sa part du butin, achetant ses vêtements dans des boutiques de luxe telles que Bullock's Wilshire ou chez Alexander and Oviatt, et fréquentant assidûment les boîtes de nuit de la ville. Bugsy Siegel ne faisait pas partie de ses projets. « Bosser… c'est ça que ç'aurait voulu dire, être avec Benny », conclut-il. Il contraignit ainsi la légende de la pègre à prendre les devants.

* * *

Grâce à un bon tuyau, Mickey braqua un important comptoir de prise de paris de Hollywood, dans Franklin Avenue, dont on lui avait dit qu'il était tenu par le joueur Morrie Orloff. « À 9 h du matin, je frappe à la porte, dit Mickey. Il y a une lucarne. Le portier est un ancien policier. Je demande "Est-ce que Morrie est là ? " » Quand il apprend qu'il n'arrivera qu'à dix heures ou même après, Mickey dit qu'il a un colis pour lui et qu'il doit en prendre un autre en échange. « Passe-le par la lucarne », ordonne le portier.

Mickey répond que le colis est trop gros. « Le portier commet l'erreur d'ouvrir la porte. » Mickey passe à l'acte. « Je lui plante mon .45 dans le ventre. À part lui, il y a seulement trois autres types à l'intérieur. »

Mickey entre, et ses compères lui emboîtent le pas. Tenant les *bookies* en joue, ils attendent l'arrivée de Morrie Orloff. « Le vrai pognon, c'est Morrie qui l'a », avait-on prévenu Mickey. « Chaque fois qu'un preneur arrive, on lui pique son argent et on le colle face au mur. »

Le petit Davie Schneiderman, associé de l'important mafieux Johnny Rosselli, est un de ceux-là. Voyant le rouleau de coupures qu'il a sur lui, Mickey ne croit pas à sa chance. « Il venait de récolter 23 000 $ (345 000 $ aujourd'hui) pour Jack Dragna, un des grands manitous. On le braque, et on lui vole même ses bagues. Un autre des grands manitous, Da Louie, est contre le mur. Il me dit "T'as tout le fric que tu veux. Pourquoi tu traînes encore ici ? " »

Mickey menace le vieil Italien : « Mêle-toi de ce qui te regarde ou je t'assomme à coups de téléphone. J'attends Morrie Orloff. Jusqu'à demain s'il le faut. »

Un homme prend la parole, affirmant qu'il est Morrie Orloff. La bague portant son monogramme le prouve. La petite bande lui prend son argent et ses bijoux, puis s'en va.

Mickey comprit bientôt que le tuyau était crevé. L'opération de prise de paris était une des plus importantes en ville. Rosselli et Dragna en assuraient le contrôle au bénéfice des manitous de la côte Est.

«L'Organisation au grand complet», confirma Mickey. Un type qui m'avait connu quand j'étais boxeur me l'a dit. Little Davie, à qui j'avais volé 23 000 $, avait prévenu ses chefs.»

Une fois de plus, Mickey apprit sa leçon à ses dépens. Dragna et Rosselli avaient accepté, sur l'ordre de Lucky Luciano, de s'allier à son associé juif pour prendre la direction du territoire au nom du Syndicat de la côte Est quand Siegel s'était installé à Los Angeles.

Mickey reçut bientôt l'ordre de se présenter au YMCA de Hollywood, où Ben Siegel s'entraînait à la boxe, jouait au handball et tenait ses réunions. On lui annonça qu'il devait rencontrer «monsieur Siegel», ainsi que l'appelaient tous ceux qui n'étaient pas ses intimes, et on lui ordonna de se tenir au garde-à-vous devant lui.

Mickey se souvient de la première fois qu'il vit le jeune patron de la pègre en entrant dans le bain de vapeur : un homme grand, bronzé et athlétique. «Il arrive, tout souriant et tout nu, sauf pour une serviette autour de la taille. Au début, il était aimable, disant qu'il voulait faire connaissance.» Mais bientôt, Siegel va droit au but : «Le coup que tu as monté n'était pas mal du tout, mais j'ai un service à te demander. Rends-nous les 23 000 $ et un certain bijou.»

Indigné, Mickey réplique qu'il ne rendra rien à personne, pas même à sa mère. Un air confus assombrit un moment le beau visage de Siegel. Personne n'osait jamais lui répliquer. «Ces types de la côte Est, ils n'ont pas l'habitude de te dire quoi faire deux fois. Il me regarde, glacial, et il fait : "Tu m'as bien entendu ?"»

L'impétueux Mickey ne se laisse pas démonter pour autant : «Va te faire foutre !» Puis, courant aussi vite que ses petites jambes le lui permettent, il «détale du bain de vapeur avant de commencer à fondre.» L'intermédiaire le rattrape, incrédule, et annonce à Mickey qu'il vient de signer son arrêt de mort.

Mickey ne tarde pas à découvrir qui commande. À cause de cet accès de colère, «je me suis fait arrêter et j'ai passé huit jours en tôle, sans caution.» Le neuvième jour, il est relâché et convoqué en ville, à l'étude de l'avocat Jerry Giesler. Assis calmement devant lui se trouvent Bugsy Siegel et Johnny Rosselli. Siegel exige encore une fois de Mickey qu'il lui rende le butin, il lui fait bien comprendre que cet argent appartient à l'Organisation, et que Dragna et Rosselli travaillent pour *lui*.

«Jack Dragna était le lieutenant de Siegel. C'était un type paisible, dit Mickey, du moment qu'il ne s'énervait pas.» Dragna était «parent de Three-Finger Brown (Tommy Lucchese), un des grands manitous du Syndicat de la côte Est».

Mickey rendit le fruit de son labeur et s'entendit dire : « Monsieur Siegel est d'avis que tu es fou à lier. »

Mais Benjamin Siegel sentait que ce jeune crétin pourrait lui être utile. Mickey se souvenait qu'il lui avait dit en souriant : « Espèce de petit enfant de chienne. Tu me rappelles ma jeunesse. »

CHAPITRE 4

La manne

> «Cohen a fait ses débuts en Californie en tant que proxénète.»
>
> Renseignements concernant
> MEYER HARRIS COHEN, mémo du FBI

E n 1938, la Crise avait commencé à se résorber et Hollywood connaissait un essor sans précédent. Le cinéma était au cinquième rang des industries les plus importantes du pays et la fréquentation des salles battait tous les records. *The Wizard of Oz* (*Le Magicien d'Oz*) et *Gone With the Wind* (*Autant en emporte le vent*), deux longs métrages en Technicolor qui allaient devenir des jalons du septième art, étaient en production, tandis que Walt Disney remportait déjà beaucoup de succès avec le premier long métrage d'animation en couleur de l'histoire du cinéma, *Snow White and the Seven Dwarfs* (*Blanche-Neige et les sept nains*), également réalisé selon le procédé Technicolor. Bugsy Siegel s'était donné pour mission de prendre le contrôle du territoire le plus riche et le plus hédoniste du pays : il engagea Mickey Cohen. Usant des poings et des armes, le jeune Angelin se mit en devoir de s'emparer des salles de jeux et des bordels protégés par les racketteurs locaux.

Lee Francis était depuis près de 20 ans la plus prestigieuse tenancière de bordel de Los Angeles. Cette grande et belle brune avait aussi un excellent sens des affaires. Elle était tout ensemble la maîtresse et la protégée du gros bonnet de Los Angeles, Charlie Crawford, et pourvoyait aux besoins des plus riches et plus influents magnats du cinéma, de l'industrie, de la politique et de la haute société du monde entier. Elle accueillait aussi des femmes à l'occasion en quête d'aventures masculines, notamment l'actrice de la Metro-Goldwyn-Mayer (MGM), la femme fatale Jean Harlow. Lee Francis relate ainsi certains détails de son entreprise : « Les paiements de protection étaient très élevés – jusqu'à 50 % de mes revenus bruts – et se faisaient selon un rituel arrangé : chaque semaine, je laissais l'argent dans une boîte de conserve, dans la cour arrière, à l'intention d'un messager de l'hôtel de ville. » Toujours à la recherche de pratiques exotiques et de femmes attirantes pour satisfaire la curiosité de sa clientèle exigeante et désabusée, Lee Francis explorait les commerces sexuels du monde entier, de Paris à Madrid en passant par le Cachemire et les îles Canaries. Son équipe se composait des plus belles filles du monde. Elle organisait en outre de spectaculaires orgies et pouvait assouvir tous les vices, même les plus inusités.

Les salons luxueux de Madame servaient aussi de lieu de rencontre raffiné pour les deux sexes. D'aguichantes prostituées richement vêtues se mêlaient aux *play-boys,* aux politicards, aux riches matrones de Pasadena et aux personnages les plus prestigieux du milieu du cinéma. L'énigmatique Greta Garbo, le producteur de la MGM Irving Thalberg, les idoles Clark Gable, Errol Flynn et John Barrymore jouaient aux cartes, sirotaient du champagne et dégustaient du caviar au son d'un orchestre de jazz noir. On projetait aussi des films un peu louches tels que *The Casting Couch,* un court métrage que Madame décrivait comme « l'histoire du directeur des auditions d'un studio mythique qui explique à une fille ce qu'elle doit faire pour qu'il lui confie un rôle. »

Mickey Cohen se souvient d'avoir beaucoup fréquenté le bordel de Madame Francis : « C'était le meilleur lupanar en ville. Il y avait là des filles vraiment belles. Moi, je n'étais pas laid et j'étais toujours bien mis. J'étais armé aussi, donc tout-puissant, si bien que certaines filles m'ont fait des avances. L'une d'elles m'a même donné son numéro de téléphone. Et je l'ai appelée. »

Cet appel téléphonique allait radicalement changer sa destinée.

* * *

Le commissaire Jack Arthur Donahoe du LAPD jura que Mickey « limitait ses activités au braquage » quand il revint à Los Angeles. Mais des informateurs affirmèrent qu'il s'adonnait au proxénétisme.

Selon un abrégé de 1949 du dossier du FBI sur Meyer Harris Cohen :

Cohen a fait ses débuts en Californie en tant que proxénète. Mais il caressait l'ambition de devenir quelqu'un de plus important et, en 1938, l'informateur [nom masqué] nous a prévenus qu'il gérait un comptoir de prise de paris dans le chic quartier de Westwood. En 1939, Cohen appâtait aussi les grands manitous de la côte Est en leur procurant des armes et le transport quand ceux-ci se rendaient sur la côte Ouest pour affaires ou pour des vacances forcées. [...] Le prestige de Cohen dans le monde interlope croissait de jour en jour, même quand il était encore à Cleveland. Il s'acquittait promptement de ses tâches d'homme de main et ne montrait aucune crainte ni aucun scrupule à tuer. La réputation de Cohen le suivit jusqu'en Californie.

* * *

L'écrivain Budd Schulberg était un contemporain de Mickey. Il avait grandi à Los Angeles et il adorait la boxe. Mais les similitudes entre les deux hommes s'arrêtent là. Son père, B. P. Schulberg, l'ancien directeur de Paramount Pictures, s'était assuré l'exclusivité de la jeune actrice libérée et idéaliste Clara Bow, une des vedettes les plus populaires des films muets. Budd Schulberg, le blond prince charmant de Hollywood, avait côtoyé toute sa vie des étoiles du grand écran, des gourous de Wall Street et des dignitaires étrangers de passage. Les Schulberg étaient aussi de fervents amateurs de boxe. Les mercredis et vendredis soir, ils assistaient en famille aux combats de championnat du Hollywood Legion Stadium où ils occupaient des sièges réservés à la presse. Budd Schulberg gardait de cette époque un chaleureux souvenir : « J'avoue qu'on était particulièrement fiers des exploits des jeunes boxeurs juifs. »

En 1938, Budd Schulberg, qui débutait comme écrivain, habitait encore chez ses parents, à Green Gate Cottage, dans la chic municipalité isolée de Malibu. C'est là qu'il mettait au point son personnage hollywoodien vedette, Sammy Glick, un rapace sans foi ni loi qui ne recule devant rien pour se hisser au sommet. Dans cette enclave encore peu développée, Budd et sa sœur Sonya, une jeune femme timide qui écrivait de la poésie, firent la connaissance de Mickey Cohen. S'étant sans doute installé dans un refuge du bord de mer avec l'aide des laquais de Siegel, il raconta aux Schulberg qu'il était boxeur professionnel. « Il m'a plu », dit Budd Schulberg. « Il avait l'air d'un petit commerçant ou d'un agent. Il était affable, chaleureux et cordial. Nous parlions de boxe et Sonya, ma sœur, se promenait avec lui sur la plage. »

Siegel mit indirectement Cohen en contact avec un univers excessivement exotique d'une opulence inouïe. Bien que marié à Esther

Krakower, son amour d'enfance, et bien qu'il ait été le père attentionné de deux fillettes, le gangster de New York était un coureur invétéré. Sous l'influence d'une de ses maîtresses, sa vie prit un tournant tout à fait inattendu : Bugsy Siegel devint un homme du monde.

L'idole du grand écran Cary Grant, en compagnie de la protectrice et maîtresse plus âgée de Siegel, la comtesse Dorothy di Frasso, membre de la haute bourgeoisie internationale. Vers 1938.

L'amante était la comtesse di Frasso, née Dorothy Caldwell Taylor en 1888 dans une famille américaine extraordinairement riche et sans tache. Une des figures les plus brillantes de la haute bourgeoisie, elle avait acquis son titre de noblesse en épousant un membre de l'aristocratie romaine. Les deux époux vivaient chacun leur vie. L'excentrique héritière parcourait le monde pendant que son vieux mari restait à Rome.

Au début de sa relation amoureuse avec le jeune et bel acteur de cinéma Gary Cooper, elle fit l'acquisition d'un domaine au 913, North Bedford Drive, à Beverly Hills. Circulant en ville en Rolls-Royce avec chauffeur, toujours accompagnée d'un lévrier afghan, Dottie di Frasso entreprit de montrer aux béotiens du monde du cinéma ce qu'était la vraie vie.

Quand prit fin son aventure avec Cooper, elle choisit Clark Gable, la plus grande *star* masculine du temps. Mais en 1937, quand Mickey Cohen rentra à Los Angeles, la comtesse, qui frôlait la cinquantaine, se cherchait un nouvel amant. Lorsqu'un hôtelier en vue se présenta à sa loge de la piste de course de Santa Monica en compagnie du séduisant Bugsy Siegel, elle fut littéralement électrisée par le sourire éclatant du gangster, son allure de vedette, son charme brut. Ils eurent une aventure, et Siegel devint l'amour de sa vie.

Siegel, qui avait passé trente ans à viser le sommet, ne laissa pas un écart de dix-huit ans freiner son ascension sociale. Le cerveau financier de la mafia Meyer Lansky rapporte que, lorsqu'il s'adressait à ses pairs, Siegel appelait la comtesse di Frasso « my fancy lady » (la grande dame). L'échotière Hedda Hopper révéla que « Bugsy étant désireux de faire la connaissance de quelques personnages importants, Dorothy di Frasso lui servit d'intermédiaire. Elle persuada certains des plus grands noms de notre société d'accueillir le truand dans leur demeure. »

À l'occasion d'une réception de la comtesse visant à présenter son nouvel amant au gratin, Siegel amusa la galerie. La soirée débuta par une fausse bagarre dans le hall dallé de marbre noir et blanc de la résidence comtale, et se termina par des combats de boxe en bonne et due forme dans une arène aménagée sur les pelouses du domaine. Marlene Dietrich, Loretta Young, Merle Oberon, Fred Astaire, Dolores Del Rio, Cary Grant et Clark Gable, bref, le Tout-Hollywood était présent et acclamait les boxeurs qui s'affrontaient pour son plus grand plaisir. On peut supposer que Mickey Cohen était au programme et qu'il put ainsi frayer un peu avec l'élite.

Siegel fut de plus en plus souvent l'hôte des soirées très fréquentes et très fréquentées de la comtesse. Les plus grandes vedettes de l'écran y assistaient, de même que des producteurs et des personnalités telles que William Randolph Hearst et sa maîtresse, la *star* de l'écran Marion Davies ; Orson Welles, qui passait déjà pour un génie ; Barbara Hutton, « la plus riche héritière au monde » ; la décoratrice des maisons de l'élite, Lady Mendl, mieux connue sous le nom de Elsie de Wolfe ; un vaste éventail d'aristocrates européens, ainsi que d'immensément riches hommes d'affaires de Wall Street, associés du frère de la comtesse.

Menant une vie de pacha, Siegel montait à cheval à l'anglaise et jouait au golf au très huppé country club juif de Hillcrest où deux magnats de Hollywood avaient parrainé son adhésion. Il assistait à une suite ininterrompue de premières et de réceptions avec le gratin du cinéma. À l'hippodrome Santa Anita, il refilait généreusement de bons tuyaux à ses nouveaux amis.

Les grands patrons des studios le reçurent. Comme les gangsters, ces manitous du cinéma, encore peu nombreux, usaient de leur pouvoir et n'hésitaient pas à faire appel à l'intimidation. À la tête de leur fief respectif, qui englobait des relations politiques et des agences de police privée, ils géraient leurs entreprises de main de maître et dans leurs moindres détails, y compris la vie de leurs employés contractuels. Ils avaient beau, comme Siegel, revêtir la queue-de-pie et affecter de bonnes manières, ils n'en étaient pas moins dogmatiques et impitoyables. Risque-tout jusqu'au dernier dans la vie comme au jeu, c'est avec enthousiasme que les grands patrons des studios accueillirent le charismatique gangster dans leur sein.

D'être ainsi recherché par le beau monde, les riches et les puissants plaisait à Siegel, et c'était bon pour ses affaires. Bugsy Siegel, l'élégant tueur à gages et patron de la pègre, profitait pleinement de son existence hollywoodienne.

Ainsi que Richard Gully, une source bien informée de Hollywood, le confia à l'écrivaine Amy Fine Collins : « Ben (personne ne l'appelait Bugsy) était un planificateur hors pair, un brillant homme d'affaires. Avec ses grands yeux bleus, il avait un charme ensorcelant. Il était d'une beauté irrésistible. Mais sa diction était épouvantable. Il s'exprimait comme un gangster. »

Mickey observait Siegel. Le voyou rustaud enviait la vie de son élégant patron. Il analysa sa technique à la fois suave et rude et se mit en tête de l'imiter. Il dit : « Benny m'apparaissait extrêmement brillant. Il vous perçait à jour d'un seul coup d'œil. Il en imposait à tout le monde et tout le monde le respectait. Il s'était taillé une place à la dure, il avait tout fait : tabassages, braquages, meurtres. »

Tout en jouant les humbles serviteurs de la comtesse, Siegel s'acharna jusqu'à l'obsession à construire son propre domaine au 250, Delfern Drive, dans Holmby Hills, l'enclave la plus riche et la plus sélecte de Los Angeles. Là, il mit au point une stratégie visant à rayer de la carte ses concurrents mafieux.

Dragna et Rosselli étaient dans son camp. Tony Cornero se rallia au nouvel ordre des choses. Siegel investit dans son plus récent casino flottant, le *Rex*. Prendre le contrôle du cynodrome de Culver City et des hippodromes Santa Anita, Hollywood Park, Del Mar, et même de l'hippodrome Agua Caliente à Mexico faisait partie de son plan. Siegel exigea de toucher une part du butin illicite de toutes les organisations de prises de paris, des casinos clandestins et des bordels. Mais le Syndicat du centre-ville lui opposa une résistance farouche.

Ainsi que le révèle Patricia A. Nealis, nièce du caïd de Los Angeles Farmer Page : « Lucky Luciano avait essayé d'acheter un casino en 1935. Mais, ô surprise, l'accès à toutes les maisons de jeu lui était interdit sur ordre du LAPD. On ne voulait pas de la pègre de New York à Los Angeles. »

Le brusque changement qui modifia le paysage politique de Los Angeles en 1938 fut un coup de chance pour Siegel. L'événement qui mit fin au statu quo fut un presque fatal attentat à la voiture piégée visant un détective privé qui travaillait pour l'éminent propriétaire d'une cafétéria, Clifford Clinton, un réformateur et orateur qui contestait l'administration corrompue du maire Frank Shaw.

Cet attentat était l'œuvre de la brigade du « renseignement » du chef du LAPD, James E. Davis. L'enquête qui s'ensuivit fit la manchette et mit au jour une conspiration politique et des rapports incestueux reliant le maire à des policiers véreux. Ce scandale eut pour conséquences la retraite forcée du chef Davis et un plébiscite de révocation sans précédent. Tombé en disgrâce, le maire Shaw fut facilement défait aux élections par le réformateur Fletcher E. Bowron, ancien journaliste et juge de la cour supérieure.

Un autre événement servit à illustrer la transformation radicale qui s'opérait. Les Bruneman, un membre influent du syndicat de la pègre local, refusa de se rallier à Siegel. À la suite d'une altercation avec Johnny Rosselli, Bruneman fut atteint de trois balles tirées par un sbire de Dragna. Il survécut par miracle, mais s'entêta dans son refus d'obtempérer. Il n'eut pas autant de chance la fois suivante. Au cours d'une fusillade épique qui eut lieu au Roost Café, dans Temple Street, Bruneman, qui pourtant brandissait deux armes à feu, fut abattu par cinq assaillants.

L'assassinat de Bruneman était un message clair à l'intention des caïds de la ville, mais c'est un incident inhabituel qui décida de leur sort. Dans un geste tout à fait singulier orchestré par Jim Richardson, le rédacteur en chef de Hearst, le maire Bowron, nouvellement élu, eut une réunion secrète avec Tony Cornero, gangster indépendant et propriétaire d'un casino flottant. Cornero transmit au maire les noms de vingt-six galonnés du LAPD que soudoyait l'*establishment* mafieux. Le renvoi de ces officiers décima les rangs de la police municipale et démantela le réseau de protection dont jouissaient les patrons du milieu.

L'affaire mit pratiquement un terme au règne des manitous de l'escro-querie organisée de Los Angeles.

L'escroc Guy McAfee et son compère Farmer Page s'enfuirent à Las Vegas avec leurs associés et plusieurs des ignominieux policiers en dis-grâce. Las Vegas n'était alors qu'un poste éloigné et inexploité du désert du Nevada, mais les paris et les jeux de hasard y étaient autorisés.

C'est ce changement radical dans l'équilibre des forces qui permit à Siegel de se lancer dans la course au pouvoir.

* * *

Le contrôle de la police sur les activités illégales de la région avait tout à voir avec l'emplacement. Pour la pègre, il y avait en fait deux Los Angeles, la ville et le comté. La police municipale, le LAPD, n'avait aucune juridiction sur le comté, qui était la responsabilité du shérif. Si les agents du LAPD voyaient se produire des actes illégaux de l'autre côté de la rue, mais en territoire du shérif, ils étaient impuissants à agir. C'est le shérif Biscailuz et ses adjoints qui avaient juridiction sur le comté de Los Angeles.

Après le scandale qui avait décimé la police municipale, la pègre ne put exercer ses activités dans la ville de Los Angeles, mais le comté lui était encore grand ouvert. L'immense territoire du shérif Eugene Biscailuz s'étendait du désert à la montagne et à la mer, soit de Lancaster au nord jusqu'à l'île de Catalina à 42 km des côtes, puis au comté d'Orange au sud et, à l'est, jusqu'au comté de San Bernardino. Cou-vrant plus de 10 000 km^2, c'était le comté le plus vaste du pays ; plus grand que plusieurs États de la côte Est, il rassemblait 43 % de la popu-lation de la Californie.

Avec des milliers de shérifs adjoints, la patrouille routière de la Californie (California Highway Patrol) et les forces policières indépen-dantes de 46 municipalités importantes, le shérif y exerçait un pouvoir considérable. Il possédait aussi sa propre force aérienne. Pourtant, il n'y avait que 12 bureaux de shérifs dans les régions éloignées de cet immense territoire.

Le shérif avait aussi juridiction sur les innombrables îlots apparte-nant au comté, mais éparpillés dans la ville de Los Angeles, incluant certains des quartiers les plus riches et les plus convoités : Beverly Hills, Culver City (où sont situés les fastueux studios de la MGM), Santa Monica et, entre Hollywood et Beverly Hills, un tronçon à peine déve-loppé de Sunset Boulevard, long d'environ trois kilomètres, qui entre-rait un jour dans la légende sous le nom de Sunset Strip.

Biscailuz devint une figure mythique du sud de la Californie. Raymond Chandler maria la fiction à la réalité dans son roman *The Long Goodbye* (*The Long Goodbye : Sur un air de navaja*) : dans ce roman policier dont l'action se situe à Los Angeles, Chandler trace le portrait d'un shérif pittoresque, vaniteux et énigmatique. Conscient de l'image qu'il projette, l'homme de loi aime s'habiller en ranchero et ouvrir de prestigieux défilés monté sur un immense étalon harnaché d'argent. Le shérif de Chandler est le portrait tout craché d'Eugene Biscailuz :

> Le shérif était un brave type. Avec ses cheveux noirs et sa peau brune, il avait l'air impassible d'un Indien d'enseigne de magasin de tabac et sans doute guère plus d'esprit. Mais personne n'aurait jamais pu dire qu'il était un escroc. Il y avait eu des escrocs dans son département, certes, et ceux-ci l'avaient dupé tout autant qu'ils avaient dupé le public, mais leur malhonnêteté n'avait pas déteint sur lui.

En 1938, les seuls pots-de-vin qui en valaient la peine concernaient le comté de Los Angeles, depuis longtemps réputé pour être un havre pour les activités illicites. On disait du commissaire George «Ironman» Contreras, ancien enquêteur en chef au bureau des avocats de district du comté de Los Angeles, qu'il était directement responsable de la corruption au bureau du shérif. Au cours du nettoyage très médiatisé de la ville, les escrocs bien enracinés du lieu eurent beau déménager à Las Vegas, ils n'en poursuivirent pas moins, derrière des paravents, les activités lucratives de leurs entreprises qui étaient solidement implantées dans les territoires du shérif.

* * *

À compter du milieu des années 1930, il existait dans la zone peu développée de Sunset Strip, qui était territoire du comté, une boîte de nuit très sélecte, le Clover Club. De dimension réduite et au décor rouge, cet établissement de grande classe ne ressemblait à aucun autre à Hollywood. Les photographes ne franchissaient jamais le barrage des videurs armés. Par-delà le cabaret et la piste de danse grouillants de vedettes, des portes peintes en cramoisi, des parois secrètes et des miroirs sans tain dissimulaient le casino clandestin qui était le cœur de l'entreprise. Des magnats du cinéma accros du jeu, tels David O. Selznick et B.P. Schulberg, perdaient chaque soir des fortunes aux tables achalandées situées à l'arrière de l'établissement.

Un jeune joueur un peu voyant, Eddie Nealis, gérait le Clover, ainsi que les établissements que Guy McAfee et Farmer Page avaient réussi à conserver. Beau-frère de Page, Nealis était un séduisant Mexicain de sang mêlé. Ainsi que se le remémore Cohen : « Nealis avait son nez fourré dans toutes sortes de magouilles. Il manipulait chaque année une dizaine de millions de dollars. » Aux dires de Mickey, Nealis avait pour partenaire Curly Robinson, un type pas très grand, « chauve, genre homme d'affaires ». Des argousins du bureau du shérif et l'Irlandais Jimmy Fox, un féroce et redoutable vétéran, étaient ses hommes de main.

Mickey confirme que « Siegel commençait à sérieusement s'implanter et mettait sur pied une organisation sur le modèle de celles de la côte Est : tout ce qui aurait de l'importance devrait passer par lui. Lui seul distribuerait l'argent. »

Siegel discuta avec Nealis qui refusa de remettre au gangster de la côte Est une part des profits. Selon Mickey, Nealis était « droit comme un arbre, mais ses façons étaient californiennes et il n'aimait pas l'idée de partager avec qui que ce soit. » Cohen, qui avait pour mission de démanteler son organisation, démolit cinq établissements. Des années après, Mickey révéla que « Siegel s'était mis dans la tête de faire capituler Nealis. Nealis a commencé à le couillonner. Mais Siegel a dit "Cet enfoiré de Mexicain pense qu'il va m'avoir. Surveille-le ! " »

Ainsi que l'affirme Mickey, « Jimmy Fox était la terreur de Los Angeles. L'homme de main de Nealis. Siegel m'a donné 5 000 $ (environ 75 000 $ aujourd'hui) pour que je m'en débarrasse. Il venait d'être acquitté du meurtre de trois types dans un hôtel. » Mickey tira sur Fox et le laissa pour mort chez deux importants *bookmakers*. Fox survécut, mais ne représenta plus jamais une menace pour Mickey Cohen. « Il a sorti une arme, mais j'ai tiré le premier », confirma quelque temps après un Mickey glacial. « Ils ne m'ont pas coffré. »

La violence monta d'un cran. Selon Mickey : « Les flics ont pris position pour Nealis. Un des policiers à la solde de Nealis avait abattu 11 personnes de sang-froid. » Cohen mit cet adjoint en garde lors d'un affrontement : « Pour moi, tu n'as rien d'un flic. Et puisque tu n'es pas un flic, je peux te flinguer. Tiens-le-toi pour dit. La prochaine fois que je te vois, je te brûle la cervelle. » Cohen note avec satisfaction que l'adjoint tueur « a vu que j'étais sincère ».

Mickey confirmerait un jour que « Les forces de l'ordre corrompues du comté ont tenté de m'expulser et ont lancé contre moi une campagne de harcèlement sans égale » pour protéger le fief de la pègre. Il se souvenait que le tout-puissant commissaire Contreras « m'a arrêté, et il m'a dit que s'il avait le malheur de me revoir dans Sunset Strip, il me tirerait lui-même une balle dans la tête. »

Mickey ne capitula pas. « J'ai tourmenté Nealis tant que j'ai pu. Je lui ai flanqué mon poing sur la gueule. On verra bien ce que toi et tes petits copains de flics ferez de ça, que je me suis dit. »

Avec la bénédiction de Siegel, Mickey se mit à traiter exclusivement avec le « petit gentleman », Curly Robinson. Loyal à Nealis, Robinson tenta de rapprocher les deux hommes. Mais à la suite d'une altercation violente, Cohen prit la décision de tuer Nealis. Il se procura la clé d'un de ses appartements, entra et l'attendit. En arrivant, Nealis inséra la clé dans la serrure, puis l'en retira aussitôt et s'enfuit. « Le piège que je lui avais tendu était parfait, se souvient Mickey avec suffisance. Mais Nealis a été secouru par la chance, ou par son sixième sens. » Terrifié, Nealis se réfugia à Mexico.

Curly Robinson allait assurer la réussite de Mickey Cohen. « Il a compris le message », dit Cohen. Robinson capitula et s'associa à lui. Le Syndicat de la côte Est fit ainsi vaciller l'empire jusque-là inébranlable des gros bonnets locaux.

Maintenant que la voie était libre, Siegel prit en mains les rênes du pouvoir. Aidé de son emplacement stratégique, Sunset Strip devint comme par magie le terrain de jeu de l'élite en quête de plaisirs renouvelés : vedettes de cinéma, haute société internationale, patrons de la pègre de la côte Est. L'endroit n'avait pas son pareil dans le monde. Boîtes de nuit, restaurants, hôtels et boutiques accueillaient discrètement une clientèle exclusive : Ciro's, le Clover Club, le Trocadero, le Mocambo, le Chateau Marmont, le Sunset Tower, le Players Club, le Garden of Allah, le Club Gala et chez La Rue's. Les clients étaient immensément célèbres, immensément talentueux et immensément riches. Symbole même de l'argent, du prestige et de l'excès, Sunset Strip acquit alors la réputation d'être un lieu où l'on pouvait acheter tout ce que le monde avait de meilleur à offrir, pourvu qu'on en ait les moyens. Bugsy Siegel, alors au milieu de la trentaine, dirigeait absolument tout de main de maître.

* * *

L'extorsion d'entreprise était un champ très lucratif qui n'avait pas encore été exploité à Los Angeles. Willie Bioff, un ancien proxénète de Chicago, fut envoyé sur la côte prendre charge de l'International Alliance of Theatrical Stage Employees (IATSE), le syndicat ouvrier des métiers du théâtre et du cinéma. Dans la foulée du gangster de New York

Lepke Buchalter, qui contrôlait les syndicats ouvriers de divers secteurs industriels, Ben Siegel s'intéressa aux métiers du cinéma.

Personne n'aimait le grabuge au sein des syndicats ouvriers. Les magnats du cinéma n'eurent d'autre choix qu'adhérer aux volontés de la pègre. On prévoyait le tournage d'une scène de foule ? Des centaines de figurants menaçaient de se mettre en grève ? Un petit coup de fil à Ben Siegel suffisait à tout aplanir. Nul n'ignorait qu'il était le vrai régisseur de distribution.

À la fin des années 1930, le panorama, vu des collines de Hollywood, se perdait dans l'infini. Imaginée par Benjamin Siegel et mise en œuvre par Mickey Cohen, une nouvelle vision de l'avenir de Los Angeles se déployait.

Tandis que Mickey luttait pour le contrôle du territoire, Siegel s'intéressait à tout un éventail de nouvelles entreprises. Sans cesse à la recherche d'un paravent efficace ou d'un autre coup rentable, Siegel et la comtesse échafaudaient des projets fous et planifiaient d'extraordinaires aventures. En vrac : une usine de conserves de soja ; une mystérieuse course au trésor au large des côtes sud-américaines ; un grand tour de l'Europe au cours duquel le couple fréquenta des têtes couronnées ainsi que les casinos-palaces de Monte-Carlo et de Cannes ; une bombe pour Mussolini.

Il avait beau n'être aux yeux de Siegel qu'un voyou moyennement doué, Mickey Cohen progressait rapidement. Son capital, sa garde-robe et sa réputation grandissaient à vue d'œil. Qui plus est, il avait trouvé l'âme sœur.

CHAPITRE 5

Du sang neuf

« *Les nanas de Bugsy lui tournaient autour. Les anciennes et les nouvelles.* »
Un avocat de MICKEY COHEN

Parti de Boyle Heights, Mickey était arrivé en bordure de la cour des grands. Et tout comme Sammy Glick, le personnage fictif de Budd Schulberg, il était très impatient d'aller encore plus loin. Puisque aucune morale et aucune loi ne parvenaient à freiner ses ambitions, Cohen aurait tout fait pour avoir de l'argent et des relations influentes.

L'homme de main de Siegel passait ses soirées dans les boîtes de nuit décadentes de la ville, entouré de belles filles venues à Hollywood dans l'espoir de faire carrière au cinéma. Puisqu'il était accueillant, amusant et apte à leur distribuer des rôles de figurantes, Mickey ne manquait pas de femmes pour lui tenir compagnie. Un des avocats de Cohen m'a un jour confié que « les nanas de Bugsy lui tournaient autour. Les anciennes et les nouvelles. » Mais contrairement à Siegel, il n'était pas du tout tombeur.

Il cherchait quelqu'un de spécial. Il dit plus tard l'avoir rencontrée dans un cabaret très fréquenté de North Fairfax, Billy Gray's Band Box. Il avait vingt-cinq ans et elle, vingt et un. LaVonne Norma Weaver était petite et mince, avec une éclatante chevelure auburn, de beaux traits symétriques, de grands yeux bruns et un nez retroussé. Aux dires de Mickey, cette non-juive de Los Angeles, belle et bienséante, avait enseigné la danse et travaillé comme mannequin de modes adolescente. La journaliste Florabel Muir signala plus tard qu'elle « avait l'air et la manière d'une débutante ». La presse clamera plus tard qu'à cette époque qui était celle de la célèbre aviatrice Amelia Earhart, LaVonne avait appris à piloter un avion et rêvait de devenir pilote de ligne.

Mickey dit qu'elle l'« intriguait ». Il ajouta qu'elle semblait d'accord pour ne pas lui poser de questions sur sa vie, qu'il lui suffisait de savoir qu'il œuvrait « dans le monde de la boxe ». Il dit un jour avec fierté à un avocat : « Elle sait faire la cuisine en trois langues. »

Leur relation aurait commencé assez curieusement. Mickey devait passer la prendre chez elle à dix-neuf heures, mais à vingt-trois heures, elle était dans ses plus beaux atours et lui n'était toujours pas là. Finalement, un homme inquiétant vint la chercher et, lui ayant expliqué que Mickey était occupé, il la conduisit à l'appartement de ce dernier où elle l'attendit encore, cette fois dans une pièce enfumée et remplie d'hommes. Quand Mickey eut enfin terminé le rituel de sa toilette, il était déjà minuit. Il accompagna la patiente jeune femme dans un cabaret réservé à l'élite. Il fut courtois, chaleureux et n'exigea rien d'elle en retour. Il se comporta en parfait gentleman. LaVonne dit elle aussi qu'il l'« intriguait ».

« Je n'avais encore jamais rencontré un homme comme lui », confia-t-elle plus tard à un journaliste.

« Et elle n'en a pas rencontré d'autre depuis non plus », interjeta Mickey.

« Ça, tu peux le dire, acquiesça-t-elle. Nous avons commencé à sortir ensemble. Il a fallu que Jack Donahoe, un commissaire du LAPD, me raconte tout ce qu'il savait de Mickey pour que je comprenne enfin qui il était. Mais c'était déjà trop tard. J'étais amoureuse. »

Mickey affirma longtemps après que LaVonne était « douce et jolie, une brave fille. Je suis tombé amoureux d'elle, mais j'avais l'impression de profiter de la situation en lui mentant comme je le faisais. Il m'arrivait de la laisser en compagnie de [Joe] Gentile pendant que j'allais faire un braquage planifié. Alors elle devenait soupçonneuse et elle me foudroyait du regard ! »

Mais, le véritable passé de LaVonne resta secret. Son personnage public de jeune fille de bonne famille était une pure invention de Mickey Cohen.

* * *

Moins de trois mois après que les blindés d'Hitler furent entrés en Pologne le 1ᵉʳ septembre 1939, déclenchant ainsi la Seconde Guerre mondiale, l'univers soigneusement orchestré de Ben Siegel vola en éclats. Juste au moment où il décidait de devenir lui-même vedette de

cinéma, un de ses anciens soldats se pointa à Hollywood à l'impro-
viste. Harry « Big Greenie » Greenberg n'ignorait rien des noirs secrets
de Siegel et de Lepke, ni des rouages de leur société mutuelle d'assassinat de Brooklyn que la presse baptisa « Murder Inc. » (Meurtre inc.).
Sans le sou, fuyant les autorités de l'Immigration, Greenberg menaça
de tout révéler à la police. À New York, la haute direction du milieu
sanctionna son assassinat.

Siegel planifierait le meurtre, mais n'y participerait pas directement
en raison de son rang dans la hiérarchie. Quelqu'un d'autre se chargerait du sale boulot, en l'occurrence son proche collaborateur Frankie
Carbo, manager de boxe et assassin réputé. Mais Siegel ne réussit pas
à déléguer cette responsabilité et la moitié « Bugsy » de sa personnalité
prit le dessus. La veille de l'Action de grâce de 1939, Carbo et Siegel
firent feu sur Harry Greenberg dans une rue sordide de Hollywood et
le tuèrent. C'était la première fois qu'un bandit de la côte Est était
exécuté à Los Angeles. À New York, des indicateurs commencèrent à
associer Siegel à l'exécution de « Big Greenie ».

Pour la première fois de sa vie, Bugsy Siegel avait de sérieux ennuis.
Formellement accusé du meurtre de Greenberg, il dut se battre pendant deux ans pour éviter la chambre à gaz.

* * *

Tout au long de 1940 et de l'année suivante, la plupart des hommes
de Siegel furent mis en accusation ou étroitement surveillés. Pour se
maintenir à flot, ses entreprises avaient besoin de sang neuf. Mickey
et sa bande d'inconnus passèrent des corvées de gros bras à des be-
sognes plus raffinées. Mickey se souvient d'un entretien qu'il eut avec
Siegel. « Il m'a dit : "Tu ne manques pas de culot, mais il faudrait que
tu te raffines si tu ne veux pas passer ta vie dans des rôles de fier-
à-bras. Tu as des aptitudes qui te feraient monter plus haut si tu t'en
servais mieux." » Mickey prit le relais, hérita de responsabilités nouvelles, se familiarisa avec la prise des paris et les subtilités des jeux
d'argent.

Longtemps après, il confia ceci à l'écrivain Ben Hecht : « Comman-
der ne m'intéressait pas. Ce n'était pas mon truc à l'époque. Je voulais
juste être moi-même : Mickey. J'étais un voyou prétentieux. J'avais pour
ambition de gagner une bagarre de rue, de réussir un braquage, d'avoir
assez d'argent pour m'offrir de beaux chapeaux. Il n'y a que ça qui
m'intéressait. » Pour Hecht : « Le jeune Cohen était un vrai gangster des
pieds à la tête. Aucun autre style de vie ne l'attirait. »

Mickey fit la connaissance du joueur légendaire Nicolas Dandolas, mieux connu sous le nom de «Nick the Greek». Né en Crête en 1883 dans une famille riche, il avait étudié la philosophie. À l'âge de dix-huit ans, il s'installa aux États-Unis avec le soutien financier que lui procurait son grand-père, s'adonna au jeu et devint très vite célèbre pour ses gains (et ses pertes) prodigieux. La légende qui entourait Dandolas et

Frankie Carbo, un manager de boxe réputé, était un ami intime de Siegel. Coaccusé dans la première affaire de meurtre du Syndicat de la côte Est à Los Angeles, il subit son procès et fut acquitté. 1938.

les récits que ce dernier inventait pour Mickey, par exemple, l'histoire d'une secte de l'Inde, dont les membres jouissaient d'une extraordinaire longévité grâce à un pain particulier et à certaines techniques respiratoires, fascinaient le jeune voyou. Il se souvient avec chaleur que «Nick s'est pris pour moi d'une affection paternelle. C'est avec lui que je suis allé pour la première fois à l'hippodrome [Santa Anita].»

Mickey Cohen devint *bookie* à ce bel hippodrome d'Arcadia, une banlieue de Los Angeles, acceptant des paris à quelques pas seulement des détectives de l'agence Pinkerton. Il prétendit n'avoir pas su qu'il s'agissait d'une activité illégale: «Je savais pas que c'était illégal. Comment voulez-vous que je sache que c'était illégal quand juste à côté, aux guichets de paris, cinquante mille personnes misaient leur argent au vu et au su de tout le monde?» Mais avant que ne prenne fin la saison des courses, quelques problèmes firent surface. «J'ai réussi à me créer des problèmes à l'hippodrome, avoue-t-il [...] parce que j'étais prompt et parce que je manquais de tact. À cette époque-là, je ne croyais pas pouvoir m'imposer autrement que par la force.»

Durant cette période, Mickey resta en contact avec son ancien mentor et entraîneur de boxe, Eddie Mead. Ce quadragénaire costaud au visage rondelet et aux cheveux bruns brillantinés et lissés vers l'arrière était prospère. Il était le manager d'un boxeur professionnel, Henry Armstrong, que commanditait le chanteur Al Jolson. Le boxeur noir de petite taille était un véritable phénomène. À cette époque, il détenait simultanément trois titres de champion du monde. Dans son deuxième emploi comme receleur pour Mickey, Mead était chargé de la revente, dans l'est du pays, de bijoux volés.

Un soir qu'ils dînaient ensemble au Ruby Foo's de Sunset Boulevard, Mead suggéra à Mickey de délaisser le boulot de fier-à-bras et offrit de le mettre en contact avec un officier de la police des mœurs de Hollywood. Ainsi sanctionné par le LAPD, Cohen ouvrit un tripot à l'angle du boulevard Santa Monica et de Western. Après un début prometteur, l'opération de jeu fut démantelée quand des détectives de la Brigade de répression des vols et de la Brigade criminelle du LAPD y firent une rafle sans en prévenir leurs collègues du poste de Hollywood.

Cohen instaura ensuite une opération de prise de paris dans le grenier du Stratford Coffee Shop, au 758, South Rampart. Allen Smiley, qu'il avait connu à Santa Anita, était son associé. « Nous avions cinq téléphones, se souvient Mickey ; et ils se sont tous mis à sonner. Smiley et moi, on n'avait pas songé au fait qu'on ne savait pas comment inscrire un pari ou prélever notre part. Imaginez la panique... les joueurs invétérés essayaient de placer leurs enjeux au plus vite, Smiley et moi, on ne pensait qu'à ne pas se faire damer le pion, parce que ça, on connaissait... il fallait qu'on soit sur nos gardes. » Ainsi qu'il l'avoue lui-même, ils multiplièrent les erreurs dans le calcul des cotes. Heureusement, il y avait là de vieux loups de mer aptes à conseiller les néophytes qui ne savaient pas compter.

Grand et beau, avec une épaisse chevelure bouclée et prématurément grise, Allen Smiley, de son vrai nom Aaron Smehoff, était né en Russie. De la génération de Siegel, il était tout comme lui un coureur de jupon d'une grande élégance avec un lourd passé criminel. Grâce au soutien de Siegel, il se tailla une place de choix dans le monde interlope de Hollywood. Tandis que Mickey restait dans l'ombre, Siegel et Smiley fréquentaient ensemble les boîtes et les restaurants les plus huppés de la ville, vêtus comme des mannequins. Lauren Bacall se souvenait qu'elle et Humphrey Bogart avaient fêté leur premier Noël à Hollywood chez le producteur Mark Hellinger en compagnie de Siegel et de Smiley.

Le Rhum Boogie, dans Highland Avenue, à proximité de Hollywood Boulevard, était une autre entreprise de Mickey. Ce club nouveau genre dans le contexte des lois Jim Crow de Los Angeles importait dans le quartier blanc des artistes noirs, notamment les Trenier Brothers, du ghetto de Central Avenue. Mais leur talent et même la présence quotidienne de l'ancienne idole de l'écran John Barrymore, toujours ivre et accompagné d'une cohorte de femmes de ménage des édifices voisins, ne suffit pas à tenir la boîte de nuit à flot.

Cependant, rongé par la fièvre de l'ambition, Mickey Cohen apprenait peu à peu à s'orienter dans le dédale de la ville et du comté de Los Angeles et à y tracer son chemin.

* * *

L'intersection mondialement connue de Hollywood et Vine connaissait beaucoup d'activités. Ben Siegel, en liberté sous caution à la suite d'une accusation de meurtre, tenait sa cour plénière au Brown Derby de Vine Street, un restaurant privilégié des vedettes de l'écran, dans un compartiment en cuir matelassé équipé d'un téléphone. En souriant de toutes ses dents, Siegel baratinait les gens célèbres qui s'approchaient de sa table. Il dînait, entouré de ses amis fidèles : le producteur Mark Hellinger, le nez chaussé de ses éternels verres fumés, en habit foncé, chemise noire et cravate blanche ; le gangster vedette de la Warner Brothers, George Raft ; l'homme d'affaires Sid Grauman, actionnaire du Derby, fondateur et propriétaire de salles de cinéma telles que le Chinese Theatre, l'Egyptian Theatre et le Million Dollar Theatre ; et enfin, l'omniprésent Allen Smiley.

En face du très fréquenté Derby, de l'autre côté de la rue, il y avait le magasin The Broadway, le populaire restaurant Al Levy's et la minuscule et néanmoins ruineuse boîte de nuit La Conga. Le décor sans arbres de Vine Street se composait de bars exigus, de stations de radio, de studios d'enregistrement et de monts de piété. Le racketteur des syndicats du cinéma Willie Bioff possédait un bureau à deux pas, dans l'édifice Taft, tout comme le comptable de Siegel, Harry Sackman. À un pâté de maisons plus à l'est se trouvait le temple de la boxe, le Hollywood Legion Stadium.

Le conseiller de Mickey, Champ Segal, était l'homme de paille de Siegel au Grand Prix, un luxueux salon de barbier de style Art déco au nord du Derby. C'est là qu'on traitait de toutes les affaires importantes, 24 heures sur 24. Il était fréquenté par les plus grands joueurs du pays, de Nick the Greek à Sacramento Butch, ainsi que par des tueurs à gages, des petits joueurs, des petits escrocs, des promoteurs de combats de boxe, des jockeys et des vedettes de l'écran, du disque et de la radio.

Budd Schulberg a décrit Vine Street dans son roman sur Holly-wood, *What Makes Sammy Run?* (*Qu'est-ce qui fait courir Sammy?*) : « Tout au long du trottoir, il y avait de petits nœuds d'habitués des salles de billard. Ils semblaient enracinés là dans de mystérieux conci-liabules. Plus loin, des *play-boys* s'extrayaient de phaétons Cadillac rouges ou de citadines à leurs initiales devant les portes de La Conga. Une ambiance sauvage et tendue régnait dans la rue. »

Tandis que les nazis bombardaient la Grande-Bretagne et qu'Hitler dansait à l'ombre de l'Arc de Triomphe, des chasseurs d'autographes et des touristes hantaient les trottoirs bondés de Hollywood et Vine dans l'espoir d'y apercevoir des célébrités. Parmi les visages anonymes qu'ils croisaient à cette intersection légendaire, il y avait celui de Mickey Cohen.

En face du Derby, Mickey s'attaqua à Jimmy Utley, qui allait deve-nir un de ses plus redoutables ennemis. De dix ans son aîné, James Francis Utley était un homme de petite taille, d'un abord avenant, au visage rond et taché de son, avec des cheveux roux et des lunettes à monture d'écaille. Sobrement vêtu, « il avait l'air d'un guichetier de banque », ainsi que le décrit laconiquement Mickey, qui surnomme aussi son rival « Squeaky Voice ».

D'abord forain peu scrupuleux, Utley s'était installé à Los Angeles au milieu des années 1920. Il capta l'attention de la presse en tant qu'informateur du propriétaire de cafétérias, Clifford Clinton, le réfor-mateur dont la croisade contre la corruption fut un tournant dans la révocation du maire véreux Frank Shaw. Trafiquant de morphine re-connu, Utley œuvrait aux côtés de Dragna dans la prostitution, les paris clandestins, les avortoirs et les stupéfiants, et il gérait les lucra-tives et légitimes salles de bingo de la bruyante plage de Venice Beach. Mickey méprisait Utley de ne pas garder secrètes ses relations inces-tueuses avec la police.

Un jour, vers midi, Mickey vit Utley en train de discuter avec un policier tout en pointant le doigt vers lui. Bien que Siegel lui ait enjoint de se maîtriser et de faire preuve de tact, Mickey contrôlait mal ses élans. Il tabassa gravement Utley en pleine rue, sous les yeux de tous.

Mis au fait de l'incident, Jack Dragna devint furieux. Siegel répri-manda sévèrement Cohen et tenta de lui faire comprendre que transiger avec la police faisait partie du métier. Mickey fut offensé. Pour lui, un mouchard était ce que l'espèce humaine pouvait produire de plus vil.

* * *

Les affaires étaient primordiales pour Mickey, mais sa vie ne se limitait pas à cela. Après deux ans de fréquentations sérieuses et en dépit des mises en garde de l'agent du LAPD Jack Donahoe et des fermes objections de ses parents, LaVonne Norma Weaver, vingt-trois ans, épousa Mickey Cohen, vingt-sept ans, le 15 octobre 1940. Le lendemain, Mickey s'enregistrait au service militaire sélectif en vertu du Selective Service Act de 1940.

Mickey se souvient que LaVonne était contrariée quand il insista pour qu'elle aille le rejoindre à son comptoir de paris pour les prises de sang et le permis de mariage. La cérémonie se déroula en pleine nuit dans une chapelle louée de Western Avenue en présence des amis gangsters de Mickey : Stumpy Zevon, témoin, ainsi que Joe Sica et Mike Howard. Mickey avoua plus tard qu'il contraria encore plus sa nouvelle épouse lorsqu'il insista pour que son chien Toughie soit du cortège. « On a failli annuler la cérémonie quand le ministre du culte a refusé que mon bouledogue miniature soit témoin au mariage. » Menaçant de partir, Cohen finit par obtenir gain de cause. « Quand il a compris que c'était pas une blague, il a accepté que mon chien reste assis sur une chaise dans la pièce à côté. »

Il n'y eut pas de voyage de noces. Le nouveau marié avait délaissé son entreprise de *bookmaker* tout juste le temps d'échanger des vœux.

« Je n'ai jamais regretté d'avoir épousé Mickey », confia LaVonne à la journaliste Florabel Muir de nombreuses années après. « Je me fiche de ce qu'on dit de lui ; il est l'homme le plus généreux et le plus aimable que j'aie rencontré de toute ma vie. »

Quelques heures après la cérémonie, sous le nom de Michael Mickey Cohen, Mickey se rendit à la commission d'enrôlement. Il donna comme adresse permanente 125, North Breed Street, Boyle Heights ; comme occupation, copropriétaire du Stratford Coffee Shop et promoteur de combats de boxe. Mickey déclara aussi être marié, état qui, à cette époque, pouvait lui éviter la conscription.

Ainsi que le rapporte un compte rendu du FBI sur le dossier de Meyer Harris Cohen :

Cohen s'enregistra au Selective Service System (SSS) le 16 octobre 1940 et déclara dans le formulaire être promoteur de boxe. Puisqu'il avait pris soin de mentionner son important casier judiciaire, il fut classé 4-F, c'est-à-dire « moralement inapte au service militaire ». Plus tard, irrités par les commentaires désobligeants et les insinuations de certains amis dont les fils avaient été conscrits ou s'étaient portés volontaires, son frère et lui s'efforcèrent

d'obtenir que Cohen soit reclassé. Une enquête policière effectuée à cette époque ne parvint pas à prouver le bien-fondé de
leurs allégations selon lesquelles il aurait été un homme de bonne
moralité et de bonne réputation.

* * *

Ben Siegel était toujours formellement accusé du meurtre de Greenberg,
mais un événement inattendu survint à New York qui transforma du
tout au tout la dynamique de la branche hollywoodienne du Syndicat.
À Brooklyn, le tueur à gages de Murder Inc., Abe « Kid Twist » Reles,
était devenu indicateur. Puisqu'il devait témoigner contre Siegel et
Frankie Carbo dans un tribunal de Los Angeles, il était sous la garde
préventive de la police de New York, 24 heures sur 24, au Half Moon,
un hôtel de Coney Island. Le 12 novembre 1941, Reles fut « inexplica-
blement » victime d'une chute mortelle.

Devenu le parrain exécutif de la famille Luciano et du crime organisé à la suite de l'incarcération de son associé, Frank Costello avait eu
recours à ses puissantes accointances politiques et à un important pot-
de-vin pour faire en sorte que Reles ne témoigne jamais contre Siegel.
Grâce au « suicide » opportun de Reles, le procès pour le meurtre de Big
Greenie tomba à l'eau. Bugsy Siegel était un homme libre. À près de
cinq mille kilomètres de distance, Mickey Cohen n'en eut pas moins
vivement conscience du pouvoir absolu de l'Organisation.

* * *

Trois semaines après le décès de Reles, le 7 décembre 1941, le Japon
attaqua la base navale des États-Unis à Honolulu, tuant des milliers
de marins et causant la destruction de la majeure partie de la flotte de
guerre américaine. Cette attaque sur Pearl Harbor incita les États-Unis
à entrer dans la Seconde Guerre mondiale.

CHAPITRE 6

Des coulisses à l'avant-scène

« Mickey était farouche comme une biche quand on voulait le prendre en photo. »
FLORABEL MUIR, journaliste

al préparé pour la guerre et pressé d'y faire face, le gouvernement fédéral injecta des sommes faramineuses dans l'économie de Los Angeles. L'avionnerie, la construction navale et l'industrie pétrolière prirent un essor prodigieux quand les soldats et les travailleurs de guerre envahirent la région. Los Angeles étant une plaque tournante du transport et un port en eau profonde, elle connut une extraordinaire poussée démographique durant les années de guerre. Les studios de cinéma devinrent des machines à patriotisme, à propagande et à *pin-ups*, et le monde interlope s'introduisit partout où il lui était possible de s'enrichir rapidement.

Les sièges sociaux de Warner Brothers, Disney et Universal étaient situés à Burbank, une ville-dortoir à proximité de Hollywood, de même qu'une immense usine des constructeurs d'avions Lockheed et plusieurs activités complémentaires. De par sa situation stratégique dans le comté de Los Angeles, Burbank devint le premier théâtre de l'extraordinaire ascension de Mickey Cohen.

Il ouvrit un comptoir de paris à un pâté de maisons du studio de Warner Brothers. « J'avais l'intention d'organiser les *bookies*, dit-il. L'opération de Burbank était mon pivot, mon point de départ. » Ses associés, Joe et Fred Sica, prenaient les paris du personnel des studios et des avionneries, tandis que Mickey s'occupait de la Dincara Stock Farm. Cette ferme d'élevage de chevaux doublée d'un casino était une réinterprétation très originale des opulentes maisons de jeu de la pègre. Mickey décrit Dincara avec fierté : « C'était un endroit magnifique où on élevait des chevaux. Nous avions aussi des chevaux qu'on pouvait monter.» Situé au creux du piémont boisé qui surplombait les studios de Warner Brothers, le casino clandestin occupait une étable au bas d'une pente abrupte. Une petite lumière rouge allumée au bout de l'allée des voitures signifiait que le casino était en activité.

«Au début, dit Mickey, on avait seulement une pièce, et une vieille table de *craps* complètement décrépite. L'endroit était tellement petit que, si quelqu'un voulait aller aux toilettes, le croupier devait quitter sa place au bout de la table pour laisser passer la dame. Puis c'est devenu un édifice climatisé de 125 000 $ [1,5 million aujourd'hui].» L'entreprise fonctionna par intermittence pendant huit ans. Les clients bénéficiaient d'un service de voiturier, et des garçons de salle d'origine philippine en veste blanche leur servaient des repas gratuits en abondance. Mickey dit fièrement : «On avait de 1500 à 2000 clients chaque soir.»

Dincara était la «couverture idéale», selon Mickey. Ses nouvelles relations dans le milieu avaient veillé à lui assurer la collaboration du commissaire George Contreras du bureau du shérif du comté de Los Angeles. Des représentants de tous les échelons de la classe politique, de la police, de la presse et même du clergé recevaient une part du butin de la ferme d'élevage. L'éminent agent des forces de l'ordre Blayney Matthews, directeur de la police privée des studios Warner Brothers et ancien enquêteur en chef pour le bureau du secrétaire à la Justice, était de ceux-là. Jack Dineen, commissaire de police à la retraite, supervisait le tout. Depuis que Mickey Cohen avait sa tête de pont à Burbank, Elmer Adams, le directeur de la police municipale, avait les moyens de s'offrir un yacht.

Au casino de Dincara, la réalité s'estompait. Qu'ils soient des acteurs légendaires, tels Bob Hope ou Bing Crosby, ou de simples machinistes, les gens du cinéma venaient directement des studios, souvent encore costumés. À la roulette, pirates et cowboys côtoyaient des esclaves égyptiennes, tandis que des Romains en toge et des rajahs jouaient au *black jack* en compagnie d'orphelins cockneys et de belles dames de la cour de Versailles. En tenue d'équitation classique et curieusement coiffé d'un feutre à large bord, Mickey exhibait ses talents équestres en compagnie de la femme du monde qui partageait sa vie.

* * *

En 1942, des agents du FBI se rendirent chez Cohen à Burbank où ils s'entretinrent avec LaVonne et interrogèrent Mickey pour la première fois. Ainsi qu'on peut le lire dans un mémorandum du FBI, «Siegel se mit à encourager Cohen».

Joe Sica, qui fut pour Mickey Cohen le complice de toute une vie, son partenaire dans le crime. Vers fin 1950.

Mickey se rappelle qu'il lui était devenu extrêmement profitable d'adopter une attitude pratique. «Siegel me donnait 10 000 $, 25 000 $, et une fois jusqu'à 40 000 $ [plus de 500 000 $ aujourd'hui]. Il ne tenait pas de registre, il ne justifiait rien. Il se contentait de me dire "Tiens, c'est pour toi."» Cohen ajoute: «Ben Siegel m'a fait comprendre dès le départ que je ne serais pas qu'un voyou sans envergure, mais que je possédais les dons, la stature et la personnalité qu'il fallait pour vraiment bien faire les choses. Il a dit que je devrais commencer à payer mes impôts pour m'éviter des ennuis avec l'IRS [Internal Revenue Service].»

Il avait de bonnes raisons de craindre l'IRS. Beaucoup de parrains de la mafia avaient été incarcérés pour fraude fiscale, à commencer par Al Capone. Cohen dit plus tard avec une certaine gravité que «Ben s'inquiétait parce que je n'avais pas de travail reconnu, bien que j'aie toujours eu 3000 ou 4000 $ en poche, et parce que je dépensais cet argent comme un marin ivre. J'étais un sacré flambeur et un bon vivant, et Ben était sûr que ça attirerait sur moi l'attention des gens de l'IRS.»

Siegel fit en sorte que son comptable produise les déclarations de revenus de Mickey. L'ancien boxeur finit par se plier à la volonté de son chef, mais il contesta cette décision avec arrogance: «Je m'entêtais à dire qu'un gouvernement, ou n'importe qui qui veut s'approprier une partie de mon argent devrait au moins m'avoir aidé à le voler!»

Après l'abandon de la poursuite pour meurtre dans l'affaire Harry Greenberg, Siegel mit au point d'autres stratégies. Il envisagea d'étendre ses activités criminelles tout en s'intéressant personnellement aux zones grises fort lucratives qu'il pouvait exploiter dans les limites de la loi. Il soignait plus que jamais une vaste armée d'hommes de paille composée d'hommes d'affaires, de politiciens, d'avocats, de comptables et de lobbyistes en vue. Quant aux aptitudes particulières de la bande de Mickey Cohen, il les réservait à des tâches moins délicates.

Benjamin Siegel se donna comme priorité d'avoir la main haute sur tous les services télégraphiques. Le télégraphe était un cordon ombilical pour les preneurs aux livres, car il leur procurait instantanément les données indispensables à l'organisation des paris ; il était la clé pouvant permettre à un réseau de jeu de s'implanter à l'échelle nationale. Au fil des ans, Siegel avait vu Moses Annenberg, propriétaire du plus important télégraphe du pays, devenir un personnage richissime doté d'une influence considérable. L'ascension d'Annenberg avait débuté lors de la sanglante guerre des tirages qui avait sévi à Chicago durant les premières années du xxᵉ siècle. Intelligent, dur et prompt, Moe Annenberg était directeur de la distribution des journaux pour W.R. Hearst. Il fit appel à des gros bras de la pègre et à des camelots tabasseurs, et il usa de tactiques mafieuses pour assurer la prépondérance des tabloïdes de Hearst. C'est dans l'univers impitoyable des camelots d'Annenberg qu'avait du reste grandi Mickey Cohen. Plus tard, Annenberg devint éditeur et distributeur de Hearst et propriétaire d'un journal hippique, le *Daily Racing Form*. Moe Annenberg fit ensuite l'acquisition du Nationwide News Service, un réseau d'information hippique. Ne reculant devant aucune sauvagerie pour parvenir à ses fins, Annenberg liquida en peu de temps pas moins de dix-neuf agences télégraphiques.

Le Nationwide était un monopole extrêmement lucratif et tout à fait légitime. L'aspect illégal du système, les paris clandestins, ne faisait pas partie de l'entreprise d'Annenberg. Au milieu des années 1930, Nationwide fournissait les résultats des courses des 29 hippodromes des États-Unis ainsi que ceux du Canada, du Mexique et de Cuba. Fort de 15 000 abonnés dans 223 villes et bourgades de 39 États, Nationwide était l'un des clients les plus importants de AT&T et de Western Union. Ayant survécu à deux tentatives d'assassinat en 1934 (la première par un ancien associé furieux et la seconde par l'Organisation de Chicago), Annenberg, qui ne se déplaçait jamais sans garde du corps, fit l'acquisition de deux importants journaux : le *Philadelphia Inquirer* et le *Miami Tribune*. Ses accointances dans les milieux du jeu clandestin et ses éditoriaux incendiaires lui attirèrent les foudres de Washington. Il attisa la fureur de plusieurs hommes politiques influents et, en 1938, fut l'objet d'une note de service de six pages que le directeur du FBI, J. Edgar Hoover, adressa au président Franklin Roosevelt. Accusé de fraude fiscale en 1939, Annenberg plaida coupable et se retira des réseaux d'information télégraphique. Il versa la somme faramineuse de 9,5 millions de dollars (près de 150 millions aujourd'hui) en arrérages d'impôts et purgea une peine de trois ans au pénitencier fédéral d'Atlanta. Après sa mort, la contribution de sa famille à des organismes caritatifs fut considérable.

À Chicago, James Ragen, qui était depuis longtemps farouchement loyal à Annenberg et dont on disait qu'il avait tué un homme lors d'une bagarre, prit le contrôle de Nationwide, qu'il rebaptisa Continental Press. Tout comme avant le changement de propriétaire, Johnny Rosselli et Jack Dragna en étaient les représentants sur la côte. Le beau-fils de Ragen, Russell Brophy, dirigeait les succursales de Los Angeles.

Ben Siegel, qui désirait s'emparer du contrôle exclusif des réseaux d'information, mit sur pied une agence concurrente en collaboration avec l'organisation de Chicago. Trans-America, dont le siège social était à Phoenix, s'imposa rapidement dans les maisons de paris de l'Arizona et de Las Vegas et s'implanta sans peine dans le comté de Los Angeles, où Mickey Cohen gérait l'organisation des *bookmakers*. Mais Continental garda sa mainmise sur les 1800 comptoirs de pari de la ville de Los Angeles.

Brophy fut abordé d'une manière amicale, mais après avoir consulté Ragen, il rejeta l'alliance que lui proposait Trans-America. En juillet 1942, en accord avec Dragna et Rosselli, Siegel mit au point le nouvel organigramme du milieu interlope de Los Angeles. Cohen hérita de la direction des tripots. Il aurait été plus prudent pour Brophy de se joindre à l'équipe.

Mais il repoussa une fois de plus les propositions qui lui furent présentées et Siegel jugea bon de lui adresser une petite mise en garde. Siegel ordonna à Mickey de passer Brophy à tabac sans toutefois aller jusqu'à le tuer. Une semaine plus tard, Cohen et Joe Sica se pointèrent au quartier général de Continental, dans le centre-ville, et, usant des tactiques de Ragen, ils rouèrent Brophy de coups. À l'encontre des ordres de Rosselli, ils arrachèrent les lignes téléphoniques et démolirent les bureaux de l'entreprise.

Refusant de se laisser intimider, Brophy déposa une plainte contre Cohen et Joe Sica pour tentative de meurtre. Tandis que Siegel se démenait pour faire invalider la mise en accusation et apaiser ses associés,

Dragna et Rosselli, les deux hommes qui avaient tabassé Brophy et démoli ses installations disparurent. Sica s'enrôla dans l'armée et Mickey partit pour Phoenix où, en attendant que l'affaire se règle, il fut confié à la tutelle d'un joueur influent, Gus Greenberg.

Quelques mois plus tard, la date du procès de Cohen et de Joe Sica fut fixée. Siegel ayant arrosé les bonnes personnes, les deux hommes s'en tirèrent avec une accusation réduite de voies de fait simple et furent condamnés à une amende minimale.

* * *

De retour à Los Angeles, Mickey, alors âgé de vingt-neuf ans, intensifia ses activités : « Certains de mes anciens copains de la côte Est se sont joints à moi. » Mandatés par Siegel, Mickey et ses hommes se lancèrent dans une campagne soutenue d'organisation de *bookies*. Moyennant des ententes qui englobaient le service télégraphique Trans-America de Siegel, la protection et la collecte de fonds, Mickey Cohen se lia en un temps record à plus de 500 preneurs aux livres de la région de Los Angeles.

Il entreprit de se policer : « J'ai raffiné mes méthodes et j'ai commencé à apprendre ce que c'est qu'être diplomate. J'étais un type plutôt aimable (d'après ce qu'on m'en a dit) et, maintenant que je suis [...] capable de contrôler mes sautes d'humeur, je me suis fait quelques amis qui joueront plus tard un rôle dans mon organisation. »

Mickey était à l'écoute de Curly Robinson et le respectait. Aux dires de Mickey, cet homme l'avait beaucoup aidé en le protégeant et en lui faisant rencontrer des personnages influents de la région. Respirant la légitimité, Robinson était directeur général des Associated Operators of Los Angeles County, Inc. (AOLAC), directeur, pour la côte Ouest, de la National Organization of Automatic Machine Owners (NOAMO), et, dans ses bureaux de West Washington Boulevard, il rédigeait des manuels sur l'industrie du jeu. Mickey affirme que, sur ordre de Robinson, ses associés et lui avaient employé la « persuasion » nécessaire à la mise sur pied d'une nouvelle association d'opérateurs de billards électriques et de machines à sous. Sur le plan juridique, cette association qui couvrait tout l'État de la Californie était un pur bijou.

Central Avenue, entre la 40ᵉ Rue et la 50ᵉ Rue, à Los Angeles, était le cœur même de la vie musicale de l'époque. Ses nombreuses boîtes de nuit accueillaient régulièrement une pléthore d'artistes afro-américains tels Nat King Cole et Billie Holiday. Grouillant et corrompu, ce quartier était une véritable mine d'or. À la façon de Bumpy Johnson, le légendaire chef de gang acoquiné à l'Organisation, Elihu « Black Dot »

McGee, de Los Angeles – un homme grand, mince, à la mise impeccable, avec un teint d'ébène, des yeux brillants, des cheveux lissés et une fine moustache –, contrôlait les activités criminelles au sein de cette collectivité. Le pimpant joueur était copain avec les artistes et les athlètes afro-américains, et propriétaire de deux boîtes de nuit, le

Le « magasin de peinture » de Mickey, une machine à faire de l'argent, situé dans Beverly Boulevard à proximité de Crescent Height Boulevard. C'est là qu'un des frères « Shannon » fut tué. 1945.

Flame et le Casablanca, ainsi que du salon de barbier Turf's Barber Shop et du restaurant Dot's Bar-B-Que. Mickey Cohen et Black Dot McGee se partageaient le tronçon sud de Central Avenue. McGee gérait en outre pour Cohen le Downbeat Club où se produisaient les *Stars of Swing*, dont faisaient partie Charlie Mingus, Buddy Collette et Teddy Edwards, ainsi que d'autres grands noms du jazz.

Cohen conclut des arrangements similaires dans Chinatown, le quartier chinois corrompu de Los Angeles. Son influence s'étendit à chacune des 46 municipalités locales. « L'Organisation a fini par rejoindre la moindre bourgade du comté de Los Angeles. » Cohen poussa ses tentacules jusqu'au comté d'Orange, où il se lia avec Myford Irvine, fils de la famille la plus riche et la plus influente du secteur.

Il était fier que les membres de sa petite équipe soient parvenus à transcender leurs humbles origines. « On a commencé par des braquages, puis on a monté un véritable empire de paris clandestins, de protection et de prêts pour les *bookies* et les joueurs. »

Quand il ouvrit une maison de paris à commission dans un magasin de peinture au 8109, Beverly Boulevard, il devint le *bookie* des *bookies*. Dans le minuscule et humble édifice peint à l'enseigne de « Kon-Kre-Kota », une peinture « miracle » à base d'amiante, Cohen collaborait avec d'autres bureaux du Syndicat pour souscrire des couvertures sur des paris considérables et prenait des paris hors-piste des très gros joueurs (le plus souvent, les propriétaires de chevaux et les jockeys).

Il dévoila longtemps après le fonctionnement du « magasin de peinture » : « À l'apogée de mes opérations, je faisais affaire avec six à huit bureaux d'un bout à l'autre du pays. J'empochais chaque jour de 30 000 $ à 150 000 $ de chacun des bureaux [de 360 000 $ à 1,6 million aujourd'hui]. Certains me payaient de 2,5 % à 5 % sur les paris. Notre principale source de revenus était la commission sur les mises. » Il confia un jour à Jim Richardson, le rédacteur en chef de Hearst : « Tu veux savoir comment faire de l'argent dans les paris ? Il suffit d'un seul combat truqué ou d'une seule course truquée par année par territoire. Un total de 10 ou 12 par année. Ça se sait, et les gros parieurs sortent leur argent. »

Un autre de ses « bébés », La Brea Social Club, situé à proximité, occupait un bel édifice néovénitien dans La Brea Avenue, près de Beverly Boulevard. Ce casino privé sur deux étages, orné des photographies des plus grands champions de la boxe, avait aussi un restaurant. Sa clientèle se composait exclusivement de joueurs professionnels et de quelques riches hommes d'affaires de Hollywood « qui venaient y fourrer leur nez ». On y trouvait une table de *craps* pour gros joueurs, comme à Chicago – une première à Los Angeles.

Mickey confirme que « les tables de *craps* où l'on jouait gros étaient dans des salles privées pour que les parieurs se sentent en sécurité, parce qu'il y avait parfois jusqu'à 15 000 $ à 20 000 $ en liquide sur le tapis [de 180 000 $ à 240 000 $ aujourd'hui]. » L'établissement servait aussi de point de rencontre pour ses hommes, et de bureau central.

Pendant huit mois, en 1944, il géra un casino clandestin au 9100, Hazen Drive, au fin fond des collines de Coldwater Canyon. Après que le couvre-feu de minuit des années de guerre eut forcé les boîtes de Sunset Strip à fermer, cette résidence luxueuse était un point de ralliement pour les gens riches et célèbres. Le casino, qui restait ouvert jusqu'à l'aube, se spécialisait dans les jeux de chemin de fer et de baccarat de haut niveau. Exigeant une réservation, Mickey gratifiait ses clients de repas gourmets, d'un service de sommelier, d'un orchestre de swing et de chanteuses comiques qui pouvaient chanter des chansons grivoises «quand l'occasion s'y prêtait». Il engageait de belles filles pour agir comme complices, racoleuses et prostituées.

«Tous les soirs, dit Mickey, il fallait refuser l'entrée à 30 ou 40 couples qui n'étaient pas à leur place dans ce genre d'endroit, des types qui auraient juré dans le décor ou l'ambiance, ou qui se seraient mal intégrés aux célébrités. Les mises étaient si fabuleuses et les enjeux si élevés qu'on a vite récupéré notre investissement.»

Les voisins se débrouillèrent pour que l'établissement ferme ses portes. Ils mirent la presse au courant de l'existence de cette «mystérieuse maison», mais la part qu'y prenait Cohen demeura secrète. Les médias furent alertés plusieurs nuits de suite quand les habitants du quartier empêchèrent les fêtards de franchir l'étroite allée de la résidence. Cohen dit plus tard avec dédain que le bureau du procureur de la ville ne réagissant pas aux protestations des voisins «avec la célérité jugée nécessaire dans les circonstances, ils ont mis sur pied un comité de surveillance et pris l'affaire en main. Ils ont formé un barrage humain à l'entrée du chemin privé de l'établissement mystérieux. Les journaux en ont fait tout un plat [...] à cause des personnalités du monde du cinéma qui étaient mêlées à l'affaire.» Les efforts du voisinage ayant porté leurs fruits, les joueurs durent transporter leurs pénates ailleurs.

Cohen annexa plusieurs suites du luxueux hôtel Ambassador et il y installa des tables de *craps* à mises élevées pour une clientèle triée sur le volet. «À l'époque, explique Mickey, j'étais lié avec certaines personnes qui se mêlaient de la gestion de l'hôtel. Je les ai contactées et je leur ai proposé un marché. La plupart des jeunes employés de l'hôtel m'ont traité en copain, et puisque cette opération allait leur rapporter aussi pas mal de sous, ils ont été très accommodants. Ouais, l'Ambassador, ç'a été un très bon coup.»

Les pénuries du temps de guerre lui furent aussi très profitables. Les bas de soie et de nylon, les spiritueux de qualité, les parfums, l'essence et les timbres de rationnement lui permirent d'empocher des fortunes. En payant le prix fort, ou en échange d'une faveur, on pouvait s'approvisionner chez lui en bœuf de première qualité très recherché sur le marché noir. Même la sauce à spaghetti lui rapportait gros.

Son opération de prêt usuraire auprès des ouvriers et des briseurs de grève atteignit les dimensions «d'une banque légitime». Des restaurants, des boîtes de nuit et des bars haut de gamme faisaient tous partie de son réseau et lui procuraient de vastes profits. Il se souvient aussi : « Je m'intéressais encore à mes premières amours, la boxe. C'était une sorte de passe-temps. » Avec l'appui d'un riche homme d'affaires en guise de prête-nom, il géra la carrière d'un important aspirant champion poids léger. Durant les années de guerre, ce boxeur, Willie Joyce, combattit des champions tels que Henry Armstrong, Ike Williams et Willie Pep. Mickey commandita en outre un poids lourd qui affronta Joe Louis, le plus grand boxeur de son temps. On peut voir un Mickey rayonnant poser pour le photographe aux côtés du légendaire Joe Louis. « Beaucoup d'autres boxeurs vedettes auraient aimé que je dirige leur carrière, dit Mickey, mais je ne pouvais pas m'occuper d'eux à temps plein. »

Mickey aurait beau le nier, son organisation faisait la part belle à la prostitution, à l'extorsion et à la drogue. « Il connaissait toutes les putains de la place, car il était leur protecteur », reconnaît un des avocats de Mickey Cohen.

* * *

LaVonne et Mickey déménagèrent une nouvelle fois en 1944. Cette fois, ils choisirent un somptueux appartement de Beverly Hills. Chaque nouveau domicile marquant un échelon de plus dans l'ascension de Mickey, il était plus spacieux et plus luxueux que le précédent et offrait à Mickey des placards assez vastes pour qu'il y range sa garde-robe toujours plus imposante.

Bugsy Siegel avait fait de lui un gentleman, un *mensch*, et durant ce processus l'ambitieux voyou qu'était le jeune Cohen était devenu un combinard rusé. Grâce à son alliance avec Siegel, l'ancien boxeur s'était étroitement associé aux grands manitous du milieu interlope. Mickey avoua avoir beaucoup admiré Siegel, mais au fil du temps, il lui était de plus en plus difficile d'accéder à ses demandes.

En 1945, Siegel en eut assez de Los Angeles. L'année précédente, après une rafle sans précédent à l'appartement de Allen Smiley au Sunset Tower, Benjamin Siegel fut une fois de plus assigné en justice, cette fois pour une avilissante et banale histoire de prise de paris. Le procureur du comté de Los Angeles, Fred N. Howser, l'accusa en outre de complot criminel, transformant ainsi un délit mineur en acte délictueux grave. Curieusement, Mickey et la vedette de cinéma George Raft étaient également présents au moment de l'arrestation de Siegel, mais ils ne furent pas inculpés. De toute évidence, c'est Siegel qui était visé.

Avec l'idole du petit écran George Raft comme témoin à décharge, le procès que subit Bugsy Siegel pour prise de paris illégaux fut un véritable cirque médiatique. Quelques personnages influents de la côte Est qui connaissaient Siegel depuis ses jeunes années y assistèrent. Ainsi que l'observe la journaliste Florabel Muir : « Perdre la face est aussi fâcheux pour les gens du monde interlope que pour les Orientaux. Si les huiles les plus haut placées sont trop souvent humiliées, cela peut devenir dangereux. Quand on commence à murmurer à la ronde qu'Untel est fichu, c'est souvent le cas. »

Cet épisode fut pour Siegel un rappel brutal à la réalité. Il vendit son domaine de Holmby Hills pour se tourner vers de plus sains pâturages. En 1945, il remit les rênes de son complexe empire sud-californien à Mickey Cohen.

« The Mick » voyait enfin la ligne d'arrivée.

Benjamin « Bugsy » Siegel en compagnie du plus important criminaliste de Los Angeles, Jerry « The Magnificent Mouthpiece » Giesler. 1944.

* * *

Durant sa course effrénée pour se hisser au sommet, Cohen s'était fait un tas d'ennemis. Mais maintenant qu'en plus d'être plein aux as il jouissait d'un pouvoir tout neuf, il se mit à créer de sérieux remous. Parlant de ses rivaux, il dit : « La seule chose qu'ils respectaient était la peur. C'était la loi de la jungle. »

Durant son enfance à Boyle Heights, Mickey avait grandi en compagnie de jeunes dont le patronyme était Shaman. Adultes, ils s'étaient aussi fait connaître comme « les frères Shannon ». Mickey dit qu'ils commandaient un territoire strictement local et ajouta : « Ils pensaient être des durs de durs. Ils pensaient que, parce qu'ils me connaissaient, ils pouvaient se permettre n'importe quoi. » À la suite d'un différend survenu au casino La Brea, le cadet des frères Shannon, Joe, se fit gravement tabasser par les hommes de Cohen. Furieux et armé, Max Shaman alla confronter Mickey au magasin de peinture. Ainsi que le rapporte la California Crime Commission (la Commission californienne sur le crime) : « Il appert que, le 16 mai 1945, dans le bureau qui abritait sa lucrative entreprise de paris clandestins, il [Mickey Cohen] a abattu Max Shaman. Il n'y avait aucun témoin. »

Impressionné par l'ascension de Mickey Cohen et par son aptitude à gérer ce territoire très rentable, Frank Costello, le parrain de la mafia new-yorkaise et associé de Siegel, demanda au criminaliste Jerry Giesler de défendre Mickey dans son procès pour le meurtre de Max Shaman. Surnommé « The Magnificent Mouthpiece », en allusion à ses talents de plaideur, Giesler était au sommet de sa gloire après avoir défendu avec succès de grandes stars de Hollywood impliquées dans des causes criminelles, notamment Charlie Chaplin, Errol Flynn, Busby Berkeley, le magnat du spectacle Alexandre Pantages, ainsi que Bugsy Siegel. À Los Angeles, si vous étiez dans le pétrin mais que vous étiez riche, puissant ou célèbre, votre premier réflexe était de dire : « Va me chercher Giesler. »

Dès le départ, il sut convaincre le procureur Fred N. Howser qu'il s'agissait d'un cas de légitime défense. Ainsi que se le remémore Mickey, « bien que le verdict du jury du coroner ait statué qu'il s'agissait d'un homicide, quand l'affaire a finalement été examinée, j'ai été libéré. »

Mais le magasin de peinture était situé sur un boulevard très fréquenté, en plein cœur d'un quartier résidentiel à forte densité démographique. Le meurtre de Max Shaman était trop connu et trop difficile à cacher. Pour la première fois depuis ses années de boxeur, Mickey Cohen fit la une des journaux. Ainsi que l'observe la journaliste Florabel Muir : « Mickey était farouche comme une biche quand on voulait le prendre en photo. Il a su tenir sa langue. Il n'a rien dit à personne. »

CHAPITRE 7

La jungle hollywoodienne

«Je vais me débrouiller pour que ce t... d... c... me dise de qui il a su ça.»
Bugsy Siegel, au sujet du directeur du FBI, J. Edgar Hoover

En 1946, pour la deuxième fois en deux ans, le petit monde de Hollywood fut secoué par de violentes grèves. Deux organisations syndicales s'affrontaient: l'IATSE, qui était solidement implantée et bien infiltrée par la pègre, et la Conference of Studio Unions (CSU), dirigée par le syndicaliste de gauche Herb Sorrell. Huit studios de cinéma furent touchés: chacun d'entre eux produisait un film par semaine. Sorrell lança un mot d'ordre de grève à ses 10 000 hommes de métier. Les dirigeants de l'IATSE promirent aux négociateurs des studios que leurs membres franchiraient les piquets de grève de Sorrell et veilleraient à ce que les «usines à films» poursuivent leur travail à la chaîne.

Une confrontation majeure eut lieu à la grille d'entrée de la Warner Brothers. Les grévistes de la CSU attaquèrent les membres de l'IATSE avec des briques et des pierres quand ceux-ci tentèrent de franchir les piquets de grève. D'autres épisodes de violence se produisirent à Culver City, devant les studios de la MGM. Chacun des syndicats accusa l'autre de faire appel aux équipes de gorilles de la pègre. Au bout du compte, l'IATSE démontra qu'elle avait la poigne nécessaire pour maintenir les studios en activité. Les gros bonnets du cinéma débordaient de gratitude envers Mickey Cohen.

Le travail reprit normalement, mais une atmosphère tendue continua d'imprégner la ville en raison des grèves qui se poursuivaient. En réaction à cet état d'esprit, Ronald Reagan, le démocrate libéral récemment élu à la présidence de la Screen Actors Guild (Guilde des acteurs de cinéma), prit l'habitude de se déplacer armé d'un Smith & Wesson dans un étui à l'aisselle.

Tout au long de cette période de grande instabilité, la blonde fatale de la MGM, Lana Turner, continuait sa vie comme si de rien n'était. Récemment divorcée pour la deuxième fois et grisée par le succès de *The Postman Always Rings Twice* (*Le Facteur sonne toujours deux fois*), elle fréquentait les boîtes de nuit de Sunset Strip. Ainsi qu'elle le dit dans *Photoplay*: « La guerre était finie et les hommes étaient revenus du front. Soudain, on les voyait partout, on les remarquait comme l'herbe après la fonte des neiges. J'adorais me mettre sur mon trente-et-un et aller danser avec un beau ténébreux. »

* * *

Les studios avaient des ennuis, mais Siegel et ses associés envisageaient un avenir sans nuages. L'Organisation, qui avait beaucoup profité de la guerre, était maintenant plus riche et plus puissante que jamais. Elle se proposait de poursuivre ses activités criminelles tout en s'implantant dans des secteurs licites plus sûrs. Ainsi que le signale un rapport officiel, les grands seigneurs de la pègre avaient déjà investi dans un nombre époustouflant d'entreprises légitimes. Mais cela ne leur suffisait pas.

Selon certains rapports du FBI, la pègre s'était donné comme priorité de prendre le contrôle des baux et des permis d'exploitation de trois aéroports de New York : Newark, LaGuardia et enfin, Idlewild, qui se développait à un rythme soutenu et allait être renommé JFK. La mafia faisait en outre l'acquisition d'hôtels de luxe tels que le Beverly-Wilshire, le Sunset Tower et le Townhouse à Los Angeles, le Waldorf-Astoria et le Sherry-Netherland à New York. Dans d'autres villes, elle achetait des établissements de premier ordre de la chaîne Kirkeby Hotel. Elle investissait aussi dans de somptueux palaces en bordure de mer à Miami Beach et travaillait au développement effréné de ses opérations cubaines. Le Flamingo Club, un casino pour touristes que Ben Siegel était en train de construire à Las Vegas, leur paraissait également très prometteur. Cette entreprise commerciale fort originale était aussi totalement licite.

En tant que chef intérimaire des opérations pour le sud de la Californie, Mickey Cohen avait ses propres responsabilités et n'était pas mêlé à ces entreprises. Il était devenu un gangster extrêmement influent et doté d'un exceptionnel réseau de contacts. L'année 1946 allait se révéler mortelle pour ses ennemis.

Des joueurs en vue tentèrent de l'assassiner, mais ce sont les cadavres criblés de balles des conspirateurs, Benny «The Meatball» Gamson et George Levinson, que le fourgon du coroner transporta à la morgue. L'associé de ces derniers, Pauley Gibbons, qui avait un jour osé entrer par effraction dans l'appartement de Cohen et mettre sa garde-robe en pièces, fut abattu au moment où il entrait chez lui, à Beverly Hills.

Clifton Anderson, le chef de la police de Beverly Hills, «cherchait des pistes» quand il assista aux funérailles de Gibbons. Il vit un soûlot apporter une grande boîte accompagnée d'une belle carte qui disait: «À mon copain.»

«L'entrepreneur de pompes funèbres déballa soigneusement le colis, note Anderson, appréhendant qu'il ne s'agisse d'une bombe ou d'un autre engin mortel. Il souleva le couvercle avec beaucoup de précautions et vit le contenu de la boîte. Elle était pleine de crottin de cheval.»

La police de Beverly Hills interrogea Mickey au sujet de cet hommage au défunt, puis elle le remit en liberté. Il avait un alibi. Ses principaux lieutenants, Harry «Hooky» Rothman et Edward «Neddie» Herbert, furent mis en détention et finalement relaxés.

Ainsi que le souligne la California Crime Commission, «Gibbons et Cohen étaient depuis longtemps des adversaires acharnés en ce qui avait trait aux maisons de jeu [...] Gamson et Levinson avaient été des *bookies* associés de Pauley Gibbons. Pour Mickey Cohen, leur mort écartait d'emblée trois obstacles potentiels à l'édification de son empire du jeu.»

Mickey avait vaincu quelques adversaires de taille, mais un dernier ennemi continuait de lui empoisonner l'existence. Jimmy Utley, que Mickey avait toujours détesté en raison de ses contacts dans la police, était maintenant un petit escroc qui non seulement s'adonnait au mouchardage auprès des autorités locales, mais qui en outre était devenu indicateur pour le bureau du secrétaire à la Justice de Californie et le FBI. Utley, un rapace censé avoir agressé sexuellement de jeunes femmes dans ses avortoirs, était alors très influent et très prospère. Propriétaire du Tropics, à proximité de Hollywood Boulevard, il gérait aussi le casino clandestin des Florentine Gardens de Mark Hansen, et son restaurant huppé, que fréquentaient les grandes vedettes de l'heure, était aussi très animé. Il arpentait régulièrement la promenade achalandée de Venice Beach pour passer en revue ses différents commerces. Une carte de bingo au Fortune Club, au Surf ou au Rose coûtait 25 cents. Mickey usa de ses influences politiques pour faire fermer les salles de jeu de Venice Beach, les entreprises les plus profitables de Utley. Lucratives et légales jusqu'alors, les parties de bingo furent soudainement hors-la-loi dans ce fief côtier.

« Utley, se remémore Cohen, avait un contact qui lui permettait de faire marcher son petit commerce. Évidemment, quand je suis arrivé, je l'ai complètement écarté, parce que, pour moi, il n'y a pas pire vermine qu'un délateur. » Utley fut arrêté et accusé de dérogation aux lois de l'État en matière de jeu compte tenu du fait que le *Lux*, le tout récent casino flottant de Tony Cornero, détenait déjà un permis d'exploitation d'une salle de bingo.

Le *Lux* ouvrit ses portes le 7 août 1946 avec grand éclat : panneau réclame dans Sunset Strip, publicités aériennes dans le ciel de Southland, annonces pleine page dans les journaux. Peu de jours après, ce fut le désastre. Le gouverneur Earl Warren, depuis longtemps l'ennemi de Cornero, ordonna aux autorités portuaires de Long Beach d'interrompre le service de navette entre le quai et le *Lux*. Les joueurs étant incapables de se rendre à bord du navire de Cornero, l'époque des casinos flottants de la Californie prit subitement fin.

Pour se venger de Cohen, Jimmy Utley et ses nombreux alliés s'attaquèrent à ses négoces. Mickey se rappelle que son ennemi était « très embêté d'être empêché de fonctionner. Il a commencé à mettre beaucoup de pression sur toutes mes opérations. »

Pour faire face à cette agression, Mickey convoqua une « table ronde politique ». Persuadé qu'il n'y avait pas d'autre solution, il voulut tuer Utley. « J'étais d'avis qu'il fallait lui régler son compte, "éteindre ses lumières", comme on dit. Ça me semblait la solution la plus simple. Mais la plupart des autres ont eu peur. C'était une solution trop radicale, selon eux. Ils préféraient se contenter de lui donner une leçon, faire en sorte de l'humilier beaucoup. »

Au final, il fut décidé que Mickey le mettrait personnellement en garde.

Utley était propriétaire de Lucey's, un restaurant très fréquenté, situé en face des studios Paramount à l'intersection de Windsor Boulevard et Melrose. Dans ce lieu de rencontre privilégié des gens du cinéma et fréquenté par les associés d'Utley, on pouvait aussi se procurer de la drogue.

Le 16 août 1946, à l'heure du déjeuner, Mickey Cohen fit irruption chez Lucey's avec un de ses hommes. Devant la foule des clients où se reconnaissaient des producteurs, des metteurs en scène, des directeurs de studio et des vedettes telles que Joel McCrea et Eddie Cantor, Cohen assomma Utley à coups de crosse de revolver pendant que son complice tenait les clients en joue. Bouche bée, plusieurs touristes crurent qu'on tournait là une scène de film. Cohen et son complice, vêtus de chemises hawaïennes adaptées à la chaleur insupportable, enjambèrent la victime inconsciente, saluèrent les clients d'un coup de chapeau et sortirent tranquillement du chic établissement en laissant par terre à chaque pas des traces de sang. Ils se frayèrent un chemin parmi les chasseurs d'autographes massés devant la porte, s'engouffrèrent dans une voiture qui les attendait et démarrèrent en trombe.

Utley fut hospitalisé pendant deux semaines. Il refusa d'identifier ses assaillants et aucun des clients du restaurant ne divulgua ce dont il avait été témoin. Mais l'affaire ne s'arrêta pas là. À la suite de ce passage à tabac, Mickey téléphona à son adversaire et exigea de lui un « prêt » considérable.

Jack Dragna était furieux. Jimmy Utley jura de se venger. Mickey contrôlait Los Angeles, et il était évident que Dragna et ses comparses se faisaient évincer.

* * *

Le Nevada avait légalisé les jeux d'argent en 1931. Le mafieux de Los Angeles Tony Cornero avait été le premier à deviner le pactole que recelait le désert du sud du Nevada puisque, cette année-là, il avait ouvert un casino dans les environs de Boulder City. L'établissement fut rasé par les flammes peu de temps après, et Cornero limita ses activités à Los Angeles. Mais la vieille fraternité des joueurs de Los Angeles, avec Guy McAfee à sa tête, était favorablement implantée dans la minuscule Las Vegas depuis les scandales qui avaient secoué le gouvernement municipal de Los Angeles en 1938.

Après la descente de police sur ses opérations de paris clandestins, Ben Siegel avait conclu que Las Vegas était la clé de sa légitimité. Trans-America, son service télégraphique, étant déjà solidement en place, il décida de coloniser le désert. Comme il avait naguère rêvé de devenir une vedette du grand écran, il rêvait maintenant de mettre au monde un El Dorado climatisé. Il serait le roi de Las Vegas, il apporterait le luxe, l'élégance et les plus grands spectacles au monde dans ce trou poussiéreux et inhospitalier, perdu au milieu du désert.

Puisque Mickey Cohen dirigeait Los Angeles, Siegel était libre de se concentrer sur Las Vegas. À l'approche de son quarantième anniversaire, le Flamingo Club devint son obsession. Avec le soutien de Meyer Lansky, de Frank Costello, de Joe Adonis, de Longie Zwillman, des Fischetti de Chicago (les cousins d'Al Capone) et de quelques membres de la pègre de Minneapolis, Siegel entreprit pour la seconde fois d'investir le territoire de Guy McAfee. On lui avait donné carte blanche. Il obtenait tout ce qu'il voulait. La construction commença au début de 1946.

L'idée de ce chic casino pour touristes avait d'abord germé dans la tête de Billy Wilkerson, réputé pour sa découverte de Lana Turner et très gros joueur. Il était propriétaire d'une publication extrêmement influente de l'industrie du cinéma, *The Hollywood Reporter,* et le concepteur des plus spectaculaires cabarets de Sunset Strip. Cet entrepreneur habile et subtil avait beaucoup d'expérience et savait y faire. Partisan de Siegel depuis l'arrivée du mafieux sur la côte Ouest, Wilkerson, disait-on, agissait comme homme de paille pour le Syndicat.

Quand le projet du Flamingo n'en était encore qu'à ses débuts, la relation entre Siegel et Wilkerson s'envenima. Après la première pelletée de terre, Siegel menaça de tuer Wilkerson s'il ne lui cédait pas le contrôle du projet et s'il refusait de lui vendre ses parts. Wilkerson acquiesça. On le vit de plus en plus souvent au volant d'une Cadillac blindée bleu poudre que lui avait prêtée Tony Cornero, et il finit par trouver refuge à Paris.

Si l'on excepte le stress et la publicité qui l'affligèrent au moment de son divorce très médiatisé après 18 ans de mariage, Siegel semblait bien maintenir le cap. Mais soudain, une rumeur apparemment anodine faillit entraîner sa perte. Le 14 juillet 1946, Walter Winchell, chroniqueur archi-populaire de la presse écrite et grande vedette de la radio, lança à ses 50 millions d'auditeurs dans un débit saccadé dont il avait fait sa marque de commerce : « Aux dires du FBI, un célèbre bandit de la côte Ouest tenterait d'arracher de force à un célèbre éditeur de journal de la côte Ouest sa participation dans un hôtel de la côte Ouest. » Il s'agissait manifestement de Siegel et de Wilkerson. Winchell tenait ce potin destructeur de la bouche même de son ami proche, le directeur du FBI, J. Edgar Hoover.

Rendue publique pour la première fois, cette bribe d'information atteignit Siegel au plus profond de sa nature autodestructrice et y déclencha un violent orage.

Ainsi qu'on peut le lire dans le dossier du FBI n° 62-81518 sur Benjamin « Bugs » Siegel en date du 21 juillet 1946 :

> Siegel a dit qu'il se rendait à New York exiger de Winchell qu'il aille chercher le directeur [J. Edgar Hoover] et qu'il le lui amène. Parlant du directeur, Siegel s'est écrié : « Je vais me débrouiller pour que ce t... d... c... me dise de qui il a su ça. » Siegel laissait par là entendre qu'il réglerait leur compte à ceux qui avaient

renseigné le directeur dès qu'il saurait de qui il s'agissait. Siegel s'égosillait à dire qu'il avait mis tout son argent et l'argent de ses amis, tout ce qu'il possédait dans le Flamingo, et qu'en raison de la mauvaise publicité que lui faisait Winchell, on lui refuserait sans doute les permis dont il avait besoin pour son hôtel, son débit de boisson, ses tables de jeu, etc.

Le directeur du FBI, J. Edgar Hoover, était un homosexuel inavoué réputé être un travesti et un joueur compulsif. La pègre était parfaitement au courant. Hoover avait toujours maintenu que « le crime organisé n'existe pas ».

Mais Siegel, dont le téléphone était sur écoute, n'avait aucun intérêt à appeler Hoover pour lui cracher à l'oreille des obscénités que la décence empêche de répéter ici. Lorsque Hoover sut ce qui se passait par le biais d'une enquête du FBI (la CAPGA, en référence à la réactivation du gang de Capone), il demanda à 10 de ses agents de prendre Siegel en filature, de noter ses moindres faits et gestes et d'écouter toutes ses conversations. Il ordonna la mise sous écoute de tous ses domiciles et de tous ses bureaux, et la surveillance de sa correspondance. Quelques jours suffirent pour que la Civilian Production Administration, une agence fédérale de reconversion de la production militaire du temps de guerre en production civile, interdise les travaux d'érection du Flamingo. Soupçonnant le gouvernement de s'être rendu coupable de fraude relativement à la construction de l'hôtel, l'agence fédérale entreprit de mener une enquête.

Le beau, l'élégant Allen Smiley était très souvent vu en compagnie de Bugsy Siegel dans les meilleurs établissements de Hollywood. Smiley était assis à distance respectueuse de Siegel sur le divan où celui-ci a été exécuté. 1947.

Désireux de se blanchir des allégations conçues pour mener à un acte d'accusation par les autorités fédérales et impatient de reprendre les travaux, Siegel passa presque tout le mois d'août 1946 à San Francisco dans la salle d'audience, flanqué d'Allen Smiley et d'une coûteuse équipe d'avocats et d'architectes. Il lui fallut attendre plus d'un mois après l'interruption des travaux pour que ceux-ci reprennent. Le FBI persista à recourir à tous les moyens à sa disposition pour démontrer que Siegel avait enfreint les lois fédérales. Des enquêtes furent menées en rapport avec le trafic de stupéfiants, la fraude fiscale, le refus de la conscription, et quoi encore.

La hâte inconsidérée qui poussa Siegel à rattraper son retard fit grimper la facture du Flamingo à près de 6 millions de dollars (plus de 66 millions aujourd'hui), une somme inouïe pour un hôtel de 120 chambres. Siegel occupa les six mois suivants à parcourir le pays dans le but de recueillir des fonds pour financer son projet, qui dépassait de beaucoup le budget prévu. Il vendit plus de 100 % des actions, créant ainsi des associations embarrassantes entre les barons de la pègre et les hommes d'affaires de Beverly Hills.

Les banquiers suisses de Lansky formulèrent des allégations. Ils lui dirent que Virginia Hill, membre de la pègre que Siegel avait épousée en secret, s'était rendue dans une banque de Zurich pour y déposer une somme considérable dans un compte à numéro anonyme et qu'elle avait en outre loué à long terme un appartement dans cette même ville. Les associés de Siegel crurent que l'argent placé en Suisse provenait des sommes destinées à éponger les surcoûts du Flamingo. Tout indiquait que Siegel et Hill étaient complices dans cette affaire et que Siegel préparait sa fuite en cas de confrontation.

Mickey dit plus tard : « Je savais que les projets de Vegas de Benny et la construction du Flamingo avaient mal commencé. Et quand un projet tourne mal dans le monde interlope, on se demande si le type concerné sait ce qu'il fait, ou si ce qui arrive est ce qui doit arriver. Surtout quand le milieu finance tout, comme c'était le cas de Benny. »

La construction n'était pas encore terminée quand Siegel fut contraint par ses associés d'ouvrir les portes du Flamingo le 26 décembre 1946. Le casino était fonctionnel, mais aucune des chambres ne pouvait encore accueillir d'hôtes. Un spectacle prestigieux fut offert aux clients de la boîte de nuit et Siegel confia les tables de jeu à des croupiers triés sur le volet. Il s'agissait de Grecs magnifiques, recrutés à La Havane, mais ils volaient systématiquement la banque. Pendant ce temps, la femme de Guy McAfee, la starlette June Brewster, ainsi que d'autres gros parieurs, gagnait des sommes importantes.

Siegel était affolé. À mesure que ses pertes croissaient et que la pression augmentait, il bouillonnait. Les salles presque vides, les manques à gagner, les chèques sans provision, les violentes crises de colère et les incidents choquants étaient monnaie courante. Au bord de la faillite, le Flamingo dut fermer ses portes quelques semaines à peine après les avoir ouvertes. À la suite d'une injection de capitaux venus de ses associés mafieux, Siegel rouvrit le Flamingo le 1ᵉʳ mars 1947 après avoir assisté à la générale du spectacle en compagnie de Lansky. Le trio des Sœurs Andrews, un des groupes les plus populaires de l'heure, était en vedette. Les chambres étaient terminées, et l'équipe du casino avait été remplacée. Cette fois, les croupiers étaient honnêtes et décontractés. L'artifice style Monte-Carlo, l'imposition d'un code vestimentaire, les serveurs hautains en tenue de gala et en gants blancs, tout ce que Siegel avait exigé et qui lui tenait à cœur avait été évacué pour faire place à de jolies et gentilles serveuses, à des tables de bingo et à des loteries.

Les choses allèrent mieux, mais le Flamingo n'était pas le seul problème monumental de Siegel. À compter de la fin de l'été 1946, une guerre divisa les agences de télégraphe. Les preneurs aux livres étaient furieux et se plaignaient de devoir payer deux fois pour avoir du service, d'abord à Continental et ensuite à Trans-America. Trans-America, qui existait depuis de nombreuses années, était devenue pour Siegel une véritable vache à lait. Grâce aux talents de Mickey Cohen, ainsi que l'affirme un employé de Continental, « [Trans-America] a bien failli avoir raison de nous. Si vous voulez savoir, nous étions certains de faire faillite. »

La situation changea brusquement en mai 1947, rendant Trans-America inutile. James Ragen, directeur du service de télégraphe Continental et farouche adversaire de Siegel, fut victime d'une tentative d'assassinat. Il survécut, mais succomba à l'hôpital à une « mystérieuse » maladie. Arthur « Mickey » McBride, un professionnel du sport de Cleveland disposant d'un excellent réseau de relations et qui mettait sur pied une équipe professionnelle de football, racheta les parts des héritiers de Ragen. McBride était un vieux de la vieille du télégraphe ayant acquis son expérience au temps d'Annenberg. Il dit avoir acheté Continental pour son fils. Tout le monde semblait satisfait de cet arrangement et de l'arrivée de l'homme de Cleveland. Tout le monde, à l'exception de Ben Siegel. En effet, les manitous de Cleveland qui conseillaient Mickey depuis belle lurette étaient les rouages cachés de ce nouveau service télégraphique. Mickey n'en devenait que plus important.

À court d'argent, désespéré, Siegel dépassa les bornes. Il exigea de ses associés de Chicago qu'ils lui donnent 2 millions de dollars (plus de 22 millions aujourd'hui) pour fermer Trans-America, maintenant superflue. Le sort du Flamingo, la guerre des télégraphes et les ennuis que leur causait le FBI avaient déjà rendu ses associés furibonds. Par ce monstrueux ultimatum, Benny Siegel venait de signer son arrêt de mort.

Pendant que se planifiait le meurtre de Siegel, Cohen patientait en coulisse. Compte tenu de l'étroitesse de ses liens avec les familles de Cleveland et de Chicago, compte tenu aussi des alliances très précieuses qu'il avait forgées avec les manitous de New York, Mickey Cohen était en bonne voie de devenir le leader de la côte Ouest.

* * *

Tôt le matin du 21 juin 1947, l'avion que prit Siegel au départ de Las Vegas atterrit à Los Angeles où quelques rendez-vous d'affaires attendaient le gangster. Les filles adolescentes de Siegel, Barbara et Millicent, vinrent aussi le retrouver depuis New York puisqu'il les emmènerait passer quelques jours de vacances au lac Louise, un grandiose site de villégiature des montagnes Rocheuses au Canada.

Sur ordre de Lucky Luciano, de Frank Costello et de Meyer Lansky, Benjamin Siegel, quarante et un ans, fut assassiné avant minuit dans le salon du domaine de Virginia Hill, à Beverly Hills. Dans un ultime geste punitif, l'assassin visa les deux yeux bleus de Siegel, dont il était si fier.

Allen Smiley avait invité Siegel, son ami intime, à prendre place sur le divan de son exécution. Selon la rumeur, l'exécuteur aurait été un autre vieil ami de Bugsy Siegel, son coaccusé dans l'affaire du meurtre de Big Greenie, le caïd de la boxe Frankie Carbo.

Mickey Cohen était sans l'ombre d'un doute complice du crime.

ACTE II

LE ROI DE SUNSET STRIP

CHAPITRE 8

Chiqué et tape-à-l'œil

«Franchement, on peut dire que sa mise au rancart [de Bugsy Siegel] m'a porté chance. » MICKEY COHEN

E n juillet 1947, l'émoi qu'avait suscité l'exécution de Siegel s'estompait quelque peu, mais un autre meurtre sordide secouait encore la métropole, celui d'une magnifique brune de vingt-deux ans, Elizabeth Short. Comme tant d'autres séduisantes jeunes femmes habituées des bars louches et des boîtes miteuses des bas quartiers de Hollywood, elle avait rêvé de devenir célèbre. Ce mirage avait pris fin en janvier quand elle avait été torturée et tuée, et son cadavre abandonné dans un terrain vague du quartier de Crenshaw. Son corps mutilé et nu avait été sectionné au niveau du bassin et s'était vidé de son sang.

Ce crime inconcevable était le plus ignoble de toute l'histoire de Los Angeles. La couverture effrénée des tabloïdes fit que le meurtre crapuleux de la jolie jeune femme passa aussitôt à l'histoire. Il galvanisa les citoyens de cette «Cité des Anges», qui étaient à la fois terrorisés et fascinés. Short, surnommée le Dahlia noir, connut la gloire posthume qu'elle avait tant cherchée de son vivant. Cette affaire s'ajoutant aux règlements de compte de 1946 et à l'assassinat de Bugsy Siegel, les forces de l'ordre en eurent plein les bras. À ce jour, l'énigme du Dahlia noir n'a jamais été résolue.

Entre-temps, Hollywood s'efforçait de répondre aux goûts changeants des États-Unis de l'après-guerre. La nouvelle vague de films de gangsters naquit dans les studios de moindre importance. Stylisés, mystérieux, ayant souvent pour cadre les crépusculaires bas-fonds de Los Angeles, ils étaient axés autour d'intrigues lugubres interprétées par des personnages désillusionnés : gorilles, policiers véreux, escrocs, femmes fatales sans pitié. Ces scènes d'une beauté obsédante tournées en noir et blanc étaient des adaptations à peine déguisées des histoires qui faisaient la manchette. Nouveauté : les méchants ne mouraient plus à la fin du film. Ils s'auréolaient de la gloire des héros.

Mickey Cohen, trente-trois ans, en avait fini des rôles de soutien. Il était maintenant le nouveau roi du jeu, de la drogue et de la prostitution à Hollywood.

* * *

Benjamin Siegel s'était révélé non essentiel : « Sur ordre des patrons de la côte Est, dit Mickey, je l'ai immédiatement remplacé. » Puisqu'il avait la bénédiction d'en haut, celle de Meyer Lansky et de Frank Costello, le *petit vaurien* bénéficia tout à coup d'importants appuis d'un bout à l'autre du pays. De son exil en Italie, le grand parrain de la mafia, Lucky Luciano, fit savoir qu'il avait approuvé la décision.

Après avoir passé 10 ans sous la férule de Siegel, l'ancien boxeur reconnaissait qu'il lui manquait. Il se remémorait tout ce que son maître avait fait pour lui. Mais il n'en avouait pas moins ceci : « Franchement, on peut dire que sa mise au rancart m'a porté chance. » Longtemps après, il ferait aussi la remarque que le fait de coucher dans le muguet un type « de la trempe et du rang » de Siegel avait ébranlé les fondements mêmes de l'organisation.

Tout en étant fier de l'importance de son nouveau rôle, Cohen n'en était pas moins le vassal des manitous qu'il idolâtrait. Il était « le petit blond » du chef de la mafia de New York, Frank Costello, tandis que ses mentors de Cleveland, représentés par Lou Rothkopf de la bande de Mayfield Road et par le parrain de la Ville de l'acier, Anthony Milano, entretenaient avec lui des relations étroites. Rothkopf se rendit souvent à Los Angeles quand le Syndicat de Cleveland fit l'acquisition d'un casino de Las Vegas, le Desert Inn de Wilber Clark. Le Desert Inn fut le premier actif de ce qui allait devenir le plus important portefeuille d'hôtels et de casinos de Las Vegas. Tony et Frank, les frères Milano « retraités », s'étaient établis en permanence à Beverly Hills, dans une somptueuse et immense résidence de type hacienda au 9451, Sunset Boulevard, à quelques pâtés de maison à l'ouest de Sunset Strip. La présence des imposants frères Milano inquiétait beaucoup les Dragna. Visiblement, Mickey Cohen avait implanté sa propre famille mafieuse à Los Angeles.

* * *

Mickey Cohen et son bouledogue adoré.

En 1947, Mickey Cohen avait des contacts au niveau de la municipalité, du comté et de l'État. Il avait acheté des membres des forces de l'ordre et de la classe politique, ainsi que des juges et des procureurs. Prêt à tout pour obtenir les faveurs nécessaires, il graissait généreusement la patte des fonctionnaires désargentés. «J'en extorque un et j'en arrose d'autres, ce qui fait que j'évite de me retrouver en dedans.»

À force de mettre son nez partout et sa main dans toutes les poches, Cohen parvint à étendre son influence depuis le centre-ville, Chinatown et South Central jusqu'à Sunset Strip, Hollywood, Culver City, Beverly Hills, Santa Monica, Burbank, Long Beach, San Pedro et Glendale. Il contrôlait des opérations à Gardena, à Pasadena, dans le comté d'Orange, au lac Arrowhead, à Palm Springs et même au Mexique. On allait jusqu'à dire que San Francisco, Honolulu et Manille étaient sous son emprise.

Son paravent le plus récent était une boutique de tailleur, Michael's Exclusive Haberdashery, située dans un immeuble de deux étages au 8804, Sunset Boulevard, dans la partie de Sunset Strip sous juridiction du comté. L'élégante boutique lambrissée de bois sombre occupait le rez-de-chaussée. Un gentleman raffiné pouvait s'y procurer des tenues sport d'un luxe inouï à des prix exorbitants. Les opérations de paris clandestins de la Commission avaient lieu, quant à elles, au sous-sol, où se trouvaient aussi les bureaux privés du gangster. Des boutiques voisines servaient également de couverture à ses autres combines, notamment la joaillerie Courtley's Exclusive Jewelry, ainsi que l'atelier où étaient confectionnés sur mesure les costumes de Mickey et ceux de sa boutique. Son ami Barney Ruditsky, un enquêteur retraité de la police municipale de New York (NYPD) et accrédité en Californie en tant que détective privé, vaquait à ses affaires derrière la façade d'un autre magasin. Propriétaire d'un parc d'autos d'occasion situé non loin, il en utilisait l'atelier de mécanique à des fins particulières : entre autres, la métamorphose rapide d'une Ford noire en réplique exacte d'une voiture de police.

S'inspirant de l'Organisation, l'équipe de Mickey Cohen comptait des hommes de différentes origines ethniques, capables de travailler en harmonie. Il employait quelques-uns des Juifs les plus durs à cuire de New York, une solide équipe d'Italiens dont la plupart provenaient de la famille Milano de Cleveland, des types de Chicago et de St. Louis, et quelques boxeurs WASP.

Au sommet de la hiérarchie de l'organisation de Mickey, il y avait le New-Yorkais Mike Howard (né Meyer Horowitz), un quinquagénaire élégant à l'air coriace qui était « administrateur » et acheteur pour la boutique de tailleur. Le roi des machines à sous légales, Curly Robinson, était de Los Angeles. L'impitoyable Joe Sica, FBI n° 343378, était également un associé de Cohen mais, comme Robinson, il ne faisait pas partie de son entourage. De taille moyenne, râblé, à la tenue discrète, aux yeux surmontés d'épais sourcils arqués, au nez proéminent et au regard impassible, Joe Sica occupait maintenant la chemiserie Savoy Shirt Shoppe, au 8470, Melrose Avenue, en compagnie de son frère Fred. Les autorités affirmaient que cette chemiserie, située au cœur du quartier des galeries et des antiquaires et à proximité des commerces de Cohen dans Sunset Strip, cachait une gigantesque entreprise de trafic de stupéfiants.

L'équipe dont Cohen ne se séparait jamais incluait deux New-Yorkais qu'il avait connus du temps où il était boxeur. Son bras droit, Harry « Hooky » Rothman, était une véritable « armoire à glace » avec un fort accent de Brooklyn, tandis que son bras gauche, Edward « Neddie » Herbert, qui avait d'excellents contacts chez les grands manitous de la Commission, possédait une vaste connaissance des armes à feu, y compris des mitrailleuses. Quant à Frank Niccoli, aux côtés de Mickey depuis l'époque de Cleveland, il jouissait de sa confiance absolue et était un membre respecté de cet échelon hiérarchique.

Le noyau de la bande de Mickey Cohen rassemblait un assortiment sinistre de criminels endurcis : anciens détenus, hommes de bras, arnaqueurs, tueurs. En faisaient partie le joueur professionnel de Toledo (Ohio), Al « Slick » Snyder ; le géant Sam Farkas ; Roger K. Leonard, qui désirait devenir producteur de cinéma comme son frère ; le tricheur professionnel Joseph Kaleel, The Egyptian ; le vieux voleur et

Les avocats Vernon Ferguson, à gauche sur la photo, et Sam Rummel, à droite, avec leur client Mickey Cohen. 1949.

mâchouilleur de cigares Abe « The Goniff » Brieloff, chauffeur de Cohen ; Jimmy Rist, un ancien boxeur poids lourd sur qui « on pouvait compter » ; le minuscule Willie « Stumpy » Zevon, FBI n° 529512, responsable des gros paris et des jeux de dés, et dont le fils alors bébé, Warren Zevon, devint, dans les années 1970, une grande vedette du rock ; le joueur Roughy Goldenberg ; Joseph « Scotty » Ellenberg, qui « prenait les ordres au pied de la lettre » ; et Jimmy Regace, un homme peu loquace, doux au-dehors, mais dur au-dedans, et qui, aux dires de Mickey, accomplissait « méticuleusement » toutes les tâches qu'on lui confiait.

Il y avait aussi, parmi les associés, le vieux renard Max Cossman ; Sol Davis, un homme d'un certain âge et plutôt irréfléchi recommandé par Neddie Herbert (que l'on soupçonnait d'avoir été membre de Murder Inc.) ; et Dave Ogul, un jeune fanfaron tout aussi « irresponsable », qui servait uniquement de bouche-trou. Mickey estimait beaucoup Dominick «High Pockets» Farinacci, un grand dégingandé de Cleveland, un type anxieux qui perdait peu à peu la vue; il adorait Mickey et le défendait «impitoyablement». L'homme de bras Tony Civetta, de Cleveland lui aussi, était un autre associé très respecté de Mickey.

Deux nouveaux membres de l'équipe de Mickey firent leur apparition en 1948 et se hissèrent rapidement au sommet. Le premier, «Happy» Harold Meltzer, arriva de New York dans le sillage du meurtre, à coups de pic à glace, d'un manitou de la pègre du New Jersey, Charlie «The Jew» Yanowski. Le second, un don Juan de vingt-deux ans, s'appelait Johnny Stompanato. Rendu à la vie civile par les Marines, il débarqua à Los Angeles où Mickey l'enrôla aussitôt. Beau comme un dieu et gâté par la nature, il occupait une situation enviable: il blanchissait l'argent du patron et dirigeait un réseau de belles bambocheuses dont le rôle consistait à participer à d'importantes opérations de chantage sexuel.

Les hauts gradés de l'organisation de Cohen étaient toujours tirés à quatre épingles, à la fois pour faire bonne impression et pour alimenter la boutique de tailleur. S'ils assumaient parfois le rôle de vendeurs de vêtements pour préserver les apparences, en temps normal, des tâches innombrables et très spécialisées leur étaient confiées.

Selon Mickey, sa petite organisation tissée serrée lui convenait parfaitement: «Je n'avais pas besoin d'une foule de gens. Ça m'aurait mis trop de pression.» Mickey maintenait la discipline chez ses hommes en leur flanquant des coups sous toutes sortes de prétextes: ils avaient brutalisé des *bookies* sans raison suffisante; ils étaient paresseux; ils puisaient dans leur stock pour se défoncer.

Un élément clé de la spectaculaire ascension de Cohen fut l'exceptionnelle équipe juridique qui le représentait. L'argent n'étant pas un obstacle, Mickey Cohen engagea à titre de conseiller Samuel Rummel, un avocat de Los Angeles possédant une longue et fructueuse expérience dans la défense des grandes figures du crime organisé. L'avocat de la mafia était passionné et théâtral: il n'hésitait pas à gesticuler, à roucouler ou à beugler pour séduire le jury. Mickey lui choisit comme collaborateur Vernon Ferguson, un homme plus âgé, grand et raffiné, aux cheveux blancs et au front dégarni. Depuis longtemps conseiller du grand jury du comté de Los Angeles, Ferguson avait été le sympathique procureur adjoint qui, le premier, avait demandé que soit relaxé Bugsy Siegel lorsqu'on l'avait accusé d'homicide.

Le comptable de Siegel, Harry Sackman, était devenu un employé de Mickey, tandis que de nombreux hommes d'affaires naguère à la solde de Siegel travaillaient maintenant pour Cohen. Mickey était passé maître dans l'art du réseautage. Ainsi que l'observe un criminologue : « Dans ses entreprises, Mickey Cohen avait de richissimes associés des deux sexes qui jouissaient d'un prestige considérable à Los Angeles. Il était de petite taille, mais c'était un véritable colosse. »

« C'est moi qui commande », clamait Mickey en parcourant son immense fief au volant de luxueuses Cadillac neuves. Les véhicules de Cohen étaient toujours de longues berlines aux aérodynamiques ailerons « requins », bleu marine, d'une propreté irréprochable et luisantes de chrome. Adaptées pour rouler à plus haute vitesse, ces voitures comportaient en outre des compartiments secrets pouvant recevoir des armes et des billets de banque. Cohen garde un souvenir palpitant et indélébile de billets de banque flottant dans son véhicule : « Je me souviens qu'un soir j'avais collecté beaucoup de fric. Les compartiments secrets étaient trop petits. Les billets de 50 volaient partout dans la voiture. »

« The Mick » était insatiable. Il se mit à pratiquer une escroquerie naguère très profitable à Bugsy Siegel. Il demandait des « prêts » en recourant à des menaces voilées de chantage ou de violence. Malgré un extraordinaire flux de liquidités, son endettement fut bientôt le plus considérable de tous les débiteurs en ville. Il n'était pas question pour lui de rembourser. Une variation sur ce thème consistait à blanchir de l'argent en contractant des emprunts fantômes : le prêteur ne lui remettait aucune somme d'argent.

Ainsi que le note un éminent preneur aux livres : « À sa façon très personnelle, Meyer Harris Cohen était un philosophe – un philosophe pratico-pratique plutôt qu'une source d'inspiration. On pourrait résumer ainsi son message : "Peu importe comment, l'important c'est amasser de l'argent." »

« Il mettait cette maxime en pratique avec une détermination de hyène affamée. S'il avait eu un blason, celui-ci aurait sans doute représenté des billets de 100 $ dans un champ d'arnaques. »

* * *

Depuis qu'il en avait fini avec les vols à main armée, ce que l'ancien boxeur voulait avant tout, c'était faire de l'argent et le dépenser. Se définissant comme un « vulgaire braqueur », Mickey Cohen, contrairement à Siegel, n'ambitionnait pas de s'élever dans l'échelle sociale, mais ses objectifs étaient clairement définis : « Je voulais être un gentleman et voyager en première. Les rackets, c'était une façon d'arriver au sommet et de vivre dans le luxe. »

Il comprenait cependant parfaitement les règles du jeu et il était conscient de son rang dans la hiérarchie. Le quartier de Holmby Hills jouxtait Beverly Hills à l'ouest. Avec ses immenses domaines scrupuleusement entretenus et hermétiquement entourés de murs et de grilles, cette minuscule enclave était le territoire le plus exclusif et le plus raffiné de la ville. C'était le quartier des gens trop bien pour Beverly Hills : magnats de Hollywood, industriels, et feu monsieur Benjamin Siegel. Mickey Cohen n'y était pas à sa place.

Brentwood était à l'extrémité ouest de la ville. Des dizaines d'années plus tard, le procès d'O.J. Simpson rendrait ce quartier célèbre. Durant les années 1940, et jusqu'à ce que le voyant escroc de East Los Angeles vienne s'y installer, c'était un quartier parfaitement respectable et modeste. Visiblement habité par la classe moyenne supérieure, il

La maison de style ranch de Mickey Cohen au 513, Moreno Drive, dans le chic quartier de Brentwood. Construite entre la fin 1946 et le début 1947, elle était d'apparence modeste, mais soigneusement conçue. La Brigade des gangs y installa un dispositif d'écoute clandestine pendant sa construction. 1951.

était néanmoins sans prétention et peu développé. Les enfants y roulaient à vélo en toute sécurité, et les voisins se parlaient entre eux. Calme, à deux pas de la plage, ce faubourg-dortoir attirait certes des professionnels, des hommes d'affaires et des vedettes légendaires telles Joan Crawford et Greta Garbo, mais surtout de plus humbles travailleurs du cinéma. Tout un éventail d'intellectuels européens en exil y avait aussi élu domicile: entre autres, Thomas Mann, Bertolt Brecht et Arnold Schoenberg.

Non loin du centre commercial nouvellement construit, Brentwood Country Mart, et des vertes allées du club de golf, Brentwood Country Club, le domicile de Cohen, au 513, Moreno Drive, dont on disait qu'il abritait une vaste opération de paris clandestins, n'avait rien d'un palais. Construite avant la mort de Siegel, cette maison-ranch ne comptait que sept pièces de dimension moyenne et une chambre pour la domestique. On eût dit la maison de rêve qu'un G.I. démobilisé aurait achetée avec un prêt de la Federal Housing Administration (FHA – Administration fédérale du logement). Mais les dimensions et l'apparence extérieures de la maison induisaient en erreur. Elle avait été construite à grands frais pour répondre aux besoins, aux caprices et aux obsessions grandissantes de Mickey Cohen.

Le coin repos de la maison de Brentwood, l'antre d'iniquité parfaitement aménagé où Mickey Cohen tenait ses réunions d'affaires. À noter: l'ancienne gravure figurant un match de boxe en Angleterre. 1951.

En étroite collaboration avec une sommité du design d'intérieur, Mickey conçut une maison digne de son seul critère : la perfection. Le décor était traditionnel et d'un goût irréprochable, misant, pour chaque pièce, sur une palette monochromatique. Le séjour avait été peint dans des tonalités apaisantes allant du vert céladon au vert forêt. Pour la salle à manger, on avait privilégié les bleus pâles. La designer avait acheté des classiques de la littérature mondiale dans le but d'agrémenter le cabinet de travail du gangster qui savait à peine lire. Il y avait aussi un bar à rafraîchissements où l'élégant escroc – qui ne fumait pas, ne buvait pas et ne se droguait pas – aimait préparer des coupes glacées au fudge pour ses invités.

LaVonne et Mickey faisaient chambre à part. La suite de LaVonne, couleur lilas et digne d'une vedette de cinéma, était un luxueux boudoir à l'européenne avec lit capitonné. Le vestiaire, tapissé de glaces biseautées de deux centimètres d'épaisseur, comportait une chaise longue, une table de toilette dotée d'éclairage et une chambre forte pour les fourrures et les bijoux. Un style moderne aux tonalités neutres avec des accents de cuir brut et de bois blond avait été privilégié pour la suite de Mickey. Le couvre-lit était brodé d'un gigantesque monogramme MC.

La chambre de Mickey était aussi celle de Toughie, son bouledogue. Sur la table de nuit, dans un cadre en argent, il y avait une photo de Toughie en compagnie de son maître : ils se ressemblaient. Le lit de l'animal était une réplique miniature de celui de Mickey. Le couvre-lit portait le monogramme TC et les draps, comme ceux du lit de Mickey, étaient changés quotidiennement.

Dans le vestiaire aux murs lambrissés de cèdre, tous les caprices, toutes les obsessions de Mickey Cohen avaient leur place : des douzaines de costumes sur mesure, dont certains étaient munis d'un étui à revolver caché dans la doublure de l'épaule gauche ; des centaines de chemises en coton tchèque, brodées sur la poche de poitrine au prénom de Mickey ; des tonnes de bretelles, de pochettes, de cravates à motifs élégants ; d'innombrables paires de chaussures sur mesure avec leurs embauchoirs en bois ; et, soigneusement rangés dans des boîtes, des douzaines de feutres, dont plusieurs Borsalino. Les tenues de sport, les vêtements d'extérieur, les 1600 paires de chaussettes en fil d'Écosse, les accessoires, les lotions, les poudres et les potions… tout y était parfaitement rangé.

Jay Gatsby en aurait pleuré d'envie.

En proie à des phobies secrètes, Mickey éprouvait une terreur irrationnelle des microbes. Une obsession maladive de la propreté s'était emparée de lui depuis longtemps, et les compulsions grandissantes qui l'accompagnaient atteignaient maintenant des proportions colossales. Mickey prenait une douche et changeait de vêtements plusieurs fois par jour, en plus de ne porter ses tenues que de rares fois avant de les donner. Il se brossait les mains plusieurs fois par heure et ne touchait aucune surface sans la protection d'un mouchoir en papier. Il interrompait ses conversations et ses repas pour répondre à ce besoin morbide de propreté. Il refusait aussi de porter un vêtement souillé : un soir, il reporta de plusieurs heures un dîner après avoir noté une minuscule tache d'eau sur son costume. Cette phobie s'étendait aussi à l'argent. Son comptable lui remettait chaque jour une liasse de billets neufs.

La maison de Brentwood répondait parfaitement aux besoins de Mickey. Il y avait fait installer un système de chauffage à l'eau assez gros pour un hôtel. Une domestique nettoyait et désinfectait à l'alcool la moindre surface de sa salle de bains après chaque utilisation. Quand il sortait de la douche au bout d'une heure, des serviettes propres recouvraient tout le sol pour qu'il n'y touche pas de ses pieds

Mickey Cohen se prépare à recevoir les photographes de la presse.
Son obsession de la propreté est demeurée secrète jusqu'à ce que The Saturday
Evening Post, *un hebdomadaire à fort tirage, la dévoile en 1958.*

nus. Il se séchait à l'air chaud pendant un bon quart d'heure, puis il mettait son vêtement : un chapeau de feutre. Il se saupoudrait alors d'une quantité industrielle de talc qui le faisait ressembler à un bonhomme de neige coiffé d'un chapeau, puis il courait d'un mur à l'autre pour se débarrasser de l'excès de talc. Ensuite seulement, il enfilait ses vêtements, en terminant par les chaussures. Après avoir touché à celles-ci, il devait se relaver les mains. Ce rituel de la toilette durait parfois jusqu'à trois heures. En une semaine, le mafieux utilisait trente serviettes de bain, vingt et une boîtes grand format de mouchoirs en papier, deux gros contenants de talc Johnson's, sept pains de savon Cashmere Bouquet, une bouteille de lotion après-rasage française, la Lilac vegetal de chez Pinaud, et une autre de lotion à la lavande anglaise, de marque Floris.

Le rêve du petit garçon de Boyle Heights s'était réalisé, en particulier la maison de Moreno Drive. Lorsqu'il emménagea avec LaVonne dans son nouveau domicile un merveilleux jour d'avril 1947, le mobilier s'y trouvait déjà, la cuisine et les salles de bains avaient été approvisionnées, les vêtements avaient été rangés dans les placards, les voitures étaient dans le garage. Willa Heywood, la gouvernante afro-américaine, servit au couple le gâteau au chocolat préféré de Mickey.

Comme pour crever avec impertinence ce ballon de rêveries, la nouvelle maison comportait aussi un petit cadeau du LAPD, installé dans la salle de séjour pendant la construction : un dispositif d'écoute.

* * *

Après la mort de Siegel, Cohen rompit tous ses liens avec Jack Dragna et sa famille mafieuse. Dragna, dont le manque d'entrepreneurship n'avait jamais été très rentable, avait été mis dans l'obligation d'accéder aux demandes de Siegel. Mais les Dragna n'allaient certes pas se plier en quatre pour faire plaisir au petit escroc juif de Boyle Heights. La mort de Siegel avait préparé le terrain à un tout nouvel arrangement.

Pendant que Cohen amassait des sommes colossales, la famille Dragna, maintenant privée de son service télégraphique, devait survivre malgré des revenus en baisse constante. Contrairement à Cohen et à ses associés, habitués des boîtes et des restaurants les plus en vogue de la ville, ceux des Dragna qui osaient s'aventurer dans l'élitiste Sunset Strip y fréquentaient une pizzeria.

Cohen devait aussi compter avec un Jimmy Utley prêt à prendre sa revanche. Utley collaborait avec des factions du LAPD, avec Jack Dragna et avec Tony Cornero. Mickey affirma plus tard qu'après avoir tabassé Utley publiquement dans son restaurant en 1946, et après avoir mis fin aux opérations de son rival, son vil ennemi mit sa tête à prix. « Il a offert à deux agents de police un immeuble résidentiel d'une valeur de 200 000 $ [environ 2,5 millions aujourd'hui] s'ils profitaient du fait qu'ils étaient de la police pour me tirer une balle dans la tête ou pour faire n'importe quoi à titre de revanche. »

Août 1947 marqua le retour d'un membre puissant et respecté de la famille Dragna qui avait été absent durant l'ascension de Mickey Cohen. Johnny Rosselli était revenu dans Sunset Strip. Il avait été détenu dans un pénitencier fédéral pour son rôle dans un complot qui visait à soutirer des millions de dollars à des magnats de Hollywood pour assurer le maintien de l'ordre au sein des syndicats de travailleurs. Curieusement, Rosselli et les chefs de Chicago à l'origine de cette extorsion avaient été libérés sur parole après n'avoir purgé que quatre de leurs dix ans de peine. Au début des années 1940, durant son bref mariage à June Lang, la belle ingénue des studios Fox, Rosselli avait été un « mystérieux » homme du monde qui défrayait la chronique. Maintenant reconnu comme un ancien détenu ayant un lien direct avec la hiérarchie de l'organisation d'Al Capone, et parce que les responsables de sa libération conditionnelle surveillaient ses moindres gestes, il se faisait petit.

Harry Cohn, le patron de Columbia Pictures, avait longtemps été un grand ami de Rosselli. S'étant connus au milieu des années 1930,

Le « beau » Johnny Rosselli, le membre le plus influent de la famille Dragna, planifia une tentative d'assassinat contre Mickey Cohen durant la guerre des gangs de Los Angeles. 1948.

ils étaient devenus intimes au point d'avoir chacun un appartement au luxueux Sunset Plaza et de voyager souvent ensemble. Quand leur amitié en était à ses débuts, Cohn avait généreusement offert au gangster le poste très convoité de producteur chez Columbia au salaire princier de 500 $ par semaine. Rosselli refusa en lui disant qu'il recevait une somme équivalente des serveuses qui prenaient des paris pour lui. Quand l'IATSE déclencha une grève contre Columbia en novembre 1937, Rosselli intercéda en faveur de son ami. Harry Cohn fut donc le seul directeur de studio qui bénéficia d'un traitement de faveur lors de cette extorsion et qui n'eut pas à verser les sommes exigées.

Sous la main de fer de Harry Cohn, Columbia avait rapidement dépassé les limites de ses débuts timides pour entrer dans les rangs des plus grands studios de Hollywood. En 1947, Columbia avait reçu plusieurs Oscars et l'incomparable création de Cohn, Rita Hayworth, avait déjà enflammé les écrans dans *Gilda*. Magnat très respecté du cinéma et père de deux jeunes garçons, Harry Cohn portait encore au doigt le rubis que Rosselli lui avait offert, mais il se distançait de lui. En liberté conditionnelle, Rosselli devait trouver un emploi rémunéré, et voilà que son ami naguère intime refusait de lui trouver une place chez Columbia. Un autre copain le fit engager comme «conseiller artistique» chez Eagle Lion, une minuscule maison de production de films de série B. Tiré à quatre épingles, bel homme et tombeur notoire, Rosselli fit passer beaucoup d'«auditions», mais on ne le vit jamais sur un plateau d'Eagle Lion.

Son boulot véritable en tant que haut gradé de la famille mafieuse des Dragna consistait à mettre au point la stratégie visant à retirer à Mickey Cohen le contrôle des rackets de Los Angeles. Rosselli confia un jour à une amie que «ce Mickey Cohen déshonore la pègre».

* * *

Automne 1947 : la région était secouée de Mulholland Drive à Malibu. Le House Committee on Un-American Activities (HUAC) avait entamé une spectaculaire enquête sur le communisme, enquête qui engendra une atmosphère de suspicion et de paranoïa et eut pour conséquence l'inscription d'acteurs, de scénaristes et de producteurs sur une liste noire.

Pendant ce temps, un autre groupe tout aussi secret et subversif provoquait lui aussi des remous d'une autre sorte. En réaction à l'empire grandissant et puissant de Mickey Cohen, la mafia de Los Angeles envisageait pour la première fois depuis longtemps de renforcer ses effectifs. Dans une petite vinothèque du centre-ville, Jack Dragna, accompagné de Johnny Rosselli, accueillit cinq initiés, notamment Louis Tom Dragna, le neveu du premier, âgé de vingt-huit ans, et un nouveau venu sur la côte, Jimmy «The Weasel» Frattiano, de Cleveland.

Violent et impitoyable, Frattiano était un truand médiocre, tuberculeux de surcroît, qui avait récemment été libéré d'une prison de l'Ohio après avoir purgé une peine de huit ans pour vol. Maintenant qu'il se trouvait à Los Angeles, il était disposé à faire tout ce que lui dirait son chef. Dragna lui donna l'ordre d'infiltrer l'organisation de Mickey Cohen.

«Au départ, Jimmy n'avait pas compris la raison de la décision de Dragna, à part le fait qu'il détestait Cohen», remarque Ovid Demaris dans sa biographie de Jimmy Frattiano, *The Last Mafioso*.

Lors du décès de George «Iron Man» Contreras en 1945, le remplaçant qui hérita de ses fonctions d'intermédiaire entre le bureau du shérif et l'Organisation avait été approuvé par la faction de Mickey Cohen. Mais le nouveau n'était pas loyal à Cohen. Demaris explique: «Jimmy [Frattiano] s'aperçut plus tard que Al Guasti, le sous-shérif [*sic*] du comté de Los Angeles, avait dit à Dragna que, si Cohen n'était pas dans leurs jambes, ils pourraient mettre la main sur tous les profits

Mickey Cohen en compagnie de membres de son organisation au bureau du shérif après qu'une tentative d'assassinat contre lui eut échoué et que son premier lieutenant, Harry Rothman, eut été tué par balle. De gauche à droite: Mike Howard, directeur commercial et acheteur pour la boutique de tailleur de Cohen; un furieux Mickey Cohen; Sol Davis; et Jimmy Rist, victime collatérale lors de l'attentat. 18 août 1948.

des paris clandestins au pays, somme qu'il estimait à 80 000 $ par semaine [850 000 $ aujourd'hui]. Ce genre d'argument, Jimmy pouvait le comprendre. »

Ayant fait allusion à certains manitous de Cleveland, Weasel s'installa en Californie au cours de l'hiver. Lui qui, le dimanche, était le bienvenu à Brentwood pour y manger des bagels, se mit à travailler pour une des opérations de paris de Cohen. Mickey assuma même les frais d'hospitalisation du malfrat phtisique. Tout ce temps, Frattiano espionnait pour le compte des Dragna.

Il confia à Demaris : « On se voyait deux fois par semaine, habituellement chez Napoli's, en face des studios de Columbia. Puisque Johnny [Rosselli] ne pouvait pas être vu en ma compagnie, on ne s'assoyait pas à la même table. Mais quand il se levait pour aller aux toilettes, je le suivais, et on discutait de ce qui se passait. Si j'avais des ennuis, il en parlait à Jack [Dragna] et l'affaire se réglait. »

* * *

À la fin de 1946, le LAPD créa une unité secrète du renseignement désignée sous le nom de Gangster Squad. Sous la direction de Willie Burns, cette brigade comptait sept recrues triées sur le volet dont les noms disparurent comme par magie des registres de la police. Les agents faisaient un travail d'infiltration, ils n'avaient pas de bureau, que des voitures banalisées. Leur mandat sans restriction leur permettait de faire tout ce qu'ils jugeaient nécessaire pour parvenir à leurs fins : arrêter Mickey Cohen. Longtemps après, Jack O'Mara, un des membres du Gangster Squad, déclarera : « Nous avons fait des tas de trucs qui nous vaudraient aujourd'hui d'être mis en accusation. »

Mickey apprit vite l'existence de cette unité d'élite ultra-secrète. Pour se moquer, il lui donna le nom de Stupidity Squad. Mais le mal était fait. O'Mara avait infiltré la maison de Brentwood. Feignant d'être un technicien qui s'occupait chaque semaine de l'entretien de l'appareil de télévision, il avait secrètement vérifié le dispositif d'écoute et espionné le propriétaire. Cohen semblait satisfait de ce service. Il accueillait toujours O'Mara avec courtoisie et lui remettait un généreux pourboire.

* * *

À la mort de Siegel, Cohen avait réussi à se débarrasser de la plupart de ses rivaux. Guy McAfee avait encore quelques activités à Los Angeles et possédait une résidence à Beverly Hills où il se rendait chaque fin de semaine, mais le seul escroc indépendant encore en ville était Tony Cornero.

Le 9 février 1948, à 18 h 45, on sonna à la porte du 312, South Elm Drive dans Beverly Hills. Tony Cornero ouvrit. Il vit deux hommes, dont l'un tenait une boîte. L'homme à la boîte dit : « Tiens, Tony, c'est pour toi ! » Cinq balles traversèrent aussitôt la boîte pour se loger dans l'abdomen du gangster.

En gros caractères noirs, la manchette disait :

FLAMBEUR ENTRE LA VIE ET LA MORT
SES DEUX ASSAILLANTS ONT PU S'ENFUIR

Aux yeux des autorités, il était manifeste que Mickey Cohen avait ordonné cet attentat, mais quand la police le questionna, il se dit « très surpris » de ce qui s'était produit et affirma ne pas bien connaître Cornero : « Il m'a toujours semblé être un type aimable et courtois. C'est sûrement une histoire de rancune personnelle. Je ne sais pas quoi vous dire. Je crois savoir que Tony était mêlé à une affaire de prostitution au Mexique. »

Cornero survécut, mais se réimplanta à Las Vegas. Le pouvoir exercé par Cohen était tel qu'il n'y avait plus de place pour lui à Los Angeles.

* * *

Au moment où Johnny Rosselli s'établissait à nouveau à Los Angeles, un scandale dans lequel il était impliqué rejaillit sur le Département de la Justice et résonna jusqu'à la Maison-Blanche. Le Congrès enquêta sur certaines pratiques répréhensibles en rapport avec la libération précoce de Rosselli lors de sa détention pour extorsion des studios de cinéma. Le 28 juillet 1948, Rosselli se livra à la police lorsqu'un agent de libération conditionnelle de Washington DC délivra contre lui un mandat d'arrestation, l'accusant de s'être associé à des « personnages louches ».

Mais Rosselli avait mis au point un plan à toute épreuve pour régler le problème Cohen. Jimmy Frattiano, l'épouse de celui-ci (complice à son insu) et leur fillette de onze ans furent tous les trois placés au centre d'un complot visant à assassiner Mickey Cohen.

Dans la soirée du mercredi 18 août 1948, la famille Frattiano eut une rencontre cordiale avec Cohen à sa boutique de Sunset Strip.

Jimmy sortit dans Palm Avenue et transmit un signal à la vigie des hommes de Dragna. Tandis que Frattiano regagnait sa voiture avec sa famille, des coups de feu retentirent à l'arrière.

Le lendemain matin, en lisant le journal, Frattiano apprit que l'attentat avait échoué et que Mickey Cohen était encore bien en vie. Son premier lieutenant, Hooky Rothman, reposait quant à lui à la morgue. Frattiano comprit qu'en serrant la main de Cohen au moment de son départ, il avait saboté son plan : il avait ainsi déclenché en Cohen le besoin impérieux d'aller se laver les mains. La compulsion de propreté de Cohen lui avait sauvé la vie.

Un message très clair avait cependant été lancé. Si fanfaron qu'il soit, le nouveau roi de Sunset Strip ne pouvait plus ignorer qu'il était entouré de traîtres. Il fortifia sa maison et sa boutique de tailleur, et il commanda une Cadillac à l'épreuve des balles.

Mais un nouveau comportement obsessif décida une fois de plus du sort qui l'attendait.

CHAPITRE 9

Des combines louches

> «À l'occasion de ce contact étroit avec un authentique membre de la pègre, mon imagination s'est emballée.»
>
> SHIRLEY TEMPLE BLACK
> se remémorant Mickey Cohen

La télévision n'en était qu'à ses balbutiements. Le comique Milton Berle y avait fait ses débuts en juin 1948, soulevant l'enthousiasme des téléspectateurs. Une révolution s'amorça : ce loisir tout neuf fit chuter la fréquentation des salles de cinéma et les ventes des journaux. Il y avait cinq grands quotidiens à Los Angeles qui tous publiaient plusieurs éditions par jour et qui tous cherchaient des moyens d'accroître leur diffusion. Lorsque le meurtre raté de Mickey Cohen fit la manchette, les rédacteurs en chef comprirent que les exploits du gangster pouvaient leur être très profitables. Du jour au lendemain, l'ancien camelot devint une fontaine inépuisable de titres à la une. La presse se mit à le courtiser.

L'époque où il n'était que le vassal de Bugsy Siegel était révolue : aujourd'hui, Cohen était le patron. Sorti d'un anonymat relatif pour briller sous les feux de la rampe, il aimait le prestige et la célébrité dont il jouissait. Les chasseurs d'autographes qui hantaient Sunset Strip à la recherche de vedettes de l'écran s'intéressaient maintenant à lui. Enivré par cette attention constante, Mickey Cohen fut, comme tant d'autres avant lui, séduit par le chant des sirènes de cette usine de rêves qu'était, et est encore, Hollywood.

* * *

Au cours des dix jours qui suivirent, les journaux exploitèrent tant qu'ils le purent le meurtre de la boutique de tailleur. Il fallut une nouvelle édition spéciale, cette fois au sujet d'un des jeunes acteurs les plus populaires de Hollywood, pour que le monde interlope soit chassé de la une des journaux. Dans cette nouvelle sensationnelle, des policiers avaient interrompu une soirée de marijuana au cottage construit à flanc de colline d'une magnifique starlette blonde, Lila Leeds, sosie de Lana Turner. La police arrêta l'hôtesse en petite tenue, une amie de celle-ci, Vicki Evans, ainsi que deux compagnons, dont Robert Mitchum, la grande vedette de l'heure de la société de production de films RKO (Radio-Keith-Orpheum Pictures). Les quatre furent arrêtés pour possession de stupéfiants, un délit grave passible d'une peine de six ans de prison.

Les drogues étaient un plaisir interdit dans la société très stricte de ce temps. Quand l'agent responsable des arrestations lui demanda quelle était sa profession, Mitchum, qui appréhendait les répercussions probables de son arrestation, répondit : « Ancien acteur. »

Très sensible à l'éphémérité de la gloire, l'échotière Hedda Hopper y alla de cette primeur : « Selon une rumeur circulant en coulisse, la police aurait organisé le raid dont Mitchum a été victime dans le but de détourner l'attention du public, frustré de l'inaptitude des autorités à trouver le responsable de la récente exécution d'un des membres du gang de Mickey Cohen. »

Le scandale se prolongea pendant des mois, même quand la très aimée Shirley Temple fut à son tour entraînée au bord du gouffre. Dix ans plus tôt, la petite Shirley avait été la plus grande enfant-star au monde, l'idole de présidents, de rois et même de J. Edgar Hoover. Maintenant victime d'un mariage malheureux et avec une carrière sur le point de s'effondrer, la coqueluche des États-Unis devint une habituée des bars clandestins de Sunset Strip. C'est là, dans la pénombre de Dave's Blue Room, que la jeune légende de l'histoire du cinéma rencontra le bandit notoire, Mickey Cohen.

« Nous nous sommes croisés dans l'escalier, révèle Shirley Temple dans son autobiographie (*Enfant star : autobiographie*), son corps trapu pressé contre le mur, face à moi. Comme nous étions ainsi tassés comme des sardines, il me dit que lui et son copain Ruditsky m'avaient remarquée, et il ajouta qu'il aimait beaucoup mes films. Mais en moins de deux, il était déjà parti. »

Barney Ruditsky était omniprésent dans Sunset Strip. Shirley Temple eut beau dire qu'il lui semblait aussi inoffensif qu'un « vendeur de réfrigérateurs », cet ancien détective de la police de New York, dur et méfiant, avait naguère été collecteur de fonds pour Bugsy Siegel. Sa présence sur la scène du meurtre de ce dernier à l'arrivée de la police était plus que suspecte. Même si Ruditsky possédait le bureau de détectives privés le plus couru de Hollywood, il travaillait pour Mickey Cohen, il fréquentait des hommes de loi et il gérait Sherry's, un populaire bar de Sunset Strip qui appartenait à Cohen.

Shirley Temple Black écrit : « Quand Ruditsky vit à quel point les personnages louches tel Mickey Cohen m'impressionnaient, il dit me réserver une surprise. Un groupe formé de policiers de Los Angeles et de shérifs du comté planifiait une descente dans un lieu caché où Robert Mitchum et Lila Leeds aimaient prendre de la marijuana. Est-ce que ça me plairait de l'accompagner dans sa voiture banalisée ? »

L'invitation était tentante, mais l'ancienne *enfant-star* eut la sagesse de la décliner.

Cette arrestation faillit mettre fin à la carrière d'acteur de Mitchum. Celui-ci venait d'apprendre que son ancien gérant, Paul L. Behrmann, l'avait ruiné et placé dans une position très vulnérable. Mitchum choisit de ne pas poursuivre Behrmann en justice, mais il dit ceci : « L'impresario qui était mon ami intime et qui avait toute ma confiance a avoué qu'il ne me restait plus un sou et il a refusé de justifier cet état de choses par des papiers comptables. »

Howard Hughes, le propriétaire du studio RKO, avait un intérêt direct dans la carrière de Robert Mitchum. Il engagea pour le défendre Jerry Giesler, le célèbre avocat qui avait si habilement évité que Mickey Cohen ne soit traduit en justice dans l'affaire Shaman. Giesler parvint à négocier un jugement en faveur de l'acteur.

Après un séjour de soixante jours au centre de détention Wayside Honor Rancho, Mitchum était de retour sur le plateau de RKO pour achever le tournage de *The Big Steal* (*Ça commence à Vera Cruz*). Mais les théories de conspiration continuaient d'aller bon train, et, Ruditsky mis à part, des révélations impliquant Mickey Cohen dans l'arrestation de Robert Mitchum firent surface un an plus tard.

* * *

Un riche Anglais du nom de Sir Charles Hubbard arriva à Los Angeles en 1948 en compagnie du nouvel associé de Cohen, Johnny Stompanato. Peu après, Hubbard eut tout comme Mitchum besoin des services d'un avocat pour s'être trouvé dans une situation très compromettante qui lui valut de graves ennuis avec la justice. Arrêté lors d'une fête où la marijuana était l'invitée d'honneur, Sir Charles écopa d'une accusation liée à la drogue. Comme Mitchum, il purgea une peine de six semaines au convivial Wayside Honor Rancho du shérif, à Castaic.

Cependant, Sir Charles et Stompanato restèrent en contact. L'homme du monde eut la délicatesse de «consentir des prêts» à Stompanato d'une valeur totale de 85 000 $ (plus de 760 000 $ aujourd'hui). Contrairement à celle de Mitchum, l'arrestation de Hubbard ne fit pas la manchette.

* * *

En sécurité dans son bureau-forteresse, Mickey Cohen recevait ses visiteurs dans une pièce qualifiée de «salle du trône», entre deux essayages avec son tailleur personnel. Ses courtisans, parmi lesquels figuraient de nombreux hommes d'affaires légitimes, sollicitaient une aide financière de sa part, sa protection et des appuis dans toutes sortes d'entreprises, légales ou non. Mickey Cohen était engagé dans un vaste éventail d'investissements allant de l'immobilier à l'extraction du pétrole, et l'on dit qu'il finança une petite compagnie d'avions qui grandit jusqu'à devenir un véritable empire de transport aérien. La contrepartie de Cohen dans ces sociétés étrangères au Syndicat était de 60 % des recettes, dont 20 % allaient à ses patrons de la côte Est.

Mickey investit aussi dans une nouvelle société d'édition que lui proposait Jimmy Tarantino. Naguère pigiste pour le magazine de boxe *Knockout*, Tarantino faisait partie du tout premier entourage de Frank Sinatra, surnommé *The Varsity*. Cette troupe de garçons de courses et de gorilles qui faisait les quatre volontés du chanteur pour une pitance et pour le plaisir de partager quelques-uns de ses moments de gloire avait accès à des informations privilégiées. Tarantino désirait tirer parti de ce rôle d'initié pour publier des articles salaces sur les vedettes de l'heure dans un journal à scandales. Pour renforcer le prestige de sa feuille de chou, le nom de l'imprésario de Frank Sinatra, Hank Sanicola, apparaissait dans le cartouche de titre en tant qu'éditeur, tandis que Mickey Cohen était l'investisseur providentiel de cette machine à extorsion.

Quand *Hollywood Nite Life* se mit à dévoiler les secrets les plus intimes des vedettes, tout l'univers du cinéma fut secoué par une onde de choc. La publication disponible uniquement par abonnement aboutissait sur le bureau des directeurs de studio et des grands producteurs. Des «représentants» de *Hollywood Nite Life* se mirent à extorquer les *stars* qui avaient quelque chose à cacher en leur offrant le choix d'acheter de la publicité ou de devenir le sujet d'une chronique scandaleuse. Même Sinatra fut victime de cette arnaque. On dit qu'il acheta de la publicité pour que sa torride aventure adultère avec la magnifique nouvelle *star* du cinéma Ava Gardner ne soit pas ébruitée et pour qu'une agression sexuelle ayant supposément eu lieu à Las Vegas demeure aussi secrète.

Judy Garland avait l'habitude de s'en ouvrir à Mickey Cohen quand ses maris lui créaient des ennuis. Mickey estimait Judy, et savait être persuasif auprès des époux de cette dernière. Garland vint une fois de plus pleurer sur l'épaule de son confident après que quatre articles du journal à scandale du gangster aient divulgué ses incartades sexuelles et sa dépendance aux drogues. Bien qu'il n'ait rien eu à voir avec le contenu de ces articles, Mickey avoua plus tard s'être senti quelque peu honteux d'avoir indirectement sali la réputation de Judy Garland. Mais il ne révéla jamais à la chanteuse qu'il était l'investisseur du *Hollywood Nite Life*.

Tarantino eut finalement affaire à forte partie en la personne de Louella Parsons, la journaliste mondaine de l'empire Hearst. Depuis plus de vingt ans, Louella Parsons terrifiait les vedettes et les magnats de Hollywood et amusait 40 millions de lecteurs grâce à sa plume empoisonnée. Cohen empêcha Tarantino de s'en prendre à elle. D'une part, il ne désirait pas s'aliéner la presse de grande diffusion et, d'autre part, le mari de Louella Parsons, le chirurgien Henry W. « Docky » Martin, occupait un poste important en tant que commissaire à la régie des courses de la Californie.

Hollywood Nite Life cessa de publier. Cohen transféra Tarantino à San Francisco, où il étendait son territoire.

* * *

La cité du cinéma était dès le départ un endroit unique où des gens ordinaires et sans éducation, mais beaux, pouvaient du jour au lendemain se hisser au sommet de la gloire. Les studios possédaient leurs propres écoles où les acteurs contractuels apprenaient la grammaire, la diction et les bonnes manières, et se formaient à de nouveaux talents tels que l'escrime. Le département de la publicité leur donnait un nouveau nom et une nouvelle date de naissance, et leur fabriquait un passé « correct », voire « aristocratique ». Pour la serveuse de restaurant devenue diplômée de Wellesley, pour le mécano devenu gentleman, Hollywood était un univers factice et scintillant.

On disait que les propriétaires de ces manufactures de films qu'étaient les studios de Hollywood avaient fait le trajet en droite ligne de la Pologne au terrain de polo en passant par une formation personnelle accélérée.

Sous la gouverne de tuteurs privés, ils avaient perdu leur accent étranger, acquis un peu de français et appris à se tenir à table. Maintenant que Mickey Cohen frayait avec des gens de la haute, il perdait pied. Douloureusement conscient de son manque d'instruction, il restait silencieux en présence de l'élite. « Je me débrouillais pour ne pas ouvrir la bouche, pour que personne ne sache que j'étais stupide », avoua-t-il plus tard. Reconnaissant qu'il « avait vécu un peu comme une bête », il désirait maintenant perfectionner son élocution et ses manières. « Il y avait place pour beaucoup d'amélioration », dit-il.

LaVonne, qui s'exprimait comme une femme du monde et qui en possédait la grâce, était ravie que son mari souhaite se raffiner. Cohen engagea Denny Morrison, le mari de Florabel Muir, pour lui servir de tuteur, renforçant de la sorte envers lui la bienveillance de la journaliste qui était devenue sa plus franche alliée. Morrison, également journaliste accompli, accompagnait le gangster dans ses tournées et profitait des moments creux pour lui dispenser sa formation, notamment en donnant chaque jour à son élève un certain nombre de « grands mots » à apprendre, dont « balnéothérapie ».

« Mickey les apprend par cœur et les répète comme un perroquet, note Muir, mais c'est un type intelligent, si bien qu'il les utilise la plupart du temps à bon escient. Sam Rummel, son avocat, en est bouche bée. »

« Où as-tu appris à parler comme ça ? », lui demande enfin Rummel.

« J'ai engagé un tuteur », fait Mickey, avec fierté.

Il affirme même vouloir lire *Guerre et paix*.

Muir dit que son mari, ayant demandé à Mickey s'il pouvait emprunter sa belle édition reliée de ce classique, s'entendit répondre qu'il devrait la lui rendre dans les plus brefs délais. La journaliste demanda à Cohen s'il avait réellement l'intention de lire cette œuvre.

« Non, répondit-il. Pas même en cent ans. En fait de guerre et paix, j'ai les miennes. Pourquoi est-ce que je m'intéresserais aux ennuis de Tolstoï ? Je veux qu'il me rende mon bouquin parce que, sinon, ça fait un trou dans la bibliothèque. Sa reliure est de la même couleur que les autres. »

* * *

Ben Hecht, un ancien reporter, était depuis longtemps le scénariste le mieux payé de Hollywood. Célèbre pour ses films de gangsters, notamment *Underworld* (*Les Nuits de Chicago*), qui lui valut l'Oscar du meilleur scénario et *Scarface*, ainsi que *The Front Page* (*Spécial première*),

Gunga Din, Spellbound et *Notorious* (*Les Enchaînés*), il ne fut cependant pas crédité au générique pour son scénario le plus connu, la version finale de *Gone With the Wind* (*Autant en emporte le vent*).

Durant la Seconde Guerre mondiale, Hecht prit la voie du radicalisme politique à la suite des atrocités commises contre les Juifs par les nazis. Il souscrivit à une thèse voulant qu'une conspiration d'une très grande portée et des politiques délibérées aient été à l'origine du sort réservé aux Juifs européens durant la guerre. Selon cette théorie fort controversée, le gouvernement britannique aurait souhaité la mort des Juifs parce qu'il craignait qu'en émigrant en Palestine ils ne nuisent aux intérêts pétroliers britanniques et arabes. Cette thèse allait encore plus loin en affirmant que le gouvernement des États-Unis, allié de la Grande-Bretagne, avait passivement penché du côté des Britanniques et que les Juifs palestiniens avaient été apaisés par des promesses de lopins de terre en Palestine britannique. Hecht s'allia à Peter Bergson, tête du groupe extrémiste Irgoun Zvaï Leumi. Réputés être des assassins et des terroristes, les membres de l'Irgoun, dont l'objectif était la création d'un État juif, furent responsables d'actes de violence extrême ayant pour but de chasser les Britanniques et les Arabes hors de Palestine.

Selon le journaliste Sidney Zion, des membres du mouvement furent « dénoncés, enlevés et torturés » par des factions juives moins extrémistes ainsi que par l'armée britannique. « L'Irgoun et son acolyte, le groupe Stern, fuyant la guerre civile, poursuivent leur combat. Ils font sauter des installations britanniques, s'emparent des armes des Britanniques, attaquent les prisons britanniques et, en guise de représailles, fouettent et pendent des soldats britanniques. La Haganah, l'armée secrète juive officielle, a déposé les armes au beau milieu du Mouvement de la révolte, tandis que l'Irgoun, dont les effectifs ne dépasseront jamais 7000 membres, est la raison pour laquelle 80 000 soldats anglais parqués dans des ghettos militaires ont peur de patrouiller dans les rues. »

En 1946, l'Irgoun fut accusé d'être à l'origine de l'attentat à la bombe contre l'ambassade de Grande-Bretagne à Rome, qui détruisit la moitié de l'édifice et fit des douzaines de blessés, de même que de l'attaque de l'hôtel cinq étoiles King David, à Jérusalem, quartier général du haut commandement des forces britanniques en Palestine. Cet attentat fit 91 victimes et 46 blessés.

Bien que la majorité des Juifs d'Israël et de la diaspora ait condamné les actions de l'Irgoun, le chef du mouvement, Peter Bergson, neveu du grand rabbin du Mandat britannique en Palestine, parvint à recruter Hecht en tant que représentant, collecteur de fonds et porte-parole du groupe aux États-Unis. En sa qualité de chef de la branche américaine de l'Irgoun, l'American League for a Free Palestine, Hecht sollicita l'aide de Mickey Cohen.

Sceptique, Mickey crut d'abord qu'il s'agissait d'une arnaque : « Quand t'es une fripouille, tu penses comme une fripouille. » Mais Hecht invita le mafieux et son administrateur, Mike Howard, à sa villa en bord de mer, à Oceanside. Au nom de son patron, Howard dit que Cohen s'intéressait à la cause des Juifs, mais qu'il désirait être très clair : il ne se laisserait pas berner. Il avait acheté à fort prix une plaque en bronze d'un « patriote juif » qui s'était révélé être un petit escroc de Chicago. Hecht rapporte cet entretien dans ses mémoires, *Child of the Century* :

« Dès que les amis de Monsieur Cohen auront mis la main sur ce voleur, dit Howard, ils lui fracasseront le crâne. Entre-temps, nous aimerions appuyer la cause juive, à la condition d'être sûrs que ça ne nous reviendra pas en pleine face. »

Howard demanda à Hecht de leur expliquer en quoi consistait l'Irgoun et de leur dire ce qu'il attendait d'eux. Pendant que Mickey Cohen contemplait l'océan en silence, l'éminent écrivain leur parla de la situation en Palestine, de sa difficile collecte de fonds et de la façon dont le bandit hollywoodien pourrait venir en aide à l'Irgoun. Quand tout fut clair, Howard manifesta son étonnement : comment était-il possible que ce mouvement ne puisse pas financer ses activités ?

Ainsi que l'écrit Hecht :

« Je ne comprends pas pourquoi vous avez tant de mal à trouver du financement à Hollywood, dit froidement Monsieur Howard. Les studios de cinéma sont dirigés par les Juifs les plus riches du monde. Ils pourraient appuyer financièrement l'Irgoun à eux seuls en deux temps, trois mouvements. »

Je lui expliquai que les Juifs fortunés de Hollywood s'opposaient farouchement à la lutte des Juifs et faisaient l'impossible pour nous empêcher de leur venir en aide. C'est alors que Mickey Cohen intervint pour la première fois dans la conversation :

« Si je comprends bien, ils se sabotent eux-mêmes, hein ? »

Mickey décida d'appuyer la cause. Hecht témoigna plus tard de l'engagement profond de Mickey Cohen dans le sionisme. Subjugué par ces Juifs qui se débattaient « comme des racketteurs » pour se constituer une patrie, il fit appel au Syndicat national, lui demandant de subventionner, d'approvisionner et d'entraîner l'Irgoun. Cohen se rappelle que des dîners-bénéfices eurent lieu à Boston, à Philadelphie et à Miami, et que lui-même organisa un événement majeur à sa chic boîte de nuit Slapsy Maxie's. « Il y avait là des juges, des gens de toutes les couches de la société, les plus grands joueurs de la ville et des environs. » La contribution du parrain de la mafia du Texas, Sam Maceo, venu de Galveston, fut une des plus importantes.

La rumeur voulut que Cohen ne soit pas uniquement motivé par l'aspect caritatif de la chose. Ne travaillait-il pas en étroite collaboration avec des mafieux qui contrôlaient les ports de l'État de New York et ceux du New Jersey, en l'occurrence, Albert Anastasia et Charlie Yanowski ? On allégua, sans jamais parvenir à le démontrer, qu'il gardait par-devers lui d'importantes sommes d'argent recueillies pour la cause et que l'Irgoun était une couverture dont se servait la pègre pour ses opérations.

Déjà mortifiée en raison des activités répréhensibles largement médiatisées du gangster, la collectivité juive locale craignit que Mickey Cohen n'engendre un antisémitisme encore plus grand. Cohen reprochait leur complaisance aux riches Juifs respectables qui avaient rejeté l'Irgoun, et qui maintenant le rejetaient, lui. « J'étais un escroc authentique. J'imagine que ces Juifs puissants estimaient que je leur portais préjudice. Ils se sont réunis pour discuter de mon cas. Il y avait là des gens tels que I. Magnin [l'éminent rabbin des grosses légumes, Edgar F. Magnin, de la famille des propriétaires de magasins I. Magnin], ceux de Saks Fifth Avenue, Louis B. Mayer, etc. »

Les avocats Rummel et Ferguson reçurent cette mise en garde : si leur fanfaron de client ne réduisait pas ses activités, les Juifs de l'*establishment* verraient à le faire coffrer. Des années après, Mickey affirma impudemment que de toutes ses activités, seules celles qui concernaient l'Irgoun avaient fait l'objet de critiques.

CHAPITRE 10

High Jingo

« Vous savez ce que ça veut dire, quand une affaire est pleine de high jingo ? Ça veut dire que la haute direction a elle aussi son nez fourré dedans. »
MICHAEL CONNELLY,
The Closers (Deuil interdit)

Mickey se plaignait d'être pourchassé par deux officiers du LAPD, l'inspecteur Rudy Wellpott, directeur de l'Administrative Vice unit, et son bras droit, le brigadier-chef E.V. Jackson. Après avoir orchestré la pose des pastilles émettrices à la résidence de Cohen, Wellpott avait dirigé la descente au La Brea Social Club, fermé ses portes et confisqué 100 coûteux jeux de cartes marquées qui se trouvaient sur les lieux. Mickey apprit de ses sources que ces policiers étaient aussi à l'origine d'une entrée par effraction à son domicile, au cours de laquelle son carnet d'adresses lui avait été volé.

Des années après, l'inspecteur Wellpott confia au journaliste Dean Jennings du *Saturday Evening Post* que « Mickey n'ignorait pas que j'avais l'intention de le tuer. Il aurait suffi d'un rien pour que j'appuie sur la gâchette. » Tempérant quelque peu ses propos, il ajouta : « Mais pas sans que ce ne soit justifié. »

Cohen se demanda comment neutraliser les deux policiers, que l'on disait associés à Jimmy Utley, et se débarrasser du dispositif d'écoute.

* * *

Brenda Allen était alors la tenancière de bordel la plus influente de Los Angeles, avec 114 belles prostituées à son service et une liste de clients parmi les personnalités les plus en vue de la ville. Depuis le standard téléphonique du numéro «Hollywood 5-255», elle acheminait vers les clients les filles de joie les plus prisées de la Cité des anges. Un brigadier-chef de la police des mœurs de Hollywood au LAPD autorisa un spécialiste en électronique, James A. Vaus fils, à mettre la maquerelle sur écoute.

Voici un exemple de conversation téléphonique captée chez Brenda Allen :

> On entend d'abord une voix d'homme. «Ici Harry. T'as quelque chose de bien pour moi, ce soir?»
>
> La proxénète répond coquettement avec un fort accent du Sud:
>
> «J'ai plein de livres fantastiques. Il y en a un dont l'héroïne est une vraie beauté! Environ un mètre soixante, avec de longs cheveux noirs. Vous passerez un très bon moment de lecture.»
>
> «Et je le trouve où, ce roman?»
>
> «À l'intersection de Sunset et La Brea. En couverture, il y a une photo d'elle vêtue d'un long manteau de vison. Ça vous irait de passer vers 21 h?»
>
> «Entendu», dit Harry.

La saga de Brenda Allen, née Marie Mitchell, également connue sous les noms de Brenda Allen Burns et Marie Balanque, débuta au moment de la crise de 1929. Initiée aux choses du sexe à San Bernardino, elle aboutit à Los Angeles où elle entra dans le réseau de prostitution de Guy McAfee. Elle fit quelque temps le trottoir au centre-ville, puis fut arrêtée en 1940 en même temps que deux proxénètes et Annabelle Forrester, la tenancière de bordel notoire de McAfee. Accusée, jugée et condamnée, Annabelle Forrester purgea sa peine à la prison pour femmes de Tehachapi. Pendant ce temps, Brenda Allen, qui avait été le principal témoin à charge durant le procès, poursuivit son petit bonhomme de chemin.

Après la guerre, Allen passa aux choses sérieuses. Âgée de trente-cinq ans, elle était au sommet de sa profession grâce à la qualité de ses filles, à la protection incontestée dont elle jouissait et à d'audacieuses stratégies commerciales. Les chauffeurs de taxi du Westside étaient payés pour distribuer ses cartes de visite tandis que les chefs chasseurs et les barmen des plus grands hôtels connaissaient son numéro par cœur. Il arrivait souvent que, sur une période de 24 heures, Allen puisse fournir en prostituées plus de 100 riches clients triés sur le volet.

Un jour, le dispositif d'écoute capta une conversation méritant une plus grande attention. Après avoir composé le numéro confidentiel de l'unité administrative des mœurs du LAPD, la grande et rousse Brenda Allen demanda à parler à l'un des officiers qui pourchassaient Mickey Cohen. Quand on lui répondit que le brigadier-chef E.V. Jackson était

La putain de la Babylone californienne : le criminaliste Max Solomon (à gauche), membre de la coterie d'avocats de Cohen, représente la plus grande tenancière de bordel de Hollywood, Brenda Allen, soupçonnée d'être intimement liée aux forces de l'ordre – au propre et au figuré. Été 1949.

absent, elle demanda à ce qu'il veuille bien rappeler «Madame Johnson». D'autres conversations captées sur écoute révélèrent l'existence d'un lien direct entre la tenancière de bordel et l'officier de la police des mœurs, ce qui démontrait que Brenda Allen et le brigadier-chef Jackson étaient à la fois partenaires sexuels et associés de ce réseau de prostitution.

C'était là précisément le genre de renseignement que recherchait Mickey Cohen.

* * *

Jim Vaus, le spécialiste de l'écoute électronique qu'avait envoyé Barney Ruditsky, fut fort impressionné par les portes bardées d'acier de la boutique de tailleur de Mickey Cohen. En entrant dans le bureau privé, l'électronicien fut sensible à l'ambiance luxueuse et raffinée des lieux, notant les chatoyants lambris en noyer et l'éclairage indirect. Un appareil de télévision était suspendu au plafond, et un bureau circulaire occupait une extrémité de la pièce. Derrière le bureau, sous un portrait à l'huile du président Franklin D. Roosevelt, était assis un petit homme trapu d'une trentaine d'années au crâne légèrement dégarni.

Mickey Cohen regarda Jim Vaus et lui demanda froidement s'il avait installé un dispositif d'écoute chez lui. Soulagé, l'électronicien répondit au chef mafieux qu'il ne savait même pas où il habitait.

Cohen envoya le spécialiste fouiller sa maison pour qu'il y trouve les pastilles émettrices. Pendant que Neddie Herbert et LaVonne l'observaient, Vaus passa le reste de l'après-midi à explorer de fond en comble la maison de Cohen à la recherche des dispositifs d'écoute. Le luxe et le confort matériel de la maison de Brentwood et «l'immense liasse de billets verts» du gangster l'impressionnèrent autant que ce qu'il avait vu dans la boutique de Sunset Strip. À son atelier, Vaus bricola une bobine détectrice ultrasensible et un amplificateur à gain élevé qui, espérait-il, parviendraient à détecter le courant émis par le dispositif d'écoute. Ayant enfin localisé le flux électromagnétique, Vaus perça une ouverture dans le plancher de la salle de séjour, se glissa dans le vide sanitaire sous la maison et en retira les fils de la grosseur d'un cheveu qui reliaient des microphones à l'émetteur principal. Celui-ci avait été inséré dans un orifice pas plus grand qu'un trou de termite dissimulé dans la paroi d'une boîte à bûches à côté du foyer.

Treize mois après son installation, le dispositif d'écoute électronique qui avait alimenté en renseignements le Gangster Squad du LAPD n'existait plus. Et en ce jour de mai 1948, Jim Vaus accepta l'emploi que lui offrit Cohen. Dorénavant, installé au sous-sol de la boutique de tailleur de Sunset Strip, Vaus s'adonna à son métier et ses talents d'électronicien continuèrent d'être très en demande auprès de la police de la ville et du comté, de même qu'auprès du détective privé Barney Ruditsky. Vaus poursuivit sa surveillance secrète de Brenda Allen à la fois pour la police et pour le mafieux. Pour le compte de

Ruditsky, Vaus espionna les conversations téléphoniques d'épouses soupçonnées d'adultère par leur mari, parmi lesquels figuraient Errol Flynn, Mickey Rooney et le chef d'orchestre latino-américain Xavier Cugat. Vaus installa aussi un système d'espionnage dans les studios de Columbia, à la demande du directeur, Harry Cohn.

Vaus ayant fourni à Cohen la preuve que le brigadier-chef Jackson était de connivence avec Brenda Allen, le gangster put se défendre contre ses ennemis du LAPD. En cet été de 1948, Brenda Allen fut arrêtée pour exploitation d'une maison close, un délit mineur, et aussi pour proxénétisme, un acte délictueux grave. Elle fut condamnée à une peine d'un an à la prison du comté.

* * *

La guerre de Sunset Strip se poursuivit. L'objectif premier des Dragna était toujours l'élimination de Mickey Cohen. La tentative de Jack Dragna pour reprendre le contrôle du territoire fut entérinée par le patron de la pègre new-yorkaise, Tommy Lucchese, auquel il était apparenté. Quelques factions de Chicago rejoignirent ses rangs. Le lieutenant de Bugsy Siegel, Allen Smiley, se rallia aux Dragna. Smiley, qui était d'origine russe, se trouvait maintenant à Houston. Il habitait au Shamrock, le luxueux nouvel hôtel du légendaire magnat du pétrole Glen McCarthy, et se débattait pour ne pas être déporté. Pendant que se renforçait la coalition des Dragna, l'implacable ennemi de Mickey, Jimmy Utley, se préparait à s'emparer de l'empire de Cohen.

* * *

Quelques semaines après l'embuscade de la boutique de tailleur, par un soir pluvieux, des coups de feu retentirent des deux côtés de la rue à proximité de la maison de Brentwood. La carrosserie de la Cadillac de Mickey fut criblée de balles et son pare-brise vola en éclats, mais Mickey ne fut pas touché. Arrivant à la course, couvert d'éclats de verre et affamé au dîner qu'il donnait chez lui en l'honneur de l'acteur George Raft, Mickey se confondit en excuses auprès de ses invités pour son retard et sa tenue débraillée.

Un autre soir, alors qu'elle allait chercher son mari en voiture à une maison de jeu, LaVonne le trouva titubant et se tenant la tête à deux mains dans une rue de Santa Monica. Quelques minutes auparavant, dans la boîte bondée, quelqu'un avait frappé Mickey à l'arrière de la tête avec un tuyau en métal. Mickey échappa à son assaillant en sautant par la fenêtre. Étourdi, saignant à profusion, Cohen dut être traité à l'hôpital.

Le garde du corps de Cohen aperçut un fil électrique saillant du vide sanitaire sous la maison de Brentwood. Le fil était relié à une bombe plantée par les Dragna qui avaient échoué une fois de plus : le détonateur avait fait long feu.

Mickey confirma des années après qu'il ripostait aussi souvent que possible. « On a eu quelques-uns de leurs hommes en représailles. » En ville, dans North Broadway, une voiture s'approcha de la Cadillac de Cohen. Les deux véhicules roulèrent côte à côte à haute vitesse. Mickey manœuvra de façon à se placer en position d'attaque. Il se souvient que « plusieurs coups de feu ont retenti, ç'a fait beaucoup de bruit, mais il n'y a pas eu de blessés. Eux aussi ont tiré. Si la police l'a su, elle n'a rien fait. »

Une escarmouche eut lieu dans le quartier très huppé de Bel-Air. Cohen : « Neddie et moi, on rentrait du Strip vers trois heures du matin quand une grosse voiture noire s'est approchée. Neddie a dit "J'aime pas ça". »

« J'ai ouvert la porte du compartiment caché et on a sorti l'équipement. Il y a eu beaucoup de coups de feu. Je pense qu'ils se servaient d'un vaporisateur, un "tommy". Mais ils ont renoncé quand ils ont vu qu'on les avait dans notre ligne de mire. » À la suite de cet incident, Cohen lut dans le journal un entrefilet qui disait que des coups de feu avaient peut-être été entendus dans le quartier.

C'est grâce à Mickey que Jimmy Frattiano, l'escroc de Cleveland qui avait infiltré sa bande pour le compte des Dragna, fut traité à l'hôpital City of Hope pour la tuberculose dont il souffrait. Mais pendant cette hospitalisation de trois mois, le traître planifia le meurtre de Cohen. Son plan prévoyait que Cohen, qui devait faire acte de présence à un événement caritatif, serait exécuté à son arrivée au stationnement de l'hôpital. Mais, constatant que les Dragna avaient sabordé son complot, Frattiano éclata de rage.

Au contraire de l'embuscade largement médiatisée qui avait eu lieu à sa boutique, les flirts subséquents de Mickey Cohen avec la mort restèrent des secrets bien gardés.

* * *

Au début de l'année 1949, Mickey Cohen fit plusieurs fois la une des journaux. Le 15 janvier, les officiers Wellpott et Jackson, de l'unité des mœurs du LAPD, procédèrent à l'arrestation de « Happy » Harold Meltzer, le fameux nouveau venu de la bande de Cohen, pour possession d'arme à feu. Outré, Cohen soutint que la police avait elle-même introduit l'arme pour le compromettre. Mis en liberté sous caution, Meltzer attendit son procès.

Deux mois plus tard, un autre événement eut d'importantes répercussions non seulement sur Mickey et ses hommes, mais aussi sur les huiles du LAPD et de l'hôtel de ville. L'affaire, centrée autour d'Alfred Marsden Pearson, cinquante-trois ans, et sa minuscule boutique d'électronique Sky Pilot Radio, se déroula dans le quartier de West Adams. Pendant quinze ans, des centaines de clients mécontents s'étaient plaints au LAPD de ce que Pearson les avait arnaqués. Réputé pour toujours surfacturer les clients, Pearson avait très mauvaise réputation dans le quartier. Il avait aussi une évaluation négative auprès du Better Business Bureau (le bureau d'éthique commerciale des États-Unis) et du Federal Office of Price Administration (office fédéral de réglementation des prix). Pearson avait en outre été accusé d'agression sur deux clientes qui contestaient leur facture.

Le commissaire Harry Lorenson, du LAPD, l'influent inspecteur en chef de la commission de police qui avait arrêté Pearson cinq fois en un bref laps de temps, qualifia ce dernier de « commerçant le plus véreux en ville ».

Le public se révolta quand un article à la une de l'*Examiner* dit que Pearson était parvenu en toute légalité à transformer une facture de réparation impayée en un considérable gain fortuit. Après avoir discuté avec Pearson, madame Elsie Phillips, une veuve de soixante-trois ans, refusa de payer la somme de 8,91 $ pour la réparation de son appareil de radio. Pearson la poursuivit en justice et obtint des dommages de 81 $, montant que la veuve fut incapable de lui verser. Pour obtenir gain de cause, le requin exigea qu'on procède à la vente aux enchères de la maison de la veuve et l'acheta lui-même pour la modique somme de 26,50 $. Pearson permit ensuite à la pauvre femme qui élevait seule son petit-fils de demeurer dans la maison dont il était devenu propriétaire à la condition qu'elle lui verse un loyer.

Un groupe d'officiers du LAPD du poste de Wilshire, prenant la veuve Phillips en pitié, s'engagèrent à assumer pour elle son loyer pendant que le commissaire Lorenson se mettait à la recherche d'un avocat qui puisse la représenter dans la poursuite qu'elle désirait intenter pour récupérer sa maison. Pearson réclama à son tour des dommages-intérêts de 45 000 $, affirmant que le policier avait comploté pour détruire son entreprise.

En sa qualité d'inspecteur en chef de la commission de police, le commissaire Lorenson était très précieux pour Mickey Cohen. Ainsi que l'affirma longtemps après le mafieux : « La commission de police de Los Angeles était de mon côté. La plupart des chefs de police n'avaient pas le choix. Ou bien ils adhéraient à mon programme, ou bien ils étaient relégués aux oubliettes. J'avais la main haute sur tout le palmarès. Jusqu'aux plus hauts gradés de différents postes. »

Le commissaire Lorenson, Mickey Cohen et un homme d'affaires se réunirent à un restaurant du centre-ville que fréquentaient des membres de la classe politique, le Goodfellow's Grotto. Quand d'épais rideaux se furent refermés sur le compartiment n° 12, on discuta du cas Alfred M. Pearson. Le problème que posait le spécialiste en électronique était à la fois flou et difficile à résoudre, et le mafieux lui apporta une solution radicale : tuer Pearson. Mais il dut se résoudre à accepter une stratégie « civilisée ». Cohen affirma plus tard que leur complot bénéficiait du sceau d'approbation du maire, Fletcher Bowron. La souffrance de madame Phillips servirait de prétexte à organiser, devant la porte du commerce de Pearson, une manifestation des résidents et des gens d'affaires mécontents de West Adams. Tout comme Jimmy Utley, Pearson recevrait publiquement une sérieuse mise en garde : il serait brutalement agressé par les hommes de Cohen durant la manifestation.

L'événement eut lieu dans l'après-midi du samedi 19 mars 1949, une journée fraîche et ensoleillée. Sept gorilles chevronnés du gang de Mickey s'y rendirent. Sous les yeux d'une foule de curieux, les malfrats brandirent des pancartes devant la boutique de Pearson, au 5120, West Adams Boulevard. Cohen observa tranquillement la scène des coulisses. En réaction à la foule tapageuse, Pearson mit le nez hors de la devanture soigneusement barricadée de son magasin en criant à tous de le laisser tranquille. Aussitôt, sous les vivats, les sept piqueteurs s'élancèrent à l'intérieur et l'attaquèrent sauvagement. En arrivant peu après à son bureau de Slapsy Maxie's, Mickey apprit à son grand étonnement que ses brutes étaient en cellule au poste de police de Wilshire. Des policiers d'un autre poste les avaient appréhendés pour avoir fait un demi-tour interdit.

Il suffit d'un coup de fil pour que l'inspecteur Jack Swan, contrôleur général du poste de Wilshire, relâche les hommes de Cohen. Les officiers leur rendirent aimablement tous leurs effets personnels, y compris deux armes à feu, un levier démonte-pneu et une cravache. Apparemment, l'incident sordide avait été balayé sous le tapis.

Ce même soir, un photographe amateur offrit de ses photos au *Los Angeles Times*. Le rédacteur de nuit ne les jugea pas intéressantes et déclina son offre. Imperturbable, l'entreprenant jeune homme lui laissa ses clichés.

Un journaliste venu bavarder avec le rédacteur à son bureau prit les photos et se mit à les examiner. On y voyait plusieurs hommes subissant une fouille. Il reconnut immédiatement des lieutenants de Mickey Cohen. Les photos avaient été prises lors de l'arrestation accidentelle, dans l'après-midi, de Neddie Herbert, Frank Niccoli, Harold Meltzer, Dave Ogul, Jimmy Rist, Eli Lubin et Lou Schwartz. Le journaliste composa le numéro de téléphone privé de Mickey Cohen.

Peu après, Cohen acheta ses négatifs au photographe amateur pour la somme de 20 $ et, à quatre heures du matin, il se pointa à la salle de rédaction du journal. Détachant cinq coupures de 100 $ toutes neuves et craquantes de son rouleau de billets verts, Mickey dit au rédacteur de nuit qu'il désirait les clichés pour jouer un tour à un copain, mais il essuya un refus. L'édition du matin du *Los Angeles Times* révéla toute l'affaire à la une. Les clichés flous du photographe amateur illustraient l'article.

Le scénario soigneusement orchestré qui avait eu pour but de punir Pearson et de le mettre en garde tourna vite au cauchemar. Les journaux en firent leurs choux gras. Pendant que Mickey et ses hommes étaient satiriquement caricaturés sous les traits de Blanche-Neige et les Sept Nains, le grand jury convoquait près de 150 témoins et formulait des actes d'accusation dans l'agression d'Alfred M. Pearson.

Trois chefs d'accusation furent portés contre le mafieux et ses hommes : complot en vue d'un assaut avec instrument dangereux, complot en vue de commettre un vol qualifié, et complot en vue d'entraver l'action de la justice. Trois membres du LAPD, soit le commissaire Lorenson, l'inspecteur Swan et le sergent détective Winfield S. Wolfe, l'homme « à qui ses collègues reprochèrent d'avoir dit : "Déchirez vos notes. Pas un mot sur ce qui s'est passé. Ça nous dépasse" », furent formellement accusés et suspendus de leurs fonctions jusqu'à ce qu'un jury décide de leur sort. Deux autres personnes furent également accusées de complot en vue d'entraver la justice : Jerome Weber – l'avocat dont le commissaire Lorenson avait retenu les services pour la veuve Phillips – et Burton Mold, également connu sous le nom de Burt Burton, un riche fabricant de vêtements pour hommes surnommé « King of the Zoot Suit » (le roi du costume zazou), l'autre homme présent lors de la réunion au Goodfellow's Grotto.

Mickey déclara plus tard qu'il avait composé le numéro de téléphone privé du maire Bowron pour lui demander d'intervenir, mais que le maire de Los Angeles n'avait pas répondu à son appel.

* * *

Du haut d'une colline surplombant Sunset Strip, le lieutenant Willie Burns, chef du Gangster Squad du LAPD, l'œil collé à un télescope, vit les sept truands impliqués dans l'agression contre Pearson arriver l'un après l'autre et entrer dans la boutique de tailleur de Cohen. Quand tous les « nains de Blanche-Neige » furent à l'intérieur, Burns et ses hommes déferlèrent pour les arrêter.

Mickey fit entrer les représentants des forces de l'ordre dans son bureau bien que Sunset Strip, étant territoire du shérif, ne soit pas de juridiction municipale. Dans le bureau privé de Mickey Cohen, derrière des portes en acier de triple épaisseur dont l'ouverture et la fermeture étaient contrôlées électroniquement, le Gangster Squad ne manqua pas d'être déçu. Aucun des Sept Nains ne s'y trouvait. Pendant une heure et demie, ils auscultèrent le moindre centimètre carré de mur, le moindre recoin et le dessous des meubles, en vain. Ils ne purent découvrir la cachette des hommes de Mickey. Frustrés, ils amenèrent Cohen au quartier général.

Ces messieurs de la presse les attendaient. L'absence des hommes de Cohen contraria le lieutenant Burns, qui avait besoin d'eux pour l'arrestation très médiatisée de la bande et pour la séance de photos. Selon Mickey, « le lieutenant était très ennuyé, très soucieux, très embêté à cause des journalistes qui attendaient. Il m'attira dans un coin et me supplia de passer quelques coups de fil pour que mes hommes se livrent et ne bousillent pas sa capture. »

Mais où donc pouvaient bien être les Sept Nains ? Toujours au bureau de Mickey : cachés dans une pièce laborieusement insonorisée à l'intérieur des murs du bureau. Ils pouvaient tout voir sans être vus. La cachette étant équipée d'un poste à ondes courtes et d'un réfrigérateur bien garni, ils purent y rester jusqu'à ce que tout danger soit écarté. « Plus tard, dit Cohen, ils m'ont raconté combien de temps chacun était resté caché et comment ils avaient fini par s'en aller. »

En fin de compte, ils se rendirent tous à la police et Cohen versa lui-même leur caution. Rist, Ogul, Lubin et Schwartz furent libérés contre 25 000 $ chacun. La caution de Neddie Herbert et de Frank Niccoli fut de 50 000 $ par personne. La caution de leur boss, Meltzer, s'éleva à 100 000 $. Le total de 300 000 $ représentait une somme faramineuse à l'époque [3,2 millions aujourd'hui].

Imperturbable, Mickey ironisa : « Je suis blanc comme neige. »

* * *

Dès son accession en haut de l'échelle, Mickey, qui désirait être perçu comme un authentique Robin des Bois, s'employa à redorer son blason en contribuant à plusieurs œuvres caritatives. Chaque année, durant le temps des fêtes, il venait en aide à des centaines de familles démunies en leur offrant des paniers remplis de dindes, de jambons, et d'autres victuailles. «Quelques semaines avant l'Action de grâce et Noël, les chefs de police des différents postes me fournissaient une liste de noms de personnes en difficulté qui, selon eux, avaient besoin de mon aide pour pouvoir passer de belles fêtes avec leurs enfants. Aux parents de très jeunes enfants je donnais aussi des jouets et des vêtements. Pendant les deux ou trois semaines qui précédaient chacune de ces fêtes, mes hommes et moi passions presque tout notre temps à effectuer, en personne, la livraison de paniers de nourriture à ces familles.»

Jim Richardson, chef des nouvelles locales à l'*Examiner*, le journal de Hearst, se souvient que Mickey fut profondément bouleversé devant l'ampleur que prit l'incident des Sept Nains. Avec l'avocat Sam Rummel, Cohen rendit visite à Richardson afin de faire le point sur la situation.

«Mick, suggéra Richardson, je pense que tu ferais bien d'agir comme ceci: paie le prix qu'il faut pour récupérer la maison de la veuve Phillips, et rends-la-lui.»

Il fit exactement ce qui lui avait été conseillé et bien lui en prit. L'*Examiner* était présent quand l'élégant gangster remit à la veuve l'acte translatif de propriété ainsi qu'une généreuse somme d'argent. Le journal ayant publié en exclusivité le récit de la restitution de la

Mickey Cohen pose gentiment en compagnie d'une Elsie Phillips enchantée que le gangster ait racheté sa maison pour elle et qu'il lui ait offert une généreuse somme d'argent. La rumeur a voulu que la pauvre veuve ait été à son insu une couverture pour le complot présumé des Sept Nains. Été 1949.

maison de la veuve Phillips, William Randolph Hearst appela personnellement Richardson pour l'en féliciter. Vieux et malade, le seigneur du domaine de San Simeon avait encore l'œil et savait reconnaître une bonne manchette quand il en lisait une. Il vanta les mérites de Cohen et abasourdit son rédacteur en chef quand il lui dit : « Il a fait preuve d'une grande bonté et d'une grande générosité. Je ne veux plus que vous parliez de lui comme d'un bandit. Un homme qui agit ainsi n'est pas un bandit. Vous pouvez dire que c'est un joueur, mais sans plus. Donnez-lui une chance. »

* * *

Dans l'univers de Mickey Cohen, la moindre histoire avait des antécédents, des intrigues secondaires, d'innombrables diversions et des tas de guêpiers. La rumeur voulut que l'affaire Alfred M. Pearson ne se limite pas à des stratégies commerciales louches, à la veuve impuissante et à des poursuites contre d'influents représentants des forces de l'ordre, et que l'électronicien soit lié plus étroitement à la pègre que ne le laissaient entendre les médias. On dit que Pearson avait eu à voir avec la mise sur écoute de la maison de Cohen et que des transcriptions des enregistrements lui avaient servi à faire chanter le mafieux.

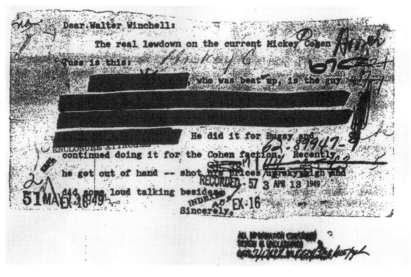

Dossier du FBI sur Meyer Harris Cohen : lettre inédite à l'éminent communicateur Walter Winchell qui jette un éclairage nouveau sur le passage à tabac d'Alfred M. Pearson, l'expert électronicien au centre du complot présumé des Sept Nains. Avril 1949.

Une lettre anonyme adressée au chroniqueur Walter Winchell au sujet de l'affaire fait la lumière sur les véritables motifs qui poussèrent Cohen à agresser Pearson. L'auteur de cette lettre soutient en effet que Pearson a électroniquement altéré les renseignements sur les courses d'abord pour le compte de Siegel, puis pour celui de Cohen, mais qu'il a pris une bien mauvaise tangente.

Cette lettre à ce jour inédite fut transmise au FBI le 18 avril 1949. On peut y lire ceci :

> Cher Walter Winchell,
> Voici ce qu'il en est de l'affaire Mickey Cohen qui fait actuellement la manchette : [CENSURÉ], qui a été battu, est le type qui [CENSURÉ]. [...] Il l'a fait pour Bugsy et il continue de le faire pour la bande de Cohen. Ces derniers temps, il est devenu incontrôlable. Ses prix ont grimpé en flèche et, en plus, il ne sait pas se la fermer.

L'affaire Pearson était un embrouillamini enveloppé de mystère, de ce *high jingo* que le journaliste et écrivain à succès Michael Connelly décrit ainsi : « Vous savez ce que ça veut dire, quand une affaire est pleine de *high jingo* ? Ça veut dire que la haute direction a elle aussi son nez fourré dedans. »

L'incident des Sept Nains avait beaucoup déstabilisé Cohen en lui prouvant que ses complices dans la police et même ses appuis politiques ne pouvaient pas lui garantir l'immunité. La publicité tapageuse qui avait entouré cet événement avait rendu furieux ses commanditaires de la côte Est.

Mais l'affaire des Sept Nains était loin d'être terminée. Plusieurs mois plus tard, elle allait prendre un tournant mortel et extrêmement coûteux.

CHAPITRE 11

Alerte au smog

« *Je dispose de la pire Gestapo qui soit...* »
Le lobbyiste Arthur H. Samish

À l'ouverture de son procès, pour port d'une arme à feu, le 5 mai 1949, l'homme de main de Cohen, Harold Meltzer, était représenté par l'avocat Sam Rummel. Pourtant, dans sa déclaration liminaire, ce dernier parut plutôt s'intéresser aux malheurs de Mickey Cohen. «Nous allons démontrer grâce aux déclarations des témoins que, pendant une période d'un an et demi avant l'arrestation de Meltzer, l'inspecteur Rudy Wellpott et le brigadier-chef E.V. Jackson ont constamment extorqué Mickey Cohen.

«Ces membres des forces de l'ordre fréquentaient avec leurs femmes de luxueux restaurants, The House of Murphy, le Brown Derby, Dave's Blue Room, Slapsie [*sic*] Maxie's, entre autres, où ils se faisaient servir des repas plantureux et bien arrosés et, au moment de régler la note, ils disaient "Envoyez ça à Mickey Cohen."

«Nous avons des témoins aptes à prouver l'existence de ces arnaques. Nous allons démontrer que toute cette affaire est un coup monté parce que Cohen a refusé de verser une contribution de 10 000 à 20 000 $ à ce que Wellpott et Jackson disaient être la caisse électorale du maire Fletcher E. Bowron. »

Appelé à la barre comme témoin à décharge, Cohen fit l'une des journaux quand il déclara que les officiers du LAPD Wellpott et Jackson avaient compromis Meltzer en cachant sur lui cette arme parce que leur but était de l'escroquer, lui, Mickey Cohen. Il fit valoir que les policiers étaient des vauriens liés de très près à la tenancière de bordel Brenda Allen, qui n'hésitaient pas à enfreindre la loi pour le détruire.

Le LAPD ayant mis Mickey sur écoute, il leur rendit la pareille. De gauche à droite : le gangster Harold « Happy » Meltzer, Mickey Cohen et le spécialiste de l'écoute clandestine Jim Vaus, à la fois au service de Cohen et de la police, examinent un appareil enregistreur au cours du procès de Meltzer pour possession d'arme à feu. Vaus est ensuite devenu un prédicateur revivaliste très couru et Meltzer, un ennemi juré de Cohen. 1949.

Cohen dit avoir couvert les deux hommes de cadeaux et leur avoir offert des dîners fins, mais qu'en retour ils avaient exigé qu'il leur remette une somme exorbitante pour que Meltzer soit innocenté. Wellpott et Jackson répliquèrent qu'il ne s'agissait en aucun cas d'une extorsion, qu'ils destinaient cette somme à la caisse électorale du maire Fletcher Bowron.

Rummel appela plusieurs témoins à décharge à la barre, notamment Martin Pollard, un riche et réputé concessionnaire de voitures de marque Cadillac qui gérait la caisse électorale du maire Bowron. Dans un témoignage très accablant pour les policiers, Pollard déclara que, mis à part les membres du comité électoral, personne n'était autorisé à solliciter ou à recueillir des fonds pour le compte du maire.

Le 7 mai, la salle d'audience tomba sous le choc. Rummel annonça qu'il produirait des enregistrements de conversations compromettantes entre Brenda Allen et le brigadier-chef Jackson, prouvant qu'ils étaient associés dans un commerce illégal. Il produirait aussi des conversations entre Cohen et Jackson qui justifiaient l'allégation de Cohen selon laquelle la police avait tenté de l'extorquer.

À la lumière de ce spectaculaire procès ayant, entre autres protagonistes, Mickey Cohen et des membres du LAPD, la rumeur voulut que le maire Bowron et ses acolytes de l'hôtel de ville soient responsables des mesures juridiques qui entraînèrent un ajournement des audiences jusqu'à ce qu'aient eu lieu des élections municipales. C'est de justesse que, le 31 mai 1949, Fletcher Bowron fut réélu maire de Los Angeles.

Les journaux affichèrent en manchette que le grand jury du comté de Los Angeles avait déclenché une enquête liée aux accusations selon lesquelles des officiers du LAPD fraieraient avec des prostituées.

Le 16 juin 1949, Brenda Allen quitta sa cellule pour paraître devant le grand jury. Elle était vêtue comme une maîtresse d'école d'un tailleur de coupe impeccable et d'un chapeau à fleurs, tandis qu'une voilette et des verres fumés dissimulaient son visage. La maquerelle aux courbes généreuses posa pour les photographes avant de témoigner sur le réseau de prostitution qu'elle dirigeait avec la bénédiction de la police.

Allen affirma sous serment qu'elle payait 150 $ par semaine par fille pour bénéficier de la protection de la police et poursuivit en disant : « J'ai payé pour tout ce que j'ai eu, et j'ai payé cher. S'ils [la police] se sont mis les pieds dans les plats, c'est eux que ça regarde, pas moi. Dorénavant, c'est chacun pour soi. »

* * *

Le jour où Brenda Allen fut appelée à témoigner, on trouva le cadavre d'une autre victime de crime sexuel. Plus de deux ans s'étaient écoulés depuis la découverte des restes du Dahlia noir. Le souvenir d'autres meurtres sordides et toujours inexpliqués s'estompait aussi : ceux de Georgette Bauerdorf, Jeanne French, Mary Tate, Evelyn Winters, Rosenda Montgomery, Laura Trelstad et Gladys Kern. La victime la plus récente, Louise Springer, était une coiffeuse de vingt-huit ans. Elle avait été vue pour la dernière fois non loin de l'endroit où le corps mutilé du Dahlia noir avait été trouvé. Son cadavre gisait sur la banquette arrière de sa voiture abandonnée. Elle avait été sodomisée au moyen d'une branche d'arbre d'environ 35 centimètres de longueur, puis étranglée.

Cette vague d'épouvantables crimes sexuels paralysa la ville. Quant au LAPD, il se trouva aux prises avec des manchettes sensationnalistes, des citoyens outrés, une enquête, des compressions budgétaires, une interminable guerre des gangs, pour ne rien dire de la campagne de détraction qu'avait lancée Mickey Cohen. Le 28 juin 1949, le directeur du LAPD, C.B. Horrall, prétextant la maladie, démissionna de son poste. Les absences autorisées et les mutations se multiplièrent. Le major général de la marine William Worton, qui était à la retraite, fut nommé par le maire Bowron directeur intérimaire du LAPD pour une période d'un an.

La manœuvre risquée de Cohen avait eu un résultat spectaculaire. Le gangster pouvait maintenant se vanter à juste titre d'avoir provoqué la chute du directeur du LAPD. En prenant le contrôle de la commission de police, il pourrait entériner le choix du nouveau directeur. Mais rivaliser ainsi de ruse avec la police s'avérait dangereux.

Voilà que Mickey Cohen menait une guerre sur deux fronts.

* * *

Frank Costello, forcé de démissionner de son poste à la tête de la mafia pendant l'affaire Bugsy Siegel, avait repris la direction du Syndicat. Le parrain le plus influent de la pègre ne tolérait plus le chaos qui régnait au sein de sa succursale hollywoodienne ni la mauvaise publicité dont elle était l'objet, et devait faire preuve de leadership. Costello avait personnellement appuyé Mickey Cohen en raison de son efficience sur le plan financier, mais il n'en demeurait pas moins qu'un patron juif était sujet à controverse. Le «premier ministre du crime» opta pour la diplomatie : il faudrait que Dragna et le petit Juif règlent leurs problèmes entre eux.

Mickey sentit que le moment était venu d'obtenir des faveurs. Il fit appel au lobbyiste Arthur H. Samish, l'homme qu'il fallait connaître dans la capitale. Samish, qui exerçait son pouvoir depuis son luxueux appartement au quatrième étage de l'hôtel Senator de Sacramento, avait encadré avec succès un procureur général de l'État, des sénateurs, des membres de la législature, des maires et des avocats de district. Il pouvait «faire adopter des lois ou les bloquer».

Le pouvoir de cet homme corpulent aux appétits hors normes était si considérable qu'il s'était lui-même proclamé «gouverneur officieux de Californie». Disposant d'un dossier sur la moindre personnalité politique d'envergure en Californie, Samish, âgé de cinquante-deux ans, s'enorgueillissait d'avoir «la pire Gestapo qui soit [...] Je sais si un homme désire une pomme de terre, une fille ou de l'argent.»

Il déclara un jour avec désinvolture : «Le gouverneur de la législature, c'est moi ; que le gouverneur de la Californie aille au diable !» Lorsqu'on demanda au gouverneur de la Californie Earl Warren ce qu'il pensait de cette affirmation, il dit : « Dans tout ce qui a trait à ses clients, l'autorité d'Artie est incontestablement plus grande que celle du gouverneur. »

La longue liste de clients de Samish incluait des compagnies d'autobus, des chemins de fer, des entreprises chimiques, des hippodromes, des industries de l'alcool et des fabricants de cigarettes. Et voilà que Mickey Cohen figurait lui aussi au registre impressionnant de Samish. Le mafieux de Hollywood comprenait et appréciait à sa juste valeur son rapport à celui qui savait s'y prendre avec les membres de la classe politique « comme un maître habile avec son chien ». Cohen, pour qui le lobbyiste était le « parrain », le « supérieur en politique », jugea le moment venu pour lui d'exploiter à fond le « savoir-faire et le carnet d'adresses » légendaires de Samish.

Le « faiseur de rois » de la Californie, le lobbyiste Artie Samish. Vers 1950.

Un des protégés les plus en vue de Samish était Fred N. Howser. Alors qu'il était procureur pour le comté de Los Angeles, Howser avait traduit Bugsy Siegel en justice pour une simple opération de paris illégaux, mais n'avait pas mis Cohen en accusation pour le meurtre de Max Shaman. Il avait été assermenté procureur général de l'État de Californie en janvier 1947. Durant son mandat en qualité de principal responsable de l'application de la loi en Californie, ses actions plurent souvent à la pègre. En juillet 1949, un geste audacieux de Howser assura la sécurité de Mickey Cohen. Il affecta en effet à ce dernier un garde du corps en la personne de l'agent spécial Harry Cooper du département de la Justice de la Californie. Cohen devait comparaître devant le grand jury dans l'affaire de corruption au sein du LAPD. Le procureur général déclara savoir que la tête de Cohen avait été mise à prix; par conséquent, il avait le droit, comme tout citoyen, d'être protégé.

Le brigadier-chef Darryl Murray du Gangster Squad du LAPD filait également Cohen. Les ordres qu'il avait reçus du directeur adjoint Thad Brown étaient clairs. Brown voulait empêcher que ne soit commis le moindre meurtre dans la ville de Los Angeles, même lorsque la victime visée était le criminel le plus notoire de la région.

La virée des grands-ducs : l'agent spécial Harry Cooper, officier haut gradé de la police d'État assigné à la protection de Cohen par le procureur général de la Californie, lors d'une tournée des boîtes de Sunset Strip en compagnie de son protégé. À noter : son costume raffiné, récemment fait sur mesure à la boutique de tailleur de Cohen. Juillet 1949.

Le shérif du comté de Los Angeles, Eugene Biscailuz, affirmait ne prendre aucune précaution particulière pour assurer la sécurité de Cohen. Le territoire de Sunset Strip, où étaient situés les bureaux, les boîtes de nuit et les repaires de Cohen, représentait néanmoins pour le mafieux un refuge sûr.

Après un festif dîner à la russe en compagnie d'Artie Samish, Cohen, fidèle à son habitude, se rendit au restaurant Sherry's au petit matin, le 20 juillet 1949. Au moment où il sortait de cet établissement à la mode de Sunset Strip, une bande d'assassins tira sur lui et sur plusieurs autres personnes. Cohen et son garde du corps, l'agent spécial Cooper, qui était gravement blessé, furent immédiatement transportés à l'hôpital. Hurlant de douleur, le mafieux Neddie Herbert, qui était l'autre garde du corps de Cohen, demeura étendu sur le trottoir devant le restaurant pendant 40 bonnes minutes avant l'arrivée des ambulances. Un projectile de calibre 30.06 l'avait atteint au dos en y laissant une perforation de près de 3 centimètres, et ses jambes étaient criblées de grenaille. Parmi l'entourage de Cohen ce soir-là, Dee David, une jolie figurante, subit trois blessures, tandis qu'une femme plus âgée eut l'oreille éraflée. Un projectile fit ricochet sur un mur avant de se loger dans une fesse de Florabel Muir, mais la journaliste n'en ressentit pas de douleur: elle avait l'exclusivité. Les représentants de la presse concurrente étaient partis quelques minutes avant la fusillade.

Guet-apens chez Sherry's dans Sunset Strip: grièvement blessé, le lieutenant de Cohen, Neddie Herbert, est soutenu vers une ambulance lors d'un nouvel attentat infructueux à la vie de Cohen. Juillet 1949.

Lorsque les adjoints du shérif arrivèrent sur les lieux, ils n'écoutèrent pas Muir quand elle leur dit que les coups avaient été tirés d'un terrain vague situé de l'autre côté de Sunset Strip, si bien que la journaliste chevronnée, qui détenait la primeur la plus explosive de sa carrière, décida de prendre les choses en mains. Elle demanda à Barney Ruditsky de l'aider à fouiller le secteur où, selon elle, les malfaiteurs avaient attendu leur heure. C'est ainsi qu'un ancien inspecteur de la police, qui était armé, et une journaliste d'un certain âge, célèbre pour ses cheveux carotte, son style ampoulé et ses amitiés avec la mafia, se mirent en pleine nuit à inspecter le terrain en pente. Ils trouvèrent des douilles et des restes de sandwiches aux sardines sur les marches en ciment. Les fusils des assassins furent découverts plus tard au sud de Sunset Strip.

Les blessés furent transportés à l'hôpital Queen of Angels et confiés aux soins du médecin privé de Mickey Cohen, le Dr Joseph Zeiler. Les menaces de mort continuèrent d'y pleuvoir, de sorte que des membres des forces de l'ordre municipales et du comté furent mis en faction dans une aile de l'hôpital interdite d'accès et réservée aux victimes, et on improvisa une salle de presse à l'intention des journalistes.

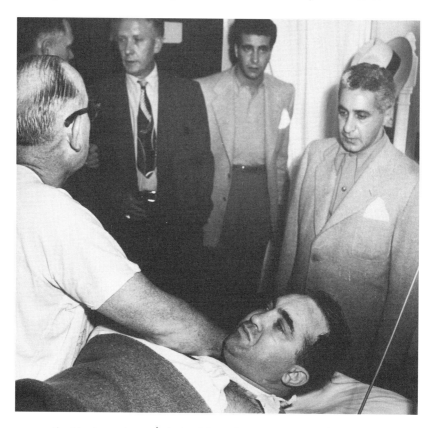

Il est toujours vivant. À droite, Johnny Stompanato et Frank Niccoli à l'hôpital avec Mickey Cohen blessé (sur la civière) après la tentative d'assassinat sur ce dernier au restaurant Sherry's dans Sunset Strip. Juillet 1949.

Mickey et Dee David furent bientôt sur pied, mais Neddie Herbert, l'associé de longue date de Cohen, oscilla entre la vie et la mort pendant une semaine avant de rendre l'âme. Gravement blessé, l'agent spécial Cooper lutta pour sa vie pendant plus de dix jours, et finalement, le beau policier se rétablit complètement.

L'année suivante, Cooper épousa Dee David. Cohen les avait présentés l'un à l'autre le soir même de l'embuscade.

* * *

Los Angeles était une ville assiégée, la corruption sévissait au sein des forces de l'ordre et une incessante guerre de gangs mettait en péril la vie de citoyens innocents. Cette fusillade devant le Sherry's, qui était le pire épisode de violence de toute l'histoire de la ville, terrifiait et enrageait les Angelins.

D'autres carrières politiques semblaient compromises par la faute de Mickey Cohen. Le gouverneur Earl Warren fit une déclaration, tandis que le procureur général de l'État de Californie, Fred N. Howser, convoqua une conférence de presse à laquelle participèrent le shérif Biscailuz et le directeur adjoint du LAPD, Thad Brown.

Le procureur général de la Californie, Fred N. Howser, annonça ce qui suit par voie de communiqué : « Nous possédons des renseignements précis quant à la source probable de cette tentative d'assassinat visant Mickey Cohen. Les circonstances témoigneront de la véracité de cette information. Toutefois, nous ne sommes pas encore en mesure de dévoiler d'autres détails. »

Cohen posa pour les photographes et s'entretint avec la presse depuis son lit d'hôpital. Il affirma que le procureur général était « seul à savoir ce qu'il en est ».

Plusieurs suspects dans l'incident du Sherry's furent appréhendés avant la fin de la nuit, mais Cohen déclara publiquement qu'ils n'étaient « pas importants ». Tous furent relâchés peu après. Des rumeurs circulèrent selon lesquelles des membres de la police des mœurs du LAPD auraient été derrière la sinistre nuit du restaurant Sherry's. Cette fois, Mickey Cohen n'y alla d'aucun commentaire.

* * *

Pendant que Cohen se remettait de son bras blessé, le grand jury distribuait des mises en accusation aux galonnés du LAPD dans l'affaire Brenda Allen, qui tenait de la police des mœurs. L'ancien directeur du LAPD, C.B. Horrall, et deux de ses bras droits furent formellement accusés de parjure. L'inspecteur Rudy Wellpott et le brigadier-chef E.V. Jackson du LAPD, qui avaient piégé Cohen, furent accusés de parjure et de corruption.

Mais en cette canicule d'août 1949, Cohen était toujours pourchassé par ses ennemis. Au début du mois, une bombe de fabrication artisanale explosa près de chez lui. Le 16 août, le nom de Mickey Cohen coiffa, à la une du *San Francisco Chronicle*, la transcription des enregistrements clandestins de Brentwood. Ces enregistrements réalisés d'avril 1947 à mai 1948 regorgeaient de détails croustillants. On sut que Wellpott et Jackson, les pires ennemis de Cohen au LAPD, étaient à l'origine de cette mise sur écoute. Des rapports confirmaient que Wellpott avait effectivement orchestré la pose des pastilles émettrices et que Jackson avait souvent été présent au poste d'écoute.

Lorsqu'on lui fit remarquer que deux ans et plus s'étaient écoulés avant que ces transcriptions ne soient rendues publiques, le maire Bowron prit la défense du LAPD. « Ils n'étaient pas conscients de l'importance de ce qu'ils avaient entre les mains. » Le procureur William Simpson confia à la presse que ces enregistrements renfermaient sans doute la clé du meurtre de Bugsy Siegel. Un grand jury fédéral entreprit de les éplucher afin d'y déceler des indications que des infractions avaient été commises : fraude fiscale, trafic de stupéfiants et d'armes, transgression de la loi Mann (la loi Mann interdit le transport interétatique d'une femme dans un but de prostitution), utilisation de la poste à des fins frauduleuses.

Mickey, qui prétendait avoir su dès le début qu'il avait été mis sur écoute, joua les timorés tout en se montrant provocant. Au sujet du procureur Simpson, il dit : « S'il parvient à dégoter un indice du meurtrier de Bugsy dans tout ce bavardage, j'en serai ravi. Personne ne veut autant que moi savoir qui a fait le coup. »

L'ensemble totalisait 19 disques de cire et des kilomètres de ruban, mais très peu de transcriptions furent rendues publiques. Ainsi qu'on peut s'y attendre de la part d'un *bookmaker* clandestin, les 126 pages du dossier comportent de fréquentes allusions aux jeux d'argent. Des entreprises établies et considérables, bien plus importantes que le Flamingo, y sont discutées, de même que des entreprises naissantes. Toutes sortes de gens y figurent : avocats, boxeurs, banquiers, hommes d'affaires, courtiers, et personnages en vue ou personnages mineurs du milieu interlope. De nombreuses conversations téléphoniques avec des escrocs notoires s'y trouvent aussi.

Les avocats Sam Rummel et Max Solomon, de même que le nouveau voisin de Mickey, Anthony Milano, parrain de la mafia de Cleveland, le joueur Nick Dandolas et l'homme d'affaires Curly Robinson sont accueillis à la maison de Brentwood. On peut entendre Robinson parler du « demi-million qu'ils toucheraient si Burbank [Dincara Stock Farm, la ferme d'élevage de chevaux doublée d'un casino de Mickey Cohen] pouvait rester ouverte pendant 90 jours », et s'efforcer de calmer le vif mécontentement que Mickey ressent envers son « nouveau contact » [le commissaire Guasti] au bureau du shérif.

Les enregistrements comportent quelques allusions à «Costello», de même qu'un coup de fil chuchoté à un certain «inspecteur» au cours duquel Mickey se plaint de ce que des membres du LAPD tachent les coûteux costumes de son homme avec de la craie rouge. Il y a aussi des échanges concernant le racolage auquel s'adonnent certaines huiles et certaines vedettes. Des échanges avec la domestique. Des bavardages sans intérêt. Et ce mythe, perpétué par l'«administrateur» Mike Howard: «Personne n'ignore que Mickey a toujours travaillé seul.»

Il y a des intrigues de cour, notamment lorsque Howard confie à LaVonne: «Neddie [Herbert] n'est ni très futé ni très habile. Si Mickey ne se méfie pas, Neddie, qui est parti de New York pour débarquer ici sans qu'on s'y attende, va lui chiper ce pour quoi [le territoire] il a bossé toute sa vie.»

On dit qu'après que son chien eut saccagé une plate-bande, Cohen n'a eu de cesse de le reprocher à l'animal en répétant de façon tout à fait compulsive: «Pourquoi as-tu fait ça?» encore et encore et encore.

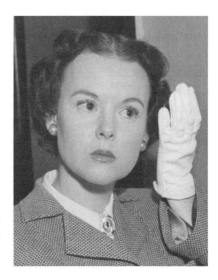

Faisant ses débuts au tribunal, une LaVonne Cohen d'apparence très respectable témoigne de l'innocence de son mari. 1949.

Lors d'une querelle de ménage, Mickey aurait dit à LaVonne d'aller au diable, tout en ne cessant d'embrasser sa perruche calopsitte. Quand cet épisode fut rendu public, le mafieux en fut très offusqué: «Comment voulez-vous que je m'entre la tête dans une cage à oiseau pour embrasser une perruche? Ils sont complètement fous. Si j'avais le malheur de dire à LaVonne d'aller au diable, elle m'étrillerait.»

Ces révélations purent satisfaire la voracité des tabloïdes, mais le grand jury dut se rendre à l'évidence: les enregistrements ne pouvaient pas servir de pièces à conviction. Une nouvelle enquête fut ouverte sur la conduite répréhensible de la police, et les défenseurs des libertés civiles promirent de se porter au secours du célèbre gangster s'il décidait de poursuivre la V ille de Los Angeles en justice pour atteinte à sa vie privée.

* * *

Le 30 août, deux inspecteurs du LAPD accompagnés d'un agent fédéral chargé des stupéfiants se pointèrent à la maison de Moreno Drive à l'heure du dîner. Ils désiraient emmener Mickey au quartier général de la police afin de l'interroger sur les armes et les stupéfiants auxquels, disaient-ils, était lié son administrateur, Mike Howard. Cohen, qui recevait chez lui un groupe de journalistes nationalement connus venus l'interviewer, refusa de quitter ses invités. Il exigea des agents qu'ils reviennent le lendemain, à moins de produire un mandat. Ils n'avaient pas de mandat, mais ils refusèrent de partir. Une discussion s'ensuivit. Cohen explosa.

« Dans ce cas, allez tous vous faire foutre ! hurla-t-il, et dites à votre chef de s'enculer lui-même ! » Certain avec raison d'être dans son droit, il cria aux intrus : « Foutez le camp de chez moi, espèces d'enfants de chienne ! »

La police l'arrêta quelques jours plus tard en l'accusant d'avoir troublé la paix avec ses blasphèmes. Ils dirent que Cohen avait utilisé pour les décrire des épithètes grossières et vulgaires, « indignes même d'un gangster ».

L'affaire fut portée devant les tribunaux. Les trois journalistes qui dînaient chez Mickey Cohen dirent avoir seulement entendu Cohen contester la vertu de la mère des policiers. LaVonne, qui comparaissait pour la première fois de sa vie, prit la défense de l'homme dont elle était l'épouse depuis neuf ans. Vêtue avec élégance, madame Cohen ressemblait à la vedette de cinéma Donna Reed. Elle offrait aux jurés un portrait agréable d'elle-même et ajoutait une généreuse touche de respectabilité à l'image publique de son mari. Elle jura que celui-ci n'avait pas proféré les grossièretés qu'on lui prêtait et qu'il n'aurait jamais employé pareil langage devant elle.

Vernon Ferguson, son avocat à l'allure distinguée, admonesta les procureurs : « Monsieur Cohen a été victime d'une tentative de meurtre en juillet dernier. […] Cette campagne de harcèlement a assez duré ! Les assaillants sont encore en liberté et, pendant ce temps, la police n'a de cesse de s'en prendre à monsieur Cohen, qui est un homme malade. »

Sam Rummel prit la barre en qualité de témoin de la défense. Dans son témoignage, l'extravagant avocat recourut comme à son habitude à des tactiques éhontées et affirma que monsieur Cohen refusait d'accompagner les représentants des forces de l'ordre parce qu'il craignait qu'ils n'aient été les tireurs responsables de la fusillade du Sherry's.

Après quatre heures de délibérations, le jury présenta un verdict d'acquittement.

Mickey avoua des années après que : « La vérité est que j'avais menacé les deux policiers de leur tirer dessus s'ils ne partaient pas sur-le-champ, et dit que, s'ils voulaient me voir, ils n'avaient qu'à venir à mon bureau ! »

Autre révélation ayant fait l'effet d'une bombe et rapportée ici pour la première fois : à l'insu du jury et même des amis intimes du couple, l'impeccable madame LaVonne Cohen avait un casier judiciaire et quelques faux noms : Simone King, Jean King et Lani Butler. Selon les rapports officiels, à l'âge de quatorze ans elle avait été détenue quelque temps dans une école de réforme, la Ventura School for Juvenile Girls, à la suite d'allégations de conduite immorale avec des hommes du voisinage. En 1940, l'année de son mariage avec Mickey Cohen, elle avait été arrêtée sous le pseudonyme de Simone King par le bureau du shérif du comté de Los Angeles sous des chefs d'accusation de vol avec effraction et de racolage, alors qu'elle se trouvait en compagnie de Lee Francis, la plus illustre tenancière de bordel de Los Angeles. Et, au tout début de la Seconde Guerre mondiale, LaVonne avait été arrêtée pour prostitution à Honolulu. À la fin de la décennie, Mickey Cohen et ses amis de la presse avaient habilement remodelé LaVonne en cet idéal d'honorabilité que nécessitait l'image du gangster.

* * *

Le grand jury avait été occupé tout l'été de 1949 à enquêter sur les douzaines de scandales et de meurtres qui entachaient la réputation de Los Angeles, ainsi que sur les responsables d'une feuille de chou sensationnaliste bien connue. Le 2 septembre, le secrétaire à la Justice William Simpson annonça à la presse qu'il avait la veille appelé à comparaître Jimmy Tarantino, de *Hollywood Nite Life,* et un électronicien, Russell Mason.

Tarantino avait des trous de mémoire, mais pas l'électronicien dont le témoignage dura plus de deux heures. Mason dit avoir fait la connaissance de Tarantino au bureau de l'éditeur dans Sunset Strip au début de 1948. Le monde étant petit, il s'y était rendu à nouveau pour installer un dispositif d'écoute à la demande de l'ancien imprésario de Robert Mitchum, Paul L. Behrmann, qui travaillait pour Tarantino comme vendeur du *Hollywood Nite Life*.

Aux dires de Mason, Tarantino lui avait offert quelque temps après un faramineux salaire annuel de 50 000 $ [près de 450 000 $ aujourd'hui] pour qu'il agisse en tant qu'électronicien attitré de Mickey Cohen. Mason ajouta que Tarantino avait alors tourné les policiers locaux en dérision et vanté «les actions, les aptitudes et l'intelligence» du mafieux. Tarantino lui avait dit en outre que Cohen savait pertinemment que son domicile était sur écoute.

Après que Mason eut rejeté l'offre plus que généreuse de Cohen, Tarantino lui en fit le reproche: «Tu es stupide de refuser. Mickey planifie quelque chose de gros, avec un preneur de son à plein temps, un politicien et un journal.»

Quelques jours plus tard, l'ancien imprésario de Mitchum, Paul L. Behrmann, apporta devant le grand jury des allégations incendiaires. Behrmann, alors en liberté sous caution et en attente d'un jugement en appel après sa condamnation récente pour vol au premier degré, était bien décidé à ne pas retourner à la prison de San Quentin; il était devenu informateur. Peu de temps auparavant, il avait été «enquêteur

La célèbre starlette Lila Leeds (en compagnie de l'avocat Grant Cooper) témoigne devant un grand jury au sujet de son implication présumée dans un réseau de chantage sexuel haut de gamme que dirigerait Mickey Cohen. L'affaire est abandonnée. Septembre 1949.

rétribué» pour la California Crime Commission de Warren Olney III, soit la commission que le gouverneur de la Californie Earl Warren avait instituée pour enquêter sur le crime organisé en Californie. Drew Pearson, l'influent chroniqueur politique du *Washington Post*, le rétribuait aussi pour ses services. Ayant admis devant le grand jury qu'il avait vendu de la publicité pour le compte de Jimmy Tarantino au *Hollywood Nite Life*, Behrmann y alla d'une déclaration explosive : Mickey Cohen était l'ordonnateur d'une importante organisation d'extorsion et de chantage sexuel à Hollywood.

Débitant une histoire sordide de riches clients, de prostituées et d'orgies enregistrées, Behrmann impliqua plusieurs actrices et mannequins faisant présumément partie de ce réseau. Sept belles jeunes femmes furent mentionnées, notamment l'exotique et anonyme «Bootsie», une rousse de vingt-quatre ans qui était «l'assistante de Claude Marsan, professeur de "turlutte"», ainsi que la délectable starlette Lila Leeds et la non moins appétissante Vicki Evans, déjà connues pour leur implication dans le scandale de la marijuana avec Robert Mitchum.

Behrmann fit état de circonstances remarquablement similaires à celles qui avaient entouré l'extorsion de Sir Charles Hubbard et cita le nom d'un homme d'affaires angelin victime de cette arnaque. Tous les individus que Behrmann nomma lors de son témoignage, Mickey Cohen y compris, furent sommés de comparaître devant le grand jury.

Mickey réagit avec indignation aux allégations de Behrmann. «Ça ne vaut pas la peine de répondre. C'est stupide et parfaitement ridicule. Tous ceux qui me connaissent savent que je ne tremperais jamais dans ce genre d'histoire.»

Quand le procureur général entendit Lila Leeds raconter sa version de la fête spéciale «marijuana» chez Robert Mitchum, il demanda que la condamnation de Mitchum et de Leeds fasse l'objet d'une «nouvelle enquête afin de déterminer si cette situation avait été due à une extorsion».

Behrmann sombra soudain dans le mutisme. Assigné à comparaître pour outrage au tribunal, il se volatilisa, mais refit surface quand un mandat d'arrêt fut décerné en séance. Refusant toujours de parler, il fut renvoyé en prison par le juge Clement Nye.

Puisque Behrmann refusait de témoigner contre Mickey Cohen, le grand jury ne put maintenir ses allégations. Mickey marqua l'événement en posant pour les photographes devant la salle d'audience, flanqué de Lila Leeds et de Vicki Evans.

CHAPITRE 12

La malchance s'acharne

« Hollywood ressemble à l'Égypte. C'est plein de pyramides qui s'effritent. »

Le producteur mythique
DAVID O. SELZNICK

Six mois après l'événement, les répercussions de l'affaire Pearson-Sept Nains continuaient d'avoir des conséquences dévastatrices pour Mickey Cohen. Durant le week-end de la fête du Travail de 1949, Jimmy Frattiano invita Frank Niccoli, un des « Sept Nains » mis en accusation, à venir le retrouver à son pavillon de Westchester. Pendant qu'ils sirotaient leur bière Pabst Blue Ribbons, Jimmy fit à Niccoli une offre qu'il ne pouvait refuser. N'étaient-ils pas entre Italiens ? Frattiano dit que la famille Dragna souhaitait le voir se joindre à elle. Mais Niccoli avait déjà engagé sa loyauté envers Mickey et refusa la proposition. Aussitôt, des hommes l'encerclèrent et lui passèrent une corde autour du cou. Tout en serrant la corde, Frattiano put observer la « réaction de surprise et de terreur » de Niccoli. La dépouille de la victime fut enterrée dans un vignoble de Cucamonga, à l'est de Los Angeles. Afin qu'on ne puisse jamais en retrouver les restes et pour hâter leur décomposition, on les recouvrit de chaux vive. Comme son ami fidèle ne s'était pas présenté à l'audience, Cohen perdit sa caution de 50 000 $ (près de 450 000 $ aujourd'hui).

Le prochain à disparaître fut Dave Ogul, un autre associé de Cohen libéré sous caution dans l'affaire Pearson-Sept Nains. « Le Petit Davy », vingt-neuf ans, s'était tout simplement volatilisé après avoir quitté la boutique de tailleur le soir du 9 octobre 1949. On retraça sa Cadillac abandonnée à proximité du campus de l'UCLA (Université de

Californie à Los Angeles), mais son corps ne fut jamais retrouvé. Harold Meltzer, l'homme que Mickey avait défendu devant le juge peu de temps auparavant, avait livré le « Nain » aux Dragna. Le corps d'Ogul fut recouvert de chaux vive comme celui de Frank Niccoli.

Au cours des jours précédents, Ogul (aux dires de Mickey, un voyou et une tête de pioche qui ne lui servait que de bouche-trou) avait été vu à Palm Springs en compagnie d'une beauté brune, Jean Spangler, ancienne girl des Florentine Gardens qui avait récemment obtenu de petits rôles au cinéma. Spangler s'était mystérieusement évanouie dans la nature quelques jours avant Ogul. La nouvelle, d'une brûlante actualité, s'ajoutait au reste : allégation de son aventure licencieuse avec l'étoile montante Kirk Douglas, violent litige avec son ex-mari au sujet de la garde de leurs enfants, message énigmatique laissant croire à un avortement illégal, lien probable avec Mickey Cohen et lien confirmé avec un des « Nains » disparus. Après une enquête exhaustive, la disparition de Jean Spangler alla rejoindre les autres affaires non résolues et hautement médiatisées du LAPD.

Un certain nombre de personnes déclarèrent avoir aperçu Ogul et Spangler, parfois en compagnie de Frank Niccoli, mais ces signalements avaient été orchestrés par les adversaires de Cohen. Incapable de prouver la mort d'Ogul, Cohen dut renoncer à une autre caution de 25 000 $ (225 000 $ aujourd'hui).

Le sordide stratagème des Dragna avait fonctionné. Mickey Cohen perdait des hommes et ses ennemis avaient largement érodé son compte en banque. Quatre de ses lieutenants ayant été assassinés en un peu plus d'un an, la rentabilité de ses opérations était presque nulle, ce qui, ajouté au battage publicitaire dont il était victime, n'aidait en rien sa réputation auprès des parrains de la côte Est.

En raison de l'étendue des activités de Mickey Cohen, Los Angeles était devenue plus dangereuse et corrompue que Chicago ne l'avait été sous le règne d'Al Capone. Le gouverneur Earl Warren communiqua les conclusions de la California Crime Commission que ses fredaines mortelles avaient déclenchée. Selon ce rapport, Mickey Cohen occupait le premier rang dans la hiérarchie du monde interlope de la côte Ouest. Jimmy Utley occupait le rang au-dessous.

* * *

Les éditeurs de journaux comprirent que le crime organisé était bon vendeur. Un journal local entreprit de publier le récit de l'« invasion » new-yorkaise de Los Angeles par Frank Costello et mit presque le doigt

Ils n'ont pas l'air de gangsters. Lors d'une audience, Mickey Cohen est entouré de ses Nains à la mise impeccable. À l'avant : Neddie Herbert qui se gratte l'oreille ; un Mickey Cohen circonspect qui prend bien soin de son chapeau ; Frank Niccoli, cigarette aux doigts. À l'arrière : Jimmy Rist en cravate à gros pois ; Eli Lubin, le nez chaussé de lunettes. Herbert et Niccoli ont été exécutés quelques mois plus tard. 1949.

sur la vérité. Mais le journaliste qui faisait valoir cette thèse disparut mystérieusement lors d'une excursion de pêche. Au cours de l'été où la presse couvrit de façon exhaustive les scandales de la mafia à Los Angeles, le personnage le plus insaisissable de la pègre fut révélé pour la première fois au grand jour. Meyer Lansky avait joué un rôle de premier plan dans l'élaboration de l'Organisation et il était son plus brillant stratège. Quoique son pouvoir considérable et son importance aient été bien connus des enquêteurs, il avait réussi à s'envelopper de secret pendant plus d'un quart de siècle. Mais ses activités furent divulguées dans un article-vedette du *New York Sun* qui détaillait sa longue et retentissante carrière.

Seuls les mentors de Mickey à Cleveland parvinrent à échapper aux feux des projecteurs.

* * *

Vers la fin des années 1940, les nouveaux et inquiétants défis auxquels fut confrontée l'industrie du cinéma occasionnèrent une importante baisse de fréquentation des salles. Les sociétés cinématographiques s'étant vues dépouillées par le département de la Justice de leur système exclusif de distribution en salle en application de la loi antitrust de 1948, et compte tenu de la présence de quatre millions d'appareils de télévision dans les foyers américains et de huit autres millions de téléviseurs en cours de fabrication, elles se préparèrent à affronter l'inévitable.

« Hollywood ressemble à l'Égypte. C'est plein de pyramides qui s'effritent et qui continueront de s'effriter jusqu'à ce que le vent ait balayé le tout dernier fragment de décor à l'autre bout du désert », prophétisa le producteur David Selznick à Ben Hecht.

La carrière de plusieurs des plus grandes *stars* des années 1940 prit brusquement fin. Rita Hayworth s'installa en Europe où elle épousa un *play-boy*, le prince Ali Khan. Les jours de gloire de Veronica Lake, Judy Garland, Gene Tierney, Hedy Lamarr, Mickey Rooney, Errol Flynn, George Raft, Betty Grable et Tyrone Power étaient révolus, de même que ceux de Shirley Temple et du grand magnat du cinéma Louis B. Mayer. Des rumeurs circulaient selon lesquelles la MGM n'avait pas l'intention de renouveler le contrat de Frank Sinatra qui, de toute façon, n'avait plus sa voix d'antan. Afin de témoigner son appui au chanteur sur son déclin, Mickey Cohen donna en son honneur un banquet au Beverly Hills Hotel, mais la salle était presque vide.

Au cours des derniers mois de la décennie, le metteur en scène Billy Wilder tournait *Sunset Boulevard* (*Boulevard du crépuscule*), un film qui ose montrer les côtés noirs du milieu du cinéma. Le film trace un portrait indélébile et dévastateur de la faune de Hollywood, servant une sorte de mise en garde. L'ancienne grande *star* du cinéma muet Gloria Swanson, qui avait connu là toutes les joies et toutes les vicissitudes de la célébrité et qui avait été l'atout de Paramount vingt-cinq ans plus tôt, y incarne en quelque sorte son propre rôle. Mais si sa performance dans *Sunset Boulevard* est un véritable tour de force et lui permet d'obtenir une nomination aux Oscars, elle ne lui vaut pas le retour spectaculaire tant espéré.

Ainsi que pouvait en attester Mickey Cohen, le plus célèbre gangster de la région : la sordide Cité des anges était une ville perfide. Quant à lui, il n'avait pas la moindre intention de rejoindre les rangs des ringards de Hollywood.

CHAPITRE 13

L'échappée belle

«Évidemment, à la merci de tous ces gens d'Église, je n'étais pas très à l'aise.»
MICKEY COHEN

M ickey Cohen était dans la mire de plusieurs ennemis et l'objet d'innombrables complots; après huit tentatives d'assassinat, il était toujours bien vivant. Le magazine *Time* le décrivit ainsi : « Le pigeon d'argile chanceux aux yeux tristes de Sunset Strip. »

Quand arriva la fin de 1949, il y avait plus d'un an qu'il faisait la une de la presse. Des magazines nationaux, incluant *Time* et *Life*, lui avaient consacré des reportages. Sa notoriété s'était répandue au-delà de l'Atlantique. Connu de tous, le gangster de trente-six ans recevait plus de lettres d'admirateurs que bien des vedettes de l'écran. Le « Tsar de la pègre de Hollywood » avait été surutilisé par la presse qui, heureusement, lui donna un répit bien mérité.

Billy Graham, une vedette montante, œuvrait dans le domaine de la rédemption des âmes. Grand et blond, l'Américain typique, âgé de trente ans et originaire de la Caroline du Nord, il était l'antithèse de Mickey Cohen.

Ce prédicateur baptiste du sud des États-Unis avait engagé sa première grande croisade à Los Angeles à l'automne de 1949. L'attention considérable des médias l'ayant aussitôt catapulté sous les feux de la rampe, Billy Graham prêchait chaque soir devant des foules de 8000 à 10 000 fidèles dans sa cathédrale de toile, une immense tente de cirque de la dimension d'un pâté de maisons installée à l'intersection des rues Washington et Hill. Ces manifestations de renouveau religieux devaient avoir lieu pendant trois semaines, mais elles bénéficièrent d'une prolongation de quatre semaines supplémentaires. La croisade de Los Angeles de Graham fut un des événements religieux les plus impressionnants jamais survenus dans le sud des États-Unis, surpassant même en importance les prédications d'Aimee Semple McPherson, la très populaire revivaliste des années 1920.

Près d'un millier de communautés de fidèles participaient aux sermons sous la tente de Billy Graham, pour une fréquentation totale estimée à 350 000 personnes. Billy Graham et ses célèbres évangélisés convertis faisaient presque quotidiennement la manchette. Un membre très précieux de la bande de Mickey Cohen figura parmi les plus connus. L'as électronicien du gangster, Jim Vaus, agenouillé dans la sciure de bois qui recouvrait le sol de la cathédrale de toile, renia sa vie et ses péchés passés.

Vaus avait travaillé pour le compte de la police, arraché les pastilles émettrices de la maison de Brentwood de Mickey Cohen et installé pour ce dernier des dizaines de systèmes de sécurité. Ce génie de l'électronique avait mis au point des dispositifs d'écoute, des appareils enregistreurs, des caméras miniatures et plein d'autres gadgets de haute technologie pour le compte de Cohen. Surtout, on disait qu'il avait rapporté une fortune à son client en modifiant électroniquement le service télégraphique des courses de chevaux. Pour finir, Vaus s'était récemment rendu coupable de parjure dans une cause où Cohen était impliqué.

Les prêches de Billy Graham n'avaient rien de nouveau pour Jim Vaus. Fils d'un pasteur de Los Angeles, Vaus avait baigné toute sa vie dans la religion d'antan. Avant sa rencontre avec Mickey Cohen, il avait eu un passé houleux incluant une incarcération au pénitencier fédéral de McNeil Island, qu'une « conversion religieuse » lui avait permis d'abréger. La nouvelle selon laquelle un sbire notoire de Cohen était entré dans le troupeau des chrétiens renés ne passa pas inaperçue : le 8 novembre 1949, le *Los Angeles Times* publia un article coiffé du titre « Wiretapper Vaus Hits Sawdust Trail » (« Vaus, spécialiste de l'écoute électronique, dans la voie du salut »).

La publicité qu'engendrerait pour Billy Graham la rédemption du plus grand pécheur de Hollywood serait inappréciable. C'est pourquoi l'ambitieux prédicateur se mit en tête de convertir Mickey Cohen.

Mickey Cohen avait bien besoin de publicité « favorable ». Il relate leur première rencontre chez lui, à Brentwood : « Graham s'était mis en tête de me convertir. Évidemment, à la merci de tous ces gens d'Église, je n'étais pas très à l'aise. » Perfectionniste jusqu'à l'obsession, Cohen désirait à tout prix faire bonne impression sur son pieux invité, mais il ne savait pas quoi lui offrir. Après mûre réflexion, il demanda à sa gouvernante de leur servir une boisson au chocolat et des petits gâteaux. Ce rendez-vous ne fut pas le dernier. Le célèbre gangster de Los Angeles et le révérend Billy Graham se rencontreraient à nouveau.

* * *

Une nouvelle étoile dans le firmament veut désespérément sauver l'âme de Mickey Cohen : le révérend Billy Graham, un prédicateur baptiste, engage sa première croisade à Los Angeles. Ses sermons édifiants sur la punition éternelle du feu et du soufre – et sur la rédemption – attirent l'attention du magnat de la presse William Randolph Hearst, alors souffrant. Automne 1949.

Les années 1950 débutèrent dans l'incertitude. La Chine était devenue communiste. L'Union soviétique avait fait l'essai d'un engin atomique peu de temps avant le Nouvel An, et les États-Unis faisaient sentir leur présence en Corée.

À Washington, une guerre de territoire opposait deux sénateurs nouvellement élus, Joseph McCarthy, un républicain du Wisconsin, et Estes Kefauver, un démocrate du Tennessee. Ils se disputaient l'organisation d'une enquête nationale sur les activités inquiétantes du monde interlope.

Grand, mince, d'une courtoisie exemplaire, le sénateur Estes Kefauver était l'image même du conformisme avec ses lunettes démodées et ses costumes en tweed, mais cet ancien avocat de quarante-six ans impressionnait. Durant sa récente campagne électorale, il avait débité ses discours populistes devant les électeurs du Tennessee, coiffé à la Davy Crockett d'un bonnet de trappeur en fourrure de raton laveur. Né au sein d'une famille baptiste de stricte observance, Kefauver s'était facilement adapté au monde laïque une fois parvenu à l'âge adulte. Il aimait les jolies femmes et il fréquentait Pimlico et Laurel, les hippodromes de Washington, où il demandait des traitements de faveur. Bien que le sénateur aimât passer de temps en temps la journée aux courses de chevaux, il déposa en 1949 des projets de loi visant à interdire le transport de machines à sous d'un État à un autre et la diffusion d'informations sur les paris par le service du télégraphe.

Mais l'enquête annoncée sur le crime organisé se heurta à beaucoup d'opposition. Compte tenu de l'importance des événements récents sur la scène internationale, les critiques chevronnés du Congrès se moquèrent allègrement des sénateurs et de leur «chasse aux joueurs de *craps*».

* * *

Le 6 février 1950, au petit matin, Mickey Cohen sentit une odeur de roussi. Contrairement à son habitude, il n'était pas dans sa chambre mais aux côtés de sa femme quand l'alarme les avait réveillés.

Il tira un fusil de sous le lit et examina soigneusement les environs. Tout semblait normal, sauf pour cette odeur âcre et persistante. Soudain, Mickey fut projeté sur le lit par un choc terrible. La maison fut secouée avec une violence inouïe qui sembla l'éjecter de ses fondations. Le temps parut s'arrêter : les murs s'effondrèrent, les vitres explosèrent, et les épais lambris de miroir dans la chambre de LaVonne volèrent en éclats, projetant des fragments acérés dans toutes les directions. Moins de vingt secondes plus tard, tout était fini.

Était-ce un cauchemar ? S'agissait-il du séisme ultime qu'appréhendaient tous les Californiens ?

L'explosion était un présent destiné à rayer Mickey Cohen de la carte du monde. La bombe, qui contenait trente bâtons de dynamite, avait été assemblée par Tom Dragna lui-même. Pour éviter un nouvel échec, elle avait été munie de deux amorces.

En se dissipant, la fumée révéla une scène à donner froid dans le dos. Mickey Cohen émergea des débris, parfaitement indemne. LaVonne et la gouvernante étaient abasourdies, mais elles n'avaient subi aucune blessure. Même Toughie, le chien adoré de Mickey, était sain et sauf. Mickey dit plus tard : «J'étais si heureux de voir que Toughie allait bien. Tout le reste était secondaire, même si le devant de la maison était parti en mille miettes.»

Lancée dans un vide sanitaire sous la maison, la bombe avait arrêté sa course au-dessous de la chambre forte en béton de Mickey. De la dimension d'une voûte de banque, elle avait dévié l'impact de l'explosion vers le bas et les côtés. L'explosion, qui creusa un cratère de 6 mètres de largeur sur plus de 1 mètre de profondeur, fut perceptible à 16 kilomètres de distance.

Policiers, journalistes et caméras de télévision se massèrent dans le quartier sylvestre de Brentwood aux aurores. Mickey évalua les

*Sauvé par sa chambre forte : la maison de Mickey Cohen à Brentwood,
soufflée par une bombe. Elle fut reconstruite sur-le-champ. Février 1950.*

dommages tout en plaisantant avec ces messieurs de la presse. Impassible en pyjama et peignoir, il accepta de poser pour les photographes au milieu des débris. Dans les flashes des appareils-photo, il se tint dans ce qui restait de son vestiaire personnel et examina ses costumes, maintenant réduits en lambeaux. Visiblement sous le choc, LaVonne posait sur son mari un regard incrédule.

Les journalistes s'installèrent dans le cabinet de travail de Cohen pour entrer en ondes. Ils rassurèrent les résidents terrifiés de Westside : il ne s'agissait pas d'une nouvelle guerre. L'explosion n'était que le plus récent épisode d'un vieux conflit interlope qui contaminait Los Angeles depuis 1946.

Avant le coucher du soleil, le gouverneur Earl Warren déclara que cette bombe témoignait du « conflit entre gangs pour les fruits de leurs activités ». Soucieux de réduire Mickey à l'impuissance et d'empêcher un sanglant règlement de comptes, le LAPD mit Mickey Cohen sous surveillance 24 heures sur 24, sept jours sur sept. En retour, Cohen engagea une patrouille privée de sécurité. Le Gangster Squad lui rendit la pareille en faisant un informateur d'un membre de sa patrouille. Dans le riche quartier de Brentwood, les résidents aux abois en avaient assez. Partout, des carreaux de fenêtres avaient été brisés et une fillette fut non seulement traumatisée mais légèrement blessée par des éclats de verre. Le chaos régnait dans les rues naguère paisibles maintenant envahies par les forces policières, la presse, les associés de Cohen et les curieux.

Les membres de l'association des propriétaires de Brentwood Terrace exigèrent du maire Bowron, du directeur intérimaire du LAPD, William Worton, et du conseil municipal qu'ils expulsent Mickey Cohen : « La présence de Mickey Cohen dans ce quartier représente un danger permanent et croissant de pertes de vies humaines et de biens. »

L'Al Capone de Los Angeles réagit sur-le-champ par une déclaration dont le texte fut confié à un rédacteur anonyme :

Lundi matin, mon domicile a été l'objet d'un attentat à la bombe. Cet acte de violence a mis en péril la vie de ma femme et celle de mes voisins en plus de me priver du sentiment de sécurité qu'un homme est en droit d'éprouver quand il franchit le seuil de ce qui doit être son sanctuaire. Mais rien de cela ne m'a rendu aussi malheureux que les actions entreprises aujourd'hui par quelques-uns de mes voisins, ceux qui s'efforcent de me chasser de notre collectivité.

À la lumière des aimables déclarations des personnes du quartier qui se sont souciées du fait que madame Cohen et moi traversons en ce moment une période très difficile et très douloureuse, j'ai tenu pour acquis que, si la bête féroce qui m'a attaqué ne me laissait pas de répit, je n'aurais par ailleurs aucune raison de me méfier de mes voisins, que je n'ai jamais importunés.

À vrai dire, je crois encore en eux et je suis toujours persuadé qu'ils réagiront à cette situation sans perdre de vue le facteur humain.

Je suis convaincu que, en dépit d'une couverture médiatique négative, il n'existe absolument aucun élément de preuve pour démontrer que j'ai fait quoi que ce soit qui puisse mériter les agressions sauvages dont j'ai été la victime lundi matin et encore auparavant.

J'espère que les gens bien informés parmi vous sauront reconnaître que je n'ai pris aucun moyen de défense qui ait pu nuire de quelque façon à la sécurité du voisinage, bien que l'occasion m'en ait été offerte. J'ai même demandé à certains amis de quitter les lieux, alors qu'ils seraient volontiers restés pour me venir en aide. Je n'ai pas voulu prêter le flanc à des jugements de valeur en projetant une image négative.

Je ne doute pas que les personnes sensées parmi vous conviendront que ma situation a été fort mal interprétée. Selon certains journalistes parmi les plus colorés qui aient écrit sur moi, on vous aurait «jeté de la poudre aux yeux» et on m'aurait injustement «lapidé». Jetons ces masques de victimes. Je suis joueur professionnel et commissaire aux paris et jeux, rien de plus, rien de moins. Je ne suis ni un gangster, ni un tueur à gages, ni un homme de bras. Je laisse pareilles singeries à messieurs George Raft et Humphrey Bogart, qui sont payés pour les faire, ou à d'autres acteurs locaux, sans talent, qui finissent par se faire coffrer. Je ne fais pas dans les explosions de dynamite, les fusillades ou autres formes d'homicide. Je vends des chemises et des cravates, et je fais parfois des paris.

Je vous dis exactement ce qu'il en est.

J'aimerais pouvoir continuer à vivre tranquillement au milieu de vous tous, ne serait-ce que parce que, si je m'installe ailleurs, il suffirait de quelques mécontents pour que la même situation se reproduise. Je ne doute pas que les forces de l'ordre feront le nécessaire pour que l'incident de lundi dernier ne se répète pas, et j'espère que la plupart de mes voisins partageront cette conviction et m'appuieront dans mon désir et ma détermination à protéger mon domicile.

Je suis donc confiant que tout le voisinage défendra mon droit à vivre dans Brentwood, car le contraire voudrait dire jouer le jeu de ces crapules qui, lundi matin, ont allumé la mèche de l'engin explosif qui a fait sauter ma maison. Je ne pense pas qu'un seul d'entre vous ait envie de leur donner cette satisfaction.

Sincèrement vôtre,
votre voisin,
MICKEY COHEN

* * *

L'attentat à la bombe de Brentwood suscita de nombreux reportages dans la presse nationale, plaçant le milieu interlope sous les feux des projecteurs. Les méthodes ineptes de la famille Dragna, qui mettaient en danger la vie de citoyens innocents, n'étaient guère prisées des parrains de la côte Est, surtout à la lumière de l'enquête sénatoriale annoncée. Hommes de loi et malfaiteurs exercèrent des pressions sur les Dragna, que la presse qualifiait de « mafia à la Mickey Mouse ».

Le commissaire Lynn White du Gangster Squad du LAPD, rebaptisé bureau de renseignement, reçut le mandat d'interpeller l'importateur de bananes Jack Dragna. Le mafieux vivait dans un joli petit bungalow de style espagnol au 3927, Hubert Avenue, dans la zone du parc Crenshaw-Leimert, un quartier modeste à bonne distance des enclaves huppées voisines de Sunset Boulevard. Jack Dragna était absent au moment du raid de la police, mais son fils de vingt-cinq ans, Frank Paul Dragna, fut arrêté et interrogé.

Le jeune Dragna intenta une poursuite civile de 300 000 $ contre le commissaire White et la municipalité de Los Angeles pour arrestation illégale. Le fils du parrain de la pègre, un vétéran de la Seconde Guerre mondiale qui avait perdu un œil au combat, prétexta avoir souffert d'une infection à la cavité oculaire durant son incarcération. Le commissaire White présenta une demande reconventionnelle de 5000 $ contre celui qui avait « voulu m'humilier en intentant une action en justice pour arrestation illégale ».

À la suite de l'arrestation de son fils, Jack Dragna, un petit homme de cinquante-neuf ans, basané et débraillé, qui avait toujours évité tout contact avec la presse, s'assit avec les journalistes. Avec son lourd accent sicilien, il nia être derrière les attentats contre son rival et dit : « Monsieur Mickey Cohen peut bien rester en vie aussi longtemps qu'il veut. Ça ne me dérange pas. Rien de ce qu'il possède ne m'intéresse. Je suis un vieil homme. Ce que je veux, c'est élever mes enfants en leur offrant la possibilité de mener une vie plus facile que la mienne ne l'a été. »

* * *

Entre-temps, toutes les personnes en cause dans l'affaire Pearson-Sept Nains furent acquittées. Les galonnés déchus du LAPD et les agents Wellpott et Jackson furent également acquittés dans l'affaire Brenda Allen.

Au niveau national, les choses se compliquaient. Le 10 mai 1950, le monde interlope dut se cuirasser contre la résolution 202 que venait d'adopter le Sénat. Cette résolution visait la formation d'une Commission sénatoriale d'enquête sur la présence du crime organisé dans le commerce entre États (Senate Committee to Investigate Organized Crime in Interstate Commerce). Estes Kefauver l'emporta sur Joseph McCarthy au poste de président de la Commission. Les audiences Kefauver allaient à la fois choquer et amuser la nation tout entière.

Durant le dernier week-end de juin, la guerre froide passa en mode de conflit majeur. L'usage de la force avait été sanctionné pour endiguer l'agression de la Corée du Nord communiste sur la Corée du Sud.

Dans une spectaculaire manifestation de la puissance de tir américaine, 1000 obusiers de 122 mm ouvrirent le feu en même temps,
dressant un mur de flammes dans la République démocratique populaire de Corée, juste au-dessus du 38ᵉ parallèle qui la séparait de la
Corée du Sud. Les États-Unis étaient à nouveau en guerre.

*L'indigne patron de la mafia de Los
Angeles, Jack Dragna. 1950.*

La distribution d'assignations à témoigner devant la Commission
du sénateur Kefauver commença. Près de 400 gangsters très puissants
qui, pour la plupart, étaient parvenus jusque-là à vivre dans un calme
et un anonymat relatifs furent saisis de panique. « La "Kefauvérite
aiguë", nota le sénateur Kefauver, une mystérieuse maladie qui frap-
pait les truands et les politiciens juste avant qu'ils ne soient cités à
comparaître, devint une affection fort répandue et très discutée. Elle se
manifestait de manière tout à fait inattendue sous forme d'infarctus,
de laryngite, de dépression nerveuse, d'appendicite ou d'un pressant
besoin d'intimité ; le symptôme le plus virulent qui affectait les victimes était un irrépressible désir de voyager, de s'éloigner le plus possible de Kefauver. »

Mickey Cohen était sans doute le mafieux le plus volubile de
l'époque, et celui qui faisait le plus aller les langues. En cet été de 1950,
il fut à son tour gravement atteint de « Kefauvérite aiguë ». Quand la
commission de police s'apprêta à doter le LAPD d'un nouveau directeur, le moment lui parut opportun de partir en voyage.

CHAPITRE 14

Quand tout va mal

« Les rackets y étaient aussi spectaculaires et grandioses que la Californie elle-même. »
LE SÉNATEUR ESTES KEFAUVER
parlant de la Californie

En 1950, clamant qu'il était immunisé contre le stress, Mickey Cohen se plaignit qu'il était «en voie d'être ruiné». Il accusa la police, ses voisins de Brentwood, la mauvaise publicité dont il faisait l'objet et ses rivaux de la pègre de comploter pour lui rendre la vie impossible.

Cohen reçut un appel urgent de Frank Sinatra. Le chanteur tenait absolument à aller le voir chez lui, à sa maison de Brentwood, rapidement remise en état après l'attentat à la bombe. Cohen n'avait jamais été attiré par les vedettes, à l'exception de Sinatra. Ce dernier aimait jouer et remettait volontiers un généreux «prêt» à Cohen chaque fois qu'il le voyait. Cohen tenta de le dissuader de lui rendre visite en lui rappelant que sa maison était surveillée 24 heures sur 24 par le Gangster Squad du LAPD qui enregistrait le nom de chaque visiteur. Mais Sinatra insistait, répétant qu'il s'agissait de quelque chose d'«important».

Cohen finit par accepter de recevoir Sinatra. Sinatra supplia le gangster de faire en sorte que son jeune et bel associé, Johnny Stompanato, cesse de fréquenter la très belle amie du chanteur, Ava Gardner. Après avoir suivi huit années de cours destinés à lui faire perdre son fort accent du sud, la beauté aux cheveux noirs était en bonne voie de devenir la plus grande vedette de la MGM. Irrité que Sinatra ait jugé cette affaire «importante», Mickey répliqua qu'il n'intervenait jamais dans les problèmes personnels de qui que ce soit. Il lui dit aussi qu'il serait bien avisé de retourner auprès de sa femme, Nancy.

Cohen fit une fois de plus la manchette le jour où on livra chez lui un véhicule fabriqué sur commande, en l'occurrence une Cadillac Fleetwood 1950 de la Série 60S, à l'épreuve des balles et à l'épreuve des bombes. Véritable char d'assaut, le véhicule blindé était chaussé de pneus impossibles à perforer Silvertown Seal-O-Matic de marque Goodrich ; ses portes étaient constituées de plaques d'acier au carbone de 20 centimètres d'épaisseur et doublées de fibre de verre résistant à tout projectile. La voiture à fond plat avait été testée sur les lieux de sa fabrication, soit chez Coachcraft, à Hollywood, ainsi qu'au stand de tir de précision du LAPD. Il s'agissait d'un véhicule rapide, conçu pour que ses passagers puissent tirer par des fenêtres articulées spécialement construites. Il pouvait résister à tout, sauf à un lance-roquettes.

Puisque les lois de la Californie stipulaient que seuls les coursiers de banque et les membres des forces de l'ordre pouvaient immatriculer des véhicules blindés, les avocats de Cohen, Sam Rummel et Vernon Ferguson, demandèrent au tribunal que Mickey soit autorisé à conduire son automobile. Le juge répondit qu'il lui accorderait son autorisation à la condition que Cohen lui révèle de qui il avait obtenu la permission de tester son véhicule au champ de tir du LAPD. Cohen renonça au marché. Sa coûteuse Cadillac resta au garage jusqu'à ce qu'il la vende à perte à un musée de l'automobile du Texas.

Dans le but d'esquiver l'assignation à comparaître reçue de Kefauver et d'être absent de Los Angeles au moment où la commission de police nommait un nouveau directeur, Mickey Cohen fit ses valises et fila vers l'Est en compagnie de son bouledogue Toughie et de Johnny Stompanato.

La police d'Albuquerque vint frapper à sa porte après avoir reçu une plainte relative au bruit provenant de sa chambre de motel. À Phoenix, Cohen, à l'occasion d'un vernissage auquel il assistait, confia à la presse que son acquisition projetée de plusieurs pharmacies avait échoué parce qu'on lui avait refusé le permis nécessaire. Cohen et Stompanato passèrent la nuit en tôle dès leur arrivée à Chicago et reçurent une sévère mise en garde de la part de la police : « Partez. Vous n'êtes pas les bienvenus à Chicago. » Ils firent ensuite escale au Texas. Ayant su du LAPD que Cohen s'était rendu au Texas dans le but d'y mettre sur pied une opération de jeux clandestins, les Texas Rangers l'interrogèrent avant de le renvoyer chez lui en avion.

De retour dans la Cité des anges, Mickey annonça aux journalistes que son séjour au Texas avait été motivé par des accords pétroliers légitimes. Il dit avec amertume : « S'ils réagissent comme ça dans chacun des 48 États, où est-ce que je vais devoir aller ? En Russie ? »

Par la suite, un ensemble de coups durs l'ébranlèrent gravement. L'IRS (Internal Revenue Service) procéda à un contrôle de ses déclarations de revenus de 1946, 1947 et 1948. Puis, Agnes Albro, un des cinq membres de la commission de police chargée de nommer le prochain directeur du LAPD, mourut subitement, faisant ainsi pencher le vote dans le mauvais sens. À la suite de ce revirement de situation très défavorable pour Mickey, William H. Parker fut nommé directeur des forces de l'ordre de la ville de Los Angeles, l'emportant sur le candidat espéré, le directeur adjoint, Thad Brown. Extrêmement ambitieux et diplômé en droit, Bill Parker n'était pas un allié de Cohen. Enfin, la Commission Kefauver assigna Cohen à témoigner de ses activités criminelles devant un comité formé de membres du Sénat.

Le sénateur Kefauver décrit ainsi la nature particulière et pourrie du milieu interlope de la côte Ouest : « Le crime, le vice et la corruption avaient en Californie des caractéristiques distinctives : ils étaient exotiques, rancis et assez repoussants. Les rackets y étaient aussi spectaculaires et grandioses que la Californie elle-même. »

Le 17 novembre 1950, dans une salle d'audience bondée du Federal Building, au centre de Los Angeles, Mickey Cohen affronta les sénateurs. Il commença la journée du pied gauche en arrivant après 9 h, heure à laquelle devait débuter la séance. Il refusa d'assumer son retard et soutint que lui et ses avocats avaient été mal renseignés.

Mick était vêtu comme un souteneur. Coiffé de son habituel feutre mou, il portait un costume zazou en gabardine marron, une chemise blanche dernière mode à col hirondelle et une cravate en jacquard de soie chocolat, retenue par une énorme pince en diamants au monogramme MC. Une mézouza et une médaille de saint Christophe étaient suspendues à sa lourde chaîne de montre en or.

Kefauver, un conformiste diplômé de Yale, décrit l'infâme truand de Hollywood comme suit : « Une apparence simiesque, lippe pendante, calvitie précoce et début de bedaine. Une tenue "dans le vent", dont un pardessus exagérément long et excessivement rembourré aux épaules, et un chapeau à bord ridiculement large. »

Flanqué de deux avocats de second plan, Mickey attendit anxieusement son tour. Son ami et ancien enquêteur du NYPD, Barney Ruditsky, qui lui servait souvent d'agent de liaison avec les autorités locales, perpétua dans son témoignage le mythe qui plaisait tant à Mickey et à ses patrons de la côte Est : « [Il identifia Cohen en tant que] hors-la-loi sans aucun lien avec un quelconque Syndicat du crime. »

Ensuite, le nouveau directeur du LAPD, William H. Parker, traça avec suffisance au bénéfice des sénateurs un portrait dévastateur de Mickey Cohen : « Je dirais que c'est foncièrement un imbécile. Il est lourdaud, il a des sourcils épais et il est ignare. »

Après avoir prêté serment, Cohen prit place à la table des avocats face aux trois membres du comité. Ces derniers lui demandèrent d'abord son nom et son âge, son lieu de naissance et sa profession. Affirmant d'abord être né en 1916, il finit par donner 1913 comme année de naissance. Il déclara être propriétaire d'une boutique de tailleur. On l'interrogea fort peu sur sa carrière de boxeur, au sujet de laquelle il dit : « Je n'étais pas très bon », et sur ses années de triste mémoire à Cleveland et à Chicago. Le procureur en chef, Rudy Halley, en vint au fait : le tabassage de Russell Brophy durant la guerre des télégraphes et le meurtre de Max Shaman dans le magasin de peinture de Cohen. On aborda aussi les arrestations de Mickey en 1945. On s'intéressa beaucoup à ses prises de paris clandestins à l'échelle nationale et au trio de ses rivaux dans ce domaine, soit Gamson, Levinson et Gibbons, tous trois assassinés en 1946.

Le sénateur Kefauver passa ensuite au passage à tabac du joueur William Henry Petroff le 30 août 1948, pour lequel Cohen, Jimmy Rist, Dave Ogul, ainsi que Joe et Fred Sica avaient été arrêtés. Les allégations selon lesquelles Petroff avait été emmené contre son gré dans un ranch de Malibu furent longuement décortiquées. Vint ensuite la question du meurtre de l'homme de main de Cohen, Neddie Herbert.

Le procureur en chef fouilla aussi le meurtre de Hooky Rothman, le massacre devant le Sherry's, l'assaut public de Jimmy Utley à coups de pistolet – que Mickey nia avec impassibilité – et l'affaire sordide et complexe de Pearson et des Sept Nains. Il fut à nouveau question de la relation de Cohen avec Joe Sica. Mickey dit qu'ils n'avaient été que « deux gamins qui faisaient des mauvais coups, qui jouaient à l'argent et essayaient de se débrouiller du mieux possible ». Veillant à se distancer de Sica, Cohen soutint qu'ils n'avaient eu aucune relation d'affaires avec lui au cours des six dernières années. Halley produisit alors comme éléments de preuve les dossiers rassemblés par le FBI sur Cohen, Jimmy Rist, Joe Sica, Dave Ogul et Eli Lubin.

Halley demanda à Mickey s'il connaissait Eddie Borden. Cohen répondit par l'affirmative et dit que Borden était rédacteur au magazine *Ring* et un homme « qui aurait parié sur tout et n'importe quoi ». Dans l'espoir d'instituer une enquête fédérale sur cette affaire d'enlèvement, Halley interrogea Cohen sur la disparition de Borden de Las

Vegas le 4 novembre 1950 et sur son retour subséquent. L'échange se poursuivit jusqu'à l'heure du midi. Après une pause, l'avocat en chef enquêta sur la situation financière actuelle de Mickey.

[Halley, procureur en chef] Je crois que vous avez dit être sur la paille ces temps-ci, c'est bien ça ?
[Cohen] C'est bien ça, oui.
[Halley] Vous avez touché d'importantes sommes d'argent cette année, n'est-ce pas ?
[Cohen] J'ai touché de l'argent ?
[Halley] Oui.
[Cohen] Vous voulez dire que j'ai contracté des emprunts ?
[Halley] Oui.
[Cohen] Oui, j'ai emprunté de l'argent.
[Halley] Vous avez beaucoup emprunté, n'est-ce pas ?
[Cohen] Eh bien, une assez grosse somme, oui.
[Halley] Combien ?
[Cohen] Je ne sais pas, mais mon comptable connaît les chiffres. Chaque fois que je contracte un emprunt, je l'appelle pour lui dire que j'ai fait un emprunt.
[Halley] S'agit-il d'une somme d'environ 60 000 $?
[Cohen] Je ne sais pas si c'est le chiffre exact ; ça se pourrait bien.
[Halley] Qu'est-il advenu de ces 60 000 $?
[Cohen] J'ai versé une caution de 25 000 $. Depuis quatre ans, je passe mon temps devant le juge parce que je suis harcelé par le LAPD qui s'est mis dans la tête de me ruiner.
[Halley] Qu'avez-vous fait des autres 35 000 $?
[Cohen] Je les ai dépensés pour vivre. Et j'ai engagé une domestique noire.
[Halley] Et puis ?
[Cohen] J'ai eu des frais d'avocats, des ennuis.
[Halley] Il ne vous reste plus rien de cette somme ?
[Cohen] Rien, sauf ce que j'ai dans les poches.
[Halley] Vous ne possédez rien d'autre au monde, que ce que vous avez dans vos poches ?
[Cohen] C'est ça.
[Halley] Qu'avez-vous dans vos poches ?
[Cohen] 200 $ ou 300 $, à peu près 285 $. Oui, 285 $.
[Halley] C'est tout l'argent qui vous reste ?
[Cohen] Non. 286 $.
[Halley] Avec quoi comptez-vous vivre dorénavant ?

Dans une salle d'audience bondée du Federal Building, au centre de Los Angeles, Mickey Cohen témoigne devant le sénateur Kefauver et ses collègues de Washington en pesant bien ses mots. 17 novembre 1950.

[Cohen] Je peux encore trouver de l'argent.

[Halley] Vous l'emprunterez ?

[Cohen] Oui.

[Halley] Quel est le total de votre dette actuelle, Monsieur Cohen ?

[Cohen] Eh bien, sénateur, mes revenus des trois ou quatre dernières années font l'objet d'une enquête de l'IRS. Il en a été question.

[Sénateur Kefauver] Êtes-vous d'avis que le fait de nous dire quelle somme vous devez à vos créanciers pourrait vous incriminer ?

[Cohen] Je ne sais pas. Je suis l'objet d'une enquête de l'IRS en ce moment. Dites-le-moi, sénateur.

[Kefauver] Je ne soulève aucune objection dans un sens ou dans l'autre. Ma question est quel est le total de votre dette présente ?

[Cohen] Est-il recommandé de répondre à cette question si l'IRS fait enquête sur moi ?

[Kefauver] À mon avis, le fait d'avoir des dettes ne vous rend coupable d'aucun crime. Mais si vous désirez une contre-expertise, vous pouvez consulter vos avocats et leur demander ce qu'il convient de faire.

[Cohen] Je dirais que je dois environ 300 000 $ [2,4 millions aujourd'hui].

Inquiets des conséquences du témoignage de Mickey sur l'enquête fiscale dont il faisait l'objet, ses avocats voulurent clarifier les statuts régissant l'immunité. Le témoignage de Mickey se poursuivit, révélant qu'il avait emprunté des sommes faramineuses, dont 50 000 $ [450 000 $ aujourd'hui] que Harold W. Brown, président de la Hollywood State Bank, lui avait consentis en l'absence de toute sûreté accessoire, de tous frais d'intérêt ou de tout calendrier de remboursement.

D'autres questions suivirent, cette fois sur les intérêts qu'il détenait dans différents casinos clandestins de la ville et du comté de Los Angeles, notamment la ferme d'élevage Dincara Stock Farm, à Burbank, et La Brea Social Club, à Los Angeles.

Le sénateur Kefauver examina en profondeur les structures financières de la boutique de tailleur de Mickey, de sa bijouterie et de son atelier de couture. Le sénateur releva quelques allégations selon lesquelles Mickey détenait des intérêts dans la chaîne d'épicerie Jim Dandy. Mickey le nia catégoriquement : « Ce n'est qu'une rumeur. C'est absolument faux. » Le sénateur s'intéressa ensuite à la boxe. Mickey reconnut qu'il avait naguère géré la carrière de Willie Joyce, qu'il cogérait quelques autres boxeurs et qu'il connaissait très bien Blinky Palermo, le réputé bras droit du magnat de la boxe Paul John « Frankie » Carbo. Mickey nia détenir des intérêts dans la carrière d'Ike Williams, un champion de Carbo.

Halley interrogea Mickey sur ses liens avec le Retail Clerks Union, mais le gangster nia percevoir des contributions de ce syndicat des vendeurs. Halley s'intéressa ensuite à la violence omniprésente dans la vie de Mickey.

[Halley] Si l'on en juge par vos activités, il semblerait que vous ayez emprunté 300 000 $ au cours des dernières cinq années, c'est juste ?

[Cohen] Oui.

[Halley] Et que vous admettez vivre dans le luxe. C'est bien ça ?

[Cohen] C'est bien ça, oui. Sans doute trop luxueusement. C'est ça.

[Halley] Et que vous êtes entouré de violence ?

[Cohen] C'est vrai.

[Halley] Que six de vos amis intimes ont été tués ou ont disparu ?
[Cohen] Six ? Je ne pense pas qu'il y ait eu six disparitions.

On inscrivit au dossier les noms des hommes décédés (Bugsy Siegel, Neddie Herbert, Hooky Rothman, Frank Niccoli et Dave Ogul) de même que celui de Jimmy Rist, qui avait été blessé lors de l'attentat contre Cohen à sa boutique de tailleur en 1948.

[Halley] On a attenté cinq fois à votre vie ?
[Cohen] C'est ça, oui, je crois. Je crois que c'est cinq fois, oui.

Quand on l'interrogea sur l'affaire Pearson-Sept Nains et que Halley, le procureur en chef, l'accusa d'être un homme de main, Mickey montra une très grande agitation.

[Cohen] Je n'aime pas sa façon de m'interroger. Il me pose des questions comme s'il affirmait la vérité.
[Kefauver] Un instant, un instant, je vous prie.
[Cohen] Et il n'y a pas une seule question à laquelle j'aie répondu sans dire toute la vérité. La vérité à 100 %.
[Kefauver] Je vous demanderais de ne pas discuter avec l'avocat. Si vous refusez de répondre, dites-le. Répondez à ses questions du mieux que vous le pouvez. Dites-nous ce que vous savez, et si vous ne savez rien, dites-le.
[Cohen] Je dis qu'à ma connaissance toutes mes réponses reflètent totalement la vérité. Mais cet homme-là voudrait seulement vous faire croire à ce qu'il dit, lui.
[Kefauver] Je vous ai demandé de répondre à la question si vous connaissez la réponse, et de dire que vous ne connaissez pas la réponse si c'est effectivement le cas.
[Halley] Ma question est la suivante : vos amis intimes n'ont-ils pas battu Pearson ?
[Cohen] Est-ce qu'il répond à ma place, sénateur ?
[Kefauver] Maître, dites-lui de répondre à cette question ou de déclarer qu'il ignore la réponse, et poursuivons, je vous prie.
[Halley] Ma question est la suivante : vos amis intimes n'ont-ils pas battu Pearson ?
[Cohen] Je dis qu'ils n'ont pas battu Pearson, qu'ils ont été acquittés.

Halley, le procureur en chef, persista dans cette voie jusqu'à ce que Mickey fasse à nouveau appel au sénateur Kefauver.

Halley entreprit alors d'interroger Mickey sur certains grands manitous de la pègre, notamment Frank Costello, Meyer Lansky et Joe
Adonis. Mickey nia catégoriquement qu'il les connaissait, et il en fut
de même pour une longue liste d'autres personnages. Mais quand on
lui demanda s'il connaissait Dominick Farinacci, alias High Pockets,
un truand de Cleveland qui vivait à Los Angeles depuis quelques années, Mickey répondit par l'affirmative.

Lorsqu'il fut question de son ancien mentor de Cleveland, Anthony
Milano, Cohen en fut visiblement très mal à l'aise.

[Halley] Vous avez dit, je crois, que Anthony Milano est président de
banque ?
[Cohen] Je ne parlerai pas de lui.
[Halley] Il est bien président de banque, n'est-ce pas ?
[Cohen] Oui.
[Halley] Il a été incarcéré pendant six ans dans un pénitencier fédéral
pour contrefaçon, n'est-ce pas ?
[Cohen] Voulez-vous que je vous parle d'Anthony Milano pour que
tout le monde soit au courant ?
[Halley] Je veux parler de l'honorabilité des présidents de banque.
[Cohen] Pourquoi ? Qu'est-ce que monsieur Brown [président de la
légitime Hollywood State Bank] a fait ?
[Kefauver] Savez-vous si Anthony Milano est président d'une banque
de Cleveland avec laquelle vous faites affaire ?
[Cohen] Non.

Le sénateur Estes Kefauver en
compagnie de son épouse au
somptueux Mocambo, une boîte de
nuit contrôlée par Mickey Cohen dans
Sunset Strip. 1952.

[Kefauver] Avez-vous dit avoir fait affaire avec lui ?
[Cohen] Non. Il m'a prêté de l'argent.
[Kefauver] Il vous a prêté de l'argent ?
[Cohen] Un prêt personnel, oui.
[Kefauver] C'est aussi ce qu'a fait Brown ?
[Cohen] Oui.
[Kefauver] Savez-vous si Anthony Milano a été incarcéré pour contre-
façon ?
[Cohen] C'est un homme de soixante ans. Je n'aurais jamais l'audace
de lui demander : « Monsieur Milano, avez-vous purgé une
peine pour contrefaçon ? »
[Kefauver] Le savez-vous, oui ou non ?
[Cohen] Je ne le sais pas.

L'avocat s'intéressa ensuite aux dettes de Mickey. Cohen dit qu'il
entendait les rembourser, mais qu'après qu'il se soit vu offrir une participation dans une entreprise pétrolière du Texas, le LAPD était entré
en contact avec les autorités texanes et avait saboté ses projets. Les
questions concernant les emprunts contractés par Mickey et l'absence
de registres comptables se poursuivirent. Mickey avoua « ne rien
connaître à la tenue de livres » et laisser ces responsabilités entre les
mains de son comptable, Harry Sackman.

Interrogé au sujet de Johnny Stompanato, Cohen répondit : « C'est
un jeune homme, un brave type. Un bon garçon. Son âge réel est vingt-
cinq ans. » Cohen admit lui avoir emprunté des sommes importantes
et ajouta que Stompanato avait travaillé quelque temps à son Continental Café en qualité de « gérant, de barman, de tout ».

[Halley] Gagnait-il beaucoup d'argent ? Était-il riche ?
[Cohen] Je n'en sais rien. Je sais qu'il savait où trouver de l'argent.
C'est ce qu'il m'avait dit dans le temps.
[Halley] Il empruntait des sommes importantes à un homme riche,
n'est-ce pas ?
[Cohen] C'est bien ça.
[Halley] N'est-il pas vrai que le gouvernement l'accuse maintenant
d'avoir extorqué cet argent ?
[Cohen] Je ne pense pas. Je ne crois pas que ce soit un fait avéré.
[Halley] Je devrais sans doute vous lire ce fait avéré. Voici un docu-
ment en provenance d'un agent de l'IRS qui a enquêté sur
monsieur Stompanato.
[Cohen] Vous voulez dire que c'est un formulaire fiscal ?

[Halley] Je dis que nous avons assigné votre comptable à produire cette pièce et qu'on peut y lire ceci : « Le gouvernement entend démontrer que monsieur Stompanato est un homme riche pourtant dépourvu d'expérience dans l'exploitation d'une entreprise, et qu'en 1948 et 1949 il a extorqué [...] à quelques personnes des montants totalisant plus de 65 000 $. »

[Cohen] C'est une bien curieuse question. Il a dîné avec ce type il y a trois soirs. [Note de l'auteur : bien que le nom de l'homme riche en question n'ait pas été dévoilé à l'audience, il s'agissait de Sir Charles A. Hubbard.] Je ne pense pas qu'il aurait dîné avec lui il y a trois soirs s'il était en train de l'extorquer. Ça me paraît impossible. Et pour quelle raison Stompanato extorquerait-il de l'argent à quelqu'un ?

[Halley] Je m'efforce de savoir comment vous et Stompanato parvenez à convaincre certaines personnes de vous prêter d'aussi grosses sommes d'argent.

[Cohen] Je peux parler seulement pour moi. Si vous voulez savoir ce qu'il en est de Stompanato, interrogez-le.

Halley contesta la légitimité de plusieurs emprunts. Le sénateur Kefauver s'enquit ensuite auprès de Mickey du contenu de son carnet d'adresses, qui était tombé entre les mains de la police. Kefauver fit remarquer que ce carnet renfermait les noms de plusieurs gangsters notoires, de même que ceux du célèbre comique Joe E. Lewis et de la vedette de cinéma Eddie Cantor. « Des amis à moi », dit Mickey au sénateur. Il fut ensuite question du lobbyiste Arthur H. Samish, le « faiseur de rois » de la Californie. Mickey dit ne pas avoir revu Samish depuis la fusillade devant le restaurant Sherry's. La commission produisit des registres téléphoniques en provenance de son bureau, démontrant que plusieurs appels avaient été faits au numéro de Samish. Cohen rétorqua que les appels pouvaient avoir été passés de son bureau sans qu'il les ait nécessairement faits lui-même. Mickey convint que Samish fréquentait sa boutique de tailleur, mais il ajouta qu'il n'avait aucun lien d'affaires avec lui. Interrogé au sujet de Frank Sinatra, Mickey admit que le chanteur était « un bon ami », mais il nia avoir aidé la vedette à promouvoir un combat de boxe à San Francisco. Encore quelques questions sur les opérations de paris du gangster, et on le remercia.

Ce ne fut pas tout. Mickey se hâta de sortir de la salle d'audience sous les flashes des appareils-photo en s'épongeant nerveusement le front. Avide de commenter sa performance, une meute de journalistes se pressa autour de lui en criant son nom.

Après l'audience, le sénateur Kefauver émit un compte rendu sur Mickey Cohen. « Le LAPD n'entérine pas la thèse selon laquelle l'ex-pugiliste aurait perdu de son prestige pour n'occuper qu'une place de second rang dans la hiérarchie de la pègre. En sa qualité de joueur et de *bookmaker* disposant de nombreux et précieux contacts d'un bout à l'autre du pays et avec à sa disposition un extorqueur et des racketteurs très expérimentés, Mickey Cohen est sans contredit un personnage important. »

CHAPITRE 15

De morts et d'impôts

> « Sam Rummel était un homme d'affaires impitoyable. »
>
> MICKEY COHEN

'affrontement entre Cohen et les sénateurs avait pris fin, mais les déboires personnels du gangster s'amplifiaient. Deux incidents survenus en même temps nuisirent grandement à ses opérations. Le trafiquant de drogues de Fresno Abraham Davidian, arrêté pour une affaire de stupéfiants, était devenu informateur. Joe et Fred Sica, les associés de longue date de Cohen, de même que 13 de ses acolytes, furent formellement accusés de trafic de stupéfiants. Davidian fut assassiné la veille du procès bien qu'il ait été sous la protection étroite de la police. La starlette blonde Barbara Payton, qui partageait la vedette avec James Cagney dans *Kiss Tomorrow Goodbye* (*Le Fauve en liberté*), fit la une des journaux quand elle produisit un alibi pour le suspect du meurtre de Davidian. L'affaire se dissipa, les Sica reprirent leurs activités et Mickey Cohen ne fut jamais impliqué. Mais ce réseau de drogues, qui rapportait plusieurs millions de dollars, fut décimé.

L'enquête en cours sur Guarantee Finance, un gigantesque syndicat de prêts et de paris clandestins qui avait poursuivi ses activités sur le territoire du comté jusqu'à sa fermeture par les forces de l'ordre au début de 1949, était particulièrement préoccupante. On trouva, dans des livres comptables « confidentiels », deux entrées mystérieuses et non imputées du comptable Harry Sackman pour un total de 232 970 $. Les autorités jugèrent que cette somme était destinée aux arrosages, aux pots-de-vin à verser aux autorités. La Guarantee avait beau bénéficier de l'imprimatur de Mickey, celui-ci n'avait pas été inculpé. Mais avec le temps, plusieurs personnes de son entourage furent formellement mises en accusation.

Lors d'une conférence des maires sur la criminalité tenue à Washington DC, le maire Fletcher Bowron nia que Mickey Cohen soit à la tête du milieu interlope de Los Angeles. Il n'était, dit-il, qu'un «vulgaire bon à rien, de la petite bière». Mickey concentrait plusieurs de ses activités dans la ville même de Los Angeles, mais le maire déclara que le mafieux notoire de Hollywood n'était pas sa responsabilité et qu'il n'œuvrait qu'à l'extérieur des limites de la ville, dans le comté de Los Angeles.

Mickey s'était attendu aux propos malveillants du maire Bowron. «Ça m'était égal que ceux que j'appuyais se retournent contre moi, car c'est ce qu'ils étaient censés faire. Quand on comprend quelque chose à la politique, on sait qu'agir autrement est impossible.»

Pendant que l'empire de Mickey semblait sur le point de s'écrouler, Los Angeles se remplissait de truands et de revendeurs originaires de la côte Est assoiffés de sang. Sidney Korshak, l'éminent avocat en droit du travail qui était étroitement lié à l'organisation d'Al Capone, vivait maintenant à Los Angeles. À en croire certaines allégations, l'influent avocat aurait vendu Cohen au FBI. Selon des informations fournies par une source indépendante à l'auteur de *Supermob,* Gus Russo : «Mickey était de plus en plus un véritable casse-couilles. Il organisait des parties de *craps* dans le seul but de voler les joueurs.» Le gangster Flippy Sherer se trouvait également à Los Angeles, où il protégeait les intérêts de la bande de Kid Cann de Minneapolis. Et il semblait aussi que Guy McAfee, l'ancien caïd de Los Angeles devenu l'un des citoyens les plus en vue de Las Vegas, projetait d'élargir ses opérations encore basées à Los Angeles.

*   *   *

On disait souvent qu'après une carrière très prospère et de spectaculaires victoires juridiques, l'avocat Sam Rummel tenait secrètement les rênes du pouvoir dans l'empire de Mickey Cohen. Maintenant qu'il frayait publiquement avec Jimmy Utley et d'autres membres de la pègre moins encombrants, Rummel boutait Mickey dehors. Des années plus tard, Cohen qualifia froidement Rummel d'«homme d'affaires impitoyable».

Moins d'un mois après la visite du sénateur Kefauver, Rummel, alors âgé de quarante-quatre ans, passa un dimanche après-midi au Country Club de Brentwood, non loin de chez Mickey. Ce soir-là, il eut un entretien secret avec le commissaire Al Guasti, le commissaire Carl Pearson et le shérif adjoint Lawrence Schaffer, soit les officiers du bureau du shérif inculpés dans l'affaire Guarantee Finance.

Le cadavre de Sam Rummel, criminaliste censé tenir secrètement les rênes du pouvoir dans l'empire de Mickey Cohen, gît sur les marches de son ostentatoire résidence de Laurel Canyon. Décembre 1950.

Rummel était assigné à comparaître devant le grand jury et devait témoigner dans une affaire de complot entre les shérifs du comté et Guarantee Finance. Compte tenu de la structure d'entreprise extrêmement complexe qui occultait les véritables rouages de Guarantee, l'existence de liens entre Mickey Cohen et l'organisation des paris clandestins n'avait pas encore été démontrée. Découvrirait-on de la bouche de Rummel que Mickey était la face cachée de Guarantee ?

Vers 1 h 30 dans la nuit du 11 décembre 1950, Sam Rummel gravit les marches menant à son ostentatoire demeure du 2600, Laurel Canyon Boulevard. Des coups de fusil déchirèrent le silence. Sammy tomba à la renverse dans l'escalier. Des plombs de calibre .12 avaient fait sauter la moitié de sa tête. Dans un geste calculé destiné à brouiller les pistes des véritables assassins, l'arme du crime, un vieux fusil de chasse à canon scié dont la traçabilité était assurée, avait nonchalamment été abandonnée sur les lieux.

Mickey et LaVonne, accompagnés de Sam Farkas, un garde du corps mesurant 1,90 mètre et pesant 113 kilos, rendirent visite à la veuve éplorée pour lui offrir leurs condoléances et leur réconfort. Norma Rummel se laissa aller librement à son chagrin en leur présence. Le *Los Angeles Times* prétendit que Mickey et Sammy étaient brouillés. Quoi qu'en ait dit la presse, Norma Rummel ne mit pas les Cohen à la porte.

La scène du crime était sous la juridiction du LAPD. Interpellé et interrogé à la résidence de Rummel, Mickey perdit complètement les pédales face au nouveau directeur du LAPD, Bill Parker. Quand le mafieux se mit à l'agonir d'insultes, le commissaire Jack Donahoe attrapa Mickey par la gorge, le souleva de terre et le balança dans les airs comme une marionnette.

Soutenant que la mort de l'avocat représentait une grande perte pour lui, Mickey avança que, par ce meurtre sordide, on s'efforçait encore de le détrôner. Mais le récit des malheurs de Cohen ne convainquit pas tout le monde. Sur ordre de Parker, Mickey et les membres de son organisation, soit Joe Sica et Roger K. Leonard (FBI n° 2379765) furent mis sur la sellette.

Des rumeurs circulèrent selon lesquelles les membres du bureau du shérif impliqués dans l'affaire Guarantee Finance étaient coupables et avaient tenté d'éviter la condamnation en sacrifiant Rummel. Mais la justice ne parvenant pas à identifier l'assassin ou à démontrer la participation de Cohen, le meurtre de Sam Rummel alla rejoindre les nombreux autres crimes non résolus et très médiatisés qui encombraient déjà les archives.

* * *

Comme cela avait été le cas pour Al Capone vingt ans auparavant, le pire ennemi de Mickey Cohen était l'Internal Revenue Service (IRS). Non seulement son conseiller financier, Harry Sackman, était mis en accusation dans l'affaire Guarantee Finance, il avait aussi des ennuis personnels avec l'IRS : « Mon comptable, dit Cohen, m'a tiré indemne de trois enquêtes précédentes de l'IRS et j'avais en lui une confiance aveugle. Mais quand un des personnages haut placés en rapport avec l'affaire Guarantee Finance m'a prévenu que Sackman serait contraint de me détruire pour sauver sa peau, je n'ai pas pu l'accepter. »

Le 6 avril 1951, Mickey réagit à une mise en accusation pour fraude fiscale en s'adressant à la presse en ces termes : « Je suis moins riche aujourd'hui que lorsque j'étais camelot. Je n'ai même pas dérobé cinq cents au gouvernement. Je ne sais pas quoi vous dire. C'est une très mauvaise nouvelle. » Puisque Mickey et LaVonne produisaient des déclarations communes, elle fut inculpée elle aussi.

L'IRS les accusa de ne pas avoir déclaré correctement leurs revenus et leur réclama plus de 300 000 $ [près de 2,7 millions aujourd'hui] pour les années 1946, 1947 et 1948, somme à laquelle il fallait ajouter les pénalités et les intérêts accrus.

Voici ce qu'on peut lire dans un mémorandum du FBI daté du 24 avril 1951 :

Mickey Cohen a prévenu quelqu'un du bureau de Phoenix qu'il souhaitait collaborer avec le FBI et qu'il serait tout à fait disposé à discuter avec le personnel de l'Agence.

Mais le FBI le connaissait depuis longtemps et demeurait sceptique quant à ses motifs réels.

Ces agents rapportent que Cohen a tu certains renseignements, qu'il a été vague, qu'il les a induits en erreur, qu'il a été hypocrite et mielleux. À Los Angeles, on dit qu'il se pourrait que Cohen prétende agir à titre d'informateur dans le seul but d'obtenir des renseignements du FBI, en soulignant qu'il a beaucoup de relations dans tous les milieux interlopes du pays. Los Angeles nous conseille vivement de ne pas faire de Mickey Cohen un informateur ou une source de renseignements.

Incapable de prouver que Niccoli et Ogul, deux des Sept Nains assassinés par les Dragna, étaient morts, Mickey devait encore verser leur caution de 75 000 $ [800 000 $ aujourd'hui]. En mai 1951, profondément inquiet devant les sommes qu'il devrait débourser pour assurer sa défense, Mickey Cohen vendit certains de ses actifs, dont le Continental Café, au 7823, Santa Monica Boulevard ; il vendit aussi les droits de publication et d'adaptation cinématographique du récit de sa vie ; enfin, il vendit aux enchères le contenu de sa maison et le stock de sa boutique, Michael's Exclusive Haberdashery.

Coiffé de son feutre de forain, Mickey s'adonna à un spectaculaire battage publicitaire. Des projecteurs balayèrent le ciel au-dessus de Sunset Strip tandis qu'une immense bannière portant la photo du gangster et la mention COHEN MUST QUIT (Cohen doit partir) en lettres majuscules était suspendue à la devanture.

Des annonces géantes furent publiées dans les journaux :
LA VENTE AUX ENCHÈRES LA PLUS INTÉRESSANTE DE L'ANNÉE
Nous vendons le mobilier du couple célèbre partout au pays,
monsieur et madame Mickey Cohen.
Chaque meuble a été fait sur mesure,
et sans aucune contrainte financière.

Le nom de Mickey attira plus de 10 000 curieux lors des journées d'exposition précédant la vente. La police dut ériger des barrages pour contrôler la foule massée aux alentours de Moreno Drive.

Vente de feu : Mickey Cohen, coiffé de son caractéristique chapeau,
vend tous ses biens visibles pour payer de faramineux arrérages d'impôts. 1951.

Les enchérisseurs potentiels et les curieux restèrent bouche bée devant les gadgets de luxe tels un tire-bouchon de 20 $ (180 $ aujourd'hui), la vaste collection d'armes à feu anciennes de Mickey, et un assortiment de portes blindées. Annonçant lui-même la vente aux enchères à la manière d'un bonimenteur de foire, Cohen posa pour *Newsweek* et pour les caméras de télévision armé d'un revolver à canon long et d'un pistolet d'époque.

«Si la situation était inversée, dit-il avec enthousiasme, j'essaierais moi-même de les acheter.» Il signa d'innombrables autographes et vanta la qualité de ses meubles. «Tout est fait avec des chevilles de bois. Il n'y a pas un seul clou là-dedans.»

Même le lit de Toughie, également fabriqué sur commande, fut inclus dans la vente. Chassé de sa luxueuse couche en acajou aux joints à queue-d'aronde, le bon vieux Toughie dormait dans une boîte en carton quand son lit miniature fut adjugé pour la modique somme de 35 $ (300 $ aujourd'hui). Le lit grandeur nature de Mickey, identique à celui de Toughie, de même qu'un grand chiffonnier double comportant des compartiments secrets, furent adjugés à 575 $ (5150 $ aujourd'hui), soit moins de la moitié du prix d'origine. Quelques appareils électroniques retinrent l'attention: un poste de radio de conception unique rapporta un prix intéressant et un acheteur acquit un immense appareil de télévision de 48 cm pour 1150 $ (10 200 $ aujourd'hui).

Souriez pour la caméra! LaVonne Cohen rend visite à son mari (en jean réglementaire) à la prison du comté de Los Angeles où il est détenu pendant son procès pour fraude fiscale. 1951.

La détresse de Mickey Cohen grandit à mesure que s'écoulaient les trois jours de la vente. Il n'arrivait pas à croire que les biens qui lui étaient si chers puissent être ainsi bradés pour une pitance. Mais l'encanteur Marvin Newman, spécialiste des enchères pour une clientèle d'élite, était aux anges : « La vente rapporte plus que celles de Jimmy Roosevelt, de Marlene Dietrich et même de Rita Hayworth. Mickey les surpasse par plusieurs milliers de dollars. »

* * *

Le juge fédéral Benjamin Harrison présidait le procès pour fraude fiscale qui débuta le 3 juin 1951. La salle d'audience était comble, comme d'habitude. La presse écrite, les photographes, les équipes de film et de télévision couvraient la procédure. La poursuite du gouvernement fut cependant handicapée par le décès inopportun, quelques jours avant le début du procès, de son principal témoin, le comptable de Mickey, Harry Sackman. Après une enquête exhaustive, le coroner vint à la conclusion que Sackman, âgé de soixante et un ans, était mort de mort naturelle, des suites d'un infarctus.

Mickey était optimiste. « C'est agréable d'entrer dans une salle d'audience quand on a la conscience en paix. Tout va bien aller. Montrez-

Mickey Cohen et son épouse LaVonne se croisent sans se regarder après que celle-ci a été accusée à son tour de fraude fiscale. 1951.

moi un revenu de 50 cents sur lequel je n'aurais pas payé d'impôts et je plaiderai coupable.»

Au sujet de la mise en accusation conjointe de LaVonne, Mickey affirma galamment: «Elle en sait autant qu'un bébé qui vient de naître.» Le gouvernement fut d'accord, et la poursuite intentée contre madame Cohen fut abandonnée au milieu du procès.

Toute une galerie d'affreux méchants défila aux audiences. Jimmy Rist, de la bande à Mickey, fut cité par la poursuite, de même qu'Allen Smiley, le proche associé de Cohen dans ses jeunes années. Johnny Stompanato et son ex-épouse, la blonde actrice Helen Gilbert, furent également appelés à témoigner contre Mickey Cohen.

Un maître d'hôtel dit avoir reçu de l'accusé un pourboire de 600 $ (plus de 5000 $ aujourd'hui). Le dentiste de Cohen fut interrogé. Un cordonnier italien dit avoir reçu chaque semaine une commande pour deux ou trois paires de chaussures à première surélevée fabriquées sur mesure, chaque paire coûtant au bas mot 65 $ (530 $ aujourd'hui). Un agent retraité de l'IRS, Donald Bircher, nia être mêlé de près ou de loin à la comptabilité de Mickey Cohen.

Les extravagances de la maison de Brentwood étaient excessives, même pour Hollywood. La décoratrice d'intérieur préférée des vedettes de l'écran, Helen Franklin, dit avoir fait «une fichue bonne prise» en héritant de la clientèle du gangster gaspilleur. Un marchand de fourrure qui servait essentiellement la colonie artistique dit avoir livré à madame Cohen un manteau de vison de 3000 $ (25 500 $ aujourd'hui) et une cape en martre de 2400 $ (près de 20 000 $ aujourd'hui). La poursuite interrogea Harold W. Brown, l'ancien président de la Hollywood State Bank, au sujet du prêt faramineux qu'il avait personnellement consenti au mafieux. L'ennemi de Cohen, l'inspecteur Rudy Wellpott, avoua avoir transmis des renseignements sur les habitudes de consommation de Cohen à l'agent de l'IRS, Dan Goodyknoontz.

Il y eut quelques feux d'artifice. Durant une pause, un fameux joueur de New York qui était témoin à charge bavardait avec Goodyknoontz hors de la salle d'audience. Quand Mickey Cohen les aperçut, il explosa. Un huissier de justice dut le retenir quand il se jeta sur le fonctionnaire fédéral en hurlant: «Espèce de chien sale! Traître! Comment oses-tu intimider un témoin?»

Au bout de 12 jours, les audiences remplies de rebondissements prirent fin. Le jury mit quatre heures à rendre son verdict: coupable des quatre chefs d'accusation: fraude fiscale de 1946 à 1948, et fausse déclaration à l'IRS. Écarlate, Mickey se balançait d'avant en arrière sur son siège. C'était la première fois qu'on le déclarait coupable d'un acte délictueux grave. « Je n'en veux à personne, dit-il aux médias ; je ne suis qu'un homme d'affaires qui tente de gagner sa vie. »

Le 9 juillet 1951, en chemise sport décontractée à col ouvert et blouson bleu, Mickey écouta le juge Harrison rendre sa sentence. Le juriste fut inhabituellement sympathique à Mickey Cohen, qui était selon lui un « enfant difficile qui n'a pas eu de chance ».

Vous n'êtes pas aussi méchant qu'on se plaît à le faire croire. Nous serions sans doute plus nombreux à jouer à l'argent si nous avions eu votre chance. Monsieur Cohen me semble être un homme tout à fait charmant. C'est en tout cas un bon vendeur, du moins quand il s'agit de se vendre lui-même.

Los Angeles doit assumer une part de responsabilité dans ce qui lui est arrivé. Il est un pur produit du creuset des civilisations de cette ville. Il a pu être commissaire aux paris grâce à l'acquiescement tacite de quelques officiers des forces de l'ordre. Ses parents étaient des immigrants. Il n'a pas beaucoup d'instruction. Monsieur Cohen a été forgé par le milieu où il a grandi.

Un jeune et courageux chasseur d'autographes va au-devant du célèbre « Pigeon d'argile » de Sunset Strip. 1951.

Comparant son cas à celui d'Al Capone, le procureur en chef demanda la peine maximale.

Cohen « oscilla sur ses talons comme un boxeur qui reçoit un coup » quand le juge Harrison lui infligea une lourde peine de cinq ans de détention, en plus d'une amende de 10 000 $ pour chaque chef d'accusation et des frais judiciaires de 100 000 $ (environ 830 000 $ aujourd'hui).

Quand on l'emmena, menottes aux poignets, Mickey parvint à esquisser un léger sourire.

La maison de Brentwood fut vendue. Mickey prêta le serment de l'indigent afin d'éviter de devoir payer les amendes substantielles imposées par le tribunal. L'agence Glasser Brothers Bonds le poursuivit pour avoir omis de verser les cautions des accusés décédés, Niccoli et Ogul.

Le LAPD, le bureau du shérif du comté de Los Angeles, le FBI, la commission Kefauver et les ennemis mafieux de Mickey Cohen avaient tous échoué à l'écraser. Mais comme cela avait été le cas pour Capone, c'est l'action des cols blancs de l'IRS, l'agence fédérale responsable de la gestion et des obligations fiscales, qui semblait avoir achevé le règne du gangster de trente-sept ans.

CHAPITRE 16

Judas et Iago

« Si Mickey avait su fermer sa grande gueule et ne pas attirer l'attention de la presse, il ne serait pas dans ce foutoir. »
« HAPPY » HAROLD MELTZER, nouveau membre privilégié de la bande de MICKEY COHEN

S i Mickey Cohen avait pu se hisser au sommet grâce à Bugsy Siegel, sa déchéance était selon lui due aux efforts conjugués d'Harold Meltzer et de Jimmy Frattiano.

« Happy » Harold Meltzer, également connu sous le nom de Herbie Fried (FBI n° 113017), avait un passé louche et des liens étroits avec le monde interlope. Il était venu à Los Angeles à la demande du lieutenant de Cohen, Neddie Herbert, son ami d'enfance. Né en 1905, Meltzer avait fait de la prison pour un délit lié aux drogues. On disait en outre qu'il volait des bijoux, qu'il prenait des contrats d'assassinat et qu'il se livrait au trafic de stupéfiants à Cuba, au Mexique, au Canada, à Hawaii, à Hong Kong, en Italie et au Japon. Cohen affirma plus tard avoir appris de plusieurs sources que Meltzer n'était pas seulement « un faux jeton, mais un mouchard avéré ». Benny Siegel avait mis Mickey Cohen en garde à son sujet.

Benjamin Siegel aurait fumé de l'opium pour la première fois quand il n'était qu'un gamin et il avait longtemps été mêlé au trafic de stupéfiants. Ainsi que l'écrit Douglas Valentine dans son ouvrage intitulé *The Strength of the Wolf* : « Le complot de Siegel en vue de faire du trafic de stupéfiants avait été ourdi en 1939 quand, à la demande de Meyer Lansky, Virginia Hill, la maîtresse de Siegel, s'était installée au Mexique et y avait séduit des membres importants de la classe politique, des officiers de l'armée, des diplomates et des hauts gradés des forces de l'ordre.» Plus tard, Siegel et Hill s'étaient judicieusement associés au Dr Margaret Chung, le médecin traitant des réputés Flying Tigers, l'escadrille de pilotes volontaires américains recrutés par le général Claire Chennault dans le but d'assurer l'approvisionnement des Chinois nationalistes à Kunming, une ville où l'opium était roi. Aux dires des autorités, le Dr Chung jouait un rôle de premier plan «dans le trafic de stupéfiants à San Francisco».

En 1944, Meyer Lansky forma un cartel qui finançait une organisation mexicaine de trafic de stupéfiants gérée par Meltzer. Valentine écrivit que Meltzer, «dont on disait qu'il était "l'homme qui craignait le plus la mainmise de Bugsy sur le Mexique", installa la base de ses opérations à Laredo, juste au-delà de la frontière qui le séparait de la boîte de nuit de Virginia Hill, d'où il transférait la came à l'organisation des Dragna en Californie».

Le système d'Harold Meltzer prospéra grâce aux liens de ce dernier avec Salvatore Duhart, le consul du Mexique à Washington, grâce aussi au financement et à la distribution que lui assurait le Syndicat, et parce que ses produits étaient en très forte demande. Puis, tout s'écroula. «Happy» Harold se mit à fumer de l'opium et à fréquenter une prostituée de race noire. Dans le but de se passer de la collaboration coûteuse de Duhart, il confia au racketteur de Los Angeles Max Cossman la direction de la branche mexicaine de son entreprise. Les *gringos* se firent bientôt prendre. Quand les distributeurs américains constatèrent que les contenants ne renfermaient que des pièces de monnaie, des clous et des balles au lieu de la poudre brune attendue, ils refusèrent de payer.

Ainsi que l'écrit Alfred W. McCoy dans son livre intitulé *The Politics of Heroin* (*La Politique de l'héroïne*): «Même la demande présentée à "Trigger Mike" Coppola d'exiger le paiement resta lettre morte, et les fournisseurs mexicains kidnappèrent Cossman quand Meltzer faillit à leur expédier l'argent promis. [...] Lors d'un séjour à New York au début de 1947, Meltzer bénéficia d'un répit temporaire [...] quand un trafiquant ayant travaillé pour Waxey Gordon dans le passé le présenta à Charlie Yanowski, un patron de la pègre du port, au New Jersey, qui intercéda auprès des créanciers juifs.»

À l'été de 1948, tout de suite après le meurtre de Yanowski, Meltzer débarqua à Los Angeles et se joignit à l'équipe de Mickey Cohen. Il gagna vite la faveur de son patron et parvint au sommet de la hiérarchie, où il fut mis au fait d'innombrables terribles secrets, reçut de nombreux présents et jouit de privilèges très spéciaux. Quand, en janvier 1949, les officiers Wellpott et Jackson du LAPD arrêtèrent Meltzer pour un délit lié aux armes, Cohen jura que c'était une «machination».

Cohen témoigna en sa faveur au procès et prit encore une fois sa défense plus tard dans l'année quand Meltzer fut arrêté et soupçonné d'avoir tué Charlie Yanowski à coups de pic à glace.

En mars 1949, Meltzer fut formellement accusé d'avoir directement participé, en tant qu'un des infâmes Sept Nains, au burlesque passage à tabac de l'électronicien Alfred M. Pearson. Capté par un dispositif d'écoute planqué chez une belle bambocheuse, Meltzer traite Cohen de «petit con» et ajoute: «Si Mickey avait su fermer sa grande gueule et ne pas attirer l'attention de la presse, il ne serait pas dans ce foutoir.»

Lorsque Siegel vivait encore, Jack Dragna et Mickey Cohen étaient ses lieutenants sur un pied d'égalité. Jamais ils n'avaient eu de «différends» et «au fil des ans notre amitié a progressé, Dragna est allé de l'avant, mais en étant moins actif, et quand Siegel voulait que quelque chose soit fait, c'est à moi qu'il le demandait. J'ai même été invité d'honneur au mariage de sa fille!»

Après le meurtre de Siegel, Mickey ne manifesta plus aucun respect pour les Dragna.

Lorsque Meltzer apprit que la famille Lucchese de New York avait mis sa tête à prix et qu'un parent de Lucchese, Jack Dragna, avait hérité de ce contrat, il ourdit un complot à plusieurs facettes. Il comptait sauver sa peau, se débarrasser de Cohen et, de mèche avec les Dragna, s'approprier son empire. Tout comme Frattiano, Meltzer continua de participer activement aux opérations de Cohen tout en collaborant avec les Dragna. Le traître renseignait les Dragna sur les activités de Cohen et ne manquait pas de les tenir au courant des rouages de son organisation et de ses allées et venues. Meltzer planifia à deux reprises le meurtre de Cohen et fit tuer deux de ses hommes.

Mickey révéla plus tard que «la discorde et la guerre des gangs qui en a découlé étaient dues à une pomme pourrie parmi nous. C'était un type bien placé pour jouer sur les deux tableaux, capable de manipuler les autres et de leur faire croire ce qu'il voulait.»

Cohen reconnaîtra plus tard qu'il était «si entiché» de «Happy» Harold Meltzer qu'il fit l'impensable. Il manqua de respect à ses patrons de la côte Est en refusant de leur livrer Meltzer, qu'ils désiraient exécuter. Les conséquences de cette insubordination furent terribles. «Mon refus, se souvient Cohen, a créé des dissensions entre moi et l'autre faction et a nui aux bons sentiments qui avaient existé jusque-là entre nous.»

Lorsque Mickey constata qu'il avait appuyé deux traîtres parmi les siens, il entra dans une rage folle. Tel était pris qui croyait prendre.

Le Iago de l'histoire de Mickey Cohen :
Jimmy «The Weasel» Frattiano. 1951.

* * *

En 1950, Price Spivey, un enquêteur spécial du Federal Bureau of Narcotics (Bureau fédéral des stupéfiants), s'intéressa plus particulièrement au réseau mexicain de trafic de drogues d'Harold Meltzer. Alors que son enquête tirait à sa fin, Spivey fut grièvement blessé dans une «sortie de route» suspecte aux environs d'Atlantic City. Il s'en remit et boucla son enquête en mars 1951. Harold Meltzer fut inculpé pour son rôle de premier plan dans un réseau international de trafic de stupéfiants qui importait de l'héroïne du Mexique et de l'opium de Turquie et de Grèce.

Le 15 juin 1951, dans une salle d'audience de New York, moins d'une semaine après la condamnation de Mickey Cohen pour fraude fiscale, Meltzer plaida coupable à deux chefs d'accusation de trafic de drogues. Il fut condamné à une peine de cinq ans dans un pénitencier fédéral. Parmi les comploteurs non accusés figuraient Meyer Lansky et Mickey Cohen.

* * *

Le Iago de ce scénario, Jimmy Frattiano, avait deux fois indiqué Cohen à ses tueurs potentiels en 1948, livré Frank Niccoli et facilité le meurtre de ce dernier, et il s'était dangereusement approché de l'associé de Cohen, Joe Sica, quand son assassinat avait été à l'ordre du jour.

Les forces de l'ordre avaient réussi à neutraliser Cohen et Meltzer, mais le cruel et ambitieux Frattiano était toujours libre et continuait à faire valoir ses talents de criminel. Mickey était incarcéré en attendant de faire appel pour contester sa condamnation pour fraude fiscale quand Frattiano assassina les deux Tony, Trombino et Brancato, après que ces derniers eurent effrontément volé les paris de l'hôtel Flamingo. Parce qu'ils refusaient de respecter les règles du jeu, les deux Tony furent accusés de rébellion par la pègre, et le Syndicat ordonna leur exécution. C'est Cohen qui avait fait venir ces deux célèbres petits voyous de Kansas City à Los Angeles. Ils avaient été les principaux suspects dans le meurtre de Bugsy Siegel, dans la fusillade devant le Sherry's et dans l'exécution de Rummel; la rumeur voulait que Trombino et Brancato, ruinés et désespérés, se soient préparés à dénoncer le meurtrier de Bugsy Siegel.

Les médias firent leurs choux gras du meurtre des deux truands qui eut lieu dans Ogden Drive, une rue résidentielle branchée voisine de Sunset Strip. Le directeur du LAPD, William H. Parker, pressentit que Frattiano était coupable du meurtre des deux Tony, mais il fut incapable d'établir le bien-fondé de ses soupçons.

ACTE III

LES LONGS ADIEUX

CHAPITRE 17

Le vent tourne

« Je n'ai rien. J'en suis presque réduite à mendier. »
LaVonne Cohen

Tandis que les combats faisaient rage en Corée et que la guerre froide avec l'Union soviétique persistait, la télédiffusion des audiences de la commission Kefauver faisait sensation et commandait les cotes d'écoute les plus élevées de la jeune histoire de ce nouveau médium. L'industrie du film était toujours en chute libre. Afin d'éviter les coûts prohibitifs de la main-d'œuvre syndiquée de Hollywood, de nombreuses productions étaient réalisées en Europe. Pour finir, une fusillade spectaculaire impliquant des initiés du monde du cinéma chassa les gangsters de la une des quotidiens.

En fin d'après-midi le 13 décembre 1951, dans un stationnement de Beverly Hills, le producteur Walter Wanger, cinquante-sept ans, tira sur l'impresario de MCA (Music Corporation of America) Jennings Lang. La balle de calibre .38 se logea dans l'aine. Wanger, un des adjoints honoraires du shérif Biscailuz, disposait d'un permis de port d'armes quand il tira sur l'impresario. Il fut arrêté sur la scène du crime, en face de l'hôtel de ville de Beverly Hills.

L'affable producteur semblait avoir perdu la tête quand il avait découvert que sa femme et le jovial agent artistique de trente-six ans, généreusement doté par la nature et doué pour la chose, avaient une aventure. Lang et madame Wanger, mieux connue sous le nom de Joan Bennett, la belle actrice aux cheveux noirs au cœur de ce triangle, se retrouvaient souvent dans des lieux exotiques pour satisfaire leurs appétits sexuels et, plus régulièrement, à l'appartement de Beverly Hills d'un jeune collègue de Jennings Lang.

Les magnats de Hollywood appuyèrent Wanger quand il fut inculpé d'assaut avec arme létale, un délit passible d'une peine de 14 ans d'emprisonnement. Un appel au secours fut lancé: «Il nous faut Giesler.» L'éminent avocat Jerry Giesler invoqua une exception d'irresponsabilité mentale passagère, et son client purgea une peine de quatre mois au centre de détention Honor Rancho du comté. Lang guérit de sa blessure, un testicule en moins.

* * *

Pendant que le producteur était à l'ombre à Honor Rancho, Mickey Cohen portait encore et encore sa cause en appel. Tous ses recours furent rejetés. Il proposa un règlement de 200 000 $ [près de 1,7 million aujourd'hui] que l'IRS refusa. Le départ de Mickey pour le pénitencier fédéral de McNeil Island en 1952 fut précédé de réceptions et de dîners. La veille de son incarcération, l'humoriste Redd Foxx lui prépara du gombo.

Au pénitencier à sécurité moyenne de Puget Sound, où il était détenu, Cohen s'adapta à la vie carcérale comme tous les malfaiteurs, mais mieux. Il avait du pouvoir, il était plus futé et il était plus vigilant.

Il affirme avoir immédiatement instauré un processus de paie du personnel, obtenu une cellule individuelle de même qu'un emploi de tout repos à l'intendance. Il mangeait tout ce qu'il voulait et prenait ses repas seul à la salle à manger des autorités carcérales. Il avait tous les mouchoirs en papier dont il avait besoin et les congélateurs étaient pleins de sa crème glacée préférée. Sa gouvernante lui expédiait des «colis réconfort» débordant de gâteries maison. L'horaire fut aménagé pour répondre à son besoin compulsif de prendre plusieurs douches par jour. «Sans cela, dit Cohen, je serais probablement devenu fou. À McNeil, on avait normalement droit à deux douches par semaine.»

Puisqu'il travaillait à l'intendance, ses vêtements étaient convenablement coupés et impeccablement repassés. Le service de l'intendance lui procurait les serviettes, les savonnettes et les autres articles que nécessitaient ses comportements obsessifs. Un coffre spécial fut construit pour accueillir ses effets personnels. Le meuble immense, fabriqué à l'atelier de menuiserie de la prison, lui fut livré en pièces détachées puis assemblé sous sa couchette. Il avait tout ce qu'il lui fallait, sauf son chien Toughie.

Dans son rôle d'«employé» du gouvernement fédéral, il était affecté au déchargement des surplus militaires et des provisions provenant des *Liberty Ships* (cargos de ravitaillement des forces alliées) qu'on

La crème de la crème. De gauche à droite: le directeur du LAPD William H. Parker, un homme non identifié, le shérif du comté de Los Angeles Eugene Biscailuz, et le commissaire de la police de Beverly Hills Clifton Anderson. Autour de 1950.

envoyait en cale sèche. Mickey s'émerveillait encore en se souvenant du butin glorieux que recelaient ces immenses conteneurs. Ce qu'il ne gardait pas pour lui alimentait un commerce florissant. Il y trouva même de la morphine que, dit-il, il remit au FBI.

Un rapport de McNeil Island sur l'évolution de son cas signale que « Cohen ressent le besoin d'attirer l'attention sur lui et réagit avec hostilité à la moindre réprimande. »

« Je n'ai rien. J'en suis presque réduite à mendier », confia LaVonne à un journaliste. La protection et l'argent que Mickey lui consentait naguère avaient disparu. Seule pour la première fois depuis plus de 10 ans, elle fut forcée de s'adapter. Elle avait tout perdu : sa maison, son argent, sa voiture, ses fourrures et ses bijoux, notamment une bague d'un diamant si énorme et si parfait que la comtesse di Frasso s'en serait enorgueillie. Ne lui restaient que les chiens. Pendant que Mickey était détenu à McNeil Island, elle emménagea dans un petit appartement de l'ouest de Los Angeles et, sous un nom d'emprunt, elle trouva un emploi à l'administration d'un magasin de Beverly Hills.

* * *

Pendant ce temps, sur la scène nationale, même les personnages les plus en vue du milieu interlope subirent les effets des foudres juridiques suscitées par la commission Kefauver. Le gouvernement fédéral adopta une loi interdisant, entre autres, la communication par câble télégraphique des transactions interétatiques dans le commerce des paris, si bien que les intouchables perdirent leur invulnérabilité. Les plus puissants se firent taper sur les doigts, tandis que d'autres, tel Mickey Cohen, durent payer plus cher. Le suave et orgueilleux Frank Costello fut accusé d'outrage pour avoir déserté l'audience de la commission Kefauver lors de son humiliante interrogation télévisée. Jugé coupable, il passa 14 mois en prison. Par la suite, Costello fut condamné pour fraude fiscale. L'IRS enquêta sur Virginia Hill, sur un haut gradé de la mafia, Longie Zwillman, et condamna le lobbyiste Arthur Samish et plusieurs autres personnes. Le plus malin de tous, Meyer Lansky, plaida coupable à 5 de 21 chefs d'accusation de jeu clandestin. Il fut condamné à trois mois de détention suivis de trois ans de probation, ainsi qu'à une amende de 2500 $ (environ 20 400 $ aujourd'hui). Ce fut sa première et sa dernière condamnation.

Sur la scène locale, le shérif Eugene Biscailuz en était à sa vingtième année à la tête des forces de l'ordre du comté de Los Angeles. William Parker, le directeur du LAPD, devait quant à lui mériter ses galons. Avec le commissaire James Hamilton, maintenant chef du Gangster Squad, il avait pour mandat de débarrasser la ville du crime organisé. Ainsi que l'écrivit Jack Webb, vedette du petit écran pour son rôle de Joe Friday dans la série télévisée *Dragnet* (*Badge 714*, également diffusée sous le titre *Coup de filet*) et auteur d'un best-seller sur le LAPD, *The Badge* : « Ils veillèrent à ce que les autres municipalités sachent que ça chauffait à Los Angeles "pour les truands venus d'ailleurs". Et ils s'acharnèrent sur les individus plutôt que de s'intéresser à leurs crimes, ce qui exaspéra la pègre au plus haut point. Le mot d'ordre circula enfin : "Los Angeles, c'est fini." »

Mais ce n'était que de la frime. La pègre de Chicago était bien enracinée dans les syndicats ouvriers et les grandes entreprises par l'entremise de son énigmatique enfant chéri, l'avocat Sidney Korshak, et sa multitude de couvertures de Beverly Hills. Des grands parrains de la mafia tels Sam Giancana de Chicago, Joe Bonanno de New York, le lieutenant de Meyer Lansky, Doc Stacher, et le roi de la boxe, Frankie Carbo séjournaient tous à Los Angeles. La présence de Cleveland y était indéniable. Les anges de Mickey, c'est-à-dire la famille Milano de Cleveland, géraient discrètement un territoire s'étendant sur plusieurs États de l'ouest du pays, sur la Californie et même jusqu'au Mexique, ce qui démontrait hors de tout doute que la famille Dragna avait perdu la partie en ce qui avait trait au contrôle de Los Angeles. Introduits en ville par de vieux associés de Cleveland (Dalitz, Kleinman, Rothkopf,

Tucker, entre autres), ils avaient, disait-on, investi secrètement dans plusieurs entreprises en plein développement, notamment la nouvelle maison de jeu de Las Vegas, le Desert Inn.

Mickey orchestrait ses opérations dans le sud de la Californie depuis sa cellule. « Les quelques grandes opérations de jeu qui restent sont entre les mains de la bande à Sicca *[sic]*. De nombreux joueurs utilisaient le central Webster 11531 («Your Exchange Service» – Votre service central) », affirmèrent les journalistes Jack Lait et Lee Mortimer en 1952.

Cecilia Potts est la tenancière de bordel officielle des studios. C'est elle qu'on contacte lorsqu'on veut des filles pour les VIP. Il y a aussi Billie Bennett, qui dirige une excellente écurie de filles de joie. Il y a ici des stupéfiants en abondance. La brigade anti-drogue a en mains les noms d'une foule de toxicomanes auxquels elle ne peut pas toucher parce qu'ils appartiennent aux studios de cinéma et que ceux-ci sont trop puissants pour qu'on les af-fronte. La très vaste collectivité noire sert de base à un trafic considérable, et les Mexicains constituent un important noyau de toxicomanes et de revendeurs.

À la fin de 1952, Joe et Fred Sica furent arrêtés dans un tripot situé dans une station-service du centre-ville, au 1669, North Main. Ils éco-pèrent chacun une peine d'un an à la prison du comté pour prise de paris clandestins. À peu près en même temps, Sam Farkas, le garde du corps de Mickey, fut arrêté pour vol qualifié, mais il avait un alibi inattaquable. L'empire légitime de Curly Robinson s'écroula quand des lois interdisant les machines à sous et les billards électriques furent promulguées.

Les Dragna étaient toujours là, mais ce n'était pas le pactole et les ennuis ne les épargnaient pas. Le LAPD installa des pastilles enregis-treuses au-dessus du lit de Jack Dragna. Condamné pour atteinte aux bonnes mœurs après s'être livré à des actes dits «abjects» avec sa petite amie, il fut détenu un mois à la prison du comté. Ensuite, le FBI le neutralisa: en liberté sous caution, il dut se défendre de certaines irré-gularités en matière d'immigration qui remontaient à 20 ans plus tôt. Après la clôture de la commission Kefauver, le stratège de la famille Dragna, Johnny Rosselli, acquit les droits d'adaptation cinématogra-phique d'une histoire religieuse, At The End of the Santa Fe Trial.

William Parker ne pouvait pas se vanter d'avoir nettoyé Los Angeles tant qu'il n'en aurait pas chassé tous les chacals. Jack «Joe Friday» Webb note à ce sujet: «Avant que n'arrive cet heureux jour, l'unité de renseignement, avec d'autres départements du LAPD, allait devoir procéder à deux résections majeures.» Les ennemis mortels de Mickey, le cruel renégat Jimmy Frattiano et Utley, étaient encore en liberté.

N'étant pas parvenu à inculper Frattiano du meurtre des deux Tony, le LAPD l'avait placé sous étroite surveillance. Ainsi que le fait remarquer Ovid Demaris dans son livre intitulé *The Last Mafioso*: «Cet épisode [le meurtre des deux Tony] et son incroyable couverture

Dans l'antichambre de la prison: Jimmy Utley (à droite), surnommé «The Little Giant», enfin mis hors combat. L'ennemi numéro un de Cohen a été arrêté à son avortoir de Long Beach. Août 1955.

médiatique avaient consacré la notoriété de Jimmy. Il était maintenant craint et respecté dans son milieu, ainsi qu'il l'avait souhaité toute sa vie. Son existence était même connue de la population en général.» Jack Dragna recruta six nouveaux hommes et promut Frattiano au poste de capitaine.

Le commissaire Hamilton du LAPD se jura de renvoyer Frattiano en prison et fit tout ce qu'il put pour tenir sa promesse. Au début de 1954, Frattiano fut condamné pour extorsion après avoir proféré des menaces à l'endroit d'un promoteur pétrolier. Sa deuxième condamnation pour acte délictueux grave lui valut de purger une peine allongée de 5 à 15 ans à la prison d'État de San Quentin.

Jimmy Utley fut plus difficile à appréhender. L'unité du renseignement du LAPD, qui qualifiait Utley de « puissant et dangereux », organisa un coup de filet extrêmement complexe. Un mercenaire français fut recruté dans le but de prendre Jimmy au piège dans une transaction de stupéfiants. Le Français mit plusieurs mois à gagner la confiance de sa victime. Utley eut d'innombrables entretiens et rencontres avec le brillant imposteur. Toutes leurs conversations furent captées sur écoute, mais le bandit, prudent, jamais ne se compromit ou ne mit Jack Dragna en cause.

Le commissaire Hamilton ne capitula pas et continua d'épier Utley.

Sous étroite surveillance, Jack Dragna passait de plus en plus de temps à San Diego. Le membre le plus influent de la famille Dragna, Johnny Rosselli, se lassait de Los Angeles. La dynamique Las Vegas lui paraissant plus calme et plus attirante, il joignit les rangs de la famille de Chicago et prit en mains les intérêts de cette dernière dans La Mecque du jeu. L'excentrique Tony Cornero, soixante ans, mourut lors d'une partie de *craps* au Desert Inn en juillet 1955. Harold Meltzer et Jimmy Frattiano étaient toujours derrière les barreaux.

En août 1955, l'insaisissable Jimmy Utley fut finalement mis hors combat. Les forces de l'ordre procédèrent à son arrestation lors d'un raid sur une boutique de Long Beach qui était, en fait, un de ses avortoirs. Utley y assumait les rôles de réceptionniste, de caissier, d'infirmier et d'anesthésiste. Ces cliniques illégales avaient un chiffre d'affaires annuel de 500 000 $ [4 millions aujourd'hui]. Utley et l'avorteur Leonard Arons, renonçant à leur droit à un procès devant jury, écopèrent d'une peine de 10 ans pour complot et chirurgie illégale.

Le mois suivant, un incident servit en quelque sorte de prélude à l'imminente sortie de prison de Mickey Cohen quand un joueur notoire, naguère associé d'Utley dans son ancien casino clandestin de Venice, échappa de justesse à une fusillade à son luxueux domicile de Pacific Palisades.

* * *

Au moment où Rome devenait le refuge des compagnies cinématographiques, un personnage inattendu de cette Hollywood-sur-Tibre aspirait au succès. De son exil permanent en Italie, l'amer Lucky Luciano rêvait de New York et de sandwichs au pastrami. Quand il ne s'occupait pas de ses entreprises criminelles, le plus célèbre mafieux du monde signait des autographes. Il « écrivait » aussi un scénario : l'histoire d'un roi de la pègre que piège un célèbre procureur. À la suite d'une condamnation injuste, le parrain innocent est déporté en Italie où sa philanthropie et ses bonnes actions ne passent pas inaperçues. Ayant mérité l'admiration de la nation, il peut enfin rentrer chez lui dans cette patrie qui l'a persécuté, et l'anti-héros rapatrié peut enfin reprendre ses lucratives activités criminelles dans le pays de ses amours.

Charlie Lucky chercha à négocier une offre globale : son scénario, le financement du film et, dans le rôle principal, sa maîtresse. Il proposa son projet au célèbre producteur italien de *Sciuscià*, Paolo Tamburella. Le récipiendaire d'un Oscar déclina son offre.

* * *

Le 9 octobre 1955, après 3 ans, 8 mois et 16 jours de détention, Mickey Cohen quitta le pénitencier fédéral de McNeil Island. Mis en liberté sous condition et bénéficiant d'une importante remise de peine pour bon comportement, il devrait rester sous probation jusqu'au mois d'août suivant.

Mickey Cohen nourrissait de grands projets d'avenir. Tout comme Lucky Luciano et Johnny Rosselli, il rêvait de Hollywood.

CHAPITRE 18

Le meilleur des mondes

«Croyez-moi, ce que vous appelez le milieu interlope prend de l'ampleur. » MICKEY COHEN

Les ennuyeux ciels bleus de cette terre de perpétuel été et de plaisirs charnels nourrissaient encore bien des rêves. Mais Los Angeles n'était plus la même. Elle était plus peuplée et plus audacieuse que jamais, ses autoroutes sillonnaient la banlieue, la vieille garde hollywoodienne avait perdu de son lustre et les représentants d'une nouvelle génération attendaient en coulisse. Parmi ceux-ci figurait un jeune chanteur jugé dangereux, aux provocants mouvements de bassin et aux cheveux coiffés en crête de coq, Elvis Presley.

À quarante-deux ans, Mickey Cohen était le dernier vestige d'une époque où les gangsters parlaient la bouche en coin en exhibant avec fierté leurs ongles parfaitement manucurés. Il avait captivé, corrompu et terrorisé la Californie du Sud. Il avait échappé à la mort par balle, à des attentats à la bombe, aux autorités locales, fédérales et de l'État, il avait apparemment été acculé à la faillite et il avait fait de la prison.

Maintenant de retour dans la Cité des anges, lui non plus n'était plus le même.

Pendant sa détention, Cohen avait eu amplement le temps de réfléchir. Le Mickey Cohen du jour de sa remise en liberté était devenu différent. Pour la première fois, il esquiva les journalistes venus attendre sous la pluie battante la vedette devant le transporter de McNeil Island à la côte continentale. Howard Hertel, du *Los Angeles Examiner* de Hearst, détenait l'exclusivité.

La Cadillac où Mickey voyageait, en compagnie de son frère Harry et du journaliste, fit un premier arrêt à Portland où eurent lieu des discussions au sujet de machines à sous et de loteries. Les autorités locales le mirent presque aussitôt à bord d'un avion pour Los Angeles. Durant le vol, il bavarda avec Hertel qui le trouvait sympathique et, surtout, digne d'être cité. À son arrivée à l'aéroport, LaVonne l'accueillit en compagnie des chiens.

Quelques jours plus tard, il convoqua une conférence de presse à laquelle assistèrent 32 photographes, 22 journalistes, et des équipes de télévision. Aminci et heureux d'être à nouveau le centre de l'attention, Mickey annonça avec majesté : « En ce qui me concerne, les rackets, c'est fini. »

Mais il y avait encore d'excellentes occasions à saisir pour de vieux pros tels que lui. Ainsi qu'il le dit à Ben Hecht : « Croyez-moi, ce que vous appelez le milieu interlope prend de l'ampleur. »

Le jour de sa remise en liberté, le *Los Angeles Herald* publia un article où il était dit que LaVonne avait récemment fait plusieurs voyages à Las Vegas. Avançant que Mickey tenterait sans doute de se refaire une santé dans la ville champignon du désert, le journaliste soutenait que des joueurs de Las Vegas avaient mis sa tête à prix pour la somme de 45 000 $ (360 000 $ aujourd'hui). Le 12 octobre 1955, le *Las Vegas Sun* déclara officiellement que Mickey Cohen n'était pas le bienvenu dans la capitale du jeu.

Mickey Cohen s'était fait de nombreux amis et d'innombrables ennemis au cours de sa longue carrière. Brouillé avec plusieurs de ses protecteurs, il devait maintenant refaire ses preuves.

« Il était très malheureux, dit plus tard LaVonne. Il est resté enfermé dans l'appartement pendant deux mois, sans voir personne. Il avait l'impression d'être abandonné de tous.

« Il disait que j'avais changé, et il avait raison. Je n'étais plus la même. Quand nous vivions ensemble, j'étais sa marionnette. Il manœuvrait les ficelles et je faisais ce qu'il voulait.

« Depuis son incarcération, je m'étais fait une vie et des amis, des gens ordinaires, de braves gens. »

L'agent de probation de Mickey, Cal Meador, était persuadé que le gangster s'était amendé. Pour que le citoyen le plus notoire de Los Angeles ne retombe pas dans ses anciens vices, Meador le contraignit à faire du service social. Mickey Cohen fut conférencier de Volunteers of America et s'adressa à des jeunes délinquants pour les convaincre que le crime ne paie pas.

Il se fit appeler Michael Mickey Cohen, renouvela son papier à lettres et sa garde-robe et tâta le terrain. Il prenait trois douches par jour et consacrait de trois à quatre heures au rituel de sa toilette. Il changeait de vêtements cinq fois par jour.

La voie droite: Mickey Cohen, en surtout de jardinier brodé au nom de sa nouvelle entreprise, «Michael's Greenhouse», fait briller la marchandise. 1956.

Parker et l'IRS surveillaient ses moindres gestes. Le FBI et les shérifs rendaient régulièrement compte de ses activités.

Au début de février 1956, Mickey se rendit à l'aéroport cueillir George Bieber, l'un des avocats de la pègre les plus influents de Chicago. Les deux hommes allèrent ensuite à l'hôtel El Mirador de Palm Springs, puis à Cabazon, un hameau voisin où étaient situées quelques maisons de jeu légales. La semaine suivante, Mickey revint dans le désert. Il s'installa à l'hôtel Palm Springs sous un nom d'emprunt, monsieur Weaver, et rencontra l'avocat Bieber et les propriétaires de casinos du nord-ouest. La police de Palm Springs arrêta Cohen parce qu'il avait omis de s'enregistrer en tant qu'ancien détenu. Il paya l'amende, mais se révolta par la voie des journaux.

Le jour de la Saint-Valentin, le *Mirror*, tabloïde du *Los Angeles Times*, publia un article au sujet de Mickey et de l'avocat de Chicago. On y disait que ses liens avec Bieber inquiétaient la police et on se demandait : « Est-il possible que Cohen, par l'entremise de Bieber, renoue avec la pègre de Chicago, c'est-à-dire avec le reliquat du Syndicat d'Al Capone ? On pourrait déduire de cette rencontre que Mickey Cohen s'apprête à passer aux choses sérieuses. »

Le jour suivant, Mickey s'était déjà donné une nouvelle couverture : Michael's Greenhouse Inc., un entrepôt situé au 1115, South Vermont Avenue, dans le quartier Mid-Wilshire. Le lendemain, le mafieux « réformé » se pointa dans un quartier malfamé. Aux ivrognes qui l'écoutaient avec attention il dit avoir « substitué les plantes tropicales aux activités criminelles ».

Pendant cinq jours, dans une chambre de l'Ambassador Hotel, il discuta avec Jim Vaus, son électronicien du bon vieux temps. Vaus était un évangéliste à temps plein depuis 1950. Il parcourait le pays en prononçant des sermons très courus où il associait Dieu à Mickey Cohen et à l'électronique, des sermons portant des titres farfelus tels que « Une voix avec une touche d'hélium », « Effets sonores des molécules d'acier » ou « La confusion de la parole née de la confusion électronique de l'esprit ». Ses mémoires intitulés *Why I Quit Syndicated Crime* et préfacés par Mickey Cohen venaient tout juste d'être portés à l'écran sous le titre *Wiretapper*. Dans ce long métrage à petit budget incluant des images d'archives de Billy Graham et produit par un organisme religieux, il est question de gangsters et de rédemption. Les autorités n'eurent aucune peine à deviner que les « rackets religieux » occuperaient dorénavant une place dans la vie de Cohen.

C'est alors que survint un décès marquant. « Tout au long de sa carrière, [Jack] Dragna s'est efforcé de rester dans l'ombre, au contraire de son contemporain, Mickey Cohen », peut-on lire dans le *Los Angeles Times* du 24 février 1956. La veille, le patron de la pègre avait été retrouvé mort dans une chambre du Sahara Motel, au 7212, Sunset Boulevard.

Dragna, soixante-cinq ans, y avait loué une chambre à 7 $ sous le nom de Jack Baker. Une femme de chambre avait découvert son corps étendu sous les draps et vêtu d'un pyjama rose. Dragna avait apparemment été emporté par un infarctus.

Parmi les effets personnels trouvés sur les lieux, il y avait un portefeuille renfermant un permis de conduire, plusieurs bouteilles de médicaments pour le cœur, deux dentiers, des lunettes, 986,71 $ en argent comptant, et un exemplaire de poche du livre *The Luciano Story*. Sa valise contenait une coupure de journal au sujet de la poursuite intentée par son fils, accusant trois policiers d'arrestation illégale, et une statuette de Jésus. Une Cadillac de modèle récent garée à proximité était immatriculée au nom de son neveu Louis Tom Dragna, 1429, Thelborn Street, dans la banlieue est de West Covina.

Au moment de sa mort, Jack Dragna, en liberté sous caution, attendait que sa cause en matière d'immigration illégale soit portée en appel.

* * *

La vie privée de Mickey Cohen fut rendue publique le 15 mars, quand LaVonne demanda le divorce pour cause de cruauté mentale. Elle confia au *Herald Express* que le couple désirait divorcer « à l'amiable ».

La « jolie petite rouquine » dit aux journalistes : « C'est dommage, mais c'est comme ça. Nous n'avons pas pu nous ajuster à son retour à la maison. Ce n'est ni sa faute ni la mienne. »

Quelques mois plus tard, ils se réconciliaient.

Elle avoua plus tard avoir du mal à résister à son mari. « C'est facile de l'avoir dans la peau, vous savez. Il a beaucoup de charme. On se dispute, et même avant que ce ne soit fini, je me dis que tout va bien, que c'est sans doute moi qui ai tort. »

* * *

En juillet 1956, Cohen bénéficia d'une excellente publicité quand un article, publié dans tout le pays, montra une photo de lui en train de soigner des plantes vertes : « Cet homme en surtout qui soigne ses bégonias est l'ancien gangster [Mickey Cohen], en liberté conditionnelle jusqu'au 4 août. »

Mickey confia à John Beckler, de l'Associated Press : « Je n'aurais pas su faire la différence entre un camélia et un cintre quand je me suis lancé là-dedans, mais j'apprends. À vrai dire, j'en ai ma claque de mon ancienne vie. On m'extorquait de 200 à 300 $ chaque fois que je mettais le nez dehors… Les gens pensent que je me planque en attendant le 4 août, mais si vous voulez savoir, je suis content de rester chez moi. J'aspire à une vie tranquille. »

Mickey parle aussi de son passé et de sa réconciliation récente. «L'homme que LaVonne avait épousé était un truand séduisant et costaud. Quand je suis revenu, elle a trouvé que j'avais beaucoup changé. »

Beckler note : « Qui peut dire si cette transformation sera ou non permanente ?

« Son agent de libération conditionnelle, Cal Meador, a dit : "D'habitude, je suis plutôt sceptique. En 26 ans, j'ai suivi environ 50 000 hommes et femmes. De temps à autre il se produit quelque chose de très inhabituel. On est en présence d'un sentiment si profond et sincère que le doute s'estompe.

« Je crois que c'est le cas ici. Mickey Cohen est en train de devenir un type tout à fait exceptionnel." »

* * *

Le 24 juillet 1956, la station de radio KFI annonça le décès de Mickey Cohen :

> Le célèbre parrain de la pègre de Hollywood, Mickey Cohen, a été assassiné dans un secteur reculé de Griffith Park !

Huit minutes plus tard, la station se rétractait.

Cohen, en parfaite santé, intenta aussitôt une action en justice contre KFI, son propriétaire, trois membres de la haute direction, et l'ancien maire Fletcher Bowron. Il alléguait que, à la suite de cette annonce, LaVonne avait subi un grave choc physique et psychologique ; que lui-même avait été déshonoré, humilié et mortifié par cette fausse nouvelle ; et, pour finir, que son nom avait été utilisé sans sa permission.

La poursuite, jugée futile, fut rejetée.

Le LAPD était sur le dos de Mickey aussi souvent qu'il en avait l'occasion. Un soir, en quittant le Pantages Theater où il avait visionné un combat de boxe en circuit fermé, Mickey franchit Hollywood Boulevard en un endroit interdit avec plusieurs centaines d'autres personnes, mais lui seul reçut une contravention pour traversée illégale de la chaussée. La fois suivante, il fut mis en cause pour avoir grillé un feu rouge. Même ses infractions au Code de la route faisaient la manchette.

Le 30 juillet, alors qu'il roulait dans Highland Park, une banlieue ayant une population principalement asiatique, il fit l'objet d'une vérification policière. Ben Tue Wong, alias Ben K. Wong, un ancien détenu incarcéré à McNeil Island, l'accompagnait. Wong, chef d'un restaurant que fréquentait le mafieux réformé, était bien connu dans le milieu du trafic de stupéfiants.

Joe et Fred Sica, les proches associés de Cohen, furent appréhendés début août et accusés de complot en vue de commettre un cambriolage et de voies de fait après avoir menacé et sauvagement battu une jeune femme de vingt-neuf ans, DaLonne Cooper, et son petit

Une des belles de Sunset Strip, la sculpturale figurante Dee David, alias DaLonne Cooper, a longtemps été liée à Mickey Cohen et à ses hommes en plus d'être mariée pendant quelque temps à un éminent avocat. Elle a blessé par balle le gangster Joe Sica au cours d'une discussion d'affaires. 1956.

ami du moment, un bel héritier de vingt-deux ans. DaLonne Cooper, anciennement connue sous le nom de Dee David, avait été blessée en 1949 durant la tentative d'assassinat perpétrée sur Cohen devant le restaurant Sherry's. Elle avait ensuite épousé l'agent spécial Harry Cooper, l'agent de l'État assigné à la protection de Cohen, qui avait subi des blessures graves au cours de la même fusillade. On disait qu'elle avait été une des noceuses de Johnny Stompanato et une amie intime de Cohen.

Avec son petit ami [elle était séparée de son mari policier], elle était témoin réticent dans le procès des frères Sica. Le couple bénéficiait d'une protection de tous les instants justifiée par le meurtre non résolu, en 1949, du témoin à charge Abraham Davidian lors de l'affaire avortée de trafic de stupéfiants impliquant Joe et Fred Sica.

Le 16 août, les autorités fédérales dirent avoir en leur possession du matériel pornographique lié à Johnny Stompanato, Mickey Cohen et un éminent avocat et homme du monde de Chicago. Une fille nue, identifiée comme étant une amie de Stompanato, avait été photographiée en compagnie d'un homme dans des poses sexuellement compromettantes. Ces photos paraissaient être liées à un complot visant à faire chanter un héritier de la fortune Woolworth, en Grande-Bretagne. Mais la victime refusa de porter plainte et l'enquête fut suspendue.

La probation de Mickey arrivant à son terme ce mois-là, il reprit aussitôt ses activités criminelles. Il n'avait rien changé à certaines d'entre elles, mais le butin qu'elles rapportaient en ce deuxième tour n'était pas aussi riche qu'auparavant. Escroqueries, arnaques, cajoleries et menaces… Mickey ne reculait devant rien. Il n'y avait rien de trop banal ni de trop vil pour lui permettre de se refaire : il alla même jusqu'à économiser. La rumeur voulut en effet qu'il ait planqué quelque part un million de dollars. Si c'était le cas, dépenser cet argent n'était pas du tout simple. Cohen n'ayant jamais remboursé sa dette originale, le FBI s'intéressait de très près au moindre de ses déboursés.

Il put compter à nouveau sur son principal soutien, le vol d'emprunts. Il extorqua des cibles faciles pour subvenir à ses besoins quotidiens, tandis que des prêts inexistants servirent au blanchiment d'argent de source illégale. Même avant sa condamnation pour fraude fiscale, il n'achetait jamais rien ; les grosses dépenses étaient confiées à un intermédiaire. Mickey avait vendu les droits exclusifs de sa biographie en 1951, mais voilà qu'il cherchait à emprunter de l'argent pour financer un livre et un film basés sur sa vie.

Ses anciens managers, Eddie Borden et Harry Rudolph, alias Babe McCoy, l'obèse directeur de l'Auditorium olympique, furent mêlés avec lui à une enquête nationale sur le monde de la boxe. Les liaisons de Chicago et de l'Oregon perdurèrent. Son nom fut glorifié dans une chaîne de lettres liée à des œuvres caritatives. Un projet d'entreprise dans le Chinatown et d'un restaurant à Beverly Hills ou dans le Miracle Mile furent discutés. Quelques sociétés désireuses de s'appuyer sur un nom célèbre pour affirmer leur autorité l'inscrivirent sur leur liste de paie. Aux dires du journaliste Ed Reid : « Mickey pressait les cafetiers de retenir pour le nettoyage de leurs uniformes les services de Model Linen Service. »

À la pépinière de Cohen, les coffres se remplissaient à un rythme soutenu, et les dépenses augmentaient encore plus vite.

En liberté depuis près d'un an et célibataire, Mickey s'installa en septembre 1956 dans des locaux branchés, au 10599, Wilshire Boulevard.

Le Del Capri était un petit hôtel-résidence servant une clientèle intermédiaire de gens du cinéma.

Alors qu'il sortait du Band Box de Billy Gray le 4 octobre, Mickey fut aperçu en compagnie de deux membres de la pègre et de George Miller, un joueur également propriétaire d'une feuille de sélection, le *Post and Paddock*. Miller, qui avait prêté des sommes très importantes à Mickey, fut sauvagement battu dans le terrain de stationnement.

Quelques jours plus tard, Cohen confia au chroniqueur Joe Hyams que le fait de vivre honnêtement lui coûtait très cher, mais qu'il ne regrettait pas de s'être amendé. Le journaliste annonça à ses lecteurs que, secondé par ses appuis dans l'industrie de la religion, Mickey écrivait son autobiographie provisoirement intitulée *The Poison Has Left Me*.

Il se déplaçait depuis un an au volant d'une voiture usagée que lui avait prêtée le révérend Vaus, mais le 12 octobre, il fit l'acquisition d'une spectaculaire Cadillac El Dorado. Immatriculé au nom d'un membre de la famille de Mickey, le véhicule appartenait en réalité à une société de financement.

Pour bien boucler la boucle de sa nouvelle vie, il s'acheta un bouledogue qu'il baptisa Mickey Jr., et se donna un nouveau look : jodhpurs, bottes d'équitation, blousons zippés faits sur mesure et brodés à son monogramme, casquettes anglaises en forme de champignons géants. Pour les audiences, pour aller en boîte et pour les sorties officielles, il privilégiait maintenant les costumes conventionnels à veston droit, faits sur mesure dans un tissu infroissable de laine mélangée.

Quand il se baladait ainsi avec panache dans Sunset Strip, il avait l'impression de revivre des jours meilleurs.

CHAPITRE 19

L'agneau du sacrifice

« Je m'intéresse sincèrement à tout ce qui est juste et bon. » MICKEY COHEN

endant que la vague du hula-hoop déferle sur l'Amérique, Los Angeles poursuit sa métamorphose. Sunset Strip a perdu son lustre. C'est le règne des beatniks. Le Crescendo et le Mocambo proposent des spectacles de *be-bop* édulcoré et de *folk,* tandis que le légendaire Ciro's est devenu un piège à touristes. L'extorsion et la pornographie sont monnaie courante : on trouve les magazines *Confidential* et *Playboy* dans tous les kiosques à journaux. Marilyn Monroe et tous ses clones aux cheveux platine sont la preuve que le sexe continue de se vendre. Le succès au *box-office* de péplums tels que *The Robe* (*La Tunique*) et *The Ten Commandments* (*Les Dix Commandements*) démontre que même la religion peut attirer les foules quand elle fait l'objet d'un bon battage publicitaire.

Le roman-feuilleton de Mickey Cohen continue de se déployer en public. En janvier 1957, LaVonne demande encore une fois le divorce. Après 16 ans de mariage, elle affirme que Mickey possède des ressources cachées et elle exige une pension alimentaire de 400 $ par mois.

Le procès pour voies de fait des frères Sica débute en même temps. Avec ses personnages issus des milieux les plus violents de Hollywood, la cause occupe beaucoup les médias et ramène Mickey à la une des quotidiens. La poursuite s'appuie sur un incident au cours duquel Joe et Fred Sica auraient tabassé la belle DaLonne Cooper et son ami dans le but de s'approprier Activeaire, une société de sèche-mains électriques pour toilettes publiques. Les frères Sica déclarent que Cooper, qui avait été leur associée, a usé de stratagèmes pour les déloger au bénéfice de son petit ami.

Surpris par l'objectif :
l'insaisissable Fred Sica. 1956.

DaLonne Cooper admet en audience que Fred Sica s'est porté acquéreur de la franchise et lui a avancé les sommes dont elle avait besoin pour lancer son entreprise. Elle affirme aussi qu'après son passage à tabac, Freddie Sica a proféré des menaces : « Tu te débrouilles pour que tout ça me revienne, ou je te tue. »

Un article du *Los Angeles Times* rapporte que : « Un peu avant midi, Mickey Cohen, l'ancien gangster assigné à comparaître par la défense, a beaucoup contrarié mademoiselle Cooper, qui se trouvait en antichambre, sous bonne garde.

« Mademoiselle Cooper est devenue hystérique quand, de l'autre côté de la porte, Cohen lui a hurlé des épithètes offensantes. Cohen ne s'est calmé que lorsqu'un adjoint du shérif a pris la faction devant la porte. Pendant ce temps, crayon en main, des inspecteurs attendaient de noter le moindre des propos de Cohen.

« Attendez que je monte à la barre, dit-il. Ils ne pourront pas me faire taire. »

Sous serment, Mickey souilla la réputation de DaLonne Cooper. Il annonça aux jurés que, depuis la fin des années 1940, la plantureuse blonde était intime avec lui, avec les frères Sica, avec beaucoup d'autres anciens détenus notoires ainsi qu'avec des membres des forces de l'ordre, bref, que son orientation professionnelle n'avait rien d'honorable.

Dans son témoignage, Joe Sica dit que la vraie victime, c'était lui, puisque mademoiselle Cooper l'avait blessé en tirant sur lui. Le jury acquitta les deux frères. Fred Sica avait déjà repris le contrôle de Activeair.

* * *

Aux yeux du public, nul autre que Mickey Cohen n'incarnait mieux le sombre univers de la pègre. Espérant tirer parti de sa notoriété, son ancien spécialiste de l'écoute clandestine, le révérend Vaus, ainsi que de vieux amis maintenant actifs dans le business lucratif de la religion lui offrirent bon nombre de «cadeaux fraternels».

Le 1er avril 1957, Mickey mit définitivement la clé sous la porte de sa pépinière et partit pour New York. Le prédicateur W.C. Jones, qui était alors membre du conseil d'administration de l'entreprise fondamentaliste de Billy Graham, paya son titre de passage et ses dépenses. Une fois installé dans une luxueuse suite du Waldorf-Astoria, il eut un entretien avec le révérend Graham. Le lendemain matin, les journalistes étaient conviés à une conférence de presse.

Vêtu d'un pyjama blanc fait sur mesure et brodé à son nom, le célèbre gangster de Hollywood posa, tout sourire, pour les photographes tout en versant du café. Il régala les journalistes quand il leur dit être venu à New York uniquement pour voir Billy Graham, la plus grande vedette de l'heure de l'évangélisme américain, et qu'ils avaient prié et lu la Bible ensemble. «Je suis très attiré par le mode de vie chrétien. Je m'intéresse sincèrement à tout ce qui est juste et bon. Billy a été mon guide à bien des égards. Mais je ne peux pas dire si je vais ou non me convertir.»

Le révérend Vaus déclara à son tour que «Michael étudie le Christ dans le but de lui donner une plus grande place dans sa vie».

Dans un article du *Cleveland Plain Dealer* intitulé «Mickey Cohen Prays with Billy Graham» («Mickey Cohen et Billy Graham ensemble dans la prière»), on peut lire ceci: «Il [Cohen] dit connaître Graham depuis 1949 et il entend participer à la croisade de l'évangéliste à New York, en mai.

«Cohen a grandi dans la religion juive, mais il dit n'avoir "jamais été particulièrement dévot."» Le journaliste du *Plain Dealer* conclut fièrement: «C'est un ancien citoyen de Cleveland.»

Avant le rassemblement du Madison Square Garden, Mickey fut invité à l'émission de télévision *Mike Wallace Interview*. Cette émission nationale misait sur la controverse et le sensationnalisme. Wallace posait des questions pièges qui rendaient le public aussi mal à l'aise que ses invités. L'infortuné et loquace gangster y était tout à fait dans son élément.

Mickey, accompagné de Fred Sica, fut invité à New York par la chaîne ABC qui le logea au luxueux hôtel Hampshire House, sur Central Park South, et le traita aux petits oignons. On mit une limousine à sa disposition, on lui offrit des dîners fins et une réception à tout casser à sa suite. En souvenir de sa participation à l'émission, on lui fit cadeau d'un coffret en cuir rouge agrémenté d'une plaque en argent gravée.

L'émission fut diffusée en direct de New York le 19 mai 1957. Mickey était en train d'évoquer le personnage du méchant dans un film noir quand, capté en plan très rapproché, son visage aplati et large mangea l'écran. L'élégant mafieux de quarante-trois ans, redevenu replet, commença par confier à Wallace qu'il en avait «plein le dos des rackets». Il enfila ensuite les unes à la suite des autres les mêmes bonnes vieilles platitudes destinées à lui conférer un certain vernis de respectabilité : «Je ne me suis jamais mêlé de prostitution. Je n'ai jamais été mêlé aux stupéfiants.»

Interrogé au sujet du parrain de la mafia, Frank Costello, qui venait de survivre à une tentative de meurtre, Cohen répondit de son agréable voix de baryton que le patron de la pègre était «un homme très bien, un homme merveilleux».

Lorsque Wallace aborda la question de Billy Graham et de la conversion éventuelle de Mickey au christianisme, Mickey dit qu'il n'avait nullement l'intention de se convertir. «Le Christ ne représente pas tout pour moi.»

Wallace alla encore plus loin : «Vous avez tué au moins un homme. Combien de meurtres avez-vous commis, dans les faits?»

Mickey répondit calmement en le regardant droit dans les yeux : «Je ne sais pas si on peut appeler ça des… heu… des meurtres. C'était ma vie ou la leur. Je n'ai jamais tué personne qui, dans ce milieu, ne le méritait pas.»

Wallace aborda un autre sujet dont ils avaient discuté lors de leur entretien préparatoire. Gentiment mais fermement encouragé par l'intervieweur, Mickey se mit lentement à parler : «Je connais un chef de police à Los Angeles, en Californie…»

Ces mots marquèrent le début d'une diatribe grossière et virulente qui écorchait le directeur du LAPD, William Parker : «… dépravé et sadique… alcoolique réputé… un arriéré… un taré et un pervers de la pire espèce.»

Il dénigra Parker dans les termes «les plus crus et les plus féroces jamais diffusés». Mickey n'épargna pas non plus le commissaire James

Hamilton, l'ancien maire Bowron, et C.B. Horrall, l'ancien directeur du LAPD. Cette sortie volcanique était typique de l'émission débridée de Mike Wallace.

L'émission n'était pas sitôt terminée que la police fit irruption sur le plateau d'ABC. Une téléspectatrice l'avait prévenue, disant qu'elle croyait avoir perçu la forme d'une arme à feu sous la veste de costume de Mickey Cohen. Les policiers le fouillèrent, ainsi que sa loge, en vain. Fidèle à ses habitudes, Mickey prétendit avoir lui-même besoin du secours de la police, puisqu'un contrat et un télégramme étaient disparus de sa loge.

Wallace expédia un télégramme à William Parker immédiatement après l'émission : « Lors de mon émission de ce soir, Mickey Cohen a proféré certaines remarques qui pourraient vous déplaire. Dans un souci d'honnêteté journalistique, j'aimerais vous inviter à participer à mon émission de dimanche prochain afin de réfuter ce qu'il a dit et de mettre les choses au point. »

Indignés, les fonctionnaires municipaux de Los Angeles réagirent promptement en exigeant de Frank Hogan, le procureur du district de New York, qu'il intente sur-le-champ contre Mickey Cohen une action en justice pour diffamation. La Federal Communications Commission (FCC) enquêta aussitôt sur l'émission controversée.

Jack Webb, la vedette du petit écran, était un des plus ardents partisans de William Parker. Le soir de l'émission, Webb était à New York en compagnie du commissaire Hamilton, son conseiller à la scénarisation dans la série *Dragnet*. Les services de nouvelles rendirent compte de sa réaction : Hamilton était furieux, mais calme. Webb, d'habitude si réservé, était déchaîné : « Parker a 30 ans de service ; quant à Jim, sa fiche de travail et sa réputation sont sans tache. »

Pour le gangster, l'incident n'était rien de plus qu'une chicane parmi tant d'autres. Deux soirs après sa diatribe, Mickey participa à la croisade revivaliste de Billy Graham au Madison Square Garden. Le petit fermier de la Caroline du Nord avait attiré les foules : 17 500 New-Yorkais étaient venus écouter le célèbre évangéliste. Bientôt, en réaction à un sermon qui mettait l'accent sur l'adultère et le meurtre, ils se laissèrent aller à la frénésie, à une spectaculaire hystérie collective. Billy Graham leur dit : « La haine est aussi terrible que le meurtre, et cela signifie que, ce soir, ici, nous sommes tous des assassins. »

Mickey Cohen ne fut pas « sauvé ». Si Mickey avait dit à Graham qu'il accueillerait le Christ en lui ce soir-là, il fit faux bond au prédicateur. Juif il était, et Juif il resterait. Il se contenta de monter sur scène et de saluer le public de la main.

Graham réagit ainsi à ce manque d'égards : « J'ai longtemps prié et espéré que Mickey offrirait sa vie au Christ et qu'il userait de son influence pour renverser la vague de criminalité et de délinquance juvénile qui sévit dans notre pays. Je n'ai pas encore perdu espoir. »

Mickey Cohen and Billy Graham Pray and Read Bible Together

By David Lyle

Mickey Cohen, the celebrated former West Coast gambler, read the Bible and prayed with Billy Graham, the evangelist, at lunch yesterday.

"I'm sincerely interested in anything that's the correct thing in life," Mr. Cohen said later in his suite in the Waldorf-Astoria.

"And I believe he is sincerely interested in spiritual things and leading a new life," said Mr. Graham, who was reached by telephone in his suite in the Hotel Statler in Buffalo, where he had flown after the luncheon to attend a meeting of the National Association of Evangelicals.

Served Prison Term

Cohen, the dapper little man who was once known as the czar of Los Angeles gambling, was released from prison in 1955 after serving nearly four years for evading $150,000 in Federal income taxes. He has been investigated by a half-dozen government committees, shot at ten times and bombed once. "He certainly needs the prayers of Christian people everywhere," remarked Mr. Graham.

The ex-gambler, who checked in at the hotel under his little-used real name of Michael Cohen, now operates a nursery —"Michael's Greenhouses, Inc., it's the biggest on the coast." He said he flew here yesterday especially to see Mr. Graham, whom he has known since 1949.

"I've talked to Mr. Cohen on a number of occasions," Mr. Graham explained. "My first contact with him was in 1949, and on every occasion we talked about spiritual matters and about the possibility of receiving Christ as his Saviour. Today we had Bible reading and prayer together." The meeting took place in Mr. Cohen's suite at the hotel, with an assistant to Mr. Graham also in attendance.

"Billy has guided me in many things," Mr. Cohen explained. "He's my friend. I expect to be here for Billy's rally in May (in Madison Square Garden). He's invited me for it and I think I will be here for it."

Mr. Graham confirmed the invitation. "I've invited him, as I've invited everybody else."

Mr. Cohen, who expects to see Mr. Graham again today in Buffalo, said he doesn't belong to any church at the moment. "I was raised in the Jewish religion," he said. "But I was never a very religious person."

He met Mr. Graham through Jim Vaus, a man who worked for the ex-gambler in Los Angeles for years, then turned to religion and became an evangelist.

Mr. Vaus, his former boss explained, "had to do with telephones and recording." Mr. Vaus "watched out that I didn't have any bugs (tapped wires) in my place," said Mr. Cohen.

Mickey Cohen

Billy Graham

Mickey Cohen et l'évangéliste de renommée internationale Billy Graham font ensemble la manchette. Avril 1957.

Lorsque Mickey s'exprima sur cette expérience, ce fut avec tact et fermeté : « Je connais Billy depuis longtemps. Nous nous étions entendus dès le départ pour qu'il n'essaie pas de me convertir. Mais il m'a certainement aidé à comprendre qu'il valait mieux pour moi que je me réforme.

« Je suis né et j'ai grandi dans la religion juive. Je n'ai pas l'intention d'en changer. »

On raconta plus tard que l'agence de publicité de l'évangéliste avait remis 10 000 $ [environ 80 000 $ aujourd'hui] à Mickey pour qu'il fasse acte de présence au Madison Square Garden. Selon d'autres rumeurs encore, l'organisation de Graham lui aurait offert 50 000 $ [400 000 $ aujourd'hui] pour une tournée de conférences.

« L'évangéliste a nié ces rumeurs avec véhémence », écrit le journaliste Ed Reid. « Il affirme n'avoir jamais payé quiconque pour assurer sa participation à une rencontre ou pour prétendre avoir été converti. Ce serait blasphématoire, a-t-il dit. »

Les gens du *business* de la religion avaient appris à leurs dépens que s'approcher de Mickey Cohen de trop près était aussi dangereux que de toucher de l'uranium. Mais l'escroc avait obtenu ce qu'il voulait : de l'argent, de la publicité, et de luxueuses vacances payées en guise de paravent à ses entretiens avec ses associés de la côte Est.

* * *

Lorsque son vol de retour à Los Angeles fit escale à Chicago, Mickey fut sommé de quitter l'avion. Il dut comparaître devant la chambre d'accusation fédérale qui faisait enquête sur les activités du parrain de la pègre de Chicago, Paul « The Waiter » Ricco. Une photo montre l'avocat George Bieber en plan rapproché avec Mickey Cohen très tendu, avant que ce dernier ne témoigne au sujet de Ricco qui avait des ennuis avec le fisc et l'immigration.

Avant son départ de Chicago, Mickey expédia un télégramme au directeur du LAPD, William Parker :

Nous devons malheureusement vous aviser de ne pas tenir compte du télégramme de la police municipale de Chicago vous annonçant l'arrivée de Mickey Cohen, puisque l'avion à bord duquel se trouvait monsieur Cohen a dû rebrousser chemin en raison d'ennuis de moteur. Je ne peux que vous conseiller de vous renseigner à nouveau sur l'arrivée de monsieur Cohen, car je ne souhaite pas décevoir un directeur de police aussi honorable et respecté que vous l'êtes.

Veuillez prévenir votre grand admirateur et conseiller, monsieur Jack Webb, de ce développement et discuter avec lui de ce qu'il conviendrait de faire dans les circonstances.

De retour à Los Angeles, Mickey fut appréhendé pour une autre infraction au Code de la route. « Je n'ai pas nui à la circulation, grommela-t-il. Ils me pourchassent. La police m'a suivi pendant un mille et demi dans l'espoir de me prendre en défaut. » Mickey posa gravement pour les photographes, en tenue de cavalier, après avoir versé une caution de 50 $. Aux journalistes à l'affût de la moindre salve de cette guerre de mots, il cria : « Je vais contester ! Ils ne l'emporteront pas au paradis ! »

Mickey annonça ensuite qu'il entendait poursuivre William Parker en justice. Un avocat qui le représentait publia un communiqué facétieux : « Mickey envisage une action en justice contre certains membres de la police pour détournement d'affection, en raison du fait que, dans le passé, certains officiers l'ont considéré avec amour et dévotion. »

Cohen soutint que le directeur du LAPD avait nui à son entreprise. « Parker a envoyé la police contacter plusieurs de mes clients pour tenter de convaincre ceux-ci de cesser toute relation d'affaires avec moi. Il a demandé à mes clients d'affirmer que je les avais roulés et obligés sous la menace à acheter mes plantes. »

Bien entraîné par sa coterie d'avocats réputés, le gangster partiellement analphabète y alla ensuite d'une étonnante dissertation sur les droits de la personne et la liberté d'expression : « À mon avis, Parker partage la pensée d'Alexander Hamilton : "Le peuple est une bête féroce." De toute évidence, Parker se moque éperdument des garanties constitutionnelles. »

Affirmant que Parker était « doté d'un esprit totalitaire [...] favorable à 100 % à l'écoute secrète dans votre chambre à coucher », Mickey le défia de lui intenter une action en justice.

Parker dit à l'agence United Press qu'il ne désirait pas un débat public. « Trois gouvernements m'ont décerné des médailles, et j'ai reçu le "Purple Heart". Je ne ressens pas le besoin de me défendre contre un homme tel Cohen. »

Une semaine après la participation de Cohen à l'émission de Mike Wallace, la chaîne diffusa une rétractation, ce qui ne s'était encore jamais vu. Oliver Treyz, le vice-président de ABC, déclara que les propos de Cohen « ne reflétaient pas le point de vue de la chaîne et que ABC regrettait profondément ces affirmations totalement injustifiées ». Il ajouta que le commanditaire de l'émission, les cigarettes Philip Morris, appuyait la chaîne dans sa rétractation.

Mickey réagit sur-le-champ : « Je me fiche que ces imbéciles se soient rétractés au sujet de l'émission de la chaîne ABC où j'ai été l'invité de Mike Wallace ! »

Bien que l'avocat du district de New York, Frank Hogan, ait dit qu'aucune action en justice pour diffamation criminelle ne pouvait être intentée contre Mickey Cohen, Parker et Hamilton traînèrent la chaîne et son commanditaire, mais pas Cohen, devant un tribunal civil de Los Angeles. Déclarant que les remarques du gangster avaient remis en question « leur honnêteté, leur intégrité, leur citoyenneté, leur moralité, leur probité et leur décence », les policiers réclamèrent des dommages de 3,2 millions de dollars.

Les avocats de ABC, avec l'aide de Cohen, mirent au point une stratégie défensive. Des années plus tard, Mickey dit : « La vérité est la seule ligne de défense contre la diffamation. Croyez-moi, je tenais Parker par les couilles. »

* * *

Né en 1903 à Leads, dans le Montana, William Henry Parker avait baigné dans le folklore du *Far West* avec ses Indiens, ses bons cowboys et ses hors-la-loi. Son grand-père, dont il portait le nom, avait été un légendaire agent de la paix avant de se rendre à Washington où il était devenu membre du Congrès. Le jeune Bill avait été servant de messe à l'église catholique romaine St. Ambrose, à Deadwood, et il avait émigré à Los Angeles au début de l'âge adulte. D'abord chauffeur de taxi, il entra au LAPD en 1927. Ce jeune homme d'une ambition exceptionnelle étudiait le droit le soir, mais le manque de débouchés pendant la Crise le contraignit à demeurer au LAPD après l'obtention de son diplôme. Il épousa une policière du nom de Helen Schultz.

Pur produit de la corruption du LAPD sous le règne du maire Frank Shaw, il fut l'adjoint principal du directeur James E. Davis. Par conséquent, Parker avait certainement été témoin des manigances qui faisaient de cette force policière l'une des plus anarchiques du pays. Mais selon Mickey Cohen, il ne s'était pas contenté de regarder.

À la suite du scandale politique et de la « purge » que dut subir le LAPD en 1938, Parker sembla être devenu un étranger parmi les siens. Son esprit calculateur et ambitieux ne lui attirait certes pas les bonnes grâces de ses collègues. En dépit de ses résultats excellents aux évaluations périodiques, il ne reçut pas de promotion. Il lui fut difficile de se hisser dans la hiérarchie aussi vite qu'il le souhaitait. Après avoir servi dans l'armée durant la Seconde Guerre mondiale, il participa à l'organisation des systèmes policiers de l'Allemagne, de la Normandie et de la Sardaigne. Il réintégra les rangs du LAPD à la fin des années 1940 : le corps de police était encore une fois sens dessus dessous. Mais cette fois, à cause de Mickey Cohen.

À l'été 1950, Parker l'emporta contre toute attente sur le favori au poste de directeur du LAPD, le directeur adjoint Thad Brown. Dès sa nomination, il déjoua plusieurs tentatives d'assassinat contre lui. Il résista à un torrent de critiques quand, après l'avoir arrêté pour une simple infraction au Code de la route, un officier tua par balle un brillant étudiant d'université qui n'était pas armé. Le nouveau directeur se tira également indemne du terrible « Noël sanglant » de 1951, quand un groupe de policiers ivres brutalisa sept jeunes hommes en détention provisoire, surtout des Latinos, jusqu'à ce qu'ils baignent dans leur sang.

Entre-temps, Parker fit un grand ménage au sein du LAPD. Il le transforma en une force de l'ordre d'une cohésion et d'une précision militaires qui acquit la réputation d'être la plus inexorable du pays. S'étant mis dans la tête de livrer une guerre sans merci au milieu interlope, il s'attaqua à tous les criminels, des grands parrains de la pègre

L'imperturbable directeur du LAPD William Parker (au premier plan) et le radieux commissaire James Hamilton (à l'arrière-plan) exhibent les règlements reçus de la chaîne nationale de télévision ABC après que Mickey Cohen les eut insultés en ondes. 1957.

jusqu'au dernier des *bookmakers*. Mais ainsi que le note son protégé, Daryl F. Gates, «malgré cette offensive de tous les instants, Parker craignait beaucoup que la pègre n'infiltre le LAPD.»

Les techniques du directeur général Parker étaient loin d'être sans tache. Il n'hésitait pas à payer des informateurs et privilégiait les guetsapens. Vince Kelly, un spécialiste de la surveillance clandestine qui travaillait au noir pour Howard Hughes, était chargé de l'installation de dispositifs d'écoute, tandis que l'agent Roger Otis, un intimidateur costaud et brutal, semait la terreur autour de lui. Si Parker a été un collecteur de fonds pour le maire Shaw, ainsi que l'allégua Mickey Cohen, la chose ne fut jamais démontrée, mais d'autres comportements tout aussi répréhensibles ne purent pas être aussi facilement dissimulés.

Daryl Gates, qui prendrait lui-même la tête du département en 1979, n'était qu'un bleu lorsque Parker l'engagea comme chauffeur en 1950. Il se souvient de ces années dans son autobiographie intitulée *Chief*:

> Je m'imprégnais toute la journée de la brillante intelligence de Parker, mais trop souvent, le soir, il était complètement ivre quand je le ramenais chez lui.
>
> Ivre n'est pas un mot assez fort. Il buvait jusqu'à devenir incohérent et jusqu'à ce qu'il soit dangereux pour lui de s'aventurer dans un escalier. Il répétait sans arrêt la même ritournelle. C'était extrêmement agaçant. Ceux qui connaissaient sa passion pour les grands bourbons le surnommaient Whiskey Bill. Presque tout le département était au courant. La presse aussi. Heureusement, les journalistes de l'époque ne parlaient pas de ce genre de petits travers.

L'allégation de dépravation fut quant à elle corroborée par une femme que Cohen dénicha à Miami. Cette dernière accepta de dire en audience que lors d'un congrès, Parker, ivre mort, lui avait si violemment pincé les fesses qu'elle avait dû faire appel à un médecin.

Le *Los Angeles Times* révéla que la défense construirait sa stratégie sur le respect des droits constitutionnels. Le 10 septembre 1957, on y lut ceci: «Les avocats de ABC, Paramount Theaters Inc., les cigarettes Philip Morris et N.W. Ayer & Son basent leur défense sur le droit de toute personne d'énoncer un commentaire loyal sur un fonctionnaire.»

Cette fois, Mickey récolterait ce qu'il avait semé.

Parker et Hamilton étaient des agents influents des forces de l'ordre jouissant d'un prestige considérable, et ces huiles n'avaient pas l'intention de laisser le gangster hollywoodien les entraîner dans un procès épineux et très médiatisé.

Les poursuites firent l'objet de règlements à l'amiable. La somme de 45 975,09 $ [370 000 $ aujourd'hui] fut accordée au directeur, William Parker, tandis que le commissaire Hamilton reçut 22 987,55 $ [180 000 $ aujourd'hui]. L'ancien maire Bowron intenta lui aussi une poursuite qui fut réglée hors cour. Mickey se sentit trahi quand les causes ne furent pas portées devant jury. Il dut enfin admettre qu'on ne s'en prend pas impunément au gouvernement municipal, du moins, la plupart du temps.

Ce conflit public entre lui et le directeur du LAPD ne fit qu'aggraver les ennuis auxquels il était confronté depuis sa sortie de prison. William H. Parker était maintenant devenu son pire ennemi.

CHAPITRE 20

Accro des médias

« J'ai été sensible à la finesse de sa manipulation. »
AL ARONOWITZ, journaliste

E n moins de 10 ans, Mickey Cohen, ancien caïd de la pègre, s'était lui-même acculé au mur. Il prétendait effrontément s'être réformé, et dans cette comédie, il y en avait pour tous les goûts : sa réhabilitation, son autobiographie, sa prétendue conversion religieuse. Mais les forces de l'ordre notèrent qu'il connaissait aussi un invraisemblable renouveau. Il se refaisait une fortune dans les casinos ; il se déplaçait souvent à travers le pays ; il ravivait d'anciens contacts et créait de nouvelles alliances. Tout comme auparavant, il était impliqué dans un vaste éventail d'activités criminelles. Grâce aux méchants petits secrets qu'il collectionnait, il pouvait compter sur des emprunts et sur la docilité des gens.

Ainsi que l'observe l'ancien journaliste du *New York Post* Al Aronowitz : « Mickey connaissait tous les dessous de la vie de tout le monde à Hollywood parce que le chantage était une de ses activités secondaires. Il était une de mes meilleures sources. Pendant toutes ces années, j'ai été sensible à la finesse de sa manipulation. On eût dit qu'il avait posé sa main sur mon épaule, une main douce mais ferme qui me dirigeait exactement là où Mickey voulait que j'aille. »

Sans se retenir de parler de lui, les médias se montraient prudents et le qualifiaient maintenant d'ancien gangster ou de chef de gang réformé. Plus il prenait goût à créer l'événement, plus le moindre de ses actes faisait sensation. Que la nouvelle soit bonne ou mauvaise, il ne semblait plus se préoccuper du contenu. Mickey était aussi insatiable d'argent que de couverture médiatique.

Il était un théâtre vivant, un sinistre mélange d'opéra comique et de Grand Guignol. Le charismatique et très populaire roi des casinos de la décennie précédente était devenu, par sa propre faute, un méchant pitre : il se rendait ridicule par l'impudence de ses ruses publicitaires et ses outrageantes bouffonneries. Un journaliste de la télévision le qualifia un jour de « taon sur l'arrière-train de la décence publique ».

Mais il avait encore beaucoup de défenseurs. « Mickey n'a pas eu de mal à me séduire, avoue Al Aronowitz. À vrai dire, il m'a littéralement enchanté. C'était un cabotin. Oh, je sais, il tuait des gens, et c'était un sale Juif, une vraie fripouille. Mais il me plaisait parce qu'il était amusant. »

Après le fiasco de New York, son projet de livre ne pouvait plus être publié par les évangélistes. Mickey le remit entre les mains d'une vieille connaissance, Ben Hecht. Repartant de zéro, il en vanta les mérites auprès de qui voulait l'entendre.

Selon le chroniqueur Walter Winchell : « La curieuse soif de publicité de Mickey Cohen (devant laquelle même la pègre reste bouche bée) est facile à comprendre quand on sait que Ben Hecht est en train d'écrire sa biographie dans l'espoir d'une adaptation cinématographique qui rapportera gros. »

Mais cette fructueuse vente de droits à Hollywood était loin d'être assurée. Mickey fascinait encore le public, certes, mais tant Hecht que lui étaient très mal vus des studios. Le scénariste naguère adulé avait été blackboulé de l'industrie du film et ses livres avaient été bannis en Angleterre en raison de ses liens passés avec l'Irgoun. Quant au mafieux qui, contrairement à Bugsy Siegel, n'avait jamais été un initié des studios, on l'évitait en raison de son comportement imprévisible, de son penchant pour le chantage, et parce qu'il était indiscutable que quiconque l'approchait risquait d'y laisser sa peau. Cependant, le producteur Nick Nayfack, neveu des frères Nick et Joe Schenck, les plus éminents magnats de Hollywood (respectivement directeurs de la MGM et de 20th Century Fox), s'intéressa sérieusement à son projet.

Si bon nombre des anciens rivaux de Cohen avaient quitté la scène, la concurrence était encore très forte dans ses activités habituelles. Son ennemi numéro un, « Happy » Harold Meltzer, travaillait pour la famille Dragna depuis sa sortie de prison. L'indépendant Jack « The Enforcer » Whalen s'imposait de plus en plus. Mickey s'entoura d'une équipe fidèle et loyale. Ses adjoints et ses associés s'évertuèrent à satisfaire tous ses caprices tandis qu'il collaborait avec Hecht à l'écriture de son livre et continuait d'imposer sa loi dans le milieu interlope.

Fred Sica s'assura les bonnes grâces de Mickey en faisant la cuisine quand Mickey recevait des gens à dîner et en sortant son chien, Mickey Jr. À son anniversaire, Mickey le récompensa de ses bons offices en lui offrant une montre Lucien Piccard en or avec cette inscription : *À Fred, de Mickey – Je t'aime.* Phil Packard, alias Philip H. Packer, un ancien détenu quinquagénaire, était également présent en permanence. Originaire de Chicago, Packard semblait occuper le poste de conseiller principal en remplacement de Mike Howard, mort prématurément d'un suicide présumé. Parmi les habitués, il y avait le grossiste en électroménagers George Seymour Pellar ; Roger K. Leonard, qui faisait partie de l'entourage de Mickey depuis la guerre des gangs de la fin des années 1940 ; Ellis « Itchy » Mandel, un gars de Chicago mêlé au syndicat des machinistes de plateau ; Max Tannenbaum, de New York ; William K. Howard, un copain de McNeil Island ; et son associé de longue date, Johnny Stompanato. Abe Phillips, l'endosseur d'emprunts, était aussi un habitué dévoué.

Mickey réemménagea à Brentwood sous le nom d'emprunt de « monsieur Jones ». Il habitait maintenant l'appartement C dans un édifice avec cour intérieure récemment construit au 705, South Barrington Avenue, dont les brochures publicitaires vantaient le « super luxe ». Un réservoir à eau chaude de près de 2000 litres et un appareil de climatisation géant furent ajoutés à l'édifice pour satisfaire les besoins particuliers de ce locataire fort exigeant.

Avec une chambre à coucher et deux salles de bains, cet appartement n'était pas très grand (environ 80 m²) mais il comportait de nombreux avantages haut de gamme. Il était complètement insonorisé et une moquette ultra-épaisse de très grande qualité recouvrait le sol. Cohen pouvait se prélasser dans un « très très grand » lit, il avait six téléphones à sa disposition et trois appareils de télévision dont un tout à fait récent, en couleur, et il pouvait écouter les chansons de son nouveau copain, Bobby Darin, notamment *Mack the Knife*, sur une chaîne stéréo de fabrication spéciale. Il avait deux divans semi-circulaires en cuir blanc, faits sur mesure, tandis qu'un bar bien approvisionné avec un éclairage bleuté lui permettait d'offrir à boire à ses invités. La cuisine étincelante, noir et blanc, était dotée d'armoires en acier inoxydable et de tout ce que pouvait souhaiter un chef professionnel.

On y trouvait aussi un bar avec distributrices de boissons gazeuses et de glaçons, de même qu'un congélateur pour les crèmes glacées. Les tentures qui couvraient les fenêtres du plafond au plancher pouvaient être ouvertes ou fermées à distance. Le foyer en marbre comportait un siège intégré et une mosaïque au monogramme MC. Deux portraits à l'huile des chiens de Mickey ornaient les murs. Son bouledogue du moment, le chouchouté Mickey Jr., disposait d'une niche sur mesure, de sa propre vaisselle, d'un assortiment de colliers et de laisses en cuir rouge les plus chers sur le marché. Il avait aussi un lapin en peluche rose.

La pièce de résistance était évidemment le vestiaire soigneusement conçu de Mickey. Dean Tavoularis, le chef décorateur qui allait plus tard voir ses décors de *Godfather* (*Le Parrain*) et de *Apocalypse Now* récompensés par des Oscars, fut de certaines réceptions à l'appartement de Brentwood en compagnie d'un avocat de Cohen. « C'était extraordinaire, dit Tavoularis. Je n'avais jamais rien vu de pareil. Tout était parfaitement rangé dans des boîtes et des tiroirs intégrés, chaque costume était cloisonné derrière des panneaux de verre. »

Tavoularis trouvait son hôte à la fois bizarre et cordial. « Il gardait son argent comptant roulé serré, comme un rouleau de film. À l'occasion d'une grande réception qu'il offrit à sa mère à l'hôtel Ambassador, il distribua des billets de 20 aux garçons de table. Quand il ramenait des amis chez lui, il n'était pas sitôt entré qu'il se jetait sur le téléphone pour appeler le directeur du LAPD : "Parker, je suis à la maison !" »

La pauvre LaVonne, dont la photo couleur était placée en évidence dans l'appartement, exprima ses doléances : « Après dix-huit ans de vie commune, je n'ai rien. De temps en temps, je vois qu'il porte certains bijoux que j'ai déjà vus. Il a toujours beaucoup d'argent sur lui, mais je dois le supplier de me donner de quoi vivre. Je n'arrive pas à comprendre ce qu'on lui trouve de si différent et de si intéressant. »

Son nouveau paravent était un bar laitier situé tout près de chez lui. Après avoir été rénové de fond en comble, le Carousal Ice Cream Parlor, au 11719, San Vicente Boulevard, fut approvisionné des glaces préférées de Mickey et de chocolat suisse Toblerone. La cérémonie d'ouverture fit croire à une première de film. Les journalistes y avaient été conviés, tandis que l'acteur et chroniqueur de Broadway Walter Winchell, qui se trouvait à Hollywood pour enregistrer la narration de la nouvelle et follement populaire série policière télévisée *The Untouchables* (*Les incorruptibles*), agit comme maître de cérémonie. La qualité de la crème glacée était fort appréciée de certains, mais la majorité des habitants de Brentwood étaient outrés que Mickey Cohen soit non seulement de retour dans le quartier, mais qu'il y gère ouvertement ses entreprises. Il n'était pas rare que ses complices se réunissent au petit bar laitier vers les 3 h du matin.

« J'habitais à Malibu », se remémore l'actrice Barbara Bain, future vedette de la série culte *Mission impossible*. « Un jour, en rentrant en ville, j'ai aperçu un nouveau bar laitier sur San Vicente. J'y suis entrée avec ma petite fille dans mes bras et j'ai aperçu Mickey Cohen. Il était affalé sur une chaise, jambes écartées, comme un boxeur au coin du ring. Il portait un blouson rouille avec une surpiqûre blanche très voyante. Quand je me suis approchée, il a crié "Rum-Raisin" au préposé. Je me suis immédiatement ravisée, je suis sortie de l'établissement en vitesse et je n'y ai jamais plus remis les pieds.»

* * *

Mais derrière ces rêves hollywoodiens, ces chiens dorlotés, ces crèmes glacées de luxe, la vraie nature de Mickey Cohen se révélait de plus en plus.

Aux dires de Paul Caruso, l'avocat qui avait pris en main les affaires juridiques de Cohen à sa sortie de prison, «Mickey se comportait toujours en parfait gentleman quand il venait chez moi. Il ne buvait pas, il ne fumait pas et il ne blasphémait jamais. Mais avec le temps, un froid s'est installé entre nous et j'ai pu constater qu'il était plutôt mal embouché.

«C'était un type dangereux. En étant son avocat, je m'aliénais le reste de ma clientèle. Quand nous nous sommes séparés, il me devait 7 900 $ [64 000 $ aujourd'hui] et il refusait de me les payer.»

Le jeune avocat ne manquait pas d'audace. Il pressa son client de payer la note. Mickey le mit au défi de venir chercher son argent. Lorsque Caruso se présenta à son bureau, Mickey braqua un .38 sur lui. Rapide comme l'éclair, Caruso s'empara de la sœur de Mickey qui était avec eux dans la petite pièce. S'en servant comme d'un bouclier, il sortit et recula jusqu'à sa voiture. Il échappa de justesse au gangster armé et rapporta l'incident au LAPD. Quand la police arriva, Mickey était parti, et ce fut tout.

À 2 h du matin, le téléphone sonna chez l'avocat. Il reconnut la voix d'un des hommes de Cohen: «Écoute, Caruso. Le petit est furieux contre toi. Il peut pas te blairer. Ça va te coûter 1000 $ pour régler ça.»

Caruso refusa qu'on le fasse chanter. «Mickey croyait que les gens avaient peur de parler. Je suis sûr qu'il a cru que je ne dirais rien à personne.»

* * *

Mickey eut un autre accrochage à l'un de ses restaurants favoris, la Villa Capri, au 6735, Yucca Street. À l'occasion d'une réception d'après spectacle pour Sammy Davis Jr., à laquelle assistaient Frank Sinatra, Shirley MacLaine et l'humoriste Ernie Kovacs, un garçon de table répandit accidentellement du café sur Cohen. Le garçon assura s'être confondu en excuses, mais «le petit (à ce moment-là, je ne sais pas qu'il s'agit de Cohen) rugit "C'est pas une raison"», et lui donna un coup de poing.

Le serveur frappa Cohen à son tour. Mickey se mit à saigner du nez. «Deux gorilles» jetèrent le serveur à terre et s'assirent sur lui. Peu après, le garçon de table porta plainte et Mickey fut accusé d'avoir troublé la paix et commis des voies de fait. Mickey, qui connaissait ses droits constitutionnels sur le bout des doigts, dit être harcelé par la police. Le serveur intenta alors une poursuite civile et réclama des dommages de 50 000 $ (plus de 320 000 $ aujourd'hui).

L'affaire fut portée devant les tribunaux quelques mois plus tard. Bien que des témoins de moralité tels que Bob Mitchum et Sammy Davis l'aient appuyé, Mickey fut déclaré coupable par le jury. Le juge municipal Gerald C. Kepple le condamna à verser une amende de 500 $, à une peine de 90 jours avec sursis et à une ordonnance de probation de deux ans. Mickey perdit aussi sa cause au civil.

Mais le garçon de table perdit lui aussi la partie. Il fut arrêté peu après, censément pour possession de quantités importantes de marijuana et d'amphétamines.

* * *

Mickey effectua ensuite un voyage à La Paz, au Mexique, en compagnie de Ben Hecht, de George Bieber, l'avocat de Chicago qui, aux dires de Hecht, dirigeait sa batterie d'avocats, du producteur Nick Nayfack, de l'humoriste Billy Gray et, enfin, de ses gardes du corps. Le FBI le suivit et rapporta que Cohen s'était rendu au Mexique «dans le but d'enquêter sur la possibilité d'y investir dans un hôtel assorti d'une maison de jeu, et pour travailler à son livre avec Ben Hecht».

Pendant que le groupe s'adonnait à la pêche en haute mer, Cohen racontait sa vie à Hecht. Celui-ci décrit comme suit un de ces épisodes: «Mickey, en pantalon de flanelle blanche, chaussé d'espadrilles et portant trois pulls en laine fine me fait penser à un orphelin en excursion. Sagement assis dans une chaise capitaine, il regarde la turbulence de l'eau et me débite froidement sa vie dans le détail, comme si elle appartenait à quelqu'un d'autre. Il parle de ses crimes et de ses cruautés sans aucune contrition.»

Finalement, Mickey dit à Hecht : « Je suis très étonné de t'avoir raconté tout ça. J'ai eu honte plusieurs fois de ce que je disais. J'ai souvent eu envie de mentir, mais j'ai dit la vérité. Je n'arrêtais pas de me répéter "voilà qui je suis, et voilà ce que j'ai fait". »

L'agent des stupéfiants Chappel passe l'ancien boxeur à tabac au cours d'une rixe, mais en dépit de deux procès, Mickey Cohen ne sera pas condamné pour agression sur sa personne. 1958.

Cohen ajouta : « Évidemment, j'ai vieilli. Et rien qu'à cause de ça, je ne pourrais plus faire la moitié de ce que j'ai fait auparavant. Mais en fait, je n'en ai plus vraiment envie. J'ai changé. Je ne suis plus le petit voyou juif qui braquait des magasins à Cleveland, qui vivait de rapines à Chicago et à Los Angeles. Il n'y a rien qu'il n'aurait pas fait pour de l'argent. Ou pour les bonnes personnes. »

* * *

À son retour du Mexique, Mickey reçut une mise en garde : des informateurs auraient communiqué des allégations aux autorités compétentes concernant son implication dans le trafic de stupéfiants. Le 26 mars 1958, il se rendit au bureau du FBI dans le centre-ville et entra sans s'annoncer dans le bureau de Howard W. Chappell, le directeur régional du Federal Bureau of Narcotics (FBN). Sans avoir été provoqué, l'ancien petit boxeur de 1,60 m et âgé de quarante-cinq ans assena un direct du gauche en plein sur la bouche de Chappell. L'agent des stupéfiants, qui était grand et pesait plus de 90 kilos, se leva et administra au gangster un tabassage en règle.

Mickey avoua plus tard avoir reçu là la pire raclée de sa vie. Au tribunal d'instruction quelques jours plus tard, il avait encore le visage tuméfié et un spectaculaire œil au beurre noir.

Accusé de voies de fait sur un fonctionnaire fédéral, Mickey vit sa cause portée deux fois devant les tribunaux. Au second procès, la poursuite soutint dans ses conclusions finales que Cohen savait se servir de ses poings puisqu'il avait été boxeur professionnel. L'avocat de Cohen, l'étoile montante Melvin Belli, répliqua : « N'est-ce pas pourtant lui que l'on surnommait "Black Canvas Cohen" (Cohen au tapis) en raison de ses trop nombreuses défaites ? »

Le jury s'enlisa dans une impasse et Cohen ne subit pas de troisième procès.

CHAPITRE 21

L'Oscar

« C'est la première fois de ma vie que je vois un homme mort condamné pour son propre meurtre. »
MICKEY COHEN

Pur produit de l'Amérique profonde, John R. Stompanato fils, né le 9 octobre 1925, avait grandi à Woodstock (Illinois) dans une maison de deux étages en bardeaux à clins. Son père gagnait honorablement sa vie comme barbier et trempait un peu dans l'immobilier. Sa mère était morte en le mettant au monde, mais il s'attacha beaucoup à sa belle-mère. Après une première année à l'école secondaire locale, il fut envoyé pensionnaire à la Kemper Military School, au Missouri. La discipline sévère de cette école pour garçons lui posa quelques problèmes, mais il finit par obtenir son diplôme à dix-sept ans. Entré dans les Marines en 1943, il affronta l'ennemi aux batailles de Peleliu et d'Okinawa. Rendu à la vie civile en 1946, Johnny prétendit avoir dirigé des boîtes de nuit à Tianjin (autrefois Tientsin), en Chine, mais il est plus probable qu'il y ait été un petit fonctionnaire au service du gouvernement américain.

Il se maria à trois reprises, la première fois à Sarah Utich, une femme plus âgée que lui, d'origine turque. À son retour à Woodstock après la guerre, il gagna brièvement sa vie en vendant du pain. Sa femme lui donna un fils, John Stompanato III, mais ce mariage fut de courte durée. En 1948, à l'âge de vingt-deux ans, il arriva dans la capitale du cinéma.

À Hollywood, le beau vétéran aux cheveux noirs et bouclés se joignit très tôt à la bande de Mickey Cohen. L'histoire ne dit pas comment. Stompanato soutint un jour avoir rencontré Mickey à sa boutique de tailleur dans Sunset Strip. D'autres affirment que Cohen l'avait remarqué alors qu'il travaillait dans une des boîtes de nuit qu'il contrôlait. Il est également possible qu'un intermédiaire, peut-être de Chicago, ait orchestré leur rencontre.

Ce qui est certain est que Johnny Stompanato entra dans l'univers du gangster durant la guerre de gangs pour le contrôle de Los Angeles. Face à ce nouveau venu qui n'avait pas encore été « éprouvé », les hommes de Mickey se montrèrent « sceptiques et très inquiets ». Mais le patron l'aimait bien, et il sut les rassurer. Stompanato géra le Continental Café de Mickey, prit une part dans la joaillerie Courtley's Exclusive Jewelry de Mickey et devint bientôt un pilier de la vie nocturne de Sunset Strip. Stompanato, dont on disait souvent à tort qu'il était un des gardes du corps de Mickey, fuyait la violence et, ainsi que le disait Mickey, il n'avait « pas un naturel méchant ». Plus porté sur l'amour que sur la bagarre, il se donnait de séduisants noms d'emprunt tels que John Valentine, John Steele et John Holliday. Ses exploits amoureux passèrent bientôt à la légende, si bien qu'il reçut le surnom d'Oscar, par allusion à la dimension de son phallus, digne d'un trophée de l'Académie. Il eut d'innombrables aventures avec de pauvres veuves solitaires, de belles danseuses de cabaret et des actrices de second ordre qui crevaient de faim, mais on disait aussi qu'il courtisait de grandes vedettes, telles Ava Gardner et Janet Leigh.

Stompanato fut dès le départ mentionné dans de grands quotidiens, notamment à l'occasion de la fusillade du Sherry's en juillet 1949, quand il se présenta aux journalistes sous le nom de Johnny Valentine, bijoutier. Une photo fut publiée ce soir-là, le montrant en train de consoler LaVonne Cohen alors qu'elle se rendait auprès de son mari blessé. Johnny atterrit encore une fois dans les journaux quand il accompagna Mickey dans sa tournée estivale de 1950 et, en novembre de la même année, à l'enquête Kefauver. En décembre, il fut impliqué dans l'épineux conflit qui divisa l'acteur vieillissant Franchot Tone et son ex-épouse, la belle actrice Jean Wallace, autour de la garde de leurs enfants.

Le 9 décembre 1950, le *Los Angeles Times* écrit sur les « "bamboches" de Jean Wallace. Lawrence Tierney, un acteur souvent appréhendé par la police, et Johnny Stompanato, homme de main de Mickey Cohen, figurent parmi les personnes mentionnées lors d'un interrogatoire concernant certaines beuveries. Un jour que Johnny s'était présenté chez elle sous le nom de Johnny Valentine, mademoiselle Wallace lui demanda de rester à dîner en sa compagnie. "Il m'a fait croire qu'il était un des *bookmakers* de monsieur Cohen", dit-elle. Quand on lui demanda si Johnny lui avait trouvé un appartement, elle répondit qu'elle en cherchait un depuis un certain temps et qu'il l'avait aidée dans sa quête. »

Quand il fut appelé comme témoin à charge au procès de Mickey pour fraude fiscale en 1951, il était devenu timide devant les caméras. En sortant de la salle d'audience, il se cacha le visage sous un mouchoir.

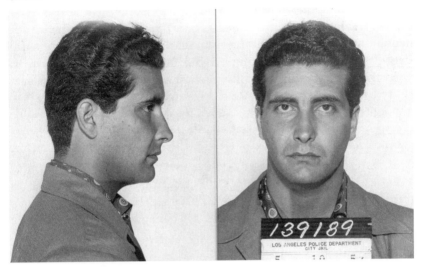

Photo signalétique de Johnny Stompanato au LAPD. Il a longtemps été un associé de Cohen, mais son casier judiciaire était presque vierge et il n'a jamais été condamné. 1952.

Son casier judiciaire était presque vierge. Il avait été appréhendé dans Sunset Strip après le couvre-feu. Lors de son arrestation, il était armé et il avait 5000 $ sur lui [45 000 $ aujourd'hui]. L'éminent avocat et ancien juge Joseph Scott le représenta. Il fut condamné mais gagna en appel, et la cause fut finalement classée. En 1952, il fut soupçonné de vol à main armée et arrêté à nouveau, mais les preuves du procureur ne suffirent pas à porter la cause devant les tribunaux.

Ainsi qu'on peut le lire dans le dossier du FBI sur Stompanato nº 257318A :

Selon le LAPD, Stompanato est un souteneur notoire de la région de Los Angeles. La police estime qu'il fournissait des filles aux relations professionnelles de Mickey Cohen lors de leurs visites. En 1956, Stompanato fut impliqué par le Bureau dans une affaire reliée à la loi Mann contre la traite des Blanches (White Slave

Traffic Act). Selon certains renseignements, Stompanato expédiait des filles de Los Angeles à Las Vegas (Nevada). Le secrétaire à la Justice des États-Unis rejeta la poursuite.

Il aurait été une des « banques » les plus fiables du chef de gang, et il était réputé être un excellent rabatteur vers les avortoirs illégaux présumément sous la protection de Mickey Cohen. Un article de la *United Press* laissa entendre que ses affaires étaient largement axées sur le chantage et l'extorsion : « Stompanato avait un jour emprunté 85 000 $ [plus de 760 000 $ aujourd'hui] à Sir Charles A. Hubbard, un millionnaire britannique qui avait fait trois mois de prison à Hollywood pour possession de marijuana. »

« Le beau Johnny était un des "loups" les plus prospères de Hollywood », signale le réputé directeur de la police de Beverly Hills Clifton Anderson. « Nous avions une foule de renseignements à son sujet. Nous savions qu'il avait soutiré d'importantes sommes d'argent à des individus qui avaient peur de porter plainte, et nous savions que plusieurs de ses conquêtes féminines lui donnaient de l'argent. »

Le journaliste Lee Mortimer écrivit dans sa chronique intitulée « New York Confidential » :

L'affaire des extorsions pratiquées par Stompanato et Mickey Cohen (révélée dans nos pages pour la première fois) explosera bientôt dans une histoire sensationnelle à la une des journaux. Elle impliquera des dizaines de personnalités de Hollywood, de Broadway et de la classe politique qui, depuis des années, se font dépouiller de leur argent sans rien dire par peur de représailles. La pègre Fischetti-Capone orchestre cette opération depuis Chicago, son réseau de beaux mecs et de belles filles recrute des gigolos comme Stompanato, des filles publiques et des homosexuels, et de sales petits truands tels que Mickey Cohen lui servent de couverture et font le sale boulot à sa place.

Peu après son arrivée à Hollywood, Stompanato se remaria. Il devint le quatrième des sept maris de Helen Gilbert, une actrice aux cheveux blonds. Ils divorcèrent en 1949 après trois mois de vie commune. Mademoiselle Gilbert déclara alors : « Johnny n'avait pas d'argent. J'ai fait ce que j'ai pu pour l'aider. »

Quand Mickey fut incarcéré en 1951, Stompanato géra une animalerie, éleva des inséparables dans une volière domestique et vendit des véhicules et des meubles usagés. Il épousa Helene Stanley, une autre belle actrice de films de catégorie B. Cette union dura de 1953 à 1955. Lors de la procédure en divorce, Helene Stanley se plaignit de ce que son mari «découchait de deux à trois fois par semaine, puis il me disait "tu devrais être contente que je finisse par rentrer à la maison. Je ne t'amène nulle part parce que tu m'ennuies à périr".» L'actrice l'accusa d'avoir tenté d'étrangler sa mère un jour que celle-ci avait égaré ses mouchoirs.

Des rumeurs circulèrent dans les journaux selon lesquelles il songeait à se remarier avec une certaine Rosemary Trimble. Cette hypothèse se fondait sur un supposé compte bancaire conjoint et sur un anneau portant l'inscription suivante: «*From Here to Eternity – Rosemary and Johnny*» (Maintenant et toujours – Rosemary et Johnny). Madame Trimble, épouse d'un médecin de West Los Angeles, admit l'avoir connu quand il était marié à Helene Stanley, mais elle nia être plus qu'une simple connaissance.

La spécialité de Stompanato consistait à extorquer l'argent des femmes riches, mais on disait qu'il tirait aussi profit de sa bisexualité. «Stompanato était parfois vu en compagnie de riches homosexuels», lit-on dans un mémo du FBI. «Selon un informateur, il "couchait avec des hommes ou des femmes pour de l'argent".»

En 1955, à l'âge de trente ans, Stompanato habitait au 11720, Bellagio Road, dans le quartier chic de Bel-Air, mais son domicile, loin d'être somptueux, n'était qu'un simple meublé d'une chambre à coucher dans un petit édifice de deux étages avec piscine. Il tenta de s'intégrer, mais sa «célébrité» fit très tôt de lui un objet de curiosité. La rumeur circula: non seulement ce voisin viril à la belle voix grave était un associé de Mickey Cohen, il était aussi «une sacrée baise».

Une de ses voisines, Rosaline George, le décrit ainsi: «Il était beau, oui, mais je ne le trouvais pas particulièrement attirant. Il était un peu grossier, un peu bourru. Il traitait la plupart des femmes comme des objets, sauf quand il espérait les séduire.

«S'il cherchait à vous impressionner, il se montrait poli et aimable. Mais pour lui, la vie était un monde d'hommes.»

Des femmes en tout genre fréquentaient l'appartement immaculé de Johnny, dont une élégante habituée dans la quarantaine qu'il surnommait cruellement «la Chienne». Cette veuve distinguée, madame Doris Cornell, lui remit 8100 $ [environ 65 000 $] pour qu'il lance une nouvelle entreprise, la boutique de cadeaux Myrtlewood Gift Shop. Ce minuscule commerce vendait exclusivement des objets faits de bois de myrte, et tout ce que Mickey avait à offrir d'autre.

Plusieurs locataires mariées, de même qu'une blonde et jolie collègue de travail de Rosaline George, eurent avec lui des relations intimes. On dit même qu'une mère et sa fille succombèrent toutes les deux au charme de Johnny.

« Puis, un jour, tout s'arrêta », se souvient Rosaline George.

Stompanato semblait maintenant n'avoir d'yeux que pour une seule femme.

* * *

Notre prédateur sexuel a jeté son dévolu sur une femme qui a déjà brisé bien des cœurs : Lana Turner, le fantasme de millions d'hommes, une des plus belles femmes de Hollywood et une de ses vedettes les mieux payées.

Née Julia Turner à Wallace, dans l'Idaho, le 8 février 1921, elle est la fille d'une coiffeuse-esthéticienne et d'un travailleur itinérant, joueur invétéré, qui abandonne les siens quand elle est encore bébé, si bien que l'enfant doit souvent être placée en foyer d'accueil. Son père est tué pour une histoire de dette de jeu alors qu'elle n'a que dix ans. L'enfance de la petite fille, qui se déroule en pleine Crise, est marquée par la tragédie, la pauvreté et les déceptions.

Mildred Turner et sa fille adolescente s'installent à Hollywood en 1935. Alors qu'elle fréquente l'école secondaire Hollywood High depuis deux mois à peine, la belle enfant de quatorze ans est remarquée par Billy Wilkerson, un ami de Bugsy Siegel et le propriétaire d'une importante publication du milieu du cinéma, le *Hollywood Reporter*. Elle sirote un coca-cola à la buvette en face de l'école quand le magnat de Hollywood lui demande à brûle-pourpoint : « Est-ce que ça vous plairait de faire du cinéma ? » L'adolescente répond : « Je ne sais pas. Il faut que je demande à ma mère. »

C'est ainsi que, six mois après avoir débarqué dans la capitale du film sans un sou et sans rien devant elle, elle réalise le rêve de tant d'aspirants acteurs. Turner signe sur-le-champ un contrat d'exclusivité avec Mervyn LeRoy, un très grand producteur et metteur en scène. Elle n'a que seize ans lorsqu'elle se fait remarquer dans le film de LeRoy, *They Won't Forget* (*La Ville gronde*). On la surnomme « Sweater Girl » en raison de ses pull-overs qui moulent ses formes plantureuses, et son contrat est vendu au studio le plus réputé de Hollywood, la MGM. Rebaptisée Lana, la belle ne devra jamais en arracher comme figurante ni s'abaisser à coucher avec des producteurs pour obtenir de petits rôles, pratique courante dans l'industrie du film. La jeune *star* aux cheveux blond platine étant une véritable corne d'abondance pour les studios, on la dorlote et on la protège aussi de la presse et de ses scandales.

Turner devient bientôt l'archétype de la vedette privilégiée et capricieuse. Une folle « reine des boîtes de nuit ». Elle a deux maris, un avortement illégal, une enfant et, avant même d'atteindre ses vingt-cinq ans, des douzaines d'amants célèbres, dont Frank Sinatra, Howard Hughes et l'étoile du grand écran, Tyrone Power.

Son premier mari, rencontré dans un studio d'enregistrement de la MGM, est le clarinettiste et chef d'orchestre réputé Artie Shaw. En 1940, Lana, âgée de dix-neuf ans, devient la huitième épouse de ce dernier, mais le couple se sépare moins d'un an plus tard. Shaw dit vouloir une femme capable de partager ses passions intellectuelles.

De retour de quelques orageux jours de vacances à Acapulco, la légendaire étoile du grand écran Lana Turner et son amant Johnny Stompanato sont accueillis avec éclat par les journalistes (au grand dam de Lana) que la fille de l'actrice, Cheryl Crane, a prévenus de leur arrivée. 1958

Son deuxième mari, Stephen Crane III, qu'elle épouse en 1942, est un mystérieux jeune homme rustaud et provincial qui s'est bien intégré à Sunset Strip et qui organise chez lui des parties de gin-rummy à enjeux élevés. Le couple fréquente souvent la maîtresse de Bugsy Siegel, Virginia Hill. Lorsque Crane rencontre la belle actrice, Hill lui a déjà donné la somme nécessaire à une chirurgie esthétique pour retoucher son nez et son menton, et améliorer son apparence. Turner se rappelle Virginia Hill comme d'une « fille sympa ». Mickey Cohen offrira au couple Crane-Turner un petit-déjeuner de mariage au Streets of Paris, un restaurant de Hollywood Boulevard dans lequel il détient une participation.

Mais le personnage le plus fascinant de ce groupe social est Bugsy Siegel. « Un merveilleux danseur », dit Turner au sujet du beau gangster. Ce commentaire séducteur ne passe pas inaperçu. Lorsque la liaison clandestine entre la jeune diva et Siegel vient aux oreilles du studio, le comportement irresponsable de la jeune actrice est décrié. Lana se bute. Le grand patron de la MGM, Louis B. Mayer, est furieux. Mais il

a lui-même des accointances dans les milieux criminels et, par conséquent, peu d'autorité sur la complaisante Lana. Il choisit de miser sur
les ragots qui circulent et confie à Lana un rôle dans *Johnny Eager*
(*Johnny, roi des gangsters*). Elle y incarne la fille d'un homme politique
amoureuse d'un parrain de la pègre. Le premier rôle masculin est tenu
par Robert Taylor, qui ressemble beaucoup à Bugsy Siegel.

En 1943, Lana et Steve Crane ont une fille, Cheryl, mais ils di-
vorcent l'année suivante. L'échotière de Hollywood Hedda Hopper se
range dans le camp de la vedette et qualifie Crane d'«archétype vulgaire et pathétique de ces séduisants instigateurs auxquels Lana est si
vulnérable».

Steve Crane reste présent dans la vie de Lana à cause de leur fille
Cheryl, mais il continue de frayer avec des gangsters. En 1946, il est
préposé à l'accueil chez Lucey's, le restaurant très fréquenté de Jimmy
Utley, où il voit Cohen passer son rival à tabac. En 1948, il se fiance à
Lila Leeds, l'omniprésent sosie de Lana Turner. Mais quand la starlette
blonde est arrêtée en compagnie de Robert Mitchum pour possession
de marijuana, Crane disparaît en Europe. Il restera loin de Los Angeles
pendant plusieurs années et, curieusement, il attendra que Mickey
Cohen soit incarcéré pour y remettre les pieds.

Pendant son séjour en Europe, il s'insinue dans les bonnes grâces
de la communauté hédoniste internationale, ces riches *play-boys* et ces
héritières fortunées qui exploitent son lien avec Lana Turner. Ainsi que
le note sa fille Cheryl Crane dans son livre intitulé *Detour* (*Ma vie en
noir et blanc*) : «Papa s'est mis à faire de la contrebande pour survivre
et pour financer sa passion pour deux jeux de table du casino de
Monte-Carlo, le baccara et le chemin de fer.»

En 1946, Turner se hisse au sommet de la gloire avec *The Postman
Always Rings Twice* (*Le Facteur sonne toujours deux fois*), un sulfureux film
noir qui la rend inoubliable. Elle n'a pas encore trente ans et sa carrière
semble pouvoir résister à tout. Elle refuse des scénarios, et décide de
s'accorder une pause après dix ans de travail ininterrompu. Deux ans
plus tard, Bob Topping, un mondain plus âgé qu'elle et imbu de sa
personne, la demande en mariage en laissant tomber dans son martini
une bague sertie d'un diamant de 15 carats. Le troisième pour elle et
le cinquième pour lui, ce mariage à la fois intime et fastueux a lieu
chez Billy Wilkerson dans Sunset Boulevard.

Les 60 célébrités mondiales invitées à la réception peuvent goûter
à un jambon sur lequel se lit en relief «I Love You» et à une côte de
bœuf qui annonce «She Loves Him». Il y a aussi un village européen fait
d'aliments exotiques : des maisons sculptées dans des pommes de terre

colorées, des montagnes de caviar en guise de collines, une fontaine de l'espoir en tresses de carottes, un ruisseau où nagent de vrais poissons rouges. Pour couronner le tout, une énorme sculpture de glace représente les deux époux enlacés.

Topping confie au magazine *Life*: « Cette fois, c'est pour toujours. » La vie voluptueuse des nouveaux mariés se compose de nombreux domiciles, de voyages, de plaisirs et de séjours occasionnels au domaine de près de deux hectares de Lana, à Holmby Hills, avec sa fille Cheryl. Mais leur union ne dure que quelques années.

Des changements dans la direction des studios de la MGM nuisent à la carrière de l'actrice. Le nouveau directeur, Dore Schary, n'est pas aussi entiché d'elle que l'était Louis B. Mayer. Ses ennuis sur le plateau et sa vie personnelle poussent Lana aux excès de boisson. Elle fait même une tentative de suicide que les gérants de crise de la MGM parviennent à occulter.

En 1952, Lana Turner incarne un solide personnage de soutien dans *The Bad and the Beautiful* (*Les Ensorcelés*) et se marie à nouveau, cette fois avec l'acteur Lex Barker, un très bel homme, diplômé de Princeton, que le rôle de *Tarzan* a rendu célèbre. Mais ce mariage ne freine pas la spirale descendante dans laquelle l'actrice est engagée. Les domestiques qui se croisent chaque jour au parc Beverly Glen alimentent les ragots : Lana est une traînée. Cheryl et sa mère sont des ivrognes. Et Cheryl n'est pas seulement perturbée, elle est enfermée dans sa chambre. Lorsque Cheryl annonce à sa mère que Barker l'agresse sexuellement, Lana met fin à son malheureux mariage.

En 1956, Lana Turner est à l'étiage. Les années et les abus d'alcool flétrissent déjà la beauté de la femme de trente-cinq ans. La MGM ne renouvelle pas son contrat. Gravement endettée et pourchassée par le fisc, elle doit vendre son domaine de Holmby Hills. Sa fille, alors âgée de treize ans, choisit l'enfer de la rue.

C'est durant cette période que, sous le nom de Johnny Steele, Stompanato se mit à appeler Lana chez elle et à la poursuivre de ses assiduités sous prétexte qu'ils avaient une amie commune, Ava Gardner. Stompanato se montra doux et attentionné. Sa beauté sombre et sa virilité attirèrent Lana. Il la bombarda de fleurs, en provenance de la pépinière de Cohen, Michael's Greenhouse Inc., et lui offrit une magnifique montre gravée et une parure en forme de feuilles d'arbres qui comprenait une broche, deux bracelets et une bague, le tout en or serti de diamants.

Comme on peut le lire dans l'autobiographie de Turner intitulée *Lana*: « Quand je lui ai demandé "Est-ce que l'argent pousse dans les arbres chez toi ?" il m'a répondu "Non, seulement les feuilles." De toute évidence, il savait faire la cour à une femme.»

Quand elle demanda à Stompanato comment il gagnait sa vie, il lui fit croire qu'il était producteur de disques.

Turner succomba rapidement au charme de Stompanato. Mickey dit qu'elle l'appelait jusqu'à cinq fois par heure. Quant à Johnny, il sympathisa dès le début avec Cheryl, la fille adolescente de Lana. Mickey lui avança l'argent dont il avait besoin pour offrir un coûteux cheval à la jeune fille. Il était un excellent cavalier. Cheryl et lui faisaient souvent de l'équitation ensemble, et parfois, Cohen se joignait à eux. À l'été de 1957, pendant que Lana était partie en tournage, Cheryl travailla à la boutique de Johnny, à Westwood.

Prétextant ses propres ennuis financiers, Cohen refusa de fournir à Johnny l'argent dont il avait besoin pour soutenir le grand train de vie de Lana. Ainsi que le fait remarquer la voisine de Stompanato, Rosaline George : « Est-ce que Johnny était fauché ? On disait qu'il avait quelques paiements de loyer en retard.» Il semblait impatient de vendre un gros diamant. Pour voiturer Lana, il empruntait différents véhicules, dont son préféré était le spectaculaire T-Bird de Rosaline George et de son mari. Un jour, après être sorti avec Turner dans la voiture du couple, Stompanato les invectiva. Ils n'avaient pas rempli le réservoir, si bien que la déesse de l'écran et lui étaient tombés en panne d'essence.

Rosaline George écrit : « Un dimanche, Johnny a convaincu le jeune avocat qui était mon mari à cette époque d'emmagasiner du stock de la boutique de Westwood dans notre T-Bird et de le vendre avec lui directement de la voiture dans Sunset Boulevard, à West Los Angeles. Mon mari trouva cette proposition très curieuse. Johnny semblait toujours en train de chercher de nouvelles façons de faire de l'argent.»

Turner venait de signer avec MCA, car Lew Wasserman, le très influent directeur de cette agence d'artiste, était prêt à relancer la carrière de la *star*. Renonçant à son image de blonde incendiaire, elle incarna la mère d'une adolescente dans *Peyton Place* (*Les plaisirs de l'enfer*), l'adaptation cinématographique très attendue du roman éponyme.

James Bacon, le correspondant à Hollywood de l'Associated Press, a dit à l'auteur de cette biographie : « Je savais qu'elle vivait avec Stompanato, et d'autres personnes le savaient aussi.» Lana Turner était une vedette monumentale et son plus récent film allait être lancé sur la scène mondiale. Le moment était mal choisi pour un scandale. Hollywood resserra les rangs autour d'elle. La liaison de l'actrice dut rester secrète, ce qui rendit Stompanato furieux. Comme Mickey Cohen, il rêvait de faire carrière au cinéma, et il avait un scénario dans ses tiroirs. Il aspirait à devenir producteur et à partager la vedette d'un film avec Lana Turner.

En 1958, alors que Lana était à Londres pour tourner *Another Time, Another Place* (*Je pleure mon amour*), Stompanato se plaignit auprès de l'actrice Corinne Calvet que son amie le rendait fou avec ses coups de fil hystériques et ses larmes à n'en plus finir. « Elle m'a supplié de fermer la boutique et de l'accompagner, mais je ne peux pas jouer à ces jeux-là avec mes investisseurs. » Il alla néanmoins la rejoindre en Angleterre et, pendant quelque temps, tout se passa bien. Mais bientôt, leurs querelles reprirent et Stompanato devint violent. Après s'être d'abord dite incapable de se passer de lui, Lana Turner ne sut plus que faire pour s'en débarrasser. Lors d'une altercation particulièrement explosive, le beau Sean Connery, qui débutait au cinéma et partageait la vedette avec Lana, envoya Stompanato au plancher d'un seul coup de poing. Quelqu'un contacta Scotland Yard et Johnny fut expulsé d'Angleterre.

Le tournage fini, Lana Turner s'offrit des vacances à Acapulco en compagnie de Johnny. Leur séjour d'environ deux mois fut marqué par les disputes et la violence, et par de bonnes nouvelles de Hollywood : son rôle dans *Peyton Place* valait à Lana une nomination pour l'Oscar de la meilleure actrice. Elle aurait aussi l'honneur d'agir comme présentatrice lors du gala.

Lorsque Lana et Johnny rentrèrent à Los Angeles, Cheryl, qui avait informé la presse de leur retour, les attendait à l'aéroport, flanquée de photographes et de journalistes. Turner écrit : « Les journaux avaient été prévenus de mon arrivée et, comme on pouvait s'y attendre, les photographes étaient là.

« Ils ont pris des photos de moi avec Cheryl et John qui savourait son quart d'heure de gloire. Il a fait comme si nous étions un couple heureux qui revient d'un séjour merveilleux à l'étranger. »

Dans certaines de ces très éloquentes photos, Lana Turner affiche un grand sourire forcé. Dans d'autres, elle semble très tendue. Johnny et Cheryl ont un regard émerveillé l'un pour l'autre, et la main de Cheryl repose sur la taille du bandit. En réponse aux questions des journalistes, Lana nia avoir une liaison avec Johnny, mais le *Los Angeles Examiner* révéla néanmoins qu'elle avait passé ses vacances avec lui : « Turner de retour de vacances avec un membre de la pègre. »

Impressionné par la nomination de Lana et désireux d'accompagner sa célèbre maîtresse à la cérémonie de remise des Oscars, Johnny veilla à bien se conduire. Mais lorsqu'elle lui annonça qu'il ne l'accompagnerait pas, Stompanato entra dans une rage folle.

Le 26 mars 1958, Lana Turner assista au gala de l'Académie en compagnie de sa mère, de Cheryl et d'un agent de publicité. C'est Joanne Woodward qui reçut le trophée de la meilleure actrice pour son rôle dans *The Three Faces of Eve* (*Les Trois Visages d'Ève*), mais la soirée fut néanmoins glorieuse pour Lana Turner, et son retour tant espéré à l'écran sembla à sa portée.

Après la cérémonie, Stompanato entra par effraction dans le bungalow que l'actrice occupait à l'hôtel Bel-Air. Il fut allégué que, pendant que Cheryl se trouvait dans la pièce adjacente, il menaça Lana et se jeta brutalement sur elle.

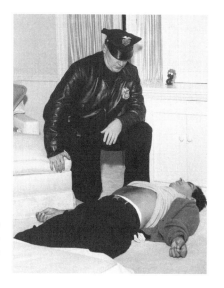

Pas une seule goutte de sang! Johnny Stompanato, trente-deux ans, gît sans vie dans la chambre à coucher immaculée de Lana Turner. 1958.

Ainsi que le note Clifton Anderson, le directeur de la police de Beverly Hills: «J'ai reçu un coup de fil de madame Turner, la mère de l'actrice, me disant que le truand terrorisait sa fille. Quand elle me demanda quoi faire, j'ai dit que sa fille devrait venir immédiatement au poste et porter plainte. Ça n'est jamais arrivé.»

On est le 4 avril 1958, un Vendredi saint, et il pleut des cordes. La rumeur veut que le corps de Johnny Stompanato gise sur le sol dans la chambre à coucher rose du luxueux appartement de Lana Turner dans Bedford Drive. Hollywood passe en mode de gestion de crise. Premier coup de fil: «Appelez Giesler.» En qualité de représentant de Lana Turner et de Cheryl Crane, le célèbre avocat au pénal prend immédiatement le contrôle de la scène du crime. Mickey Cohen réagit lui aussi très rapidement. Il arrive chez Lana Turner à l'instant où les gens du coroner emportent le corps de Johnny, puis il se rend sur-le-champ au bureau du directeur de la police de Beverly Hills, Clifton Anderson, et il exige de savoir ce qui est arrivé à Stompanato.

Exactement au même moment, l'appartement de Johnny Stompanato est cambriolé selon les règles de l'art. Ainsi que l'avouera plus tard le directeur de la police de Beverly Hills, Clifton Anderson : « J'ignorais alors l'existence de certaines pièces étonnantes que le *playboy* avait rangées dans un petit coffret en bois et confiées à une tierce

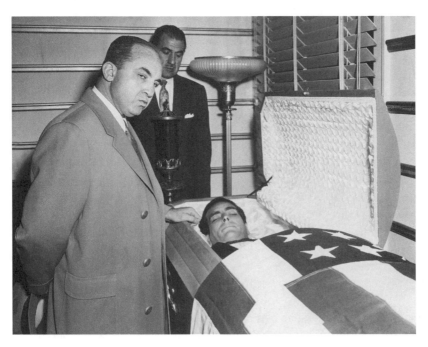

Mickey Cohen près du cercueil de Johnny Stompanato. (L'homme à l'arrière-plan est l'entrepreneur des pompes funèbres.) Ancien Marine, Stompanato a bénéficié de funérailles militaires avec tous les honneurs. 1958.

personne parce qu'il se méfiait de ses associés mafieux. » Le coffret aurait renfermé des négatifs de film montrant Lana Turner, ainsi que d'autres femmes célèbres, dans des poses sexuelles explicites. Stompanato avait secrètement filmé ses maîtresses à l'aide d'une caméra Minox miniature.

Dès que se répandit la nouvelle de la mort de Stompanato, les rumeurs se multiplièrent : Lana avait tué Johnny ; Cheryl et Johnny étaient amants ; Mickey Cohen avait été payé par des gros bonnets de

Hollywood pour exécuter Stompanato ; quelqu'un d'autre que Cohen avait été engagé pour le tuer.

Au départ, Lana fut vilipendée dans tous les journaux et sur toutes les tribunes, mais quand la population fut mise au fait du passé sordide de Stompanato en tant qu'associé de Cohen, de présumé gigolo et d'extorqueur, l'opinion publique se rallia à l'actrice. Mickey Cohen s'efforça d'éviter que Lana devienne l'objet de la sympathie du public. Pendant que l'actrice restait cloîtrée chez elle et que Cheryl Crane, soupçonnée d'avoir tué Stompanato pour défendre sa mère, passait en jugement au Tribunal de la jeunesse, Cohen tint chez lui une conférence de presse au cours de laquelle il remit en exclusivité à Agness Underwood, rédactrice en chef au *Los Angeles Herald-Express* de Hearst, les lettres d'amour de Lana à Johnny.

Cohen se plaignit amèrement auprès de la journaliste de l'attitude lamentable de Lana envers son amant décédé. «C'est la première fois de ma vie que je vois un homme mort condamné pour son propre meurtre. Ce jeune homme a été victime d'un terrible accident chez une femme. Elle a prétendu qu'il n'y était pas le bienvenu. J'avais de la peine pour Lana au début, mais plus maintenant. Si elle avait agi avec décence, si elle avait contacté la famille de Johnny et peut-être offert de payer certains frais funéraires, Carmen [Stompanato, le frère de Johnny] et moi aurions brûlé ces lettres.»

Les sulfureuses lettres d'amour de Lana furent publiées dans le monde entier. La première, datée du 19 septembre 1957, provenait de Copenhague.

Voici un extrait d'une autre lettre, cette fois expédiée de Londres :

Mon amour bien-aimé, ta merveilleuse lettre est arrivée ce matin. Chacune de ses lignes m'embrase et me fait ressentir douloureusement ton absence chaque seconde. C'est magnifique et en même temps, c'est terrifiant.

Mais l'amour profond n'est-il pas terrifiant ? Ô, mon amour, mon amour, la lettre que je t'ai écrite hier soir est, du début à la fin, dans la même veine que la tienne, tu vois, nous sommes absolument sur la même longueur d'onde. Je dois te laisser maintenant, mon amour... *Cuidado y baci, baci, baci*. Serre-moi contre toi, mon cher amour, *mi macho, ciao, ciao, Papito*, Je t'aime. Lanita.

Et encore celle-ci, de Londres, toujours :

Daddy chéri... je me sens si seule... et toute à toi. Aucun autre homme ne m'intéresse. Tu me manques, et j'ai tant besoin de toi. Mon cher amour, que vais-je devenir ici, sans toi? J'existe, c'est tout. Je ne sais pas comment je vais survivre. Tu me manques. J'ai envie de toi, je brûle pour toi, «Jusqu'au bout». Voilà!

J'ai ta lettre ici, avec moi, et je la lis et relis jusqu'à ce qu'elle se décompose! J'en savoure chaque mot, chaque sens. Mon amour, je t'aime si fort, du même amour «réciproque» que tu ressens toi-même.

Les effets personnels de Johnny Stompanato. À noter: les scénarios. Comme tout le monde à Los Angeles, il rêvait de gloire et de Hollywood. 1958.

Je suis ta femme et j'ai besoin de toi, mon homme! Besoin de t'aimer et besoin que tu m'aimes. N'en doute jamais, ne l'oublie jamais!

Un roman d'amour... ha! C'est pourtant beaucoup plus que ça, sois-en sûr. J'aurais tant de choses à dire, mais c'est plus facile quand tu me tiens dans tes bras, la nuit, car alors on peut se murmurer ou se crier ou se hurler l'amour que l'on ressent l'un pour l'autre. Le téléphone est pratique, bien sûr, mais j'ai besoin de te toucher, de sentir ta tendresse et ta force. J'ai besoin de te serrer dans mes bras, tout contre moi, de te câliner doucement, et puis que tu m'enlaces et me couvres de caresses et de baisers, oh, de milliers de baisers! *Quando, Papito? Quando? Quando? Quando?*

En tout, plus d'une vingtaine des lettres passionnées de Lana Turner firent grimper les tirages des tabloïdes de Hearst et frémir de plaisir les lecteurs. De Sunset Boulevard aux Champs-Élysées, les extases de Lana Turner alimentèrent les conversations des hommes.

Et ce n'était pas tout : Mickey avait en main des brouillons de missives de Stompanato à Turner qui, par comparaison, étaient beaucoup plus sages, et quelques épanchements innocents adressés à Johnny de la part de la jeune fille soupçonnée d'avoir planté dans le plexus solaire du beau gangster un couteau de cuisine de 20 cm de long. Mais la pièce la plus compromettante de la collection de Mickey était un petit sachet renfermant des poils pubiens de la belle actrice : il fut photographié et publié dans les journaux de Hearst.

Mickey tenta de faire valoir une thèse provocante, que les photos de la scène du crime semblaient accréditer : Stompanato aurait été endormi quand la lame transperça son aorte et son rein. Curieusement, il n'y avait aucune trace de sang dans la chambre où gisait la victime, et tant son corps que ses vêtements immaculés laissaient croire à une mise en scène. Le meurtre avait-il eu lieu ailleurs que dans la chambre de l'actrice? Le visage flasque et inexpressif du mort suggérait qu'il avait été drogué. Aucune analyse toxicologique ne fut effectuée.

Mickey sortit encore d'autres munitions lors d'un entretien avec Walter Winchell au Mocambo. Tout en lui remettant le passeport de Stompanato, il rouspéta : «J'aime bien la petite [Cheryl Crane] et j'ai de l'estime pour Steve [Crane, le père de Cheryl], mais je déteste Lana. » Winchell le mit en garde contre une vengeance possible de la pègre : «Partout au pays les gens respectables appuient Lana et Cheryl. » Mais Cohen refusa de prendre ce risque de représailles au sérieux.

Une semaine après le meurtre de Stompanato, la presse internationale et des centaines de curieux firent la queue devant le Hall of Records du comté de Los Angeles dans l'espoir d'avoir accès à l'enquête du coroner. Cheryl Crane écrit : « Mickey Cohen, qui devait être le premier à témoigner, arriva avec cinq minutes de retard et galvanisa toutes les personnes présentes dans la salle d'audience bondée et torride. Dans le but manifeste de faire sensation, il portait un classique costume gris de gangster, un feutre gris, et il mâchait de la gomme. »

Quand on lui demanda s'il avait identifié la dépouille de son ancien associé à la morgue, Cohen ne prit aucun risque : « Je refuse d'identifier John Stompanato fils, au motif que je pourrais être accusé du meurtre. »

Les observateurs ne savaient trop que penser. Ce vieux routier prudent et très au fait de toutes les nuances de la vie et du crime craignait de se faire piéger pour le meurtre de Stompanato. Quand on lui posa

Après plus de 20 ans de carrière au cinéma, Lana Turner livre une performance bouleversante lors de l'enquête du coroner sur la mort de Stompanato.

la question une deuxième fois, l'« acteur » le plus pourri de talent de Hollywood fit mot pour mot la même réponse. Ce fut tout. Le célèbre mafieux ramassa son chapeau, se l'enfonça sur la tête et sortit en trombe de la salle d'audience.

Le morceau de bravoure de Mickey avait duré deux minutes.

Les 62 minutes restantes appartinrent à Lana Turner. Elle livra dans son témoignage chargé d'émotion la plus grande interprétation de sa carrière : sanglots angoissés, poings crispés, crescendo dans la voix lorsqu'elle décrivit Stompanato, transportant un cintre où étaient suspendues une chemise et une veste, qui s'approchait d'elle d'un air menaçant «comme s'il avait l'intention de me frapper». À cet instant, sa fille fit irruption dans la chambre en brandissant un couteau. «Je les ai vus qui allaient l'un vers l'autre et j'ai pensé, oh, mon Dieu, elle le poignarde. Puis il a pivoté et il s'est affaissé. Il haletait, et sa gorge faisait des bruits horribles. Cheryl s'est mise à pleurer et elle s'est enfuie de la pièce en courant.»

À la suite de ces envolées lyriques, l'affaire fut classée. Le tribunal établit que Cheryl Crane avait commis un homicide justifiable en se portant à la défense de sa mère.

* * *

La famille Turner désirait au plus vite oublier Johnny Stompanato, Mickey Cohen et cet interminable Vendredi saint. Le film montrant Lana Turner dans des poses compromettantes fut localisé et détruit devant elle par son avocat, Louis Blau. L'actrice fit bientôt une rentrée triomphale dans *Imitation of Life* (*Mirage de la vie*), un autre mélodrame racontant l'histoire d'une mère et de sa fille, et dans lequel elle possédait une participation de 50%. Le second souffle de Lana Turner dura jusqu'au milieu de la décennie suivante.

Mais pour beaucoup de gens, le meurtre de Johnny Stompanato demeure à ce jour un des polars les plus retentissants et mystérieux de Hollywood.

CHAPITRE 22

Bobby et les beautés fatales

« On aurait dit qu'il n'était jamais devenu adulte.
J'avais l'impression que la vie n'était qu'un jeu
pour lui. »
    Liz Renay, au sujet de Mickey Cohen

LaVonne, quarante et un ans, obtint son divorce de Mickey Cohen le 18 juin 1958. Avec sa sœur, Doris Saks, elle gratifia les journalistes d'un sourire rayonnant. LaVonne desserrait enfin les lèvres et faisait la lumière sur la réalité de son mariage : « Peu importe ce qui se passait à l'extérieur de la maison, il me dénigrait sans cesse, il m'humiliait, et semblait même prendre un malin plaisir à le faire. J'ai été sous les soins d'un médecin pendant presque toute la durée de mon mariage. »

L'ancienne belle-sœur de Mickey appuya LaVonne : « Je l'ai vu l'abaisser et l'humilier, lui dire qu'elle était stupide. Il faisait cela devant moi, devant mon mari et devant d'autres personnes. Il la rendait nerveuse, hystérique. Elle était en larmes. »

Le juge remit en question le règlement de divorce d'un dollar par année qu'offrait Mickey, sans qu'elle touche une part des biens communs. Mais LaVonne accepta ces conditions.

« Mon avocat me dit que ça ne sert à rien de me leurrer. Je n'obtiendrai rien d'autre que ce qu'il est prêt à donner », dit LaVonne au journaliste Dean Jennings.

Peu après la finalisation du divorce, LaVonne et le costaud Sam Farkas, l'ancien garde du corps de Mickey, se marièrent en cachette à Las Vegas. Le nouveau marié dit s'être réformé et travailler dans l'industrie de l'acier. Farkas (FBI n° 462422) possédait dans Wilshire Boulevard un magasin de tapis où Stumpy Zevon, un autre associé de Cohen, faisait partie des meubles. Ainsi que me le confia un des avocats de Mickey Cohen : « Elle a épousé un *bookmaker*, un Mickey Cohen de deuxième classe. Elle aimait ce genre d'hommes. »

LaVonne est débordante de joie lorsqu'elle obtient son divorce de Mickey Cohen après 18 ans de mariage. 1958.

Le nouveau mari de LaVonne, le garde du corps et bookmaker *Sam Farkas, en compagnie de Mickey. Tous les trois sont restés bons amis.*

Un tombeur ? La belle Barbara Darnell, vingt-trois ans, embrasse le Capone de Los Angeles. L'expérience semble déplaire à Mickey. 1958.

La presse fit grand cas de ce remariage rapide, suggérant que le truand le plus célèbre de Hollywood s'était fait cocufier. Le preneur aux livres George Redston observe que « Cohen aimait s'entourer de jolies jeunes filles quand il fréquentait les boîtes, sans doute pour faire croire qu'il s'intéressait aux femmes. »

Mickey se mit à multiplier les aventures. Ses conquêtes très médiatisées étaient le plus souvent de jeunes beautés en marge des métiers du spectacle. Certaines étaient des « bambocheuses », un euphémisme pour des call-girls de luxe ou des actrices au chômage disposées à amuser des mafieux de passage, de grosses pointures des syndicats, des vedettes du sport, des gens de la classe politique et d'autres personnages célèbres. Mickey, qui ne souhaitait pas se faire damer le pion par son ex-femme, s'affichait déjà aux côtés de la stripteaseuse Arlene Stevens, l'« actrice » Ann Sterling et la jolie Barbara Darnell. Une photo de lui fut également publiée dans le magazine *Life* où on le voit en train de savourer une crème glacée en compagnie de la séduisante Liz Renay.

Liz Renay, une prétendue poète et artiste qui avait gagné un concours de sosies de Marilyn Monroe, était née Pearl Elizabeth Dobbins à Mesa (Arizona) dans une famille de zélotes évangélistes. Fuyant cet âpre milieu religieux, elle se maria et divorça trois fois en plus d'avoir d'innombrables aventures. À la fin de l'automne 1957, elle était déjà mère de deux adolescents, elle avait été serveuse dans un restaurant, figurante au cinéma, mannequin, girl, strip-teaseuse et commissionnaire pour des membres de la pègre. Ainsi en bordure du milieu interlope le plus secret, elle connaissait un grand nombre de mafieux de haut rang. Son petit ami, Anthony Coppola, était le bras droit et le garde du corps d'Albert Anastasia, réputé sans pitié. Après avoir assassiné son patron, Anastasia dirigeait maintenant une des cinq grandes familles de New York, l'ancienne famille des Manganos.

La sensuelle Liz Renay et Mickey posent pour les photographes. Ils seront plus tard impliqués tous les deux dans des affaires criminelles. 1959.

Le monde interlope de New York était alors sens dessus dessous. En mai 1957, il y avait eu une tentative d'assassinat sur la personne de Frank Costello, l'un des plus grands parrains de la pègre et chef du conseil de la mafia américaine. Il avait survécu à cet attentat qui ne lui occasionna qu'une légère blessure à la tête, mais son rival et commandant en second, Vito Genovese, ne l'entendit pas ainsi. Albert Anastasia, depuis des années l'homme de main de Costello, fut tué dans le salon de barbier de l'hôtel Park Sheraton, à Manhattan, le 25 octobre 1957. Désireuse d'éviter les répercussions du meurtre d'Anastasia, Liz Renay jugea que le moment était mûr pour elle de tenter sa chance à Hollywood. Une rencontre avec Mickey Cohen fut orchestrée.

Durant les premières semaines de son séjour hollywoodien, les sorties au restaurant et en boîte de Liz Renay aux côtés de Mickey Cohen occupèrent souvent les ondes et les journaux. Le couple se rapprocha beaucoup, mais leur relation demeura strictement platonique. La sémillante blonde décrivit ainsi Mickey : « On aurait dit qu'il n'était jamais devenu adulte. J'avais l'impression que la vie n'était qu'un jeu pour lui. »

Dans ses mémoires intitulés *My Face for the World to See* (*Prenez-moi comme je suis*), Renay écrit que Cohen lui a confié que sa compulsion de propreté remontait à l'époque où il était camelot. « Un jour que je rendais sa monnaie à une cliente, elle m'a dit "Seigneur, que tu as les mains sales, mon petit. Pourquoi n'irais-tu pas les laver?" J'ai penché la tête de honte et j'ai couru me laver les mains à la fontaine. Mais bientôt, mes mains étaient aussi sales qu'avant.»

À compter de ce moment, il se lava les mains à la fontaine à intervalles de quelques minutes, sans se rendre compte qu'à chaque fois qu'il touchait un journal, l'encre d'imprimerie lui tachait les doigts. Sa compulsion de propreté était née en ce moment d'humiliation et ne l'avait plus jamais quitté.

Les larmes aux yeux, Cohen ne s'en était pas tenu à cette seule confidence. Son obsession de la publicité remontait elle aussi aux années où il était camelot. À ses yeux, faire la une d'un journal était une forme de consécration. Il révéla à Liz Renay qu'il avait alors juré qu'un jour, il ferait la manchette.

En feuilletant les nombreux albums de coupures de presse soigneusement colligées et les montagnes d'articles encore à classer que possédait Mickey, Liz Renay lui fit remarquer que le rêve du petit garçon s'était concrétisé. Mais la réaction de Mickey fut teintée d'humilité. Cette publicité n'était à ses yeux que «des enfantillages» qui n'avaient rien à voir avec sa vie présente.

Le biographe Ben Hecht aborda avec lui la question de la sexualité. «Sincèrement, ça ne me passionne pas tant que ça, dit Mickey. Je crois que je plais assez aux filles et que je les attire, et elles m'attirent aussi, de temps en temps. Mais le plus difficile, c'est de leur parler.»

Lors de son séjour au Mexique en compagnie de Hecht, Mickey se rendit malgré lui au bordel avec ses amis. Hecht vit que Cohen fuyait les prostituées et prit bonne note de son comportement phobique. «Il refusait de s'asseoir au salon. Il avait peur que les fauteuils soient contaminés.»

Ainsi que me le confia un des avocats de Cohen: «Il embrassait plus volontiers son chien qu'une fille. Pourquoi? Parce qu'une fille, c'est sale!» La peur des germes et la peur des femmes, comme toutes ses autres phobies, remontaient à sa jeunesse et à l'époque où il avait contracté une gonorrhée.

Si Mickey n'était pas ce qu'il est convenu d'appeler un «homme à femmes», il en jouait cependant le rôle à la perfection. Lorsqu'il fut dit dans les journaux que Liz Renay était sa maîtresse, ils alimentèrent les potins. Mickey, qui ne ratait pas une occasion de faire parler de lui, poussa l'affaire encore plus loin. Il accorda un entretien à la presse en tenant dans ses mains la photo de la jeune femme. Le journal titra l'article ainsi: PUISQUE LIZ DIT QU'ON EST FIANCÉS, ON EST FIANCÉS.

Provocateur et rusé, Mickey était passé maître dans l'art d'obtenir tout ce qu'il désirait. Venant de Renay, ce qu'il voulait était se faire valoir comme *play-boy* et qu'elle lui rende un petit service : qu'elle émette deux chèques libellés à son nom (à lui rembourser immédiatement) pour un total de 5500 $ à titre de « prêts ». Elle devint un pion de plus dans le vieux stratagème de blanchiment d'argent de Mickey.

Mais ces chèques reviendraient les tourmenter.

* * *

Mickey signa un contrat d'exclusivité avec Curtis Publishing pour la publication d'une série de quatre reportages sur sa vie dans le *Saturday Evening Post,* un hebdomadaire à très fort tirage et plus de trois millions d'abonnés. Le journaliste Dean Jennings passa six semaines à Los Angeles à étudier de très près son sujet. Le premier article de cette série intitulée *Mickey Cohen : The Private Life of a Hood* (*Mickey Cohen : la vie privée d'un truand*) parut en septembre 1958.

Le jour où les abonnés de tout le pays reçurent le récit de la première tranche de la vie de Mickey, Lee Mortimer déclara dans la chronique de Walter Winchell, « Along Broadway » : « Certains grands noms de la pègre ont prévenu Mickey "The Louse" Cohen que s'il ne ferme pas sa grande trappe et ne s'abstient pas de se raconter dans les journaux, il y sera question de lui une dernière fois dans la rubrique nécrologique. »

La série publiée dans le *Post* permit à Mickey de se faire remarquer, mais elle procura aussi aux lecteurs de l'hebdo des renseignements jusque-là tenus secrets.

Pour Mickey Cohen, se mesurer à sa propre légende est devenu un tour de force puisque le pouvoir et l'argent ne sont plus de la partie, parce qu'il lui faut attirer l'attention des médias de mille et une façons pour qu'on se souvienne de lui, et parce qu'il doit plus d'un million au fisc et à ses autres créditeurs, une dette monumentale qu'il ne pourra jamais rembourser.

Il est au crépuscule de sa vie. Et voilà que Mickey court aveuglément en tous sens comme un poulet dont on a coupé la tête, et qu'il tente d'identifier tous ceux qui lui ont fait du tort. Il ne lui vient pas à l'esprit qu'il s'est lui-même administré le coup de grâce.

Mickey s'était spontanément livré au journaliste, pour le meilleur ou pour le pire.

Au sujet du fisc, il déclara : « L'IRS fait de nous un peuple de fraudeurs. Il a toujours son nez fourré dans nos affaires. Voulez-vous que Mickey Cohen vive comme un petit voyou de pacotille ? Pourquoi donnerais-je au fisc le peu d'argent que je possède si c'est pour qu'il le donne à un quelconque pays étranger ? »

Sur le directeur du LAPD William Parker : « Je sais que je ne suis plus un mafieux ni un gangster. Si je faisais encore partie de l'Organisation, je me baladerais dans une voiture bien ordinaire, je ne fréquenterais pas les boîtes de nuit et je ne ferais pas parler de moi. Mais je ne peux pas vivre comme ça. Le fait que je conduise une grosse voiture agace souverainement Parker, du LAPD. Moi, je le fais, parce que ça me ressemble. »

Sur son insigne de la California Highway Patrol : « Je l'ai acheté pour 100 $. » Il a aussi l'audace de parler de ses « associés » très en vue : « Ces gens-là ont encore beaucoup de pouvoir à Los Angeles. Ils ont de grosses maisons, de grosses voitures et de gros comptes en banque. C'est beaucoup à moi qu'ils le doivent et ils m'en sont encore reconnaissants. Mon crédit auprès d'eux est illimité. Trouver de l'argent n'est pas un problème. »

Dean Jennings n'hésita pas à publier des informations précises sur les membres de l'organisation de Cohen, sur son train de vie et, pour la première fois, sur ses compulsions étranges. Mais le coup le plus dur que dut encaisser le fragile ego de Cohen fut la remarque suivante : « Aux yeux de la pègre, il ne vaut même plus qu'on se soucie de le tuer. »

* * *

Parlant de cette série de reportages du *Post*, le journaliste Sidney Zion écrit : « Mickey, avide de publicité d'où qu'elle vienne, a accordé une entrevue à un magazine à l'époque où Ben [Hecht] rédigeait sa biographie. Dans ses reportages, le journaliste a mis le petit dandy en pièces et à cause de cela, Cohen a perdu son biographe. »

La série du *Post* fut dévastatrice, mais Mickey refusa d'assumer la responsabilité de son comportement autodestructeur. Habitué qu'il était de contrôler et de manipuler la presse en orchestrant ici et là des entrefilets, en organisant des séances de photos, en alimentant les journalistes en nouvelles, Cohen blâma Jennings d'avoir violé sa vie privée.

Il allait lui rendre la monnaie de sa pièce.

Un mois après la publication de la série, Cohen déposa une action pour libelles contre Curtis Publishing et réclama des dommages-intérêts d'un million de dollars.

Mais Mickey Cohen renonça à cette poursuite moins de deux mois plus tard.

* * *

En mars 1959, Mickey se rendit à Washington DC où il avait été assigné à témoigner devant une Commission du Sénat mise sur pied par le sénateur John L. McClelland pour enquêter sur l'infiltration des syndicats ouvriers et des grandes entreprises par le crime organisé. Sous son nom officiel de United States Senate Select Committee on Improper Activities in Labor and Management, la Commission McClelland prenait en quelque sorte le relais de la Commission Kefauver. Axée plus particulièrement sur le syndicat des Teamsters (routiers), cette commission d'enquête fut d'abord active de 1957 à 1960. Contrairement à celui qu'il avait donné devant la Commission Kefauver, le témoignage de Mickey fut télédiffusé.

L'avocat en chef de la Commission McClelland était Robert F. Kennedy. Né en 1925, le jeune avocat formé à Harvard appartenait à l'une des plus grandes familles irlandaises catholiques au pays. John F. « Honey Fitz » Fitzgerald, son grand-père maternel, avait été maire de Boston. Son père, Joseph P. Kennedy, l'ambitieux fils d'un tenancier de saloon, avait amassé une fortune en investissant à la bourse, dans les studios de cinéma de Hollywood, dans l'immobilier et, supposément, dans le trafic illicite d'alcool de contrebande haut de gamme. Membre puissant du Parti démocrate, Joe Kennedy avait été nommé premier président de la Securities and Exchange Commission (SEC) par le président Franklin Delano Roosevelt. Après sa démission au bout de quelques années, il avait été nommé ambassadeur des États-Unis au Royaume-Uni où ses activités avaient soulevé beaucoup de controverses.

En dépit de ses grandes réalisations, on murmurait que Joe Kennedy avait des activités et des relations douteuses. Par exemple, à la fin des années 1920, la légende du cinéma muet, Gloria Swanson, aurait été sa maîtresse et son associée en affaires. Dans son autobiographie intitulée *Swanson on Swanson* (*Swanson par elle-même*), l'actrice révèle que « Joseph Kennedy dominait entièrement ma vie et je le laissais libre d'en faire ce qu'il voulait. [...] Lorsque Joseph Kennedy quitta la Californie, il soutint avoir empoché des millions au cinéma et avoir assuré mon indépendance financière. Mais la seconde partie de cette assertion, celle qui me concerne, est fausse. » Abandonnée à son triste sort après l'échec de sa relation d'affaires avec Kennedy, l'actrice apprit de son comptable une nouvelle encore plus tragique : les présents luxueux que Kennedy lui avait offerts et qu'il avait offerts à d'autres, c'est elle qui les avait payés à son insu.

D'autres manigances de Kennedy soulevaient l'inquiétude. La rumeur voulait que Frank Costello ait été un associé secret de Kennedy. Peu après la prohibition, Joe Kennedy avait fait l'acquisition des droits de distribution de Gordon's Gin et de Dewar's Scotch, une transaction extrêmement profitable. Son portefeuille immobilier incluait l'hippodrome de Hialeah, en Floride, réputé pour être un bastion de la pègre.

À Washington, le racketteur de la Nouvelle-Orléans Carlos Marcello (à gauche), son frère Vincent (au centre) et Mickey Cohen (à droite) attendent le début des audiences de la Commission sénatoriale d'enquête sur le crime organisé. Cohen, qui dit être réformé, invoque le cinquième amendement 68 fois et refuse de répondre lorsqu'on l'interroge au sujet de l'extorsion d'un opérateur de machine distributrice de cigarettes à Los Angeles. 24 mars 1959.

Bobby Kennedy, alors âgé d'une trentaine d'années, était en voie de se faire un nom. Il entendait y parvenir par la télédiffusion nationale des audiences sur le crime organisé auxquelles participeraient le président du syndicat des Teamsters Jimmy Hoffa, le mafieux de La Nouvelle-Orléans Carlos Marcello, et Mickey Cohen, de Hollywood. Le frère aîné de Bobby, John F. Kennedy, le jeune sénateur du Massachusetts, ferait partie de la commission, mais la vedette de cette enquête très médiatisée allait sans conteste être l'avocat en chef Robert F. Kennedy (RFK) lui-même.

24 mars 1959, au Capitole : RFK, le fils des beaux quartiers de Brookline, Bronxville et Palm Beach, affronta l'impudent patron de la pègre de Sunset Strip qui avait encore la mainmise sur les rues de Los Angeles.

Après le témoignage de Carlos Marcello, le chef de la mafia de La Nouvelle-Orléans, un autre dur-à-cuire de petite taille prit la parole : l'ancien boxeur, le mâcheur de gomme Mickey Cohen. Bobby Kennedy questionna le chef de gang de la côte Ouest avec autorité et beaucoup d'insistance en cherchant à lui arracher des réponses sur la façon dont il avait imposé sa loi à Los Angeles, dans les syndicats ouvriers d'Orange County, ainsi que sur son rôle précis dans le conflit qui avait divisé deux entreprises de machines distributrices de cigarettes.

Cohen, un vétéran des salles d'audience, invoqua chaque fois le cinquième amendement de la Constitution. Mickey répondait invariablement à chaque question : « Je refuse respectueusement de répondre au motif que cela pourrait m'incriminer. »

Kennedy, qui souhaitait provoquer le versatile monsieur Cohen, lui posa la question suivante : « Que signifie "éteindre les lumières" de quelqu'un ? »

Cohen, qui cherchait toujours la blague, pour laquelle il était doué, répondit, sûr de la sympathie du public : « Je ne sais pas de quoi vous parlez. Je ne suis pas électricien. Je ne connais rien à l'électricité. »

Robert Kennedy, furieux que Cohen se moque de lui, bondit vers le célèbre Angelin comme pour le frapper. Le sénateur McClelland attrapa aussitôt l'avocat par la manche et le força à se calmer. Mais Kennedy ne supporta pas d'être ainsi raillé par l'arrogant gangster californien.

À la fin des audiences, Bobby Kennedy était devenu une célébrité nationale. Mais il s'était aussi fait plusieurs ennemis personnels : Jimmy Hoffa, Carlos Marcello et Mickey Cohen.

* * *

William H. Parker ne réussit pas à neutraliser Cohen pendant les 10 ans ou presque qu'il passa à la tête de la police de Los Angeles. En 1959, nul autre que le chef de l'Union soviétique, le premier ministre Nikita Khrouchtchev, le nargua au sujet du « problème de gangsters » auquel Los Angeles était confrontée.

Au plus fort de la guerre froide entre les États-Unis et l'Union soviétique, Khrouchtchev visita les États-Unis, clôturant sa tournée à Hollywood où un gala fut donné en son honneur dans les locaux de la Fox auquel furent conviées 200 étoiles du grand écran. Parmi celles-ci figurent Marilyn Monroe, Elizabeth Taylor, Gary Cooper, Judy Garland, Kim Novak et Frank Sinatra. À cette occasion, Khrouchtchev dit avoir très grande envie de se rendre à Disneyland. Le directeur de la police, William Parker, prit à part l'ambassadeur Henry Cabot Lodge fils, le guide officiel du dictateur, et lui dit ceci : « Je veux que vous sachiez, en tant que représentant du président, que je ne serai pas responsable de la sécurité du président Khrouchtchev si nous allons à Disneyland. »

Vinrent les discours habituels de la fin de ce somptueux banquet. Aidé d'un interprète, Khrouchtchev y alla d'une diatribe de 45 minutes qu'il conclut en ciblant le directeur du LAPD, William Parker. « On m'a dit que je ne pourrais pas aller à Disneyland, fit-il. J'ai demandé "Pourquoi ? Est-ce que la pègre a mis la main dessus ? Si vos agents sont si costauds qu'ils peuvent prendre un taureau par les cornes, ils devraient certes être capables de rétablir l'ordre quand des gangsters sèment le chaos." »

Voilà que même le chef de l'Union soviétique avait entendu parler de la pègre de Los Angeles. Pour Parker, ce fut insupportable. Il unit ses efforts à ceux de Bobby Kennedy dans une ultime tentative pour libérer Los Angeles de l'emprise de Mickey Cohen.

Dans les mots de Daryl Gates, le protégé de Parker : « Le FBI en était alors arrivé à la conclusion que la seule façon d'appréhender Cohen résidait dans son grand train de vie. S'il était possible de prouver qu'il dépensait beaucoup plus d'argent que ne le lui permettait le revenu qu'il déclarait au fisc, ils pourraient lui mettre la main au collet. Péniblement, avec l'aide de nos personnes-ressources disséminées dans la ville, ils établirent un registre de ses sorties et de ses dépenses. »

Mickey tenta une fois de plus de négocier le règlement de ses considérables arrérages d'impôts, en vain. Il se rendit compte que l'IRS le traquait quand un grand jury s'intéressa une nouvelle fois à ses finances et que Liz Renay devint un témoin important de l'enquête. Les autorités fédérales retinrent contre elle cinq chefs d'accusation de parjure, affirmant qu'elle avait menti au sujet des deux « prêts » consentis à Cohen.

Les amis et les associés de Cohen, qui étaient des hommes bien informés et très influents, firent savoir à Renay que l'affaire était maintenant un enjeu politique majeur sur lequel Bobby Kennedy mettait personnellement beaucoup de pression. Les conséquences de cette histoire pouvaient se révéler dévastatrices pour Mickey.

Avant que ne débute le procès, Liz Renay accepta de répondre à l'accusation de culpabilité. Elle trouva un arbitre sympathique à sa cause en la personne du juge John D. Martin père puisque, en dépit de ses accointances douteuses, elle n'avait aucun casier judiciaire. Liz Renay plaida coupable à un chef d'accusation de parjure en 1959 et fut condamnée à une peine avec sursis et à une période de probation. Mais comme elle ne respecta pas les termes de sa probation, elle dut purger une peine de trois ans à Terminal Island.

* * *

La blonde et impétueuse fiancée de Mickey, l'effeuilleuse et légende du porno Candy Barr, enseigne le strip-tease à Joan Collins sur un plateau de la 20ᵗʰ Century Fox. 1959.

Rien n'arrêtait Mickey, qui demeurait imperturbable. Côté amour, il eut une liaison qui, cette fois, ne semblait pas être pour la galerie. La rose jaune la plus épineuse qu'ait jamais produit le Texas, la reine de la gâchette Candy Barr, était déjà connue quand ils se rencontrèrent. Née Juanita Dale Slusher en 1935, l'impétueuse jeune femme paraissait destinée à devenir la maîtresse d'un gangster. Au fin fond du Texas, elle avait connu une enfance difficile dans une famille fruste et pauvre comme Job. Après la mort de sa mère dans un accident quand elle n'avait que neuf ans, son père se remaria, et elle devint membre d'une fratrie de 11 enfants. À treize ans, quand elle s'enfuit à Dallas, Juanita était devenue une adolescente d'une extraordinaire beauté. Si on allégua qu'elle avait subi des sévices sexuels dans sa famille, ceux-ci ne parurent en rien diminuer son appétit pour les choses du sexe. Elle épousa un perceur de coffres-forts dont elle divorça aussitôt, puis s'orienta vers la prostitution. Elle n'était guère instruite, mais le sexe n'avait pas de secrets pour elle.

La licencieuse et brune adolescente entra dans l'univers de la pornographie en 1951 et, telle une ténébreuse Lana Turner, fit immédiatement sensation pour son rôle dans un film pornographique clandestin, *Smart Alec*. Son manque total d'inhibition, son visage d'ange, sa silhouette inoubliable firent de ce court métrage 8 mm le film porno le plus populaire des 20 années suivantes. L'anonyme gourgandine de ce granuleux film en noir et blanc était la sexualité incarnée. Elle alimenta les désirs érotiques de millions d'hommes.

Après avoir travaillé comme serveuse et vendeuse de cigarettes, la sirène encore mineure teignit ses cheveux en blond platine et mit ses généreux appâts à profit à l'échelon le plus bas du show-biz. Sous le nom de scène de Candy Barr, elle devint un pilier du demi-monde de Dallas, pratiquant le strip-tease au Colony Club et fréquentant des personnages sordides tel Jack Ruby, le propriétaire d'un club d'effeuilleuses, le Vegas Club.

La petite blonde aux yeux verts devint très rapidement une des strip-teaseuses les mieux payées au pays. Coiffée de son emblématique chapeau de cowboy, chaussée de bottes, vêtue de shorts et d'un boléro à franges, sans oublier les deux pistolets dans leur étui appuyés sur ses hanches, elle était à l'affiche de La Nouvelle-Orléans à Las Vegas, empochant jusqu'à 2000 $ par semaine. En 1959, elle travaillait au Largo de Chuck Landis dans Sunset Strip où elle terminait son numéro en simples cache-seins et en string ficelle. Entre-temps, elle faisait face à une peine de 15 ans de prison au Texas pour possession de marijuana.

Nino Tempo, lauréat d'un Grammy, la décrit ainsi : « Une victime. Vulnérable, intelligente, mais pas très futée. Très dépendante aussi, et manquant totalement d'assurance. Elle ne savait pas distinguer le bien du mal, ce qui est en haut de ce qui est en bas. Elle avait un revolver nickelé sur sa commode et elle cherchait désespérément un homme en qui elle pourrait avoir confiance. »

Joe DeCarlo, l'imprésario de Candy, lui présenta des gens. Après deux ans de querelles juridiques dans l'affaire de marijuana, elle espérait quand même interjeter appel à la dernière minute. Toujours aussi galant, Mickey Cohen intervint et déboursa plus de 15 000 $

(110 000 $ aujourd'hui) pour lui procurer une équipe d'avocats de première catégorie. Pour s'occuper de sa cause, il retint les services du défenseur des libertés civiles A. L. Wirin, de Melvin « King of Torts » Belli, et du spécialiste des causes d'appel, Julius Lucius Eccles.

Candy Barr et Mickey Cohen formèrent le couple le plus scandaleux de Hollywood. Elle adorait exhiber son corps magnifique et Mickey ne cherchait surtout pas à fuir les feux de la rampe. La presse en fit ses choux gras. On dit bientôt à la ronde que les deux exhibitionnistes étaient fiancés. En photo auprès de Candy, Mickey est rayonnant.

Alors qu'elle était engagée par la 20th Century Fox en qualité de conseillère technique, elle forma Joan Collins à l'art du strip-tease pour les besoins du film *Seven Thieves*. En avril 1959, Candy accompagna Mickey au banquet que les Saints and Sinners donnaient en l'honneur de Milton Berle. Elle présenta aussi son numéro au Largo devant les vieux amis de Cleveland de Mickey, notamment le confident de Hoffa et membre de la direction des Teamsters, Louis « Babe » Triscaro.

Il fut allégué que Candy Barr était devenue la Stompanato de Mickey. En juin 1959, le FBI nota dans son volumineux dossier sur Meyer Harris Cohen qu'Alfred Bloomingdale, l'héritier des grands magasins et le fondateur de la carte de crédit Diners Club, avait été la cible d'une forme de chantage sexuel dite *badger game*. Mickey fut soupçonné d'être à l'origine de ce complot, mais il ne fut jamais interrogé à ce sujet. Ainsi qu'on peut le lire dans un mémorandum du dossier Meyer Harris Cohen au FBI : « Monsieur Bloomingdale avait insisté pour qu'aucune poursuite ne soit intentée dans cette affaire et il en avait également prévenu la police, désireux qu'il était d'éviter toute publicité fâcheuse. »

Le bureau d'enquête du procureur de district du comté de Los Angeles déposa des rapports selon lesquels Peter Lawford, beau-frère de Kennedy et acteur membre du Rat Pack, « amassait des fonds pour venir en aide à l'associée de Cohen, Candy Barr, détenue dans une affaire de stupéfiants. Lawford "tentait désespérément" de mettre la main sur des enregistrements compromettants réalisés à l'occasion de certaines "fêtes" auxquelles il avait participé dans la loge de Candy Barr. »

Mais le règne hollywoodien de Candy Barr fut de courte durée. Pendant qu'elle attendait de porter sa cause en appel, Mickey fit teindre en brun les cheveux de sa belle, il lui donna de l'argent et une nouvelle identité, et il l'expédia au Mexique. Dès ce moment, le beau, grand et brun culturiste Jack Sahakian, qui était aussi un des meilleurs coiffeurs de Hollywood, alla l'y rejoindre. Ils se marièrent le 25 novembre 1959. Quelques jours plus tard, la Cour Suprême des États-Unis rejeta le dernier appel de Candy. Le 4 décembre 1959, madame Sahakian commença à purger une peine de 15 ans dans une prison mexicaine pour possession d'un joint de marijuana.

Mais Mickey était déjà las de sa voluptueuse maîtresse. Indomptable, endiablée, dépourvue des bonnes manières de LaVonne, Candy, qui avait tiré sur son second mari et frappé Mickey au visage, était trop bagarreuse à son goût. Il avait du reste déjà annoncé ses fiançailles à une sculpturale brune de vingt-deux ans, une strip-teaseuse dont le nom de scène était Miss Beverly Hills. « C'est une vraie dame », dit-il fièrement de sa nouvelle fiancée. « Elle a de grands principes et une très noble conception de la vie. »

Ces fiançailles firent elles aussi long feu. À la fin de novembre, Mickey humait déjà une chair plus fraîche : Claretta Hashagen, mieux connue sous le nom de Sandy Hagen, dix-huit ans et sosie de Brigitte Bardot, avait un caniche, un perroquet et un mari, et elle ambitionnait de faire carrière dans le show-business quand elle fit la connaissance de Mickey Cohen.

L'élégante adolescente aux cheveux blonds et le gangster de quarante-six ans se connaissaient depuis une semaine à peine quand un autre événement marquant lia à jamais leurs destinées.

CHAPITRE 23

Le dénouement

« *Au procès de Cohen, les clés de la vérité étaient entre les mains des témoins.* »

Ed Reid, journaliste

Rondelli's, un petit restaurant italien au 13359, Ventura Boulevard, à Sherman Oaks, dans la vallée de San Fernando, ouvrit ses portes à l'automne 1959. Mickey Cohen et les hommes de son organisation s'y trouvaient chez eux. Le chef de bande aimait s'installer dans un box avec Mickey Jr. sur ses genoux. Il nouait une serviette de lin autour du cou du chien et lui donnait des linguini à manger. À la vue du bouledogue qui se gorgeait de pâtes alimentaires, ses hommes étaient hilares.

Rondelli's devint bientôt un restaurant très populaire auprès des célébrités qui appréciaient la qualité de son menu traditionnel. Liberace en était friand, de même que l'avocat Melvin Belli. Errol Flynn, en compagnie de sa maîtresse de quinze ans, Beverly Aadland, était aussi un habitué. L'acteur légendaire des films de cape et d'épée, maintenant un *has been* bouffi et miné par la drogue, et le légendaire gangster s'échangeaient des histoires fantastiques. Le détective privé Fred Otash note : « J'étais là en leur compagnie, chacun d'eux un poids lourd dans son domaine. »

Mais au soir du 2 décembre 1959, les bons moments du Rondelli's cessèrent quand Big Jack « The Enforcer » Whalen fut tué d'une balle entre les deux yeux.

Pur produit de Los Angeles, John Frederick Whalen était le fils d'un requin prospère du tapis vert du nom de Fred Whalen, qui était aussi un petit escroc et un *bookmaker* actif à Los Angeles depuis l'époque des racketteurs bon chic bon genre. Pour que son fils devienne un honnête homme, Freddie the Thief, ainsi qu'on l'appelait, l'avait inscrit à un chic collège militaire, le Black-Foxe Military Institute, à Hollywood, où il étudia avec les enfants fortunés de l'élite du cinéma.

Le jeune Whalen, qui excellait au polo, gravit les échelons de la hiérarchie militaire jusqu'au grade de commandant. Il était beau et fort, débordant de charme et d'enthousiasme, mais il portait en lui un noyau de violence. Il s'engagea dans l'armée de l'air durant la Seconde Guerre mondiale. Premier de classe à l'école de formation des officiers, il devint instructeur de vol. À son retour à la vie civile, il renonça au parcours professionnel privilégié que lui procurait son diplôme du Black-Foxe Institute et choisit plutôt de marcher dans les pas de son père. Le pilote Jack Whalen devint un dur-à-cuire de profession, un *bookie* indépendant et un collecteur aux gros bras. Il eut bientôt un entourage d'élite et épousa une personnalité locale. Tirant d'excellents revenus de ses activités, il s'acheta une maison et deux avions.

«C'est alors que Mickey Cohen et le Syndicat national du crime sont entrés dans sa vie», note son ancien associé, George Redston.

Mickey fit des pieds et des mains pour mater son rival. Le combat semblait déséquilibré: le gangster disposait d'une armée de tueurs et il avait la police dans sa manche, tandis que «The Enforcer» agissait seul. Mais aucune tactique ne semblait pouvoir arrêter Big Jack. Quand les hommes de Cohen menaçaient ses agents ou leur escroquaient l'argent des paris, Whalen les passait à tabac. Mais le bravache avait un secret: Whalen était un informateur à la solde du détective Jerry Wooters, au LAPD, un des premiers membres du Gangster Squad. Ce contact lui servait à malmener quiconque ne souscrivait pas à ses projets personnels.

En 1959, Mickey se décida enfin à sortir ses gros canons. Whalen et Fred Sica s'affrontèrent. Jack Whalen envoya Freddie à l'hôpital d'un seul coup de poing. Peu après, Whalen aperçut Sica qui promenait le chien de Cohen. Se rangeant contre le trottoir, il se moqua outrageusement de Sica devant un témoin. Freddie ne dit rien, mais il écumait de rage. Son patron jura de se venger. Et c'est ainsi que Jack Whalen fut inscrit sur la liste des obsessions de Mickey.

Des amis de Whalen mirent celui-ci en garde. «Ne plaisante pas avec le petit Juif!» Mais «The Enforcer» n'eut cure de ce conseil. Il était persuadé d'être le plus puissant, et certain que le LAPD viendrait à son secours.

Des rumeurs d'accrochages entre Whalen et Cohen circulèrent. Dans la version la plus dévastatrice de ces ragots, Big Jack débusquait le petit gangster dans l'arrière-boutique d'un restaurant où il s'était caché et l'acculait au mur. Il lui arrachait ensuite son pantalon pour en tirer la fameuse liasse de coupures et se remboursait lui-même d'une dette impayée. Après quoi, il lançait ce qui restait des billets et du pantalon déchiré à la tête de Cohen. En sortant, Whalen hurlait: «Fous-moi la paix et cesse de tenter d'extorquer mes hommes, ou tu le regretteras.»

Les mentors criminels de Mickey Cohen commencèrent à douter de l'autorité et des dons d'organisateur de leur protégé. Dompter Whalen devint une priorité.

Le FBI note ce qui suit dans le dossier de Meyer Harris Cohen: «Apparemment, Cohen recevait des ordres d'un type de la côte Est du nom de Raymond.»

Selon le FBI, ce mystérieux «Raymond» aurait été Raymond Patriarca père, de Providence (Rhode Island). Patriarca était le parrain de la Mafia de la Nouvelle-Angleterre. On disait de lui qu'il était un des propriétaires anonymes du Dunes Hotel de Las Vegas et un important bailleur de fonds de Cohen.

La situation avec Whalen avait assez duré. Mickey amassa un trésor de guerre et élabora un stratagème machiavélique. Son scénario regorgeait de trucs et d'artifices et rappelait l'ancienne et fructueuse intrigue du meurtre de Max Shaman. Les rôles principaux de ce drame mis en scène par Cohen seraient confiés à trois hommes. Un quatrième acteur en paierait le prix.

Le guet-apens: un des hommes de Cohen, le bel Italien George Piscatelle, alias George Perry, devait de l'argent à un *bookmaker*. Perry contestait cette dette, et Jack Whalen fut appelé pour arbitrer le conflit. En tant que remplaçant de Johnny Stompanato, Georgie Perry avait un passé récent agité. Des agents secrets de la police l'avaient suivi jusqu'à un motel de Van Nuys en compagnie de Marilyn Monroe. L'agent Gary Wean, du LAPD, soutenait avoir entendu un enregistrement du couple au lit et présumé qu'il avait été réalisé dans un but de chantage.

Le 2 décembre 1959, Whalen reçut un coup de fil de «Sam», un ami de Perry. «Mickey est furieux contre toi. Il est furibond. Il veut te parler.» Ils fixèrent un rendez-vous. Whalen consentit à se rendre chez Rondelli's avant minuit. Il demanda à Jerry Wooters de lui donner du renfort, mais l'agent du LAPD était maintenant suspect. Il avait été rétrogradé à un poste en uniforme, et assumait le quart de 16 h à minuit à la prison de Lincoln Heights, après qu'il fut allégué qu'il arnaquait des *bookmakers*. Quand Whalen entra en contact avec lui, il dit être en devoir et ne pas pouvoir aller le retrouver.

Mais, rappelant à Whalen qu'il avait de sérieux ennuis juridiques, il lui conseilla fortement de ne pas être armé.

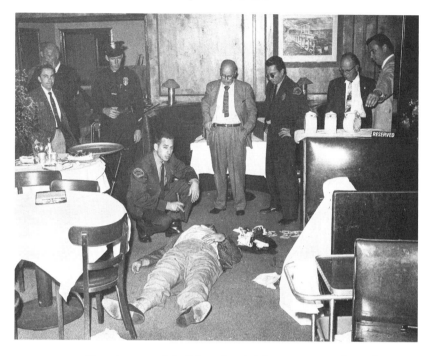

Un autre ennemi de Cohen aboutit à la morgue. La police et le coroner examinent le cadavre de Jack F. Whalen, abattu le 3 décembre 1959 dans un restaurant bondé dont Cohen était un habitué.

Jack Whalen arriva au restaurant Rondelli's vers 23 h 30 et entra par la cuisine. Il frappa aussitôt un homme qui se trouvait dans la cabine du téléphone et hurla des menaces à quelqu'un d'autre. Au moment où il se penchait vers Mickey Cohen à la table que ce dernier occupait en compagnie de quatre hommes et de sa petite amie, Sandy Hagen, Whalen reçut en plein front une de deux balles tirées d'un minuscule .38 à canon court. Toute cette scène ne dura que quelques minutes.

Le meurtre avait eu lieu en présence de plusieurs clients du restaurant, mais quand la police arriva sur les lieux, l'endroit était pratiquement désert. Mickey n'y était pas, ses hommes et sa petite amie non plus. Le LAPD ne trouva ni l'arme du crime, ni aucun suspect, ni aucun élément de preuve. Il n'y avait là que Big Jack Whalen, mort, son cerveau répandu par terre.

Puis, un homme entra accompagné de son petit chien. Il dit : « Je suis Mickey Cohen », et il expliqua qu'il était en train de se laver les

La dernière petite amie de Mickey Cohen, l'adolescente Sandy Hagen, dans une discussion passionnée avec le gangster. Elle était aux côtés de Cohen sur les lieux du crime lors du meurtre de Jack Whalen. 1960.

mains à la salle de bains. Mademoiselle Hagen et lui étaient venus casser la croûte chez Rondelli's, poursuivit-il. Ils étaient assis, et il donnait à manger à son chien Mickey Jr. qui était assis sur ses genoux quand l'incident s'était produit. Il dit à la police que des coups avaient été tirés dès le début de la bagarre. Tout s'était passé très vite. Il s'était réfugié sous la table et il n'avait «rien vu». Il nia avoir tué Whalen.

Le directeur adjoint Thad Brown emmena Cohen au poste de police de Van Nuys où il fut détenu comme suspect. Le directeur Bill Parker, dans un geste spectaculaire, prit personnellement l'affaire en main. Mickey Cohen fut relaxé le lendemain, dans l'après-midi. Les manchettes clamèrent que le gangster le plus célèbre de la ville *n'avait pas été accusé* du meurtre de Jack Whalen.

L'affaire rappela aux citoyens de Los Angeles un passé sombre. En ces derniers jours de la sixième décennie du XXᵉ siècle, rien ne paraissait avoir changé pour Mickey Cohen.

* * *

Une femme déclara d'abord que les coups avaient été tirés par une des personnes de l'entourage de Cohen, mais bientôt, sa mémoire eut des ratés. Puis, la faute retomba commodément sur les épaules d'un bouc émissaire. Sam LoCigno, un des associés de Cohen à Cleveland, entrant dans le bureau du directeur Parker flanqué de ses avocats et suivi par des caméras de télévision, affirma avoir tué Jack Whalen dans un but de légitime défense. L'affaire allait manifestement avorter ou, au pis aller, LoCigno serait jugé coupable d'homicide involontaire et condamné à une très courte peine.

En mars 1960, LoCigno fut jugé pour le meurtre de Jack Whalen. Mickey et ses amis s'étant mis d'accord sur la façon dont la victime était morte, ils donnèrent tous le même témoignage à l'audience. Le verdict du jury fut stupéfiant : meurtre au premier degré. Sam LoCigno, trente-trois ans, écopa d'une peine d'emprisonnement à perpétuité sans possibilité de libération conditionnelle.

À San Quentin depuis quelques mois, LoCigno se rétracta. Il confia au chapelain avoir accepté d'assumer la responsabilité du crime contre un dédommagement de 50 000 $ (près de 325 000 $ aujourd'hui), une assistance judiciaire et l'assurance que, dans le pire des cas, il serait condamné pour homicide involontaire et que sa peine serait de courte durée.

On le renvoya à la prison du comté de Los Angeles. Il y rencontra des membres du bureau du procureur de district à qui il donna une nouvelle version de l'histoire. Il n'était que le bouc émissaire, dit-il. Quelqu'un d'autre avait tué Whalen. LoCigno ne révéla jamais de qui il s'agissait, mais il dit aux autorités où se trouvait l'arme du crime : elle avait été lancée du haut d'une montagne à proximité de Mulholland et Beverly Drive. Le Smith & Wesson rouillé de calibre .38 avait été acheté dans une armurerie de l'Arizona par un certain « Kallman de Leonard ». Le propriétaire de l'armurerie identifia l'acheteur : c'était un homme de main de Cohen, naguère producteur de film, et il s'appelait Roger K. Leonard.

Ce roman-fleuve se compliqua encore davantage quand LoCigno reçut un visiteur inattendu à la prison : Mickey Cohen. Habitué qu'il était à enfreindre la loi, Cohen se moquait du fait qu'il était illégal pour un criminel reconnu coupable de rendre visite à un détenu. Apparemment, il n'était pas le seul. Personne ne semblait se soucier de ce détail. Il parla à LoCigno à voix basse et lui rendit visite encore et encore. Au cours d'un de ces entretiens, LoCigno fut passé à tabac.

Sam comprit qu'il devait s'en tenir à la version des faits que Mickey approuvait. Dorénavant, il nia que Whalen ait été tué par quelqu'un d'autre. Son avocat revint à la charge et proposa de la part de son client de plaider coupable en échange d'une accusation d'homicide involontaire. Cette offre fut rejetée, mais le verdict de culpabilité pour meurtre au premier degré fut infirmé. LoCigno bénéficia d'un nouveau procès, cette fois pour homicide volontaire.

* * *

En ce début des années 1960, la vieille garde de Hollywood avec, à sa tête, un Frank Sinatra enlevé et dansant, se forgea un nouveau visage. Blonds, jeunes et insipides, Sandra Dee et Troy Donahue étaient les vedettes du box-office. L'année 1960 fut aussi une année d'élection présidentielle au cours de laquelle le vice-président sortant, Richard M. Nixon, affronta le sénateur du Massachusetts John F. Kennedy.

Depuis le meurtre de Jack Whalen, Mickey avait vécu des jours difficiles. Rondelli's ne rouvrit jamais ses portes et le Garden of Allah, dans Sunset Strip, fut démoli pour faire place à une banque. La publicité négative, les grondements de l'IRS, les téléphones sur écoute, la surveillance incessante du directeur du LAPD, William Parker… tout cela n'avait pas de fin et s'ajoutait à la rumeur voulant que Freddie Whalen se soit mis dans la tête de venger la mort de son fils. Mais pour Mickey Cohen, c'était encore et toujours la fête.

On pouvait voir le gangster tous les soirs dans Sunset Strip : au Rounders, au Schwab's Drugstore, au Gaiety Deli, au Cloisters, chez Dino's Lodge (le restaurant de Dean Martin qui servit plus tard de décor extérieur à la série télévisée *77 Sunset Strip*), tandis que les associés de Cohen fréquentaient assidûment le Beverly Hills Health Club au 1125, South Beverly Drive. Tous les lundis à 17 h pile, Mickey se pointait au salon de barbier de cet établissement avant de se rendre à la réunion hebdomadaire du Friars Club au Band Box, avenue Fairfax. À la boîte des Slate Brothers' sur le boulevard La Cienega, il riait à gorge déployée quand l'humoriste Don Rickles osait se moquer de lui. Au Crescendo, il dormait presque en écoutant le narcissique Lenny Bruce discourir sur ses propres libertés civiles. Le restaurant Panza's Lazy Susan et le réputé Pink's Hot Dogs étaient inscrits à son itinéraire dans La Brea Avenue. Mickey Cohen était aussi un habitué du Formosa, du Largo, du Ciro's de Frank Sennes et de son Moulin Rouge, (l'ancienne salle de spectacles d'Earl Carroll à l'intersection de Sunset et Vine), du Tommy Tucker's Play Room et de la friterie Apple Pan.

Pour ses invités de l'extérieur, il louait en permanence des suites au Chateau Marmont ainsi que des chambres au Park Sunset Hotel (8462, Sunset) et au Del Capri. Il adorait le dynamisme du Gingham Pup, le comptoir en forme de hot-dog du terrain de jeu situé à l'intersection de San Vicente et La Cienega. Il s'affichait au P.J.'s, la boîte branchée des jeunes dans le vent, et s'entourait de sa cour dans la salle Red Garter du Cedar Bar. Pour dîner, il privilégiait le Puccini's, un nouveau restaurant chic au 224, South Beverly Drive, dans Beverly Hills. Le restaurant comptait le Rat Pack parmi sa clientèle, et les célèbres amis du groupe, notamment Marilyn Monroe. Frank Sinatra et

Peter Lawford, le fêtard, parent par alliance des Kennedy, y détenaient une participation.

Le chien de Mickey, Mickey Jr., décéda en juillet 1960. Les journaux déclarèrent que le chien avait été renversé par une voiture. L'amie de Mickey, Sandy Hagen, et l'imprésario Joe DeCarlo, pourchassés par les journalistes et les photographes, assistèrent auprès d'un Mickey Cohen éploré à l'inhumation de son bouledogue bien-aimé au cimetière des animaux après de somptueuses funérailles. La thèse de l'accident fut remise en question : s'agissait-il d'une vengeance de Freddy Whalen ?

La presse est venue au cimetière des animaux. La mort de Mickey Jr., le bouledogue adoré du gangster, était-elle suspecte ? 1960.

* * *

Le 17 septembre 1960, la vie du célèbre mafieux de Los Angeles bascula. Après trois ans d'enquête, il subit une nouvelle mise en accusation de la part de l'IRS, et fut inculpé de 13 chefs d'accusation de fraude fiscale. Appréhendé à son appartement de Barrington, il fut libéré sous caution grâce à Abe Phillips et s'envola immédiatement pour New York. Quelqu'un l'aperçut à Manhattan, devant l'hôtel Warwick, en train de deviser avec la figure de proue de la pègre Joe

« Stretch » Stracci qui avait dirigé les opérations du Syndicat à La Havane. Un autre haut placé de la mafia new-yorkaise, Charlie « The Blade » Tourine, fut vu dans l'ascenseur de l'hôtel.

À l'élection présidentielle, dont on dit qu'elle avait été arrangée par la pègre de Chicago, John Fitzgerald Kennedy battit de très peu le vice-président sortant Richard Nixon. Le 35ᵉ président des États-Unis prêta serment en janvier 1961. Son frère Bobby fut nommé secrétaire à la Justice. Sa première mission fut de livrer une guerre sans merci au milieu interlope en accordant une attention particulière à ses grands ennemis, Jimmy Hoffa, Carlos Marcello et Mickey Cohen. Il dépêcha à Los Angeles des adjoints triés sur le volet, avec mandat de l'aider à expédier Mickey Cohen derrière les barreaux.

* * *

Le second procès de Mickey pour fraude fiscale débuta le 2 mai 1961 et dura 41 jours. La poursuite appela 194 témoins et déposa près de 1000 éléments de preuve afin de démontrer que Cohen n'avait pas payé ses impôts de 1956 à 1958 et qu'il devait plus de 400 000 $ au fisc (3,1 millions aujourd'hui) – sans compter les pénalités et les intérêts.

La moitié du personnel des bureaux de l'IRS à Los Angeles s'était occupé de ce cas avec le soutien de 17 autres bureaux de district. Il fut révélé que des vérificateurs au trésor avaient tenté de localiser les actifs de Cohen non seulement à Los Angeles, mais aussi à Independence (Californie), à Cambridge (Massachusetts), à Tucson, à El Paso, à La Nouvelle-Orléans, à Miami et à St. Louis. Le secrétaire à la Justice adjoint Thomas R. Sheridan, un des bras droits de Robert Kennedy, faisait la poursuite. L'avocat de Mickey était Jack Dahlstrum, un ancien Marine reçu au barreau à peine trois ans auparavant.

La majorité des témoins avaient été assignés. « Les preuves matérielles semblaient amplement suffisantes, note le journaliste Ed Reid, mais au procès de Cohen, les clés de la vérité étaient entre les mains des témoins et certains d'entre eux, se voyant forcés de témoigner contre Mickey, en firent des cauchemars. Parmi les nombreuses personnes assignées à comparaître, quelques-unes invoquèrent le cinquième amendement. »

Le gouvernement démontra tout d'abord que, lorsque Mickey Cohen parlait, on l'écoutait *très attentivement*. Les jurés furent mis au parfum de son spectaculaire train de vie. On leur fit voir des exemples de biens matériels d'un luxe inouï, telle la fabuleuse bague à diamant de 12,5 carats qui avait été la propriété conjointe de Mickey et de

LaVonne avant le premier procès du mafieux et qui faisait toujours partie de ses actifs.

Les témoignages montrèrent que la plupart des prêts consentis à Mickey l'avaient été dans l'espoir que cette générosité serait récompensée par la vente de son livre et l'adaptation de celui-ci au cinéma. Le Dr Leonard Krause, un psychiatre qui soutenait vouloir étudier le trouble obsessif-compulsif de Mickey, avait investi plus de 25 000 $ dans ce projet biographique, de même que le fabricant de chaussures de Nashville Max Feigenbaum, maintenant retraité. Le distributeur de *juke-boxes* Aubrey V. Stembler avait investi quant à lui 15 000 $, tandis qu'une femme d'affaires de Los Angeles, Ruth Fisher, y était allée de 7500 $. La serveuse de *drive-in* Jesse Belle Heavilon lui avait fait un prêt de 3000 $, qui lui avait été remboursé, et un autre de 7000 $ non remboursé. Ben Hecht était présent également.

Les jurés virent défiler deux des plus grandes vedettes de Hollywood. La poursuite ayant dit que Mickey avait envisagé de jouer son propre rôle à l'écran, elle fut démentie par Jerry Lewis qui affirma que le gangster l'avait pressenti pour le rôle. Lewis dit avoir décliné son offre, mais promis d'investir 5000 $ dans la production et suggéré que Robert Mitchum, qui était grand, beau et n'avait pas les traits d'un Juif, incarne Cohen. L'humoriste et metteur en scène expliqua au jury que tout rôle qu'on lui confiait devait « manquer de sérieux, puisque, curieusement, c'est ce qu'on attend de moi. Il m'aurait été difficile d'épouser le concept de ce film. »

Puis, ce fut au tour d'une autre légende comique, Red Skelton. Lewis plaisanta avec Skelton en s'éloignant de la barre des témoins. « On verra bien si tu es drôle. On verra bien si tu les fais rire. » Le récit de Skelton était familier : il avait avec le gangster une relation apparemment unilatérale, mais continue et susceptible de comporter des prêts d'argent.

Charles Schneider, un arboriculteur de Cincinnati, dit avoir versé 2350 $ [17 500 $ aujourd'hui] à Cohen pour qu'il s'occupe de la promotion de la carrière de chanteuse de sa fille âgée de douze ans. Schneider avait été satisfait du résultat. Il expliqua que le gangster avait organisé une audition chez Red Skelton et qu'il avait présenté le père et la fille à Frank Sinatra, à Danny Thomas, à Bobby Darin, à Ginger Rogers, à Walter Winchell, à Edward G. Robinson et à d'autres grandes vedettes. Grâce aux efforts de Mickey, l'adolescente avait été invitée à plusieurs émissions de télévision.

Liz Renay et Candy Barr, cette dernière en congé de prison pour l'occasion, rendirent elles aussi leur témoignage au sujet de Mickey et de son argent. L'effeuilleuse Miss Beverly Hills fournit la preuve des cadeaux que lui avait offerts son ancien fiancé, Mickey Cohen : une Cadillac et une bague de fiançailles sertie d'un diamant de quatre carats.

Le champion de boxe poids mi-moyen Don Jordan vint à la barre des témoins. Lillian Weiner, la sœur du gangster, et le fils de cette dernière, qui étudiait à l'université, répondirent aux questions qu'on leur posait sur l'aspect financier des différentes sociétés commerciales de Mickey et sur ses nombreux comptes en banque.

Quand le rideau tomba sur ce spectacle au 41e jour, le juge fédéral George H. Boldt mit plus de deux heures à donner ses instructions au jury. Les jurés reçurent un répertoire de 39 pages des preuves matérielles produites durant les journées d'audience, puis furent isolés pour leurs délibérations dans un hôtel du centre-ville. Vingt-deux heures et demie plus tard, ils rendirent leur verdict. Mains jointes devant lui et tête baissée, Cohen en écouta la lecture. Le chef de gang de Los Angeles fut reconnu coupable de huit chefs d'accusation de fraude fiscale. Il dit ensuite aux journalistes : « Ils m'ont condamné parce que je m'appelle Mickey Cohen. Ils se sont crus obligés de le faire. »

Au prononcé de la sentence, le juge Boldt fit la déclaration suivante :

Les dossiers montrent que Mickey Cohen vit comme un prince depuis 1955 sans payer d'impôts, sans emploi rémunéré et sans moyen manifeste de subsistance.

En deçà d'un très court laps de temps suivant sa libération [après avoir été condamné pour fraude fiscale en 1951], monsieur Cohen s'est adonné à un luxueux train de vie qu'il finançait en extorquant ou en empruntant frauduleusement des sommes considérables. Le fait que l'accusé se soit insinué dans les bonnes grâces d'un certain nombre de personnes respectables et en vue, ne serait-ce que superficiellement, et qu'il se soit servi de ces personnes et de leur nom pour commettre ses fraudes ne diminue en rien la gravité d'une inconduite où ni la religion, ni le patriotisme, ni l'amitié, ni l'affliction, ni la peur n'ont freiné monsieur Cohen dans la poursuite de ses objectifs immoraux.

Mickey Cohen fut condamné à 15 ans de détention, une très lourde peine qu'il devrait purger au pénitencier d'Alcatraz. Surpassant même la peine de 12 ans qu'Al Capone s'était vu imposer en 1931 pour le même crime, ces 15 ans de détention représentaient la peine la plus longue jamais infligée pour fraude fiscale. Mais rompu comme il l'était aux palpitants drames judiciaires, Mickey se mit aussitôt à exploiter le système en multipliant les requêtes et les appels. Il avait déjà confié à d'autres la gestion de ses combines.

Amis, avocats et défenseurs des libertés civiles soutinrent qu'une incarcération à Alcatraz était une punition cruelle et peu commune pour un criminel en col blanc. C'était en effet à Alcatraz, la prison à sécurité maximale la plus vilipendée du pays, que l'on enfermait les prisonniers les plus violents, les « vrais *desperados* », ainsi que les appelait Mickey Cohen. La seule autre personne à y avoir été incarcérée pour fraude fiscale était Al Capone.

Cohen clama haut et fort qu'on bafouait ainsi ses droits civils et que cette punition hors de l'ordinaire était un cadeau très spécial du secrétaire à la Justice Robert F. Kennedy.

* * *

Sur son îlot rocheux au beau milieu de la baie de San Francisco, Alcatraz était une ancienne prison glaciale, sale, sombre, humide, érodée par l'eau de mer et tombant littéralement en ruines. Les conditions de vie y étaient déplorables. Les commodités les plus élémentaires de la vie y étaient absentes, et les détenus n'y bénéficiaient d'aucun cours ou programme de réhabilitation. Surnommée la « terre des hommes oubliés », cette prison était un véritable enfer pour tous les détenus, et encore plus pour le plus cajolé des obsessifs-compulsifs de Hollywood.

Mickey râlait : « Ni journaux, ni magazines, ni articles de dépannage, rien. Une île au milieu de l'océan, et toujours, toujours humide. »

Lorsque, après lui avoir rendu visite, l'avocat Melvin Belli se plaignit des conditions dans lesquelles devait vivre son client, le directeur de la prison répliqua : « Nous ne les réhabilitons pas. Nous ne faisons que les entreposer ! »

Parmi les 67 détenus de cet établissement qui en comptait naguère jusqu'à quatre fois plus figuraient des criminels notoires. Entre autres compagnons d'infortune de Mickey, il y avait Frankie Carbo ; le parrain de la pègre de Harlem Bumpy Johnson ; Alvin « Creepy » Karpis, un des infâmes « ennemis publics » de Hoover ; et un jeune voyou violent, James « Whitey » Bulger, qui se fit connaître par la suite comme pendant à Chicago de Mickey Cohen.

Quatre-vingt-deux jours après son entrée à Alcatraz, Mickey Cohen devint le premier détenu à en être libéré sous caution. En attendant que la cour se prononce sur son appel, sa caution de 100 000 $ fut payée par Paoli's, un chic restaurant de San Francisco, et signée par William O. Douglas, juge puîné de la Cour suprême des États-Unis. Diplômé de Yale et ancien directeur de la Securities and Exchange Commission des États-Unis, ce juriste originaire de Chicago était un fervent libéral et, plus particulièrement, un grand défenseur des droits et libertés que protège le Premier amendement de la Constitution. Mickey professa que Drew Pearson, l'éminent chroniqueur politique de Washington, avait défendu sa cause auprès du juge Douglas. À sa libération, le gangster annonça à la presse qu'il avait hâte de prendre cinq douches de suite et d'écrire un mot de remerciement à l'honorable homme de loi.

Mickey se cache des photographes lorsqu'il retourne à Alcatraz purger une seconde peine pour fraude fiscale. 1962.

Huit ans plus tard, un mouvement visant à bouter le juge Douglas hors de la Cour suprême et ayant à sa tête le représentant (et futur président) Gerald Ford fut hâtivement mis sur pied lorsqu'on soupçonna le juriste d'entretenir des rapports douteux avec le milieu interlope, notamment grâce à son poste permanent au conseil d'administration de la Albert S. Parvin Foundation, une fondation qui suscitait beaucoup de controverse. Parvin-Dohrmann Inc., qui procurait un soutien financier tangible à l'organisme caritatif, avait toutes les apparences d'une respectable entreprise de fournitures et d'ameublement hôteliers. Mais la rumeur voulait qu'il s'agisse aussi d'un paravent et qu'elle détienne, au nom d'actionnaires anonymes, la participation majoritaire dans l'hôtel Flamingo de Bugsy Siegel. Les noms de personnages connus de longue date firent surface en rapport avec Parvin-Dohrmann. Lorsque le Flamingo fut vendu à l'hôtelier de Miami Beach Morris Landsburgh en 1960, Meyer Lansky reçut de très généreux honoraires d'intermédiation de 200 000 $ (environ 1,5 million aujourd'hui). Lorsqu'une enquête fut ouverte sur les cousinages louches qu'entretenait la fondation, le juge Douglas fut éclaboussé par le scandale.

Quand Mickey recouvra sa liberté, le FBI entreprit d'expédier à d'autres organes du gouvernement et à d'autres services de police des mémorandums qui disaient : « Cohen a tué dans le passé et doit être considéré comme un criminel armé et dangereux », ajoutant que ce voyou de première catégorie risquait de fuir le pays.

Quant à Cohen, il rentra à Los Angeles et reprit ses activités.

Le 2 mars 1962, on put lire ce qui suit dans un article du *Time* :

Moins de 24 heures après avoir été libéré moyennant une caution de 100 000 $ jusqu'à ce que l'appel de sa peine de 15 ans pour fraude fiscale soit tranché, le chef de bande et roi des jeux d'argent en Californie Mickey Cohen, 50 ans, a été accusé d'avoir frappé un piqueteur des Teamsters à coups de pancarte. La bagarre, que le gangster soupe au lait a attribuée à une insulte antisémite, aurait plutôt été le fait, aux dires de son ennemi, de

Sandy Hagen et un paisible Mickey Cohen lors du procès pour le meurtre de Jack Whalen. Cohen n'a pas été condamné. 1962.

l'agressivité injustifiée de Cohen (exemple de citation publiable : « Ce local m'appartient et je te fous dehors ! »). Cette fois, Mickey n'a dû verser qu'une maigre caution de 1050 $ avant de pouvoir rentrer chez lui, au bungalow suburbain de Van Nuys qu'il partage avec la *Showgirl* Sandy Hagen, 22 ans, un arrangement dont Cohen dit, pour apaiser l'agitation de ses voisins bourgeois, qu'il a été « approuvé par sa famille et par la mienne ».

Au moment de la mise en liberté de Cohen, un grand jury se réunit pour réexaminer l'affaire du meurtre de Jack Whalen. De nouveaux éléments de preuve firent que Mickey Cohen et quatre de ses hommes, dont Sam LoCigno, furent formellement accusés de meurtre et de complot en vue de commettre un meurtre.

Le *Los Angeles Times* couvrit la demande de libération sous caution de Mickey : « Comme toujours l'élégance personnifiée, Cohen était tiré à quatre épingles pour passer devant le juge, tandis que Phillips [le garant Abe Phillips] portait les mêmes "vieilles fringues". »

« C'est toujours le même coup de serviette qui recommence », dit Cohen au sujet de sa mise en accusation. « Je commence à en avoir assez d'être leur tête de Turc. »

Sa demande ayant été rejetée, il dut quitter sa tenue de ville. Il poursuivit ses jérémiades jusqu'à la salle des mises en détention et dit enfin à Phillips : « Prends bien soin de mon chapeau. »

Mickey fut jugé pour le meurtre de Jack Whalen au printemps de 1962. Les délibérations du jury aboutirent à une impasse. Le juge de la Cour supérieure Lewis Drucker rejeta la cause et déclara que les preuves étaient insuffisantes pour justifier un nouvel acte d'accusation. LoCigno, quant à lui, serait jugé à nouveau. Au cours de ce troisième procès, il fut déclaré coupable d'homicide involontaire et purgea une peine légère pour son rôle dans le meurtre de Whalen.

Quand il eut épuisé tous ses recours auprès de la Cour suprême sans parvenir à faire infirmer sa condamnation pour fraude fiscale, Mickey Cohen fut à nouveau incarcéré à Alcatraz ; il y retourna le 15 mai 1962. Sa libération était prévue pour le 13 décembre 1976, mais il deviendrait admissible à une première audience de libération conditionnelle en décembre 1966. Il aurait alors cinquante-trois ans.

CHAPITRE 24

Une relique du passé

« Vous voyez ? J'ai été monté en épingle comme on sait le faire à Hollywood. »

MICKEY COHEN

Le secrétaire à la Justice Robert Kennedy fit fermer Alcatraz en mars 1963. Mickey Cohen y passa moins d'un an : il avait été transféré au pénitencier fédéral d'Atlanta au cours du mois précédent. En octobre 1962, alors qu'il était encore à Alcatraz, le gangster avait remis une déclaration confidentielle à Richard Rogan, un représentant du bureau du gouverneur de la Californie, Edmund « Pat » Brown, dans laquelle il alléguait avoir eu des contacts avec l'ancien vice-président Richard M. Nixon durant les années 1940. Il affirma avoir rencontré l'homme politique et amassé des fonds pour appuyer ses premières campagnes électorales.

Au début du séjour de Cohen à Atlanta, Bobby Kennedy visita le pénitencier. Les versions officielles divergent quant à ce qui eut lieu entre les deux adversaires. Mickey soutint alors que Kennedy l'avait confronté dans les douches en l'assurant que tout irait bien pour lui à la condition qu'il accepte de coopérer, et que le LAPD fut ensuite informé du fait que leur entretien avait duré plus de 30 minutes. Selon le FBI, c'est Cohen, au contraire, qui aurait abordé Kennedy durant sa visite à la prison, et ils n'auraient échangé que quelques mots.

Le FBI avait récemment fait retourner sa veste à un autre détenu d'Atlanta. Tout en purgeant une lourde peine pour trafic de stupéfiants, le parrain de la mafia new-yorkaise Vito Genovese dirigeait les destinées de sa famille depuis sa cellule. Croyant que Joe Valachi, un de ses soldats qui était aussi son compagnon de cellule, s'apprêtait à devenir informateur, il lui donna le baiser de la mort. En juin 1962, Valachi, armé d'un tuyau de plomb, frappa à mort un autre prisonnier qu'il croyait être son futur assassin. Confronté à une condamnation pour meurtre, Valachi se réfugia dans les bras de la loi. Premier initié à révéler les rouages internes de la mafia, il s'apprêta à jouer un rôle de premier plan dans la longue enquête du sénateur McClelland sur le crime organisé. Sous la bonne garde de 200 *marshals* fédéraux, Valachi allait témoigner aux audiences télédiffusées de la commission sénatoriale d'enquête. Pour donner encore plus de piquant à ce spectacle, les sénateurs y auraient volontiers accueilli une vedette de la trempe de Mickey Cohen.

Mais cet espoir fut bientôt déçu. Le 14 août 1963, à la suite d'un catastrophique revers de fortune, la vie de Mickey Cohen ne tint plus qu'à un fil. Un codétenu du nom de Burl Estes McDonald avait attaqué Mickey par-derrière avec un tuyau en fer de près d'un mètre de longueur. Les coups répétés provoquèrent une lésion longue de 15 cm sur 8 cm de largeur et 4 cm de profondeur. Les radiographies montraient qu'un fragment d'os du crâne avait pénétré le cerveau. Une intervention neurochirurgicale sauva la vie de Mickey, mais il resta plongé dans le coma pendant deux semaines. Il subit une ponction lombaire. Au cours d'une autre opération, une plaque de métal fut insérée dans son crâne.

L'homme qui avait si longtemps dominé le monde criminel de Los Angeles grâce à un heureux mélange d'impudence et de force brute survécut à cette agression sauvage en conservant ses facultés mentales, mais il garda néanmoins de graves séquelles physiques.

Les événements qui entourèrent cette tentative de meurtre ressemblaient étrangement au crime commis par Valachi. Quand la nouvelle de l'agression fut connue, on supposa que Cohen avait été victime de représailles, notamment de la part de Fred Whalen pour le meurtre de son fils Jack. Dans le doute quant aux causes réelles de l'attaque, les autorités choisirent de transférer Mickey Cohen à l'aile médicale de la prison fédérale de Springfield (Missouri), où il demeura en isolement protégé pendant quatre ans.

* * *

Le 22 novembre 1963, l'assassinat, à Dallas, du président John F. Kennedy plongea la nation tout entière sous le choc. Deux jours plus tard, Jack Ruby, le propriétaire d'une boîte de *strip-tease*, qui entretenait des relations avec les forces de l'ordre, les médias et la pègre, tira à bout portant sur Lee Harvey Oswald, le présumé assassin du président, et le tua sous l'œil des caméras de télévision.

Dans l'assassinat du président Kennedy, différents chemins menaient à Los Angeles. JFK y avait passé beaucoup de temps et avait participé à des soirées de débauche à la maison en bord de mer de son beau-frère Peter Lawford à Santa Monica. Frank Sinatra et Marilyn Monroe, ainsi que tout un éventail de bambocheuses qui obéissaient au doigt et à l'œil à Mickey Cohen, étaient souvent présents à ces rencontres. « C'étaient des starlettes, des copines, dit Mickey. Elles n'étaient pas des prostituées, elles ne couchaient pas avec Pierre, Jean, Jacques. Certaines d'entre elles m'ont raconté ce qui se passait là-bas. »

Il y avait encore autre chose. Jack Ruby, un contemporain de Cohen originaire de Chicago, vivait dans cette ville durant les années où Mickey y vivait aussi, et il fréquentait le gymnase de Kit Howard avec le champion de boxe Barney Ross, que Cohen connaissait. Ruby avait vécu également en Californie durant les années 1940. Plus tard, à Dallas, il fut un ami intime de Candy Barr. Ruby et Candy étaient proches depuis que cette dernière avait été libérée de prison en avril. Des agents du FBI l'interrogèrent au sujet de cette relation quelques heures seulement après que Ruby eut exécuté Oswald.

L'ami et avocat de Mickey Melvin Belli fit la manchette quand il accepta de défendre Ruby. La rumeur voulut que Johnny Rosselli, un pilier de la pègre de Los Angeles, ait été mêlé à un complot en vue d'assassiner le président Kennedy. Qui plus est, certaines personnes soutenaient que Rosselli était le véritable assassin de Kennedy.

* * *

Pendant que la nation pleurait la mort de son séduisant président, Mickey Cohen, partiellement paralysé, poursuivait sa lente et difficile convalescence et s'entretenait avec ses conseillers juridiques dans sa cellule du Missouri. En décembre, l'IRS vendit aux enchères 43 bijoux qui lui appartenaient, dont le plus important était l'énorme solitaire de LaVonne. Il y avait aussi une lourde chaîne en or, une clef en or pour la maison, un ensemble de stylos, des boutons de manchette en or sertis de saphirs, une épingle à cravate représentant deux dés en or ornés de diamants et de rubis, et plusieurs montres de luxe. Le seul bijou de fantaisie de cet ensemble était la bague de fiançailles de Candy Barr. Cette collection rapporta environ 20 000 $ (140 000 $ aujourd'hui).

En février 1964, en vertu du Torts Claim Act, une nouvelle loi sur les délits civils donnant aux détenus le droit de réclamer un dédommagement au gouvernement fédéral, une équipe d'avocats intenta une action en justice au nom de Mickey Cohen contre les États-Unis pour la somme faramineuse de 10 millions de dollars. La poursuite accusait les autorités pénitentiaires d'avoir failli à le protéger contre un agresseur psychotique dont l'assaut s'était soldé par des lésions cérébrales et une paralysie irréversible.

Le mois suivant, un avocat spécialiste des libertés civiles, A.L. Wirin, demanda que Mickey bénéficie d'une libération conditionnelle pour raison médicale. Le gangster décrit, dans un document manuscrit de 12 pages, son enfance démunie, son manque d'instruction et les circonstances malheureuses qui lui ont fait emprunter la voie du crime. Trois cent cinq citoyens respectables appuyèrent la pétition de Cohen. Des copies du document et de ses multiples signatures furent envoyées au département de la Justice et également transmises au nouveau président des États-Unis, Lyndon B. Johnson. La requête fut rejetée.

En février 1965, Mickey Cohen, alors âgé de cinquante et un ans, s'envola vers Los Angeles. L'IRS avait intenté une action dans le but de percevoir des arrérages d'impôts de 350 000 $ (environ 3,5 millions aujourd'hui) pour les années 1945 à 1950, plus les pénalités et les intérêts. Ainsi que le note le *Los Angeles Times* : « À son arrivée à l'aire d'atterrissage de la Air Research Corporation à l'aéroport international, il était sous surveillance serrée comme un haut fonctionnaire en mission secrète. »

Pour éviter les médias et dans l'éventualité que Cohen puisse subir encore d'autres sévices corporels, le gouvernement protégeait en effet très étroitement son prisonnier. C'est un Mickey Cohen gravement handicapé qui fut conduit à l'aile sécurisée du County General Hospital, où il fut placé sous bonne garde. Depuis son transfert à Springfield près de huit mois auparavant, c'était la première fois que Mickey Cohen mettait le nez dehors. Le gangster aux cheveux blancs entra dans la salle d'audience en s'appuyant sur une canne tripode et écouta Jack Dahlstrum plaider en faveur du rejet de l'action. Sa requête ne fut pas retenue. Le produit de la vente aux enchères des bijoux de Mickey, soit 15 000 $, fut appliqué à sa dette envers le fisc, et le détenu réintégra l'aile médicale du pénitencier de Springfield.

Le 31 janvier 1966, Mickey était à nouveau dans une salle d'audience d'Atlanta. Le juge fédéral Sidney O. Smith fils y entendait la cause de Meyer Harris Cohen contre les États-Unis en l'absence d'un jury. Informé des blessures importantes et graves que Mickey avait subies, le juge Smith écouta très attentivement son témoignage.

Son agresseur, Burl Estes McDonald, d'abord condamné à 10 ans de détention pour faux monnayage et délit postal, avait des antécédents de troubles psychotiques et avait déjà été impliqué dans des agressions pendant sa détention au pénitencier de Leavenworth. En 1962, McDonald s'était vu imposer une peine supplémentaire de 10 ans pour voies de fait dans l'intention de commettre un meurtre. À Atlanta, il était détenu dans un bâtiment isolé réservé aux dangereux criminels. Il était néanmoins parvenu à sortir de cette zone à sécurité maximale, à franchir une clôture et à se rendre dans le bâtiment qui accueillait les détenus ordinaires, tout cela dans la ferme intention de tuer Mickey Cohen.

Le juge Smith statua en faveur de Mickey et lui accorda des dommages de 110 000 $, somme que l'IRS s'empressa de confisquer.

* * *

Pendant que Mickey Cohen était incarcéré et presque confiné à son fauteuil roulant, une transformation radicale s'opérait dans la dynamique et les mœurs du pays. Les États-Unis étaient alors profondément impliqués au Viêtnam dans une guerre dont personne ne voulait et déchirés par de violentes émeutes. Les Beatles, et les autres groupes britanniques à leur suite, avaient envahi l'Amérique, et l'Occident tout entier dansait sur de nouveaux rythmes. Le cinéma, la musique, les magazines, la mode et la publicité, réagissant à ce raz-de-marée provoqué par la jeune génération, s'apprêtaient à répondre aux besoins du gigantesque marché des enfants du baby-boom. L'industrie du film connaissait une baisse, mais celle du disque, presque entièrement localisée à Los Angeles, était florissante. Les cheveux longs et les mini-jupes révolutionnaient le légendaire Sunset Strip. L'ancien royaume de Mickey devenait l'épicentre d'un mouvement sismique et le domaine de prédilection de milliers d'adolescents qui s'y rassemblaient chaque soir pour écouter la plus formidable musique rock au monde.

Les cheveux des garçons allongeaient à mesure qu'enflaient les foules de fêtards dans Sunset Strip. Les noms des anciennes boîtes changeaient, comme aussi les spectacles à l'affiche. L'ancien et chic Ciro's s'appelait dorénavant It's Boss et présentait un duo qui figurait partout en tête des palmarès : Sonny and Cher. Leur imprésario, Joe DeCarlo, avait été naguère l'agent de Candy Barr. Le Crescendo devenait The Trip et accueillait The Byrds et Love, les deux groupes les plus populaires de Los Angeles, tandis que The Doors investissait maintenant la scène d'un ancien bar, le Sea Witch. Le London Fog, le restaurant ouvert toute la nuit Ben Frank's, le Eating Affair et la crémerie Fred C. Dobbs étaient toujours pleins à craquer. Une autre boîte fréquentée par les jeunes,

Pandora's Box, fut la scène de l'infâme émeute du couvre-feu de Sunset Strip au cours de laquelle des centaines de jeunes furent victimes des bombes lacrymogènes que leur lancèrent les adjoints du shérif. Le film underground expérimental d'Andy Warhol *Chelsea Girls*, prodigue de perversité, de nudité et de drogue, tint l'affiche pendant plusieurs mois à la Cinematheque, une minuscule salle parallèle située dans la ruelle à l'arrière des anciens commerces de Cohen.

Une multitude de jeunes arpentaient maintenant jour et nuit les trottoirs naguère déserts de Sunset Strip, resplendissant dans les chiffons vaporeux, les plumes, le cuir, les fourrures, les fleurs et les colliers, tandis que leurs radios crachaient *Purple Haze* et que les bouchons de circulation paralysaient les rues.

La célèbre avenue semblait sans doute radicalement différente, mais elle n'avait pas changé à bien des égards. La pègre carburait à l'activité fébrile qui y régnait et à l'usage ouvertement répandu des stupéfiants et, toujours prompte à s'adapter, elle avait su répondre aux besoins de sa nouvelle clientèle. Sneaky Pete's était le quartier général d'où s'orchestraient la plupart de ses activités ; bondée de fripouilles tape-à-l'œil et de cocottes sur le retour, la grilladerie à l'ancienne n'avait que des lampes rouges pour tout éclairage. On se serait cru dans l'antichambre de l'enfer de la porte à côté, le Whiskey a Gogo, lieu de rassemblement d'une adolescence déchaînée.

Mais une chose était sûre : ces jeunes de Hollywood, imbibés de LSD, ignoraient tout des escroqueries que pratiquait la pègre dans leur paradis de Sunset Strip il n'y avait pas si longtemps. Aucun d'eux n'avait même jamais entendu parler de Mickey Cohen.

* * *

Les vieux de la vieille de la mafia de Los Angeles étaient morts ou rongés par les soucis. Un des citoyens les plus importants de Las Vegas, le commissaire Guy McAfee, était décédé en 1960 à l'âge de soixante et onze ans. Jimmy Utley, mort en 1962 pendant sa détention à Folsom, gisait dans une fosse commune. Joe Sica et Frankie Carbo étaient derrière les barreaux, tandis que des chefs d'accusation étaient portés contre Johnny Rosselli et Allen Smiley pour une escroquerie de longue date sur des jeux de cartes qui avait fait des victimes chez des vedettes du spectacle et de riches hommes d'affaires membres du très sélect Beverly Hills Friars Club. Rosselli faisait également face à un chef d'accusation pour résidence illégale aux États-Unis, et on le soupçonnait encore d'avoir accordé son allégeance à la CIA et joué un rôle dans l'assassinat du président Kennedy. Il finit par purger une peine pour l'escroquerie du Friars Club.

L'ennemi mortel de Mickey, le directeur du LAPD William H. Parker, rendit l'âme en 1966, suivi de près par son bras droit, le commissaire James Hamilton. Bonze très influent et gardien d'innombrables renseignements confidentiels, le commissaire Jack Donahoe, de la brigade criminelle et de répression des vols du LAPD, avait été chargé de l'enquête du Dahlia noir et d'une centaine d'autres causes tissées dans la sordide histoire de la ville. Mickey se souvenait de ce « dur enfant de chienne » qui, à ses débuts, l'avait arrêté 32 fois pour cambriolage et prévenu LaVonne de ce qu'il n'était qu'un vaurien. Mais aux dires de Mickey, il était plus tard devenu un « ami très, très proche ». Donahoe emporta ses secrets dans la tombe en 1966.

En 1958, 26 ans après avoir accédé au rang de shérif du comté de Los Angeles, Eugene Biscailuz prit sa retraite. Le populaire auteur de polars Erle Stanley Gardner, créateur du personnage Perry Mason, dit de Biscailuz qu'il était « un aristocrate jusqu'au bout des doigts, un cadre compétent, un courageux agent des forces de l'ordre. Il connaissait par cœur chaque centimètre carré de son empire, le comté de Los Angeles, et il était le chaînon qui reliait le pittoresque *pueblo* du passé au grand centre industriel du présent ».

Mickey Cohen avait également beaucoup de respect pour lui. Le shérif Biscailuz décéda en 1969 à l'âge de quatre-vingt-six ans.

* * *

Bobby Kennedy fut assassiné à Los Angeles en juin 1968. Favori du Parti démocrate pour la présidence, il célébrait une importante victoire aux primaires dans la salle de bal bondée de l'hôtel Ambassador quand il fut mortellement atteint de plusieurs balles de revolver.

Le Palestinien Sirhan Sirhan, vingt-quatre ans, confessa le meurtre. Parmi les nombreuses hypothèses controversées que suscita cet assassinat, l'une voulait que Sirhan ait subi un lavage de cerveau pour le programmer à tuer RFK, une autre que le coup fatal avait été porté par un autre assassin. Selon les tenants de la théorie du complot, le détenu handicapé Mickey Cohen était impliqué dans la mort du sénateur. Après tout, l'assassinat s'était produit à Los Angeles, à l'hôtel Ambassador, un ancien bastion de Cohen, et Sirhan Sirhan avait été valet d'écurie à l'hippodrome de Santa Anita, un autre centre d'activités de Mickey. Les avocats de Sirhan, A.L. Wirin et Russell E. Parsons, avaient également représenté le gangster par le passé. L'éminent avocat

Grant Cooper, qui prit plus tard en main la cause de Sirhan, avait défendu Lila Leeds dans l'affaire Robert Mitchum et il était maintenant le conseiller juridique d'un des joueurs impliqués dans l'escroquerie du Friars Club.

Les coïncidences troublantes, quoique nombreuses, ne suffirent pas à démontrer l'existence d'un lien direct entre Mickey Cohen et l'assassinat de RFK.

* * *

Avant les élections présidentielles de 1968, le chroniqueur de Washington Drew Pearson publia la déclaration qu'avait faite Mickey Cohen à Alcatraz en octobre 1962, dans laquelle il disait avoir contribué au financement des premières campagnes du président Richard M. Nixon, alors en poste, pour son élection au Congrès et au Sénat.

Ci-dessous, la déclaration de Mickey Cohen :

> Je purge actuellement une peine à la prison fédérale d'Alcatraz. Ma demande en vue d'un entretien avec un agent des forces de l'ordre ayant été approuvée, Richard R. Rogan est venu me rencontrer le 9 octobre 1962 dans la salle des visiteurs. J'ai annoncé à monsieur Rogan que je désirais lui faire part du rôle qu'ont joué certains individus du monde du jeu et des paris dans la carrière politique naissante de Richard Nixon. J'ai fait la connaissance de Richard Nixon à l'occasion d'un déjeuner au Goodfellow's Fisherman's Grotto dans South Main Street, en 1948. Ce déjeuner avait été orchestré par Murray Chotiner. Il m'avait prié de rencontrer monsieur Nixon qui entreprenait cette année-là sa première campagne pour un siège au Congrès. Nixon et Chotiner m'ont alors demandé de recueillir des fonds pour financer la campagne électorale de Nixon. Par la suite, soit en 1948 durant la deuxième course de Nixon comme congressiste, ou en 1950 lors de sa campagne pour un siège au Sénat, Murray Chotiner a encore une fois sollicité mon aide pour renflouer la caisse électorale de Nixon. J'étais à ce moment à la tête de la plupart des opérations de jeu d'argent et de paris du comté de Los Angeles. J'ai réservé la salle des banquets de l'hôtel Hollywood Knickerbocker, dans Ivar Street, et j'y ai convié à un dîner environ 250 de mes collaborateurs dans le domaine des jeux d'argent. Parmi les personnes présentes dont les noms étaient très bien connus des forces de l'ordre, il y avait Joe et Fred Sica, Jack Dragna et George Capri. Hy Goldbaum, un

des contremaîtres du casino du Stardust, à Las Vegas, qui avait lui aussi purgé une peine à la prison fédérale de McNeil Island, était également présent. Capri avait une participation dans l'hôtel Flamingo, à Las Vegas. Murray Chotiner m'a dit que je devrais me fixer un objectif minimum de 25 000 $. Pendant le banquet, Nixon a fait un exposé d'environ dix minutes et Chotiner a discouru pendant une demi-heure. Mon groupe s'est engagé à contribuer entre 17 000 $ et 19 000 $, une somme insuffisante pour rencontrer le quota qu'avaient fixé Nixon et Chotiner, et on nous a prévenus que personne ne sortirait avant que l'objectif n'ait été atteint. En plus de soutenir monsieur Nixon financièrement, je lui ai obtenu un bureau central au Pacific Finance Building à l'intersection de la 8ᵉ Rue et de Olive Street, à Los Angeles, où l'avocat Sam Rummel avait son cabinet. Il y avait des affiches et des brochures. J'ai payé de trois à quatre semaines de loyer. Durant cette période où j'ai géré le bureau de Nixon, j'ai contacté la plupart des membres de la confrérie et nous avons amassé 25 000 $. Je n'ai reçu en échange aucune promesse de gain en argent ou en nature, et j'ai fait la présente déclaration volontairement et en toute liberté.

Drew Pearson conclut ainsi son article : « Ce que les gangsters ont reçu en échange figure dans les dossiers du tribunal du comté de Los Angeles datant de 1949 à 1952. Ils montrent que le directeur de campagne de Nixon, Murray Chotiner, et son frère [l'avocat Albert Jack Chotiner] ont défendu 221 causes impliquant des *bookmakers* et des membres de la pègre. Dans presque tous les cas, leurs clients s'en sont tirés avec des amendes symboliques ou des condamnations avec sursis.

* * *

Août 1969. Los Angeles est sens dessus dessous suite à deux inimaginables tueries. Dans Benedict Canyon, la séduisante actrice Sharon Tate, compagne du metteur en scène Roman Polanski dont elle porte depuis huit mois l'enfant à naître, est sauvagement assassinée en même temps que quatre autres victimes. La nuit suivante, à une douzaine de kilomètres à l'est, le couple Rosemary et Leno LaBianca est étranglé dans sa maison du quartier calme et cossu de Los Felix. Ces deux carnages rituels ont été ourdis par Charles Manson, un psychopathe également atteint de mégalomanie, et mis à exécution par les membres de « la famille », la secte qu'il dirige et dont les membres carburent à la drogue.

* * *

En janvier 1972, Mickey Cohen, cinquante-huit ans, rentra à Los Angeles après avoir purgé plus de 10 ans de sa peine pour fraude fiscale.

On peut lire, dans un article du *Los Angeles Times* qui rend compte de son retour et résume sa longue et violente carrière, que, à l'occasion de sa première audience de libération conditionnelle, « l'élégant, loquace et prodigue ancien bouffon de la pègre de Los Angeles » a confié aux journalistes : « Je ne désire rien : ni publicité, ni notoriété » tandis que, handicapé, il négociait avec peine les marches du palais de justice accompagné de James Smith, son compagnon de tous les instants et son physiothérapeute. Cohen allait apprendre ce jour-là qu'il demeurerait soumis au contrôle d'un agent de probation jusqu'à la fin de 1976.

Richard Nixon fut élu président des États-Unis. La guerre du Viêtnam entra dans sa 11ᵉ année. Huit ans après le début du changement radical de la société occidentale, l'agitation de Sunset Strip commença enfin à s'apaiser. La musique y régnait encore, mais la bringue perpétuelle qui l'animait avait faibli. Les grandes vedettes de la scène musicale étaient mortes (Hendrix, Joplin et Morrison) ou se produisaient maintenant dans des stades devant des foules immenses. Les adolescents des dernières années étaient maintenant adultes.

L'humeur dans Sunset Strip était sombre et triste, très différente de celle qui prévalait dans la série télévisée *The Partridge Family* (*La Famille Partridge*). Le rock était *hard* et la drogue dure : Zeppelin, glam rock, cocaïne, héroïne. Nymphettes au visage poupin, rockers à l'abondante tignasse, maquillage noir et blanc étudié, spandex, sequins. Le Largo, une boîte de strip-tease, était devenu le Roxy, une importante scène musicale. Les vedettes de l'écran et de la musique, ainsi que leur entourage, se réunissaient dans l'ancienne loge des effeuilleuses, le On the Rox, maintenant boîte extra-sélecte. Dix ans plus tôt, Mickey Cohen y était présent tous les soirs.

Depuis le début des années 1970, les riches Angelins se passionnaient pour le jacquet (ou *backgammon*), un jeu originaire de la Perse ancienne. Réagissant rapidement à l'engouement qui entourait ce jeu d'argent, Pips' devenait le lieu de prédilection des jacqueteurs. L'ambiance de cet établissement privé situé dans South Robertson Boulevard à Beverly Hills, une zone sous juridiction du comté, était torride. Les propriétaires de Pips' comptaient le fondateur de la revue *Playboy* Hugh Hefner, le courtier immobilier de l'élite Stan Herman et le financier Bernie Cornfeld. Ce dernier deviendrait mondialement célèbre quand imploserait son fonds commun de placement, Investors Overseas Limited (IOS). Lourdement investi dans les casinos, ce fonds n'était qu'une combine à la Ponzi. L'omniprésent imprésario Joe DeCarlo, le quatrième associé du club, imposait sa présence.

Pendant ce temps, confiné à son modeste appartement de West Los Angeles au 1014, Westgate (app. 316), Mickey Cohen avait encore sur lui une imposante liasse de billets et se déplaçait beaucoup, notamment à San Francisco et à Monterey. Des membres de son ancienne bande et certains hommes d'affaires lui devaient encore des faveurs. Il ouvrit des comptes d'achats à crédit qu'il ne remboursa pas, Frank Sinatra lui offrit un cadeau de démarrage de 25 000 $ et l'évangéliste Jim Vaus, anciennement spécialiste de l'écoute clandestine, lui donna aussi de l'argent et fit avec lui la tournée des émissions-débats.

La rumeur voulut que Mickey soit encore intimement mêlé au racket des paris clandestins et qu'il ait des participations dans un certain nombre de restaurants, mais il évitait toute situation qui risquait de le priver de sa liberté conditionnelle et de le renvoyer derrière les barreaux. Une nouvelle loi, la loi RICO (*Racketeer Influenced Corrupt*

Mickey Cohen, handicapé, fusille le photographe du regard aux funérailles de son frère Harry qu'il souhaite pleurer en toute intimité.

Organizations), élaborée pour lutter contre le crime organisé, avait attiré son attention. Elle avait été créée dans le but de poursuivre en justice des criminels de sa trempe. La dette considérable de Cohen envers le fisc, remontant à 1946, n'avait pas encore été rayée des livres de l'IRS. Il était furieux d'être par conséquent contraint de vivre au-dessous de ses moyens tout en ayant beaucoup d'argent comptant à sa disposition.

L'année du retour de Mickey fut remplie d'imprévus : dans la foulée du film *Le Parrain,* les gangsters coiffés de feutres mous furent aussi à la mode que David Bowie et le jeu de jacquet, et Mickey négocia à son avantage les droits de publication de ses souvenirs du bon vieux temps.

* * *

Mais le retour de Mickey ne fut pas exempt de malheurs. Son frère Harry, âgé de soixante-dix ans, son principal contact avec le monde extérieur tout au long de sa détention et, par la suite, un pilier de sa vie civile, fut tué en janvier 1973. La presse déclara qu'il avait été renversé par une mystérieuse voiture noire non loin de son domicile d'Oxford Avenue. Un avis de recherche national fut lancé pour retracer le véhicule impliqué dans ce délit de fuite, mais ni la voiture ni son conducteur ne furent retrouvés.

Le dossier du FBI sur Meyer Harris Cohen dit ce qui suit :

> X a dit que Cohen a été très affecté par le décès de son frère Harry, mais qu'il a aussi accueilli cet incident avec une relative sérénité, car ses fréquents contacts avec la mort l'ont endurci, même lorsque sa propre famille en est touchée. X a dit que Cohen souhaitait porter une arme, car il est d'avis qu'un jeune voyou pourrait vouloir le tuer pour rehausser sa réputation.

Mickey aimait maintenant boire un verre à l'occasion. Il se rendait de temps à autre au West Side Room, au Playboy Club de Hefner dans Sunset Strip, ainsi qu'au bar Etc. Il aurait secrètement détenu une participation dans Gatsby's, un nouveau et chic restaurant de Brentwood censé être aussi une maison de jeu. Il y dînait souvent, de même qu'à La Famiglia, un autre restaurant à la mode qui avait récemment ouvert ses portes dans Beverly Hills.

Comme par le passé, Mickey Cohen s'entourait de jolies femmes. L'actrice Lita Baron, ex-épouse de la vedette de l'écran Rory Calhoun, était souvent vue à ses côtés. Il courtisait en outre Edy Williams, la plantureuse tête d'affiche de *Beyond the Valley of the Dolls* (*La Vallée des plaisirs*), le film le plus scandaleux jamais sorti des studios de Hollywood. L'actrice, qui était elle aussi assoiffée de publicité, traversait une houleuse procédure en divorce avec son mari Russ Meyer, réalisateur de films pornographiques à petit budget. La jolie brune de trente-trois ans décrit Mickey comme suit : « Il est mon Galaad, mon héros. Il possède une force incroyable. J'espère seulement qu'un peu de sa force rejaillira sur moi. »

Bien que le rythme effréné de sa vie passée ait considérablement ralenti, Mickey Cohen adorait encore jouir de l'attention de la presse. Mais l'homme qui avait dit naguère : « Il suffit que je crache par la fenêtre pour qu'on parle de moi » n'attirait plus aussi facilement l'attention. Quelque peu réconcilié avec sa nouvelle vie, l'ancien chef de gang naguère redoutable avoua : « Mes jours de gloire sont passés. » Ainsi que le note le *Los Angeles Times*, « ces jours de gloire étaient des chefs-d'œuvre de violence ».

Mickey fut invité à l'émission-débat de Merv Griffin, où il débita à nouveau ses anciennes répliques à succès. Il participait le plus souvent possible à des émissions locales. Il y alla aussi de commentaires colorés lors de matches de championnat de boxe, et il participa à un documentaire sur le milieu interlope.

À l'occasion d'un déjeuner en son honneur que lui offrit le Greater Los Angeles Press Club, il passa son temps à s'essuyer les mains avec une serviette de table trempée dans un verre d'eau. Le célèbre gangster vieillissant fit la remarque suivante : « Je ne m'habitue pas à ce que je

Mickey Cohen, prêt pour les journaux. La presse est venue, mais ni le reportage ni la photo n'ont été publiés. 1975.

vois. Le monde du crime est envahi par des "monstres".» Attribuant ces problèmes à l'omniprésence de la drogue, il n'eut pas honte de dire qu'il avait fumé son premier joint tout récemment. «Selon moi, le problème, dans notre société actuelle, c'est qu'elle n'a plus aucun sens de l'honneur, aucun respect, aucune fierté.»

Les médias s'intéressèrent encore beaucoup à lui en octobre 1974 lorsqu'il s'associa à une affaire qui faisait la manchette depuis plusieurs mois. Patricia Hearst, vingt ans, petite-fille du magnat de la presse maintenant décédé, William Randolph Hearst, avait été enlevée au mois de février par l'Armée de libération symbionaise (ALS), un groupe terroriste américain d'extrême gauche. L'ALS était exemplaire de ces «monstres» que Mickey Cohen trouvait si répugnants.

En avril, gagnée par le syndrome de Stockholm, la jeune héritière prit le nom de guerre de Tania et se rangea dans le camp de ses ravisseurs. Elle fut pourchassée par les services secrets. Des caméras de surveillance la captèrent alors que, armée d'une carabine M1, elle criait des ordres aux clients d'une banque de San Francisco lors du braquage de celle-ci par des membres de l'ALS. Une femme fut tuée au cours de ce vol.

Son père, Randolph Hearst, offrit une récompense de 50 000 $ pour toute information pouvant aider à localiser la jeune femme. Toujours à l'affût d'une bonne occase, Mickey Cohen se porta «volontaire» auprès des malheureux parents. Il eut un entretien avec Randolph et Catherine Hearst chez Gatsby. L'homme qui avait si souvent fait la manchette des journaux de Hearst mit au point une stratégie visant à retrouver Patricia. Le projet suscita de nombreux commentaires, on parla beaucoup de Mickey dans la presse, mais ce fut tout et il n'y eut aucun développement qui vaille d'être mentionné. Certains journalistes avancèrent que Mickey avait soutiré un à-valoir de 20 000 $ aux parents désespérés avant le début de son «mandat».

* * *

À l'automne de 1975, à la suite d'intenses négociations avec l'IRS relativement au remboursement de la dette du mafieux retraité, la publication de la dernière mouture de sa biographie, si lente à se faire, fut enfin annoncée. Les révélations de criminels notoires étaient alors très populaires. Lucky Luciano travaillait au scénario de sa vie avec l'aide d'un prête-plume et en négociait les droits avec des producteurs de Hollywood quand il succomba à une crise cardiaque en 1962. Le résultat de cette collaboration, *The Last Testament of Lucky Luciano*, fit beaucoup de bruit lors de son lancement en 1975.

Après le décès de Frank Costello en 1972, Meyer Lansky restait le seul membre vivant des fondateurs du Syndicat du crime. Lansky raconta sa vie à des journalistes israéliens et le livre qui découla de ces entretiens, *Meyer Lansky: Mogul of the Mob*, fut un succès de librairie. Il y parle de son estime pour Cohen et lui sait gré d'avoir facilité ses liens avec le syndicat des Teamsters. La saga de Mickey Cohen semblait très prometteuse. L'éditeur McGraw-Hill fit le nécessaire pour que le gangster fasse ce qui lui venait tout naturellement, la promotion de *Mickey Cohen: In My Own Words*.

Mais la destinée du gangster le rattrapa.

Bien qu'il ait fait preuve de courage, le dynamisme requis pour séduire et se vendre lui faisait sans doute défaut. La flamme et la passion qui l'avaient tant animé par le passé s'étaient éteintes. Atteint d'un cancer incurable, il subit l'ablation d'une partie de l'estomac en octobre 1975.

Le mois suivant, il était à New York. Handicapé et au seuil de la mort, l'homme qui avait fait la pluie et le beau temps à Los Angeles pendant des décennies de crime entra dans le grand hall en marbre du somptueux hôtel Pierre, n'ignorant pas qu'il arrivait là au bout de sa route.

Dans sa suite luxueuse, et paraissant plus vieux d'au moins 10 ans, le petit homme fragile était assis dans un fauteuil recouvert d'un drap blanc immaculé. Prisonnier de sa propre version du *Boulevard du crépuscule* (*Sunset Boulevard*), il se remémorait les visages, les

Mickey Cohen, soixante-deux ans. Le complexe et violent petit Angelin qui a captivé et terrorisé Los Angeles pendant plus d'une génération affronte son ultime épreuve. 1976.

secrets et les images de milliers de sanglantes nuits. Le spectacle se poursuivit et Mickey Cohen reçut les journalistes.

Ne mentionnant que les gros canons du monde du crime, il discourut pour la dernière fois de Jimmy Hoffa, récemment « disparu », du révérend Billy Graham, de Bugsy Siegel, de Patricia Hearst. Au sujet du président Nixon qui, après le scandale du Watergate, était tombé en disgrâce et avait démissionné de la présidence l'année précédente, Mickey Cohen dit : « Il m'a beaucoup aidé dans mon entreprise de Orange County. Mais si on m'avait dit alors qu'il serait un jour président, j'en serais mort de rire. »

Se donnant tout entier, il ne déçut personne et offrit un spectacle digne de P.T. Barnum.

Hélas, son livre, trop long, trop dense et trop verbeux, fut un échec commercial.

* * *

Ce battant que rien n'avait su arrêter mourut paisiblement dans son sommeil peu après minuit le 29 juillet 1976 des complications dues à un cancer de l'estomac. Sa mort suscita une vaste couverture médiatique comme il les aimait. Le rêve hollywoodien du camelot et du gamin boxeur de East Los Angeles n'avait jamais faibli. Cet homme dangereux, fanfaron, violent, charmant, avide, grandiose, obsessif, menteur, audacieux et, à l'occasion, épanoui, comprenait à fond son époque et son rôle.

Mickey Cohen était l'incarnation même de Los Angeles.

Ainsi qu'il le dit dans son autobiographie : « J'ai été monté en épingle comme on sait le faire à Hollywood. À Chicago, à Philadelphie, à Boston ou à New York, je me serais fondu dans le décor. Je n'aurais été qu'un gros joueur et rien de plus.

« Ici, ç'a été tout à fait autre chose. »

* * *

Les restes de Mickey Cohen reposent au cimetière juif Hillside, à Culver City, en Californie, auprès de nombreuses autres célébrités. La niche A-217 du mausolée Alcove of Love, la deuxième à partir du bas, porte une plaque sur laquelle on peut lire : « Notre frère bien-aimé, Meyer H. Cohen, Mickey, 1914-1976. »

Environ 150 personnes assistèrent aux obsèques.

RIDEAU

Galerie des personnages

Allen, Brenda Fameuse tenancière de bordel à Hollywood qui satisfaisait aux besoins de l'élite du cinéma après la Seconde Guerre mondiale, elle aurait été appuyée par des galonnés de la police des mœurs du LAPD, les ennemis implacables de Mickey Cohen. Cohen déclencha un grand scandale impliquant Allen et les policiers qui ternit la réputation d'importantes personnalités des forces de l'ordre et de la classe politique.

Annenberg, Moses (Moe) « Directeur de la distribution » des journaux de W.R. Hearst au début du XXe siècle, il employa des tactiques mafieuses et des camelots tabasseurs pour assurer la prépondérance de ses tabloïdes. Par la suite, il se porta acquéreur du *Daily Racing Form* et de deux grands journaux, et il amassa une fortune colossale grâce à son monopole du service de télégraphe qui, dans des conditions tout à fait légitimes de marché, fournissait les résultats des courses dont la pègre se servait pour contrôler ses paris clandestins sur une base nationale. Il plaida coupable à un chef d'accusation de fraude fiscale en 1939. Parmi les grands mécènes, il occupait le rang de patriarche.

Barr, Candy (née Juanita Slusher) Fougueuse strip-teaseuse du Texas. À l'âge de quinze ans, la plantureuse, magnifique et blonde enfant avait tenu le premier rôle dans un légendaire film porno, *Smart Alec*. Elle fut quelque temps la fiancée de Mickey Cohen en 1959. Elle était aussi une intime de Jack Ruby, l'assassin de l'assassin présumé du président John F. Kennedy.

Belli, Melvin (King of Torts) Célèbre avocat qui connut sa première heure de gloire à la fin des années 1950 en tant que conseiller juridique de Mickey Cohen.

Biscailuz, Eugene Shérif du comté de Los Angeles de 1932 à 1958. Pittoresque et extrêmement influent, il était issu d'une grande famille californienne. C'est sous son règne qu'eut lieu l'ascension de Mickey Cohen.

Bulger, James (Whitey) Jeune voyou violent, détenu à Alcatraz en même temps que Mickey Cohen. À sa sortie de prison, il devint le pendant à Chicago de Mickey Cohen. Évadé légendaire, il fut capturé en 2011 à Santa Monica (Californie), où il vivait.

Capone, Al (The Big Fella; Scarface) Tueur fanfaron et parrain de la mafia de Chicago, il devint le personnage le plus célèbre du milieu interlope durant la prohibition. Né à Brownsville (Brooklyn) comme Mickey Cohen, il fut détenu à Alcatraz pour fraude fiscale. Souffrant de lésions au cerveau dues à la syphilis qu'il avait contractée durant sa jeunesse, il mourut en 1947. Il fut l'idole et le modèle d'identification de Mickey Cohen.

Carbo, Paul John (Frankie) Coaccusé de son ami Bugsy Siegel lors du premier procès pour meurtre (celui de Harry Greenberg) de membres du Syndicat du crime de la côte Est, à Los Angeles. La rumeur voulut qu'il ait été responsable de l'assassinat non résolu de Siegel en 1947. Après la mort de Siegel, il devint en quelque sorte le roi de la boxe du milieu interlope. On dit qu'il se mêla de combats télévisés et qu'il détenait des intérêts dans la carrière de certains grands boxeurs, notamment Primo Carnero, Jake LaMotta et Sonny Liston.

Chandler, Raymond Célèbre auteur américain de romans policiers et scénariste. Chacun de ses romans traduit magnifiquement le Los Angeles du crime. Chandler change les noms de ses personnages pour protéger les «innocents», de même que ceux de certains lieux qu'il décrit avec force détail. Son héros, le détective privé Philip Marlowe, se rend à bord d'un casino flottant dans *Farewell, My Lovely* (*Adieu ma jolie*, 1940). Dans *The Little Sister* (*Fais pas ta rosière*, 1949), les personnages de Sonny Moe Stein et de Weepy Moyer-Steelgrave s'inspirent de Bugsy Siegel et de Mickey Cohen, respectivement. Comme dans la vraie vie, *The Little Sister* met en scène de belles, mais dangereuses, starlettes. La résidence privée à l'extrémité d'une allée bordée d'arbres où a lieu le dénouement est une réplique exacte du casino clandestin de Mickey Cohen dans Hazen Drive, à Beverly Hills. Il en va de même du casino où se rend le personnage incarné par Lauren Bacall dans *The Big Sleep* (*Le Grand Sommeil*), l'adaptation cinématographique du premier roman de Chandler, publié en 1939.

Cohen, LaVonne (Simone King; Lani Butler; LaVonne Weaver) Madame Mickey Cohen de 1940 à 1958. La belle Américaine aux manières raffinées conférait une nuance de respectabilité à l'image publique de Mickey Cohen.

«The Combination» (L'Organisation) Une organisation novatrice et extrêmement prospère de la pègre, qui faisait fi des traditions de la Mafia, où des bandes d'origines et de religions diverses collaboraient à des entreprises fort lucratives. Cette nouvelle forme de regroupement mafieux fut conçue par le légendaire gangster new-yorkais Lucky Luciano. Il avait recruté ses principaux associés chez les Juifs et les non-Siciliens.

Contreras, George (The Ironman) Commissaire au bureau du shérif du comté de Los Angeles et réputé avoir chapeauté toutes les activités illégales de son territoire. D'abord ennemi mortel de Cohen, aux dires de ce dernier, « le bouillant petit shérif mexicain a par la suite été mon meilleur ami ». Sa mort, survenue en 1945, causa beaucoup d'ennuis à Cohen.

Cornero, Tony Puissant gangster indépendant de Los Angeles, un des plus grands contrebandiers d'alcool durant la prohibition. Évincé par la pègre locale qui bénéficiait d'importantes relations dans la classe politique, il eut l'astuce de transférer ses casinos au large des côtes, donnant ainsi naissance à l'ère des casinos flottants de Los Angeles. Parmi les artistes de bord figurait une adolescente danseuse de flamenco, la future légende de l'écran Rita Hayworth. À la suite de l'ascension de Mickey Cohen, Cornero fut forcé de quitter Los Angeles.

Costello, Frank (né Francesco Castiglia ; le « premier ministre du crime ») Immensément puissant parrain de la mafia de New York, premier associé de Lucky Luciano, de Meyer Lansky et de Bugsy Siegel. Réputé pour ses excellentes relations dans la classe politique. En plus de diriger la famille Luciano (devenue plus tard la famille Genovese) après l'incarcération de Lucky, Costello se hissa au sommet de la hiérarchie du Syndicat du crime. Il fut marié pendant plus de 50 ans à une femme d'origine juive, Loretta « Bobbie » Geigerman. Il servit aussi de modèle au très élégant Don Barzini dans le film *The Godfather* (*Le Parrain*). Il fut l'un des protecteurs les plus influents de Mickey Cohen.

Crane, Cheryl Fille de la légende de l'écran Lana Turner. Elle fut, à quatorze ans, une figure centrale d'un des plus célèbres crimes de Hollywood : le meurtre à coups de couteau de l'amant de sa mère et associé de Cohen, Johnny Stompanato.

Crawford, Charlie Herbert (The Gray Wolf) Le plus grand racketteur des années folles à Los Angeles, un intime de la classe politique. Ses liens avec l'hôtel de ville et la police firent qu'il ne fut jamais officiellement considéré comme un gangster. Amant de Lee Francis, la plus célèbre tenancière de bordel de Hollywood, à qui il procura aussi son soutien, il fut assassiné en 1931.

Dandolas, Nick (The Greek) Légendaire joueur professionnel et passionné de philosophie. Figure paternelle de Mickey Cohen.

David, Dee (DaLonne Cooper) Beauté hollywoodienne amie de Mickey Cohen, elle fut blessée lorsque celui-ci échappa à une tentative d'assassinat en 1949. Par la suite, elle épousa le garde du corps que l'État avait affecté à Cohen, l'agent spécial Harry Cooper, dont elle divorça. Elle blessa Joe Sica par balle au cours d'une discussion d'affaires.

di Frasso, comtesse Dorothy Caldwell Taylor Héritière américaine (son frère était un gouverneur de la Bourse de New York) et flamboyante personnalité de la scène sociale, célèbre pour sa fortune colossale, son prestige, son cercle d'amis influents et son grand train de vie. Elle eut des liaisons avec des vedettes telles que Gary Cooper et Clark Gable, mais c'est Bugsy Siegel qui fut le grand amour de sa vie.

Douglas, William O. Ancien directeur de la Securities and Exchange Commission des États-Unis et juge de la Cour suprême. Il signa l'ordonnance de mise en liberté sous caution de Mickey Cohen, faisant de ce dernier le premier et seul détenu à être libéré de la tristement célèbre prison d'Alcatraz.

Dragna, Jack (né Ignazio) Patron inepte et conservateur de la mafia de Los Angeles. Parent du parrain de New York Tommy «Three-Finger Brown» Lucchese, Dragna combattit Mickey Cohen, mais aucune de ses tentatives pour tuer ce dernier ne réussit et il ne parvint jamais à lui arracher son territoire.

Francis, Lee Célèbre tenancière de bordel de Hollywood qui, de 1921 à 1939, recruta exclusivement sa clientèle parmi l'élite de la classe politique, les magnats des studios, les vedettes de l'écran et la haute société internationale. Elle fut arrêtée en 1940 dans Sunset Strip en compagnie de «Simone King», future épouse de Mickey Cohen.

Frattiano, Jimmy «The Weasel» Ambitieux et impitoyable homme de main ayant d'abord exercé son métier à Cleveland. Délateur et vendu à l'ennemi, il joua un rôle de premier plan dans plusieurs complots contre Mickey Cohen.

Gangster Squad Petite unité ultra-secrète du renseignement du LAPD, formée à la fin de 1946 et dotée d'un mandat prioritaire et sans restriction : arrêter Mickey Cohen.

Giesler, Jerry «The Magnificent Mouthpiece» Le plus éminent criminaliste et «bricoleur» de Los Angeles, il a défendu les personnalités les plus illustres et les plus riches de la ville, des gangsters aux chevaliers d'industrie en passant par les vedettes de l'écran.

Graham, Billy Prédicateur protestant réputé et très respecté auquel des présidents se sont joints dans la prière. En début de carrière, il fut très curieusement obsédé par le désir de convertir le célèbre gangster juif, Mickey Cohen, à la religion protestante.

Guarantee Finance Company Paravent d'un gigantesque empire de jeux d'argent établi dans le comté de Los Angeles dans les années 1940. Il fut allégué, mais jamais prouvé, que Mickey Cohen était à la tête de cette opération.

Guasti, Al Commissaire du bureau de comté du shérif de Los Angeles. On dit qu'en 1945 il fut choisi par un «comité», dont Mickey Cohen faisait partie, pour prendre en main toutes les opérations de corruption du comté de Los Angeles. Il purgea une peine pour son implication dans l'affaire de Guarantee Finance.

Guzik, Jake (Greasy Thumb; Jack) Ancien souteneur et conseiller financier de Capone, cet homme replet et fade fut le chef en titre de l'Organisation de Chicago jusqu'à sa mort en 1956. On dit qu'il était un partisan de Mickey Cohen.

Hagen, Sandy (née Claretta Hashagen) Jeune et blonde fiancée de Mickey Cohen, présente avec lui lors du meurtre du rival de ce dernier, Jack «The Enforcer» Whalen, en 1959.

Hearst, Patricia (Patty) Petite-fille du magnat de la presse William Randolph Hearst. Elle fut kidnappée en 1974 par l'ALS, un groupe terroriste américain. À la suite d'un lavage de cerveau, la jeune héritière fut bientôt inscrite sur la liste des criminels les plus recherchés du FBI. Mickey Cohen s'investit dans l'affaire avec le consentement de la famille Hearst.

Hecht, Ben Prolifique scénariste, gagnant de deux Oscars, journaliste en vue et biographe de Cohen, Hecht amena ce dernier à des réceptions de l'élite hollywoodienne et l'incita à s'engager dans la politique internationale au moment de la création de l'État d'Israël.

Herbert, Edward (Neddie) Garde du corps et lieutenant de Mickey Cohen, tué en 1949 lors de la tentative d'assassinat de Cohen au restaurant Sherry's dans Sunset Strip.

Hoffa, Jimmy Célèbre président du syndicat des Teamsters qui finança, à même la caisse de retraite des syndiqués, une frénésie de construction de casinos à Las Vegas. Hoffa disparut en 1975.

Hollywood Nite Life Tabloïde des milieux du cinéma et moyen de chantage qui dévasta les vedettes de Hollywood à la fin des années 1940. Cette feuille de chou était secrètement financée par Mickey Cohen.

Howard, Mike (né Meyer Horowitz) Homme impitoyable, «administrateur» et acheteur à la boutique de tailleur de Mickey Cohen dans Sunset Strip. Mickey voyait en lui une figure paternelle.

Howser, Frederick N. Ancien procureur du comté de Los Angeles qui, en sa qualité de secrétaire à la Justice de Californie, nomma un agent spécial de l'État garde du corps de Mickey Cohen.

Irgoun Zvaï Leumi Groupe sioniste terroriste, actif dans les années 1940, durant la création de l'État d'Israël. Mickey Cohen y joua un petit rôle.

Jackson, E.V. (Elmer) Brigadier-chef du LAPD et associé présumé de Brenda Allen dans son réseau de *call-girls*. Un ennemi juré de Cohen.

Kefauver, Estes Membre du Parti démocrate et sénateur du Tennessee qui présida une commission d'enquête sur le crime organisé en 1950 et en 1951. Sa commission révéla (parfois même pour la première fois) les rouages secrets de la pègre et les noms de ses plus importants piliers. Plus tard, la retransmission des audiences à la télévision fit grimper en flèche les indices d'écoute. Mickey Cohen y fut le témoin vedette en novembre 1950, avant que les audiences ne soient télédiffusées.

Kennedy, Robert F. (Bobby; RFK) Membre d'une célèbre et richissime famille politique, nommé secrétaire à la Justice des États-Unis sous la présidence de son frère John F. Kennedy. Mickey Cohen, Jimmy Hoffa et Carlos Marcello comptaient parmi ses ennemis mortels. RFK fut assassiné à Los Angeles alors qu'il briguait la présidence en 1968.

Kleinman, Morris Ancien boxeur, censément membre du « Syndicat muet » de Cleveland, qui commandita les débuts de Mickey Cohen à la boxe. Au milieu des années 1930, Kleinman fut condamné à la prison pour fraude fiscale. À compter de la fin des années 1940, la bande de Cleveland possédait le plus important portefeuille d'investissement de tout Las Vegas.

Korshak, Sidney Avocat spécialisé en droit du travail et « bricoleur » discret et influent, Korshak avait, dit-on, des hommes de paille haut placés grâce auxquels il favorisait, à Los Angeles, le déploiement de certaines activités extrêmement profitables à l'organisation de Chicago. Sa présence était très recherchée dans les réceptions du circuit Beverly Hills-Bel Air-Holmby Hills, et l'on disait qu'il était un intime des actrices des années 1960 Jill St. John (une « James Bond *girl* ») et Stella Stevens.

Lansky, Meyer Associé de la première heure de Lucky Luciano, de Bugsy Siegel et de Frank Costello, et véritable génie du crime. Il fut sans conteste pendant plusieurs décennies le membre le plus puissant de la mafia, exerçant son influence dans le monde entier. Lansky est représenté dans *Godfather II* (*Le Parrain II*) sous les traits de Hyman Roth. Dans sa biographie publiée en 1979 et à laquelle il collabora étroitement, *Meyer Lansky: Mogul of the Mob*, il sait gré à Mickey Cohen d'avoir facilité ses liens avec le syndicat des Teamsters.

Leeds, Lila Célèbre jeune starlette arrêtée en 1948 avec l'acteur Robert Mitchum pour possession de marijuana. Après avoir purgé une courte peine, elle témoigna devant un grand jury qui enquêtait sur un réseau d'extorsion auquel aurait participé Mickey Cohen. En 1946, elle incarne la très belle réceptionniste dans l'adaptation du roman de Raymond Chandler *Lady in the Lake* (*La Dame du lac*).

Lucchese, Tommy «Three-Finger Brown» Populaire parrain d'une des cinq familles mafieuses de New York, il était parent du patron de la pègre de Los Angeles, Jack Dragna.

Luciano, Lucky (né Salvatore Lucania ; Charlie Lucky) Célébrissime New-Yorkais né en Sicile et considéré pendant des décennies comme le plus important parrain de la mafia. Il donna aux activités illégales une structure inspirée de celle des grandes entreprises et étendit le système des familles à l'échelle nationale. Défiant l'antisémitisme et le sectarisme traditionnels de la mafia, il eut l'audace de se rallier des gangsters juifs, plus particulièrement Meyer Lansky et Bugsy Siegel, et des non-Siciliens tels que le Calabrais Frank Costello. Condamné en 1936 à 50 ans de pénitencier pour proxénétisme, il fut expulsé en Italie en 1947, d'où il continua officieusement à gérer ses opérations américaines. Il mourut, apparemment d'une crise cardiaque, en 1962, alors qu'il négociait une version cinématographique de sa vie avec, possiblement, Dean Martin dans le premier rôle. Après l'exécution de Siegel, il approuva l'accession de Mickey Cohen au rang de patron de Los Angeles.

Marcello, Carlos Patron de la mafia de La Nouvelle-Orléans ayant eu des liens avec Mickey Cohen. Il fut, avec Cohen et Jimmy Hoffa, un ennemi mortel du secrétaire à la Justice des États-Unis Robert F. Kennedy.

La bande de Mayfield Road Groupement précurseur de l'Organisation, issu de la collaboration entre les chefs mafieux de Cleveland, Anthony et Frank Milano, Alfred Polizzi, le clan Licavoli et les frères Angersola (King), et du «Syndicat muet» de la ville, essentiellement composé de Juifs. Le groupe s'implanta fermement dans les services du télégraphe et orchestra d'innombrables opérations d'importance capitale jusqu'au Midwest, au Canada, à Las Vegas, au Kentucky, en Arizona, au Colorado, au Mexique, à Miami, à Cuba et, par l'entremise de Mickey Cohen, jusqu'au territoire éminemment rentable de Los Angeles. La bande de Mayfield Road est à l'origine, dans *Godfather II* (*Le Parrain II*), des gars de Lakeville Road que mentionne le personnage de Hyman Roth, inspiré de Meyer Lansky. Les membres de la bande furent des mentors d'élite pour Mickey Cohen quand il n'était encore qu'un adolescent.

McAfee, Guy Commissaire de la police des mœurs du LAPD jusqu'en 1924, année où il devint officiellement le lieutenant du roi de la corruption à Los Angeles, Charlie Crawford. Il aurait commandé l'exécution de Crawford en 1931. Après le décès de Crawford, McAfee devint le principal racketteur de Los Angeles. Il pouvait compter sur la collaboration de membres influents de la classe politique et de la police. Quand le maire de la ville et les officiers du LAPD furent victimes d'un scandale en 1938, il s'installa à Las Vegas, dont il fut l'un des premiers et des plus riches citoyens. Le Golden Nugget faisait partie de son portefeuille. On disait de lui qu'il continuait à diriger certaines opérations de corruption à Los Angeles. Il épousa en secondes noces la starlette June Brewster. Il a inspiré à Raymond Chandler son personnage d'Eddie Mars.

McDonald, Burl Estes Petit voyou qui, alors qu'il était détenu au pénitencier d'Atlanta, tenta d'assassiner son codétenu Mickey Cohen en août 1963.

McGee, Elihu «Black Dot» Élégant homme d'affaires et racketteur afro-américain qui s'associa à Mickey Cohen dans le ghetto de South Central Los Angeles (aujourd'hui South Los Angeles).

Meltzer, Harold «Happy» Trafiquant de stupéfiants et gangster qui joua un rôle de premier plan dans plusieurs scénarios importants de la vie de Mickey Cohen.

Milano, Anthony Un des grands patrons de la puissante bande de Mayfield Road. Dès l'adolescence, Mickey trouva chez lui une figure paternelle et un mentor. Milano et sa famille vécurent principalement à Los Angeles à compter des années 1940.

Muir, Florabel Journaliste et communicatrice, chevronnée et très respectée, devenue une confidente influente et intime de Mickey Cohen. Elle subit des blessures à l'occasion d'une des nombreuses tentatives de meurtre de Cohen.

Nealis, Eddie Séduisant joueur dont on disait qu'il dominait toutes les opérations d'extorsion du comté de Los Angeles à la fin des années 1930 et au début des années 1940, quand il était la couverture de Guy McAfee et de Farmer Page. Il affronta Cohen lorsque Bugsy Siegel entreprit de s'emparer du territoire mafieux de Los Angeles. Il produisit le film *Johnny O'Clock*, dont l'action se passe dans l'univers des casinos.

Nixon, Richard M. Vice-président sous Dwight D. Eisenhower, de 1953 à 1961. En 1969, il fut élu 37ᵉ président des États-Unis. Il démissionna en 1974, après l'affaire du Watergate. Mickey Cohen déclara sous serment avoir apporté sa contribution personnelle et financière aux premières campagnes électorales de Nixon en Californie.

O'Mara, Jack Membre fondateur du Gangster Squad du LAPD. Il s'infiltra chez Mickey Cohen, où il eut accès à un dispositif d'écoute.

Page, Milton «Farmer» Célèbre racketteur de Los Angeles durant les années 1920 et 1930 et collaborateur de l'ancien commissaire de police Guy McAfee. On dit qu'ils poursuivirent leurs opérations d'extorsions d'argent par l'entremise de couvertures même après leur exil à Las Vegas en 1938.

Parker, William H. Directeur du LAPD de 1950 à 1966. Gene Roddenberry, le créateur de *Star Trek*, naguère agent du LAPD et rédacteur de discours pour Parker, se serait inspiré de ce dernier pour créer le personnage de monsieur Spock. Il agaçait souverainement Mickey Cohen, dont il était l'ennemi juré.

Patriarca père, Raymond Jusqu'à sa mort en 1984, il dirigea la pègre de la Nouvelle-Angleterre de ses quartiers généraux de Providence. Il aurait été un des propriétaires anonymes du Dunes Hotel de Las Vegas et un partisan de Mickey Cohen.

Renay, Liz Beauté blonde ayant eu des liens avec plusieurs membres importants de la mafia de New York. Elle passait pour une des petites amies de Cohen. Elle fut impliquée avec Cohen dans une affaire de «prêts» qui eut sur eux de graves répercussions.

Richardson, James H. (Jim) Pittoresque rédacteur en chef de l'*Examiner*, un journal de Los Angeles appartenant à W.R. Hearst, et très au courant des secrets de la ville. Richardson était un ami de Mickey depuis l'époque où celui-ci était camelot.

Robinson, Curly Personnalité de Los Angeles bénéficiant d'un excellent réseau de contacts. Il dirigeait des entreprises légitimes dans l'industrie des machines à sous, légales jusqu'au début des années 1950. Lorsque Bugsy Siegel confia Los Angeles à Mickey Cohen à la fin des années 1930, il fut allégué que Robinson dirigeait les opérations d'extorsion du comté de Los Angeles en collaboration avec Eddie Nealis. Aux dires de Mickey Cohen, il devint l'un de ses associés anonymes.

Rosselli, Johnny Mafieux qui travailla pour la bande de Chicago et le service du télégraphe à Los Angeles à compter de la fin des années 1920. Stratège au service de la famille Dragna de Los Angeles. Le séduisant tombeur était un ami du directeur de studio Harry Cohn et fut marié pendant une brève période à la belle actrice June Lang. Il aurait été impliqué dans l'assassinat de JFK.

Rothkopf, Lou (Lou Rhodi) Selon les autorités, un des principaux dirigeants du Syndicat de Cleveland. Rothkopf fut un des plus importants mentors de Cohen et il passait beaucoup de temps à Los Angeles. Son cadavre fut découvert sur sa ferme des environs de Cleveland en 1956. La police conclut à un suicide.

Rothman, Harry «Hooky» Lieutenant de Mickey Cohen. Il fut tué lors de la tentative de meurtre de Cohen à la boutique de ce dernier en 1948.

Ruditsky, Barney Enquêteur du LAPD durant la prohibition, il travaillait à Manhattan. Venu en Californie quand Bugsy Siegel s'installa à Los Angeles, il y fut bientôt le plus populaire détective privé de l'élite hollywoodienne et, dit-on, un intermédiaire entre la pègre et les forces de l'ordre. Il était déjà sur les lieux quand les autorités arrivèrent sur la scène du meurtre de Siegel. Ruditsky gérait le Sherry's, le restaurant de prédilection de Cohen. Il s'y trouvait lorsqu'on avait attenté à la vie de Cohen dans la fusillade mortelle de 1949. Il fut figurant au cinéma. Une série télévisée, *The Lawless Years* (1959-1960), s'inspire de ses exploits d'enquêteur de police.

Rummel, Sam Éminent avocat et «bricoleur» de la pègre établi à Los Angeles qui aurait également été un des associés de haut rang de Mickey Cohen. Il fut exécuté en décembre 1950 devant chez lui.

Samish, Arthur Célèbre et flamboyant lobbyiste californien qui se vantait de manipuler et de contrôler la politique de l'État. Ses clients étaient des hommes d'affaires très en vue. Il fut également le conseiller de plusieurs représentants élus de haut niveau. Un homme que Mickey Cohen admirait et respectait.

Sept Nains, Les Les associés de Mickey Cohen : Frank Niccoli, Neddie Herbert, Jim Rist, Lou Schwartz, Harold Meltzer, Dave Ogul et Eli Rubin. En 1949, ces gorilles furent arrêtés de façon tout à fait inattendue pour infraction au Code de la route au beau milieu d'une opération censément liée à un important complot politique. Le scandale fit la manchette et, dans la foulée de cette arrestation, entraîna presque la ruine de Mickey «Blanche-Neige» Cohen.

Sica, Fred Cadet de deux criminels notoires du New Jersey dont on disait qu'ils occupaient un rang élevé dans l'organisation de Mickey Cohen. Selon des renseignements datant de 1960 en provenance du Trésor, Sica était «un *bookmaker*, un extorqueur et un "gorille"». Les frères Sica furent mis en accusation dans une importante affaire de stupéfiants en 1949, mais le meurtre du principal témoin de la poursuite mit fin au procès. Fred Sica géra d'abord son entreprise depuis la chemiserie Savoy Shirt Shoppe, dans l'élégante Melrose Avenue, et par la suite, de la Capitol Shoe Company, un marchand de chaussures du boulevard La Cienega.

Siegel, Benjamin (né Berish Siegel ; Bugsy ; Baby Blue Eyes) Charmant et beau gangster new-yorkais au tempérament explosif. Sexuellement et criminellement actif dès l'âge de dix ans, dès l'adolescence il s'associa à Lucky Luciano (qui le surnommait «frérot»), à Meyer Lansky et à Frank Costello. La légende veut que, âgé d'une vingtaine d'années, il ait été directement mêlé ou qu'il ait orchestré l'exécution stratégique de quelques parrains de la mafia et de certaines victimes secondaires. Siegel s'installa à Los Angeles en 1935, un territoire très profitable qu'il entreprit d'organiser pour ses patrons de la côte Est. Avec l'aide de Mickey, qui était son gorille, il prit la tête de Los Angeles. Marié, mais tombeur invétéré, le charmant Siegel eut à cette époque une vie mondaine très active à Hollywood. Tout en développant ses *rackets*, il entra dans quelques «zones grises», notamment le service du télégraphe, et fut un pionnier de Las Vegas. Il fut exécuté en 1947 dans une résidence huppée de Beverly Hills. Mickey Cohen hérita de son empire.

Smiley, Allen (né Aaron Smehoff) Lieutenant et compagnon de tous les instants de Bugsy Siegel à Hollywood, il était beau et il avait les cheveux gris. Il était assis à distance prudente de Siegel sur le divan où celui-ci fut exécuté en 1947. Fin connaisseur des belles de Hollywood, Smiley épousa Lucille Casey, un ancien mannequin, *girl* du Copacabana et figurante au cinéma. Il débuta dans les jeux d'argent avec Mickey Cohen vers 1940, quand ce dernier n'était encore qu'un apprenti *bookmaker*.

Stompanato, Johnny (John Valentine; John Steele) Jeune, beau, mystérieux ancien Marine, il débarqua à Hollywood en 1948 et devint sur-le-champ un proche associé de Mickey Cohen. Stompanato, qui ne fut jamais condamné, avait la réputation d'être un excellent amant. Dans les responsabilités que lui confiait Cohen, il y avait le plus souvent de belles femmes et l'extorsion de fortes sommes. Il fut trouvé mort, poignardé, dans la chambre à coucher de la légendaire actrice Lana Turner en 1958.

Sunset Strip Tronçon long de trois kilomètres de Sunset Boulevard, une grande artère de Hollywood, séparant Hollywood de Beverly Hills. Son parcours tortueux au pied d'une colline favorisait la mainmise de la pègre. Situé à proximité des studios et des quartiers huppés, c'était une enclave sous la juridiction du comté de Los Angeles à l'intérieur de la ville de Los Angeles, et sous l'égide du bureau du shérif, réputé pour sa souplesse, et non pas sous celle du LAPD. À la fin des années 1920, ce secteur était à peine développé (il était traversé d'une allée cavalière), mais s'y trouvaient déjà les luxueux hôtels Garden of Allah et Chateau Marmont, tandis que la construction du Sunset Tower Hotel en était à l'étape de la conception. Au début des années 1940, Sunset Strip était devenu le terrain de jeu mondialement connu du gratin de Hollywood, des gangsters notoires et de l'élite mondaine. Après la mort de Bugsy Siegel, Sunset Strip hébergea les boîtes et les boutiques sélectes de Mickey Cohen.

Tarantino, Jimmy Membre du premier entourage de Frank Sinatra, *The Varsity*. À la fin des années 1940, il tira parti de son excellent réseau de contacts pour créer *Hollywood Nite Life*, à la fois journal à potins de l'industrie du film et instrument de chantage que finançait Cohen et qui terrorisait les milieux du cinéma.

Triscaro, Louis (Babe) Membre de la direction des Teamsters et confident de Jimmy Hoffa, le président du syndicat. Un associé de Mickey Cohen depuis leur adolescence à Cleveland.

Turner, Lana Grande et blonde étoile du cinéma qui fut un temps une des femmes les plus célèbres de la planète. Elle a été au cœur de ce qui fut, et est sans doute encore, un des crimes les plus célèbres et les plus controversés de Hollywood : son amant Johnny Stompanato, un associé de Mickey Cohen, fut trouvé mort assassiné dans sa chambre à coucher.

Utley, Jimmy («Squeaky Voice» ; «The Little Giant») Ancien forain devenu un personnage marquant du crime organisé de Los Angeles. Délateur connu, il était impliqué avec des policiers véreux et le parrain de la mafia Jack Dragna, en plus de gérer toutes sortes d'opérations d'extorsion très lucratives. Il détenait en outre une importante participation dans les maisons de jeux légitimes (salles de bingo) et extrêmement profitables de Venice Beach. Un ennemi mortel de Mickey Cohen.

Vaus fils, James Arthur (Jim) Électronicien spécialiste de l'écoute clandestine d'abord à l'emploi de la police, puis de Mickey Cohen. «Sauvé» par le révérend Billy Graham en 1950, Vaus devint lui-même prédicateur. Il parcourut alors le pays tout entier en donnant, au nom de Dieu, des sermons édifiants sur la punition éternelle du feu et du soufre, et en exécutant, pour Mickey Cohen, d'utiles petits travaux électroniques. Il fut l'ami de Mickey Cohen jusqu'à la mort de ce dernier.

Wellpott, Rudy À la fin des années 1940, l'inspecteur Wellpott était directeur de l'Administrative Vice unit du LAPD. Il livra pendant très longtemps la guerre à Mickey Cohen.

Whalen, John F. (Jack ; «The Enforcer») *Bookmaker* indépendant et collecteur de fonds ayant de nombreux partisans à Hollywood. À la fin de 1959, Jack Whalen, un ennemi de Mickey Cohen, fut trouvé mort dans un restaurant où Cohen était en train de dîner.

Wooters, Jerry Un des premiers membres du Gangster Squad du LAPD. Il aurait retourné sa veste en 1959, se ralliant au célèbre *bookmaker* et ennemi de Cohen, Jack «The Enforcer» Whalen.

Notes

O utre les nombreux entretiens que Mickey Cohen a accordés à la presse à la fin de sa vie, les renseignements concernant sa jeunesse proviennent de trois sources inappréciables : *Mickey Cohen: In My Own Words* (Cohen et Nugent) ; les brouillons et les innombrables notes que l'éminent scénariste et écrivain Ben Hecht a rassemblés en vue de la rédaction de la biographie de Mickey Cohen et qui ont été déposés au Fonds Ben Hecht de la Newberry Library de Chicago (Boîte 7, chemise 226-227) ; ainsi que l'article intitulé « The Incomplete Life of Mickey Cohen » (La Vie inachevée de Mickey Cohen), publié par le magazine *Scanlon* en 1970 et basé sur les documents inédits du Fonds Ben Hecht, à la Newberry Library.

Les dossiers du FBI sur Meyer Harris Cohen (Mickey Cohen), Benjamin (Bugsy) Siegel, Charles Lucania (Lucky Luciano), Meyer Lansky, Morris B. Dalitz (Moe Dalitz), Abner Zwillman (Longie Zwillman), Lana Turner, Sidney Korshak, et plusieurs autres, ont été des sources inestimables, de même que les rapports de l'Assembly of the State of California, Subcommittee on Rackets, Organized Crime in California (California Crime Commission) de 1949 et 1950, et de 1957 à 1959 ; et enfin, le dossier de 1961 sur le crime organisé du United States Treasury Department, Bureau of Narcotics (Bureau des stupéfiants du Département du Trésor des États-Unis).

Le témoignage de Mickey Cohen lors de la Commission sénatoriale d'enquête (Commission Kefauver) en novembre 1950 procure un aperçu de la façon dont le gangster se présentait et présentait ses entreprises aux autorités. D'autres témoignages donnés devant cette même Commission ont contribué à éclairer les faits. Des centaines de livres, de reportages de magazines (en particulier la série biographique en quatre volets publiée par *The Saturday Evening Post* en 1958) ainsi que des articles de journaux m'ont été d'un précieux secours.

Les entretiens que j'ai eus avec de très nombreux témoins m'ont fourni la nécessaire couleur locale, mais hélas, ces récits n'ont pas tous apporté des éléments nouveaux à l'ensemble. Je tiens à remercier plus particulièrement Rosaline George pour ses précieuses remarques, ainsi que le grand Budd Schulberg, créateur de Sammy Glick et de films inoubliables, qui m'a appuyée dans ce projet de longue haleine depuis les tout débuts et jusqu'à quelques semaines avant son décès. Merci à Brian Hamilton, à Anita Keys, à Mr. Black, à Susan Pile, à Anne Horne, à Mary Jane Strickland, à James Bacon, à Bob Spivack, à Raeanne Rubenstein, à Tommy L., à feu Art Aragon et à Charles Conaway. Merci, DT, pour tes souvenirs précis et pour avoir fait de cette rencontre particulière une véritable aventure. Rien de cela n'aurait pu avoir lieu dans le soutien indéfectible de mon agent, James Fitzgerald.

Mon espoir précieux et mon grand roi bleu, vous faites partie d'une classe à part. Aucun mot n'est suffisant pour vous remercier de votre aide et de vos encouragements. Vous incarnez l'amour, l'intelligence et tout ce que la vie a de mieux à offrir.

Cette histoire se passe à Los Angeles, dont les rues et les édifices font partie de ma vie autant qu'ils ont fait partie de celle de Mickey Cohen. Mon milieu de vie imprègne et influence ce livre. À mesure que mon récit prenait forme, accéder aux propriétés mentionnées ici est devenu pour moi une priorité. Je suis effectivement entrée dans la maison de Linden Drive, je suis allée sur les lieux mêmes de l'assassinat de Bugsy Siegel. Je me suis assise sur le lit dans la chambre de la comtesse di Frasso, dans le décor intouché d'Elsie de Wolfe. Il y a plusieurs années, j'ai assisté à une réception dans la maison construite par Billy Wilkerson où Lana Turner s'est mariée pour la troisième fois. J'ai dîné avec mes parents dans de célèbres restaurants de Los Angeles qui n'existent plus, et je suis allée dans la plupart des hôtels, des restaurants et des boîtes qui figurent dans ce récit, parfois sous plusieurs incarnations différentes. Mon premier appartement était situé derrière l'édifice qui, des décennies auparavant, abritait le La Brea Social Club de Mickey Cohen. J'ai visité l'ancienne maison de Sam Rummel longtemps avant de me douter que ce *palazzo* presque à l'abandon avait été la scène d'un meurtre inexpliqué dont je ferais un jour le récit. J'ai découvert que des amis habitaient à quelques portes seulement de la maison où Mickey Cohen faisait la bombe en 1944. Et j'ai vécu pendant sept ans aux abords de Sunset Strip, le point zéro de l'empire de Mickey Cohen.

Je n'aurais jamais pu écrire ce livre sans l'expérience que procure une vie entière vécue à Los Angeles.

* * *

Prologue : Un endroit dangereux
Florabel Muir relate les événements de cette soirée dans son livre
intitulé *Headline Happy*, p. 202-216.

9   **Shirley Temple avait alors vingt et un ans** Temple Black, *Child Star*,
430 (*Enfant Star: autobiographie*). — «**Je me suis rangée contre le
trottoir**» *Ibid.*

10   **Resplendissant dans son costume gorge de pigeon** «The Lucky
Clay Pigeon of the Sunset Strip», *Time*, 8 août 1949. — «**Pas si vous
êtes là**» Muir, *Headline Happy*, 204. — **Apercevant les gardiens de
la paix** *Ibid.*, 208.

Chapitre 1: Le *boychick* de Boyle Heights
15   **Max Cohen «travaillait dans l'import avec des Juifs paumés.»**
Cohen et Nugent, *Mickey Cohen: In My Own Words*, 2. — «**D'après
ce que m'ont dit les autres**» Hecht, manuscrit et notes inédits, n.p.

16   **Boyle Heights était la destination de Fanny Cohen** *Ibid.*

17   **La bourgeoisie de Los Angeles** Gabler, *An Empire of Their Own*,
271-276. — **Mickey se remémorait souvent sa mère veuve** Cohen
et Nugent, *Mickey Cohen: In My Own Words*, 2. — **Après avoir loué
des chambres** Hecht, manuscrit et notes inédits, n.p. — **Dans son
plus vieux souvenir** *Ibid.*

17   **Mickey était un enfant silencieux et timide** *Ibid.*

18   **Mickey accompagnait Harry** Cohen et Nugent, *Mickey Cohen: In My
Own Words*, 5. — **Mickey, qui séchait presque toujours ses cours**
Ibid. — **Il disposait le cône de billes** Hecht, manuscrit et notes
inédits, n.p. - **Il déclara plus tard en s'en vantant** Cohen et Nugent,
Mickey Cohen: In My Own Words, 5. — **Son frère Sam** Cohen et
Nugent, *Mickey Cohen: In My Own Words*, 5.

19   **[...] armé d'un bâton de baseball** Feinman, *Hollywood Confidential*,
86. — **Il dit plus tard avec vantardise** Hecht, manuscrit et notes
inédits, n.p. — **Passant ses jours et ses nuits en ville** Cohen et
Nugent, *Mickey Cohen: In My Own Words*, 6. — **Mickey dormait
souvent dans** *Ibid.*, 7.

20   **En échange de la première édition** *Ibid.* — **Ce n'est que plus tard**
Ibid. — **Aux dires de Mickey, les Hunt** *Ibid.* 9.

21   **Se disant qu'il avait «sûrement volé une banque»** Hecht, manuscrit et notes inédits, n.p. — **Quand une occasion se présentait**
Cohen et Nugent, *Mickey Cohen: In My Own Words*, 8. — **Le credo
du jeune Mickey** *Ibid.*

Chapitre 2 : À l'école de l'adversité

23 **En autostop ou caché dans des trains** Hecht, manuscrit et notes inédits, n.p.

24 **À cette époque** Dossier du FBI sur Morris B. Dalitz. — **L'élément italien** Messick, *The Silent Syndicate*, 47. — **Les profits gigantesques** *Ibid.*, 84.

25 **Morris Kleinman, ancien boxeur** *Ibid.*, 31, 52. — **Mickey constata que les chefs mafieux** Cohen et Nugent, *Mickey Cohen: In My Own Words*, 12. — **Au 919 Ouest** Garfield, « Stillman's Gym: The Center of the Boxing Universe », EastSideBoxing.com, 13 janvier 2004.

26 **Ils firent sa promotion** Dossier du FBI sur Meyer Harris Cohen. — **Plus tard il se décrirait ainsi** Cohen et Nugent, *Mickey Cohen: In My Own Words*, 12. — **Mais cette expérience l'avait ouvert à** *Ibid.*, 14.

27 **Un voleur endurci** *Ibid.*, 16. — **Il décrivit un jour** *Ibid.*, 16. — **Il décrira plus tard les armes** Hecht, manuscrit et notes inédits, n.p.

28 **Des années après** *Ibid.* — **Un de ses acolytes** *Ibid.* — **« Ce chef, dit Mickey »** *Ibid.* — **Debout devant les chefs mafieux** *Ibid.* Anthony Milano (FBI nº 433240 […])** *Mafia: The Government's Secret File of Organized Crime*, 47.

29 **« Rien ne lui faisait autant plaisir »** Hecht, « The Incomplete Life of Mickey Cohen », 68. — **« Je devais être un vrai crétin de morveux »** *Ibid.*, 66.

30 **Selon un document de 1961** Dossier du FBI sur Meyer Harris Cohen.

31 **« Il était bagarreur »** Muir, *Headline Happy*, 222.

32 **Il avait besoin qu'on l'aide à identifier** Hecht, manuscrit et notes inédits, n.p.

33 **« L'affaire a traîné pendant des mois »** Hecht, « The Incomplete Life of Mickey Cohen », 69-70. — **Ils l'installèrent auprès de** Cohen et Nugent, *Mickey Cohen: In My Own Words*, 19.

34 **Meyer Lansky confia** Eisenberg, Dan et Landay, *Meyer Lansky: Mogul of the Mob*, 93. — **Il dit un jour avec admiration** Hecht, manuscrit et notes inédits, n.p.

35 **Mickey se remémore leur affrontement** *Ibid.* — **Des années plus tard, il avoua** *Ibid.* — **Pendant presque tout son séjour** Cohen et Nugent, *Mickey Cohen: In My Own Words*, 14-15.

36 **« On m'a suggéré »** Hecht, manuscrit et notes inédits, n.p. — **Mickey fut à nouveau précipité** *Ibid.*

37 **Des années plus tard** *Ibid.* — **Avec le recul** *Ibid.* — **Ils lui donnèrent l'ordre** Cohen et Nugent, *Mickey Cohen: In My Own Words*, 34.

Chapitre 3 : Les types de la côte Ouest

39   Dans sa ville natale Cohen et Nugent, *Mickey Cohen: In My Own Words*, 41. — « Les deux centres de la finance » Woon, *Incredible Land*, 44. — Le rédacteur en chef de Hearst, James H. Richardson Richardson, *For the Life of Me*, 213.

40   Il s'était déjà fait connaître Henstall, *Sunshine and Wealth*, 45-49. — L'élection de George Cryer *Ibid.*, 50. Guy McAfee Rayner, *A Bright and Guilty Place*, 157-160.

41   En 1933, Frank L. Shaw *Ibid.*, 206. — James E. Davis, le directeur du LAPD *Ibid.*, 85, 95 ; Hull et Duxman, *Family Secret*, 73-77.

42   Durant la prohibition, le gangster indépendant Henstall, *Sunshine and Wealth*, 61, 66, 71 ; Newton, *Justice for All*, 106-107.

43   Né Ignazio Dragna Hecht, manuscrit et notes inédits, n.p. ; Reid, *The Grim Reapers*, 163-165. — Parent de Tommy Lucchese Hecht, manuscrit et notes inédits, n.p. — Impliqué dans des activités criminelles Gosch and Hammer, *The Last Testament of Lucky Luciano*, 26 ; Eisenberg, Dan et Landay, *Meyer Lansky: Mogul of the Mob*, 54.

44   « Siegel faisait partie intégrante » Hecht, manuscrit et notes inédits, n.p.

45   « Je pouvais compter sur » *Ibid.*

46   « Bosser... c'est ça que ç'aurait voulu dire » Cohen et Nugent, *Mickey Cohen: In My Own Words*, 36. — Grâce à un bon tuyau Hecht, manuscrit et notes inédits, n.p.

47   Mickey se souvient de la première fois *Ibid.* — Un air confus *Ibid.* — Mickey ne tarde pas à découvrir *Ibid.* — « Jack Dragna était le lieutenant *Ibid.*

48   « Espèce de petit enfant de chienne » *Ibid.*

Chapitre 4 : La manne

49   Elle était tout ensemble la maîtresse Francis, *Ladies on Call*, 88.

50   Lee Francis relate ainsi certains détails *Ibid.*, 49. — Les salons luxueux de Madame *Ibid.*, 99. — On projetait aussi des films *Ibid.* — Mickey Cohen se souvient d'avoir beaucoup fréquenté Cohen et Nugent, *Mickey Cohen: In My Own Words*, 46.

51   Les Schulberg étaient aussi de fervents Entretien téléphonique avec Budd Schulberg, 9 octobre 2000. — « Il m'a plu. » *Ibid.*

52   L'amante Stern, *No Innocence Abroad*, 235-253 ; « What on Land (or Sea) Will Dorothy Do Next ? » *San Antonio Express*, 26 février 1939 ; Jeannings, *We Only Kill Each Other*, 39-41.

53   Le cerveau financier de la mafia Meyer Lansky Eisenberg, Dan et Landay, *Meyer Lansky: Mogul of the Mob*, 77. — L'échotière Hedda Hopper Jeannings, *We Only Kill Each Other*, 65. — [...] le

Tout-Hollywood *Ibid.*, 40. — Des scènes filmées de cette réception sont incluses dans *Rogue's Gallery : Bugsy Siegel.*

54 **Menant une vie de pacha** Muir, *Headline Happy*, 162. – «**Ben, personne ne l'appelait Bugsy**» Collins, «The Man Who Kept Secrets», *Vanity Fair*, avril 2001, 287-288. — **Il dit : «Benny m'apparaissait**» Hecht, manuscrit et notes inédits, n.p.

55 **Ainsi que le révèle Patricia A. Nealis** Lettre de Patricia A. Nealis (fille de Eddie Nealis et nièce de Milton «Farmer» Page), citée dans Pfeiffer, «The Wonderful Nightclubs», TheOldMovieMaven.com/ TheWonderfulNightclubs.doc.

57 **Biscailuz devint une figure mythique** Fowler, *Reporters*, 210. — **Le shérif de Chandler** Chandler, *The Long Goodbye*, 218-219.

58 **Ainsi que se le remémore Cohen** Hecht, manuscrit et notes inédits, n.p. — **Aux dires de Mickey** *Ibid.* — **Mickey confirme que** *Ibid.* — **Des années après, Mickey révéla que** *Ibid.* — **Ainsi que l'affirme Mickey** *Ibid.* — **Selon Mickey** *Ibid.* — **Il se souvenait que le tout-puissant commissaire** *Ibid.*

59 **Mickey ne capitula pas** *Ibid.* — «**Le piège que je lui avais tendu**» *Ibid.* **Curly Robinson allait assurer la réussite** *Ibid.* — **Maintenant que la voie était libre** Muir, *Headline Happy*, 164, 186-189. — **L'extorsion d'entreprise** Munn, *The Hollywood Connection*, 117-132 ; entretien avec Sidney Zion, *Rogue's Gallery : Bugsy Siegel* ; Muir, *Headline Happy*, 164.

60 **Sans cesse à la recherche d'un paravent** Collins, «The Man Who Kept Secrets», *Vanity Fair*, avril 2001 ; Muir, *Headline Happy*, 223-224.

Chapitre 5 : Du sang neuf

61 **La journaliste Florabel Muir** Muir, *Headline Happy*, 223-224.

62 **Il dit un jour avec fierté** Entretien confidentiel, 9 novembre 2000. — **Leur relation aurait commencé** Reid, *Mickey Cohen : Mobster*, 79.— «**Je n'avais encore jamais rencontré**» Prager et Craft, *Hoodlums : Los Angeles*, 197. — **Mickey affirma longtemps après** Hecht, manuscrit et notes inédits, n.p.

63 **Quelqu'un d'autre se chargerait du sale boulot** Turkis et Feder, *Murder Inc.*, 274-279. — «**Il m'a dit**» Hecht, manuscrit et notes inédits, n.p. — **Longtemps après, il confia** Hecht, «The Incomplete Life of Mickey Cohen», 64.

64 **Il se souvient avec chaleur que** Hecht, manuscrit et notes inédits, n.p. — **Mickey Cohen devint** *bookie Ibid.*

65 **Cohen instaura ensuite** *Ibid.* ; Dossier du FBI sur Meyer Harris Cohen. — «**Nous avions cinq téléphones**» Hecht, manuscrit et notes inédits,

n.p. — **Lauren Bacall se souvenait** *Lauren Bacall By Myself*, 165. — **Ce club nouveau genre** Cohen et Nugent, *Mickey Cohen: In My Own Words*, 59.

66 **Mais leur talent** *Ibid.* — **Il dînait, entouré de ses amis fidèles** Segal, *They Called Him Champ*, 264.**Le conseiller de Mickey, Champ Segal** *Ibid.*, 230-233.

67 **Budd Schulberg a décrit** Schulberg, *What Makes Sammy Run ?*, 238. — **D'abord forain peu scrupuleux** Webb, *The Badge*, 150-151. — **Trafiquant de morphine reconnu** *Los Angeles Times*, 31 octobre, 1962 ; Stocker, *Thicker'N Thieves*, 4. — **Un jour, vers midi** Cohen et Nugent, *Mickey Cohen: In My Own Words*, 63.

68 **Après deux ans de fréquentations** Hecht, manuscrit et notes inédits, n.p. — **Mickey avoua plus tard** *Ibid.*, 9-10. — **«Je n'ai jamais regretté»** Muir, *Headline Happy*, 224. — **Il donna comme adresse permanente** Dossier du FBI sur Meyer Harris Cohen. — **Cohen s'enregistra au** *Ibid.*

Chapitre 6 : Des coulisses à l'avant-scène

71 **«J'avais l'intention d'organiser»** Hecht, manuscrit et notes inédits, n.p. — **«C'était un endroit magnifique»** Cohen et Nugent, *Mickey Cohen: In My Own Words*, 73.

72 **L'éminent agent des forces de l'ordre** *Ibid.* — **Jack Dineen, commissaire de police à la retraite** *Ibid.* — **Depuis que Mickey Cohen avait sa tête de pont** Entretien téléphonique avec Mary Jane Strickland, 14 juillet 2007 ; Lieberman, «Tales from the Gangster Squad», *Los Angeles Times*, 26 octobre 2008, A21.

73 **«Siegel me donnait»** Hecht, manuscrit et notes inédits, n.p. — **Cohen dit plus tard avec une certaine gravité** *Ibid.* — **L'ancien boxeur finit par se plier** *Ibid.*

74 **Au milieu des années 1930** Ogden, *Legacy: A Biography of Moses Annenberg*, 105.

75 **À Chicago, James Ragen** *Ibid.* — **En juillet 1942** Redston et Crossen, *Conspiracy of Death*, 71. — **Une semaine plus tard** Dossier du FBI sur Meyer Harris Cohen.

76 **Quelques mois plus tard** Rapport de la California Crime Commission, 1949-1950. — **De retour à Los Angeles** Hecht, manuscrit et notes inédits, n.p. — **Il entreprit de se policer** *Ibid.* — **Mickey était à l'écoute de Curly Robinson** Hecht, manuscrit et notes inédits, 1-5. **Mickey affirme que** *Ibid.* — **Central Avenue** Stone, *The Wrong Side of the Wall*, 49. — **À la façon de** State of California, Subcommittee on Rackets, Organized Crime in California. Assembly Interim Committee Reports, 1957-1959, 108.

77   McGee gérait en outre Stone, *The Wrong Side of the Wall*, 43-44.
— Il poussa ses tentacules Cohen et Nugent, *Mickey Cohen: In My Own Words*, 233-234.

78   «On a commencé par des braquages» Hecht, manuscrit et notes inédits, n.p. — Quand il ouvrit une maison de paris à commission Dossier du FBI sur Meyer Harris Cohen. — «À l'apogée de mes opérations» Hecht, manuscrit et notes inédits, n.p. — Il confia un jour à Jim Richardson Jennings, «The Private Life of a Hood», *Saturday Evening Post*, 4 octobre 1958, 84. — Mickey confirme que Hecht, manuscrit et notes inédits, n.p. — Pendant huit mois *Ibid.*

79   «Tous les soirs» *Ibid.* — Cohen dit plus tard avec dédain *Ibid.* — «À l'époque, explique Mickey» *Ibid.* — Les pénuries du temps de guerre Dossier du FBI sur Meyer Harris Cohen.

80   Il se souvient aussi Hecht, manuscrit et notes inédits, n.p. — L'année précédente Muir, *Headline Happy*, 88, 193-199 ; Prager et Craft, *Hoodlums: Los Angeles*, 88, 90.

81   Ainsi que l'observe la journaliste Florabel Muir Muir, *Headline Happy*, 193. — Parlant de ses rivaux, il dit Hecht, manuscrit et notes inédits, n.p.

82   Mickey dit qu'ils commandaient un territoire Hecht, manuscrit et notes inédits, n.p. — «Mickey était farouche comme une biche» Muir, *Headline Happy*, 187.

Chapitre 7 : La jungle hollywoodienne

84   Selon certains rapports du FBI Dossier du FBI sur Abner (Longie) Zwillman.

85   Des joueurs en vue Hecht, manuscrit et notes inédits, n.p. — Clifton Anderson Anderson, *Beverly Hills Is My Beat*, 137-138. — Utley, un rapace censé avoir Reid, *Mickey Cohen: Mobster*, 188-189.

86   «Utley, se remémore Cohen» Hecht, manuscrit et notes inédits, n.p. — Le gouverneur Earl Warren Wolf et Mader, *Fallen Angels*, 184. — «J'étais d'avis» Hecht, manuscrit et notes inédits, n.p. — Devant la foule des clients Prager et Craft, *Hoodlums: Los Angeles*, 124.

87   À la suite de ce passage à tabac Dossier du FBI sur Meyer Harris Cohen.

88   L'idée de ce chic casino Wilkerson III, *The Man Who Invented Las Vegas*, 73-79, 109 ; Muir, *Headline Happy*, 189-193. — Après la première pelletée de terre Dossier du FBI sur Benjamin (Bugsy) Siegel.

90   Désireux de se blanchir *Ibid.* — Ils lui dirent que Eisenberg, Dan et Landau, *Mogul of the Mob*, 236. — Mickey dit plus tard Cohen et Nugent, *Mickey Cohen: In My Own Words*, 80-81.

91   **Le trio des Sœurs Andrew,** Dossier du FBI sur Benjamin (Bugsy) Siegel. — **Grâce aux talents de Mickey Cohen** Kefauver, *Crime in America*, 44. — **James Ragen, directeur du service** Muir, *Headline Happy*, 190-193. — **Arthur «Mickey» McBride** Kefauver, *Crime in America*, 44. — **Tout le monde** *Ibid.*

92   **À court d'argent, désespéré** Rappleye et Becker, *All-American Mafioso*, 223. — **Allen Smiley avait invité Siegel** Muir, *Headline Happy*, 196-199; Dossier du FBI Benjamin (Bugsy) Siegel.

Chapitre 8 : Chiqué et tape-à-l'œil

96   **Benjamin Siegel s'étant révélé non essentiel** Cohen et Nugent, *Mickey Cohen: In My Own Words*, 80-81. — **Mais il n'en avouait pas moins ceci** *Ibid.*, 81. — **Longtemps après** *Ibid.* — **[...] une somptueuse et immense résidence** Bottin téléphonique de Beverly Hills, 1944.

97   **Prêt à tout** Redston et Crossen, *The Conspiracy of Death*, 75.

98   **Au sommet de la hiérarchie** Dossier du FBI sur Meyer Harris Cohen; Hecht, manuscrit et notes inédits, 6-7.

100   **Beau comme un dieu et gâté par la nature** Crane, *Detour*, 202-204. — **S'ils assumaient parfois le rôle de** Entretien avec Jerry Leiber, 3 juillet 2005. — **Selon Mickey, sa petite organisation** Hecht, manuscrit et notes inédits, n.p. — **Mickey maintenait la discipline** *Ibid.* — **Mickey lui choisit comme collaborateur** Cohen et Nugent, *Mickey Cohen: In My Own Words*, 149-150; *Los Angeles Times*, 25 juin 1951.

101   **Mickey était passé maître dans** Redston et Crossen, *The Conspiracy of Death*, 87. — **Cohen garde un souvenir palpitant** Jennings, «The Private Life of a Hood», *Saturday Evening Post*, 11 octobre 1958, 114; Prager et Craft, *Hoodlum: Los Angeles*, 95. — **Il se mit à pratiquer une escroquerie** — *Ibid.*, 73, 88. — **Ainsi que le note un éminent** Redston et Crossen, *The Conspiracy of Death*, 87. — **[...] mais ses objectifs** Hecht, manuscrit et notes inédits, n.p.

105   **Il se brossait les mains** *Ibid.*

106   **En une semaine** Dossier du FBI sur Meyer Harris Cohen.

107   **Mickey affirma plus tard** Hecht, manuscrit et notes inédits, n.p. **Harry Cohn, le patron de Columbia Pictures** Rappleye et Becker, *All-American Mafioso*, 58, 130-131.

108   **Rosselli refusa** *Ibid.*, 130-131. **Rosselli confia un jour à** *Ibid.*, 125. — **Dans une petite vinothèque** *Ibid.*, 124.

109   **Violent et impitoyable** — Demaris, *The Last Mafioso*, 131-132. — «**Au départ, Jimmy n'avait pas**» *Ibid.*

110   **Mickey assuma même les frais** Muir, *Headline Happy*, 212. — «**On se voyait deux fois**» Rappleye et Becker, *All-American Mafioso*, 125. — **À la fin de 1946** Lieberman, «Tales from the Gangster Squad», *Los*

Angeles Times, 26 octobre 2008. — **Feignant d'être un technicien** Entretien avec Jack O'Mara, *Rogues Gallery: Mickey Cohen*.

111 **Le 9 février 1948** *Los Angeles Times*, 10 février 1948, 1. — **[...] il se dit «très surpris»** *Ibid*. — **Au moment où Johnny Rosselli** Rappleye et Becker, *All-American Mafioso*, 116-117, 122-123. — **Dans la soirée du mercredi** Demaris, *The Last Mafioso*, 30-31.

112 **Frattiano comprit qu'en** *Ibid*.

Chapitre 9 : Des combines louches

114 **Très sensible à l'éphémérité** Server, *Robert Mitchum: Baby, I Don't Care*, 177-178. — **«Nous nous sommes croisés»** Temple Black, *Child Star*, 429-430.

115 **«Quand Ruditsky»** *Ibid*., 430. — **Celui-ci venait d'apprendre** Server, *Robert Mitchum: Baby, I Don't Care*, 150-152. — **Mitchum choisit de ne pas** *Ibid*. **Un riche Anglais du nom de** Crane, *Detour*, 202. — **Arrêté lors d'une fête** *Humboldt Standard*, 17 avril 1958, 18.

116 **La contrepartie de Cohen** Cohen et Nugent, *Mickey Cohen: In My Own Words*, 42. — **Naguère pigiste pour** Kelley, *His Way: The Unauthorized Biography of Frank Sinatra*, 75, 78, 158, 161. — **Même Sinatra fut victime** *Ibid*.

117 **Judy Garland avait l'habitude de** Cohen et Nugent, *Mickey Cohen: In My Own Words*, 109. — **Tarantino eut finalement affaire à** *Ibid*.

118 **Douloureusement conscient de** *Ibid*., 134. — **«Mickey les apprend par cœur»** Muir, *Headline Happy*, 219, 222. — **«Non, répondit-il.»** *Ibid*., 220.

119 **Il souscrivit à une thèse** Zion, «On Ben Hecht», *Scanlon's*, 56-57. — **Selon le journaliste Sidney Zion** *Ibid*., 57. — **Bien que la majorité** Gabler, *An Empire of Their Own*, 290, 350.

120 **Sceptique, Mickey crut d'abord** Cohen et Nugent, *Mickey Cohen: In My Own Words*, 89-93. — **Ainsi que l'écrit Hecht** Hecht, *A Child of the Century*, 610-613. — **Mickey décida d'appuyer la cause** Entretien avec Jerry Leiber, 21 décembre 2006. — **Subjugué par ces Juifs qui** Cohen et Nugent, *Mickey Cohen: In My Own Words*, 89-93.

121 **«Il y avait là»** *Ibid*. — **On allégua** Demaris, *The Last Mafioso*, 28-29. — **«J'étais un escroc authentique»** Cohen et Nugent, *Mickey Cohen: In My Own Words*, 92-93. — **Les avocats Rummel et Ferguson** *Ibid*.

Chapitre 10 : *High Jingo*

123 **«Mickey n'ignorait pas»** Jennings, «The Private Life of a Hood», *Saturday Evening Post*, 20 septembre 1958, 85.

124 **Un brigadier-chef de la police des mœurs** Stocker, *Thicker'N Thieves*, 96-98. — **Voici un exemple de** *Ibid*. — **Les chauffeurs de taxi**

du Westside Henstell, «How the Sex Queen of Hollywood Brought Down City Hall», *Los Angeles,* juin 1978, 70-84.

125 **Après avoir composé le numéro** Stocker, *Thicker'N Thieves,* 96, 98.

126 **En entrant dans le bureau privé** Vaus, *Why I Quit Syndicate Crime,* 27-28. — **Soulagé, l'électronicien** *Ibid.* — **Treize mois après son installation** *Ibid.*— **Vaus poursuivit sa surveillance** *Ibid.*

127 **La tentative de** Hecht, manuscrit et notes inédits, n.p.

128 **Une escarmouche eut lieu** *Ibid.* — **Mais pendant cette hospitalisation** Demaris, *The Last Mafioso,* 33-34.

130 **Ainsi que l'affirma longtemps après le mafieux** Cohen et Nugent, *Mickey Cohen: In My Own Words,* 94. — **Le commissaire Lorenson** *Ibid.,* 95, 99. — **Le problème que posait le spécialiste** *Ibid.,* 95. — **Il suffit d'un coup de fil** Muir, *Headline Happy,* 227-233.

131 **Mickey déclara plus tard** Cohen et Nugent, *Mickey Cohen: In My Own Words,* 99.

132 **Du haut d'une colline** Hecht, manuscrit et notes inédits, n.p. — **Selon Mickey, «Le lieutenant»** *Ibid.*

133 **«Quelques semaines avant»** *Ibid.* — **«Mick, suggéra Richardson»** Jennings, «The Private Life of a Hood», *Saturday Evening Post,* 2 octobre 1958, 122.

134 **Il vanta les mérites** *Ibid.*; Reid, *Mickey Cohen: Mobster,* 169-171.

Chapitre 11: Alerte au smog

137 **«Nous allons démontrer»** Stoker, *Thicker'N Thieves,* 198-203.

138 **Rummel appela plusieurs témoins** *Ibid.,* 198.

139 **À la lumière de ce spectaculaire** Prager et Craft, *Hoodlums: Los Angeles,* 113-114. — **Allen affirma sous serment qu'elle payait** *Ibid.,* 115.

140 **Le «premier ministre du crime»** Entretien avec Jim Smith, *Rogue's Gallery: Mickey Cohen.* — **Samish, qui exerçait son pouvoir** Samish et Thomas, *The Secret Boss of California,* 134. — **Disposant d'un dossier** Velie, «The Secret Boss of California», *Collier's,* août 1949, 21.

141 **Lorsqu'on demanda au gouverneur** Newton, *Justice for All,* 230. — **La longue liste de clients de Samish** Russo, *Supermob,* 36. — **Un des protégés les plus en vue** Samish et Thomas, *The Secret Boss of California,* 124, 126. — **En juillet 1949** Cohen et Nugent, *Mickey Cohen: In My Own Words,* 125.

143 **Lorsque les adjoints du shérif** Muir, *Headline Happy,* 206-209. — **Pendant que Cohen se remettait de son bras blessé** Prager et Craft, *Hoodlumas: Los Angeles,* 116.

146 **Lorsqu'on lui fit remarquer** *Ibid.*, 117. — **Un grand jury fédéral** *Ibid.*; Dossier du FBI sur Meyer Harris Cohen. — **Les avocats Sam Rummel et** « Details of Cohen's Big Deals Recorded », *Los Angeles Times*, 16 et 22 août, 1949.

147 **[...] de même qu'un coup de fil chuchoté** *Ibid.* — **On dit qu'après que son chien eut** *Ibid.* — **Lors d'une querelle de ménage** Muir, *Headline Happy*, 233-236.

148 **Le 30 août** *Ibid.* **Dans ce cas, allez tous** » Hecht, manuscrit et notes inédits, n.p. — **Vernon Ferguson** «Atty. Vernon L. Ferguson, Partner of Rummel Dies », *Los Angeles Times*, 25 juin 1951.

149 **Mickey avoua des années après** Hecht, manuscrit et notes inédits, n.p. **Le monde étant petit** «Cohen's 50,000 Year Job Offer to "Bug" Man Told », *Los Angeles Times*, 2 septembre 1949.

150 **Aux dires de Mason** *Ibid.* — **Mason ajouta que Tarantino** *Ibid.* — **Après que Mason eut rejeté** *Ibid.* — **Behrmann, alors en liberté sous caution** « Dead Man Stymies Quiz on Vice Ring », *Los Angeles Times*, 6 octobre 1949.

151 **Ayant admis devant le grand jury** «Hollywood Extortion Racket Took in Vast Sums », *Los Angeles Times*, 21 septembre 1949. — **Débitant une histoire sordide** *Ibid.*; «Hollywood Expose for Revenge Hinted», *Los Angeles Times*, 27 septembre 1949. — **Sept belles jeunes femmes** «Police Arrest Toni Hugues in Extortion Casew», *Los Angeles Times*, 13 octobre 1949. — **Mickey réagit avec indignation** «Hollywood Extortion Racket Took in Vast Sums», *Los Angeles Times*, 21 septembre 1949. — **Quand le procureur général** «Extortion Inquiry Takes New Turn», *Los Angeles Times*, 24 septembre 1949.

Chapitre 12 : La malchance s'acharne

153 **Durant le week-end de la** Demaris, *The Last Mafioso*, 23-25.

154 **Harold Meltzer, l'homme que** *Ibid.*, 39. — **Un certain nombre de personnes** «Missing Actress Cohen Pals Seen in Texas», *Los Angeles Times*, 22 mars 1950.

155 **Mais ses activités furent** Lacey, *Little Man: Meyer Lansky and the Gangster Life*, 175-177.

156 **«Hollywood ressemble à l'Égypte»** Hecht, *A Child of the Century*, 467. — **Afin de témoigner son appui** Cohen et Nugent, *Mickey Cohen: In My Own Words*, 85.

Chapitre 13 : L'échappée belle

157 **Le magazine** *Time* **le décrivit** *Time*, 1ᵉʳ août 1949. — **Sa notoriété s'était répandue** Muir, *Headline Happy*, 235 ; Vaus, *Why I Quit Syndicated Crime*, 34.

158 Vaus avait travaillé pour Vaus, *Why I Quit Syndicated Crime*, 52-55. — Avant sa rencontre avec Mickey Cohen *Ibid.*, 42, 47-48. Il relate leur première rencontre Cohen et Nugent, *Mickey Cohen: In My Own Words*, 105-106.

159 Joseph McCarthy, un républicain Lacey, *Little Man: Meyer Lansky and the Gangster Life*, 190. — Il aimait les jolies femmes *Ibid.*

160 Compte tenu de l'importance Kefauver, *Crime in America*, 5. — La bombe, qui contenait trente Demaris, *The Last Mafioso*, 40. Mickey dit plus tard Cohen et Nugent, *Mickey Cohen: In My Own Words*, 133.

161 Les journalistes s'installèrent dans Muir, *Headline Happy*, 238.

162 «La présence de Mickey Cohen» *Ibid.*, 123.

163 Hommes de loi et malfaiteurs exercèrent *Ibid.*, 125.

164 Le jeune Dragna intenta une poursuite Muir, *Headline Happy*, 241. — Avec son lourd accent sicilien *Ibid.*, 242. — L'usage de la force avait été Manchester, *American Caesar*, 694-695.

165 «La "Kefauvérite aiguë"» Kefauver, *Crime in America*, 11.

Chapitre 14 : Quand tout va mal

167 En 1950 Prager et Craft, *Hoodlums: Los Angeles*, 127. — Le chanteur tenait absolument à Cohen et Nugent, *Mickey Cohen: In My Own Words*, 85. — Irrité que Sinatra *Ibid.*

168 La voiture à fond plat *Ibid.*, 123.

169 Puis, Agnes Albro Webb, *The Badge*, 251. — Il commença la journée du pied gauche Cohen et Nugent, *Mickey Cohen: In My Own Words*, 148. — Kefauver, un conformiste diplômé de Yale Kefauver, *Crime in America*, 249-250.

171-177 Témoignage de Mickey Cohen, 17 novembre 1950. Kefauver, *Investigation of Organized Crime in Interstate Commerce: Hearings Before the Special Committee to Investigate Organized Crime in Interstate Commerce. United States Senate*, eighty-first congress, second session, and eighty-second congress, first session.

178 Après l'audience Kefauver, *Crime in America*, 249.

Chapitre 15 : De morts et d'impôts

179 Le trafiquant de drogues de Fresno «Key Witness in Dope Case Murdered», *Los Angeles Times*, 1er mars, 1950. — La starlette blonde «Barbara Payton Backs Story of Accused Man», *Los Angeles Times*, 30 novembre 1950. — L'enquête en cours sur Kefauver, *Crime in America*, 242-243; «Rummel Links to Pay-off Hinted in Officer's Testimony», *Los Angeles Times*, 14 décembre 1950.

180 Lors d'une conférence des maires Prager et Craft, *Hoodlums: Los Angeles*, 193. – «Ça m'était égal que» Cohen et Nugent, *Mickey Cohen:*

In My Own Words, 95-96. — **Le gangster Flippy Sherer** Lait et Mortimer, *U.S.A. Confidential*, 118. — **Des années plus tard** Cohen et Nugent, *Mickey Cohen: In My Own Words*, 93. — **Moins d'un mois après** Kefauver, *Crime in America*, 241-243; «Two Officers Suspended in Rummel Quiz», *Los Angeles Times*, 12 décembre 1950.

182 **Norma Rummel se laissa aller librement à** «Gang Roundup Opens Rummel Killer Hunt», *Los Angeles Times*, 12 décembre 1950; «Rummel Mansion Scene of Confusion», *Los Angeles Times*, 12 décembre 1950. — **«Mon comptable, dit Cohen»** Hecht, manuscrit et notes inédits, n.p. — **Le 6 avril 1951** Dossier du FBI sur Meyer Harris Cohen.

183 **Voici ce qu'on peut lire dans** *Ibid.* — **Coiffé de son feutre de forain** Lewis, *Hollywood's Celebrity Gangster*, 172.

184 **Les enchérisseurs potentiels** Prager et Craft, *Hoodlums: Los Angeles*, 202-203.

185 **Chassé de sa luxueuse couche en acajou** *Ibid.*

186 **Après une enquête exhaustive** «Harry Stackman, Cohen Tax Aide, Dies Suddenly», *Los Angeles Times*, 1ᵉʳ juin 1951. — **«C'est agréable d'entrer dans une salle d'audience»** Prager et Craft, *Hoodlums: Los Angeles*, 203.

187 **Toute une galerie d'affreux méchants** «Cohen Profits Told as Tax Case Opens», *Los Angeles Times*, 5 juin 1951. — **Un cordonnier italien** Hecht, manuscrit et notes inédits, n.p. **Quand Mickey Cohen les aperçut** Prager et Craft, *Hoodlums: Los Angeles*, 205.

188 **[…] «un enfant difficile»** «Mickey Cohen Gets 5 Years, $10,000 Fine», *Los Angeles Times*, 10 juillet 1951. — **Comparant son cas à celui** Prager et Craft, *Hoodlums: Los Angeles*, 204-205.

Chapitre 16 : Judas et Iago

191 **Si Mickey Cohen avait pu se hisser** Hecht, manuscrit et notes inédits, n.p. — **Cohen affirma plus tard** *Ibid.* — **«Le complot de Siegel en vue de faire le trafic des stupéfiants»** Valentine, *The Strength of the Wolf*, 70-73.

192 **Plus tard, Siegel et Hill** *Ibid.* — **En 1944, Meyer Lansky** *Ibid.*, 71. — **Le système de Harold Meltzer prospéra** *Ibid.*, 71-72. — **«Happy» Harold se mit à fumer de l'opium** McCoy, *The Politics of Heroin*, 444. — **Dans le but de se passer de** *Ibid.* — **«Même la demande présentée à»** *Ibid.*; State of California, Subcommittee on Rackets, Organized Crime in California. Assembly Interim Committee Reports, 1957-1959, 78-79.

193 **Capté par un dispositif d'écoute** Stoker, *Thicker'N Thieves*, 150; *Prager et Craft, Hoodlums: Los Angeles*, 126. — **Lorsque Siegel vivait encore** Hecht, manuscrit et notes inédits, n.p. — **Le traître rensei-**

gnait les Dragna Ibid. — Mickey révéla plus tard que *Ibid.* — Les conséquences de *Ibid.* — «Mon refus, se souvient Cohen» *Ibid.*

194 En 1950, Price Spivey Valentine, *The Strength of the Wolf*, 95. — Il s'en remit «Federal Agents Seek 18 of 21 Opium Indictees», *Long Beach Press Telegram*, 6 mars 1951. — Parmi les comploteurs non accusés Valentine, *The Strength of the Wolf*, 95.

Chapitre 17 : Le vent tourne

200 [...] l'humoriste Red Foxx lui prépara des Cohen et Nugent, *Mickey Cohen: In My Own Words*, 155. — Il affirme avoir immédiatement instauré *Ibid.*, 156-160. — Il mangeait tout ce qu'il voulait Dossier du FBI sur Meyer Harris Cohen. — Dans son rôle d'«employé» du gouvernement fédéral Cohen et Nugent, *Mickey Cohen: In My Own Words*, 155.

202 «Ils veillèrent à ce que» Webb, *The Badge*, 147.

203 «Les quelques grandes opérations de jeu» Lait et Mortimer, *U.S.A. Confidential*, 157. — De nombreux joueurs *Ibid.*, 155-156. — Cecilia Potts est la *Ibid.*, 157. — À la fin de 1952 «Sica Brothers and Three Others Begin Jail Term», *Los Angeles Times*, 18 septembre 1952. — À peu près en même temps, Sam Farkas *Ibid.*; «Sam Farkas, Ex-Guard of Cohen Beats Charge», *Los Angeles Times*, 18 septembre 1952. «Avant que n'arrive cet heureux jour» Webb, *The Badge*, 147.

204 «Cet épisode [le meurtre des deux Tony] Demaris, *The Last Mafioso*, 60. — Au début de 1954, Frattiano Webb, *The Badge*, 150.

205 L'unité du renseignement du LAPD *Ibid.*, 150-154. En août 1955 «Jimmy Utley Jailed in Illegal Operation Raid», *Los Angeles Times*, 2 septembre 1956. — Le mois suivant, un incident «Gang-Style Attempt to Kill Bingo King», *Los Angeles Times*, 16 septembre 1955.

206 Il «écrivait» aussi un scénario Stern, *No Innocence Abroad*, 40. — Charlie Lucky chercha à négocier *Ibid.*

Chapitre 18 : Le meilleur des mondes

208 Ainsi qu'il le dit à Ben Hecht Hecht, «The Incomplete Life of Mickey Cohen», 75-76. — «Il était très malheureux» Prager et Craft, *Hoodlums: Los Angeles*, 196.

211 Elle avoua plus tard Jennings, «The Private Life of a Hood», *Saturday Evening Post*, 27 septembre 1958. — En juillet 1956, Cohen Beckler, «Reformed Mickey Cohen, in Plant Business», Associated Press, 4 juillet 1956.

212 Le 24 juillet 1956 Reid, *Mickey Cohen: Mobster*, 189-190. — Ben Tue Wong, alias *Ibid.*, 190.

213 Joe et Fred Sica, les proches associés «Two Sica Brothers Cleared of Burglary Assault», *Los Angeles Times*, 8 février 1957. — **Le couple bénéficiait d'une protection** *Ibid.*; «Sica Trial Interrupted By Spectator's Actions, *Los Angeles Times*, 19 janvier 1957.

214 **Le 16 août, les autorités fédérales** Reid, *Mickey Cohen: Mobster*, 190-191. — **Il put compter à nouveau sur** Dossier du FBI sur Meyer Harris Cohen. — **Ses anciens managers** State of California, Subcommittee on Rackets, Organized Crime in California. Assembly Interim Committee Reports, 1957-1959, 99. — **Son nom fut glorifié dans** Dossier du FBI sur Meyer Harris Cohen.

215 **Miller, qui avait prêté des sommes** Reid, *Mickey Cohen: Mobster*, 191.

Chapitre 19 : L'agneau du sacrifice

217 **La poursuite s'appuie sur** «Sica Trial Interrupted by Spectator's Actions», *Los Angeles Times*, 19 janvier 1957.

218 **Elle affirme aussi** *Ibid.* — **Un article du** *Los Angeles Times Ibid.*

219 **Espérant tirer parti de sa notoriété** Reid, *Mickey Cohen: Mobster*, 113-115. — **«Je suis très attiré par le mode de vie chrétien»** Lyle et David, «Mickey Cohen and Bully Graham Pray and Read Bible Together», *New York Herald Tribune*, 18 mai 1957 ; «Mickey Cohen See Billy Graham, Talks on Religion», *Los Angeles Times*, 2 avril 1957. — **Le révérend Vaus déclara à son tour** *Ibid.*

220 **Lorsque Wallace aborda la question de** «Ex-gangster Cohen Puts Foot in Mouth», *The Charleston Gazette*, 21 mai 1957.

221 **Une téléspectatrice** «Mickey Cohen Asks Police Help», *Oakland Tribune*, 20 mai 1957. — **Fidèle à ses habitudes** *Ibid.* — **L'émission n'était pas sitôt terminée** «Cohen's Blast Touches Off Study of FCC Regulations, *Cedar Rapids Gazette*, 20 mai 1957. — **Les services de nouvelles** *Ibid.*

222 **Graham réagit ainsi à** «Ex-Gangster Cohen Puts Foot in Mouth», *The Charleston Gazette*, 21 mai 1957.

223 **Avant son départ de Chicago** «Will Sue Chief, Says Cohen», *Oakland Tribune*, 23 mai 1957.

224 **«Je n'ai pas nui à la circulation»** «Gambler Cohen Pushes Feud Against L.A. Police», *Florence Morning News*, 27 mai 1957. — **Un avocat qui le représentait** «Cohen Aims New Salvo, Calls Chief "A Totalitarian"», *Long Beach Independent*, 27 mai 1957. — **Cohen soutint que le directeur du LAPD** «Will Sue Chief, Says Cohen», *Oakland Tribune*, 23 mai 1957. — **Bien entraîné par sa coterie d'avocats réputés** «Cohen Aims New Salvo, Calls Chief "A Totalitarian"», *Long Beach Independent*, 27 mai 1957. — **Affirmant que Parker était «doté d'un esprit totalitaire»** *Ibid.* — **Parker dit à l'agence United Press** «Will Sue Chief, Says Cohen», *Oakland Tribune*, 23 mai 1957. — **Oliver**

Treyz, le vice-président de ABC «Cohen Aims New Salvo, Calls Chief "A Totalitarian"», *Long Beach Independent,* 27 mai 1957.

225 «Je me fiche que ces imbéciles» «Gambler Cohen Pushes Feud Against L.A. Police», *Florence Morning News,* 27 mai 1957. — Des années plus tard, Mickey dit Cohen et Nugent, *Mickey Cohen: In My Own Words,* 172. — Pur produit de la corruption du LAPD Carter, *LAPD's Rogue Cops,* 74-75.

226 Dès sa nomination Webb, *The Badge,* 253, 256.

227 Les techniques du directeur général Parker Gates, *Chief: My Life in the LAPD,* 71, 78, 81. Il se souvient de ces années *Ibid.,* 32. — L'allégation de dépravation Cohen et Nugent, *Mickey Cohen: In My Own Words,* 172.

Chapitre 20 : Accro des médias

229 Mais les forces de l'ordre Dossier du FBI sur Meyer Harris Cohen — «Mickey connaissait tous les dessous de» Aronowitz, «The Gift», TheBlackListedJournalist.com/column7a.html, 1er mars 1996.

230 «Mickey N'a pas eu de mal à» *Ibid.* — Selon le chroniqueur Walter Winchell Dossier du FBI sur Meyer Harris Cohen ; Reid, *Mickey Cohen: Mobster,* 198.

231 Fred Sica s'assura les bonnes grâces Hecht, «The Incomplete Life of Mickey Cohen», 63. — À son anniversaire, Mickey le récompensa Reid, *Mickey Cohen: Mobster,* 202. — Phil Packard, alias Philip H. Packer Jennings, «The Private Life of a Hood», *Saturday Evening Post,* 27 septembre 1958, 112. — Parmi les habitués, il y avait le grossiste en électroménagers *Ibid.* — Mickey réemménagea à Brentwood *Ibid.,* 41, 110.

232 «C'était extraordinaire» Entretien avec Dean Tavoularis, 17 novembre 2006. — La pauvre LaVonne Jennings, «The Private Life of a Hood», *Saturday Evening Post,* 27 septembre 1958, 112. «J'habitais à Malibu» Entretien avec Barbara Bain, 19 décembre 2004.

233 Aux dires de Paul Caruso Jennings, «The Private Life of a Hood», *Saturday Evening Post,* 8 octobre 1958, 122. — Le jeune avocat ne manquait pas d'audace *Ibid.*

234 Le serveur frappa Cohen à son tour Jennings, «The Private Life of a Hood», *Saturday Evening Post,* 28 septembre 1958, 114. Le FBI le suivit Dossier du FBI sur Meyer Harris Cohen.

236 Mickey avoua plus tard Cohen et Nugent, *Mickey Cohen: In My Own Words,* 174.

Chapitre 21 : L'Oscar

237 La discipline sévère Crane, *Detour,* 201. — Stompanato soutint un jour Turner, *Lana,* 204.

238 **Face à ce nouveau venu** Cohen et Nugent, *Mickey Cohen: In My Own Words*, 196. — **Stompanato, dont on disait souvent à tort** *Ibid.*, 185. — **Il eut d'innombrables aventures** *Ibid.*, 186. — **En décembre, il fut impliqué dans** « Hair Pulling Charged in Tone Custony Battle », *Los Angeles Times*, 9 décembre 1950.

239 **Son casier judiciaire** State of California, Subcommittee on Rackets, Organized Crime in California. Assembly Interim Committee Reports, 1957-1959, 98. — **Ainsi qu'on peut le lire** Document provenant du dossier du FBI sur John Stompanato et inclus dans le dossier du FBI sur Lana Turner (9-12601).

240 **Il aurait été une des « banques »** Reid, *Mickey Cohen: Mobster*, 190. — **Un article de la** *United Press* « Police Dig into Background of Lana's Slain Boyfriend », *Humboldt Standard*, 17 avril 1958 ; « Stompanato Owed $80,000 in "loans" », *Long Beach Independent*, 17 avril 1958. — « **Le beau Johnny** » Anderson, *Beverly Hills Is My Beat*, 69. — **Le journaliste Lee Mortimer** Dossier du FBI sur Meyer Harris Cohen. — **Mademoiselle Gilbert déclara alors** « Cohen Takes Stand in His Own Defense », *Los Angeles Times*, 19 juin 1957.

241 **Lors de la procédure en divorce** *Ibid.* — **L'actrice l'accusa** *Ibid.* — **Cette hypothèse se fondait** « Police Dig into Background of Lana's Slain Boyfriend », *Humboldt Standard*, 17 avril 1958. — **En 1955, à l'âge de trente ans** Entretien avec Rosaline George, 21 avril 2008. — **[...] une élégante habituée** *Ibid.* — **Cette veuve distinguée** « Stompanato Owed $80,000 in "loans" », *Long Beach Independent*, 17 avril 1958. — **Plusieurs locataires mariées** Entretien avec Rosaline George, 21 avril 2008.

242 « **Puis, un jour, tout s'arrêta.** » *Ibid.* — **Son père est tué pour une histoire** Turner, *Lana*, 18-19. — **Elle sirote un coca-cola** *Ibid.*, 26-27.

243 **Son deuxième mari** Crane, *Detour*, 52-57. — « **Un merveilleux danseur.** » *Ibid.*, 56. — **Lorsque la liaison clandestine** Entretien téléphonique avec James Bacon, 22 août 2008. **Le grand patron de la MGM** Crane, *Detour*, 56.

244 **L'échotière de Hollywood Hedda Hopper** *Ibid.*, 70. — **En 1946, il est préposé** *Ibid.*, 89-90 ; Dossier du FBI sur Lana Turner. — **En 1948, il se fiance** Crane, *Detour*, 89, 90, 106-107. — **Ainsi que le note sa fille** *Ibid.*, 128-129. — **Les 60 célébrités** *Ibid.*, 102-103.

245 **Topping confie au magazine** *Life Ibid.*, 102. — **Comme on peut le lire dans l'autobiographie** Turner, *Lana*, 200.

246 **Quand elle demanda à Stompanato** *Ibid.*, 200. — **Mickey dit qu'elle** Cohen et Nugent, *Mickey Cohen: In My Own Words*, 187. — **[...] parfois, Cohen se joignait à eux** Crane, *Detour*, 226. — **Prétextant ses propres ennuis** Cohen et Nugent, *Mickey Cohen: In My*

Own Words, 287-288. — **Rosaline George écrit** George, «I Remember Johnny!», article inédit, 3-4. — **James Bacon, le correspondant** Entretien téléphonique avec James Bacon, 22 août 2008.

247 **Stompanato se plaignit auprès de** Calvet, *Has Corinne Been A Good Girl?* 299-301. **Lors d'une altercation** Entretien téléphonique avec James Bacon, 22 août 2008; Crane, *Detour*, 207-209. **Leur séjour d'environ deux mois** Turner, *Lana*, 210, 218-219, 228-233; Crane, *Detour*, 213. — **Impressionné par la nomination de Lana** Turner, *Lana*, 221.

248 **«J'ai reçu un coup de fil»** Anderson, *Beverly Hills Is My Beat*, 70.

249 **Exactement au même moment** Dossier du FBI sur Lana Turner; Anderson, *Beverly Hills Is My Beat*, 72. — **Ainsi que l'avouera plus tard** Anderson, *Beverly Hills Is My Beat*, 72. — **Le coffret aurait renfermé** *Ibid.*, 74-75.

250 **Mickey Cohen s'efforça d'éviter** Crane, *Detour*, 243. — **[...] il remit [...] les lettres d'amour** *Ibid.*, 243.

252 **[...] les extases de Lana Turner alimentèrent** *Ibid.*, 243.

253 **Cheryl Crane écrit** *Ibid.*, 238.

254 **«Je les ai vus qui allaient»** Témoignage de Lana Turner lors de l'enquête du coroner du comté de Los Angeles dans la mort de John Stompanato fils, 11 avril 1958.

Chapitre 22: Bobby et les beautés fatales

255 **LaVonne desserrait enfin les lèvres** «Mickey Cohen Divorced as Bad Tempered», *Los Angeles Times*, 18 juin 1958. — **L'ancienne belle-sœur de Mickey** *Ibid.* — **«Mon avocat me dit»** Jennings, «Private Life of a Hood», *Saturday Evening Post*, 20 septembre 1958, 86.

256 **«Elle a épousé un *bookmaker*»** Entretien confidentiel, 10 avril 2003.

257 **«Cohen aimait s'entourer»** Redston et Crossen, *The Conspiracy of Death*, 115. — **Ses conquêtes très médiatisées** Cohen et Nugent, *Mickey Cohen: In My Own Words*, 176. — **Ainsi en bordure du milieu interlope** Renay, *My Face for the World to See*, 94-97.

258 **Son petit ami, Anthony Coppola** *Ibid.*, 97. — **Durant les premières semaines de** *Ibid.*, 240. — **Le couple se rapprocha beaucoup** *Ibid.*, 153. — **La sémillante blonde** *Ibid.*, 155. — **Dans ses mémoires** *Ibid*, 154.

259 **Il révéla à Liz Renay** *Ibid.* — **Le biographe Ben Hecht** Hecht, «The Incomplete Life of Mickey Cohen», 67. — **«Il embrassait plus volontiers»** Entretien confidentiel, 10 novembre 2001.

260 **Venant de Renay** Renay, *My Face for the World to See*, 176-180. **Le jour où les abonnés** Dossier du FBI sur Meyer Harris Cohen. — **Pour Mickey Cohen, se mesurer à** Jennings, «The Private Life of a Hood», *Saturday Evening Post*, 4 octobre 1958, 30. — **Il est au**

crépuscule de sa vie. « The Private Life of a Hood », *Saturday Evening Post*, 11 octobre 1958, 36.

261 **Au sujet du fisc** « The Private Life of a Hood », *Saturday Evening Post*, 20 septembre 1958, 86. — **Sur le directeur du LAPD** *Ibid.* — **Sur son insigne de** « The Private Life of a Hood », *Saturday Evening Post*, 4 octobre 1958, 121, 122. — **Il a aussi l'audace de parler de** « The Private Life of a Hood », *Saturday Evening Post*, 11 octobre 1958, 118. — « **Mickey, avide de publicité** » Zion, « On Ben Hecht », *Scanlon's*, 57.

262 **Son père, Joseph P. Kennedy** Ogden, *Legacy*, 374. — **Par exemple, à la fin des années 1920** Swanson, *Swanson on Swanson*, 357, 404-407. **Abandonnée à son triste sort** *Ibid.*, 404-407.

263 **La rumeur voulait que Frank Costello** Russo, *Supermob*, 52, 97, 221-221*n*. — **Bobby Kennedy, alors âgé d'une trentaine d'années** « Gangs Used Union, Quiz Figure Says », *Los Angeles Times*, 22 mars 1959.

265 **Aidé d'un interprète, Khrouchtchev y alla d'une diatribe** Carlson, « Khrushchev in Hollywood », *Smithsonian*, juillet 2009. — **Il unit ses efforts à ceux de** Gates, *Chief*, 77-78. — « **Le FBI en était alors arrivé à** » *Ibid.* — **Les amis et les associés de Cohen** Renay, *My Face for the World to See*, 229.

266 **Née Juanita Dale Slusher** « Candy Barr Obituary », *Los Angeles Times*, 3 janvier 2006.

267 **Sous le nom de scène** Cartwright, « Candy », *Texas Monthly*, juillet 1978. — « **Une victime. Vulnérable, intelligente, mais** » Entretien avec Nino Tempo, 10 août 2008. — **Toujours aussi galant, Mickey Cohen** Cohen et Nugent, *Mickey Cohen : In My Own Words*, 176, 178.

268 **En juin 1959** Dossier du FBI sur Meyer Harris Cohen. — **Le bureau d'enquête du procureur de district** Summers, *Goddess*, 235*n*.

269 **Indomptable, endiablée** *Ibid.*, 177. — **Il avait du reste déjà annoncé** Cohen et Nugent, *Mickey Cohen: In My Own Words*, 178.

Chapitre 23 : Le dénouement

271 **Le détective privé Fred Otash** Otach, *Investigation Hollywood !* 99. — **Pur produit de Los Angeles, John Frederick Whalen** Lieberman, « Tales from the Gangster Squad », *Los Angeles Times*, 30 octobre 2008.

272 **Il eut bientôt un entourage d'élite** Redston et Crossen, *The Conspiracy of Death*, 111. — **Mais le bravache avait un secret** *Ibid.*, 110-113 ; Lieberman, « Tales from the Gangster Squad », *Los Angeles Times*, 30 octobre 2008. — **Peu après** Redston et Crossen, *The Conspiracy of Death*, 118. — **Des rumeurs d'accrochages** Dossier du FBI sur Meyer Harris Cohen ; Redston et Crossen, *The Conspiracy of Death*, 112-118.

273 **Dompter Whalen** Redston et Crossen, *The Conspiracy of Death*, 118.
— **Le FBI note ce qui suit** Dossier du FBI sur Meyer Harris Cohen.
— **Selon le FBI** *Ibid.*— **Patriarca était le parrain** Reid, *The Grim Reapers*, 64. — **Mickey amassa un trésor de guerre** Redston et Crossen, *The Conspiracy of Death*, 119. — **L'agent Gary Wean, du LAPD** Summers, *Goddess*, 234. — **Le 2 décembre 1959** « Mickey Cohen Jailed in Murder of Bookie », *Los Angeles Times*, 4 décembre 1958.

275 **Sam LoCigno, un des associés de Cohen** « Slayer of Bookmaker Surrenders to Police », *Los Angeles Times*, 9 décembre 1959.

276 **En mars 1960, LoCigno** « LoCigno Found Guilty, Gets Life for Murder », *Los Angeles Times*, 30 mars 1960. — **Il confia au chapelain** Redston et Crossen, *The Conspiracy of Death*, 128-129. — **Il y rencontra des membres du** *Ibid.* — **LoCigno ne révéla jamais** Dossier du FBI sur Meyer Harris Cohen. — **Le propriétaire de l'armurerie** Redston et Crossen, *The Conspiracy of Death*, 129. — **Il parla à LoCigno à voix basse** *Ibid.*

277 **On pouvait voir le gangster** Dossier du FBI sur Meyer Harris Cohen.

278 **Les journaux déclarèrent que le chien** « Mickey Buries His Bulldog », *Kingsport Times*, 30 juin 1960. — **Quelqu'un l'aperçut à Manhattan** Dossier du FBI sur Meyer Harris Cohen.

279 **Il dépêcha à Los Angeles des adjoints** *Ibid.* — **La moitié du personnel** *Ibid.* — **« Les preuves matérielles semblaient »** Reid, *Mickey Cohen: Mobster*, 99. — **On leur fit voir des exemples** Dossier du FBI sur Meyer Harris Cohen.

280 **Le Dr Leonard Krause** Reid, *Mickey Cohen: Mobster*, 104. — **Lewis plaisanta avec Skelton** Lewis, *Hollywood's Celebrity Gangster*, 274. — **Charles Schneider, un arboriculteur** Reid, *Mickey Cohen: Mobster*, 107.

281 **Quand le rideau tomba** « Mickey Cohen Tax Case Put in Jury's Hands », *Los Angeles Times*, 29 juin 1961.

282 **Il avait déjà confié à d'autres** Cohen et Nugent, *Mickey Cohen: In My Own Words*, 205. — **« Ni journaux, ni magazines »** Meagher, « Mickey Cohen Saddened by State of Society, Crime World », *Los Angeles Times*, 15 février 1974. — **Lorsque, après lui avoir rendu visite, l'avocat Melvin Belli** « To the Editors », *Time*, 21 juillet 1975. – **Quatre-vingt-deux jours après son entrée** Cohen et Nugent, *Mickey Cohen: In My Own Words*, 206.

283 **Huit ans plus tard** Russo, *Supermob*, 343-344, 359. — **[...] lorsqu'on soupçonna le juriste** *Ibid.*

285 **Le juge de la Cour supérieure Lewis Drucker** « Mickey Cohen, 3 Aides Cleared in L.A. Murder », *Eureka-Humboldt Standard*, 19 avril 1962.

Chapitre 24 : Une relique du passé

287 **Mickey soutint alors que Kennedy** Cohen et Nugent, *Mickey Cohen: In My Own Words*, 214. — [...] **le LAPD fut ensuite informé du fait que** Dossier du FBI sur Meyer Harris Cohen.

288 **Un codétenu du nom de Burl Estes** « Mickey Cohen Beaten by Fellow Prisoner », *Los Angeles Times*, 15 août 1963. — **Les coups répétés** Dossier du FBI sur Meyer Harris Cohen. — **Une intervention neurochirurgicale sauva la vie** *Ibid.* — **Dans le doute quant aux causes réelles** *Ibid.*

289 **« C'étaient des starlettes »** Cohen et Nugent, *Mickey Cohen: In My Own Words*, 236 ; Summers, *Goddess*, 244-252. — **Ruby et Candy étaient proches** « Candy Barr Obotiary ». *Los Angeles Times*, 3 janvier 2006. — **Qui plus est, certaines personnes soutenaient** Collins, « The Man Who Kept Secrets », *Vanity Fair*, avril 2001, 102 ; Bonanno, *Bound By Honor*, 301, 312.

296 **« l'élégant, loquace et prodigue »** Hertel et Martinez, « Mickey Cohen Will Be Released Today », *Los Angeles Times*, 7 janvier 1972. — **« Je ne désire rien »** « Mickey Cohen First Visit to L.A. Parole Office », *Los Angeles Times*, 25 janvier 1972.

298 **Son frère Harry, âgé de soixante-dix ans** « Auto Kills Brother of Mickey Cohen », *Los Angeles Times*, 17 janvier 1973. — **Le dossier du FBI** Dossier du FBI sur Meyer Harris Cohen. — **Mickey aimait maintenant boire un verre** *Ibid.* — **L'actrice Lita Baron** Lewis, *Hollywood's Celebrity Gangster*, 321.

299 **La jolie brune de trente-trois ans** « People », *Time*, 1er septembre 1975. — **Quelque peu réconcilié** « Mickey Cohen in First Visit to L.A. Parole Office », *Los Angeles Times*, 25 janvier 1972. — **À l'occasion d'un déjeuner en son honneur** Meagher, « Mickey Cohen Saddened by State of Society, Crime World », *Los Angeles Times*, 15 février 1974

300 **Les médias s'intéressèrent encore** Hazlet, « Mickey Cohen Aids Hearsts in Search for Daughter », *Los Angeles Times*, 24 octobre 1974 ; « Mickey Cohen Is Bizarre Sleuth in the Search for Patty Hearst », *Newsweek*, 11 novembre 1974.

302 **Au sujet du président Nixon** Lewis, *Hollywood's Celebrity Gangster*, 323-324. — **Ainsi qu'il le dit dans son autobiographie** Cohen et Nugent, *Mickey Cohen: In My Own Words*, 82.

Bibliographie sélective

Anderson, Clifton H. *Beverly Hills Is My Beat*. Englewood Cliffs, NJ : Prentice Hall, 1960.

Anderson, Jack et Fred Blumenthal. *The Kefauver Story*. New York : The Dial Press, 1956.

Anger, Kenneth. *Hollywood Babylon*. New York : Dell Publishing, 1975.

_____. *Hollywood Babylon II*. New York : E.P. Dutton, 1984.

Bacall, Lauren. *Lauren Bacall by Myself*. New York : Ballantine Books, 1978. (*Par moi-même*. Traduit de l'américain par Janine Hérisson et Henri Robillot. Paris : Stock, 1995.)

Bacon, James. *Made in Hollywood*. Chicago : Contemporary Books, 1977.

Balsamo, William et George Carpozi Jr. *Crime Incorporated*. Far Hills, NJ : New Horizon Press, 1991.

Banham, Rayner. Los Angeles : *The Architecture of Four Ecologies*. London : Penguin, 1971.

Berman, Susan. *Easy Street*. New York : G.P. Putnam's Sons, 1981.

_____. *Lady Las Vegas*. New York : T.V. Books, 1996.

Black, Shirley Temple. *Child Star*. New York : Ballantine Books, 1988. (*Enfant star : autobiographie*. Traduit de l'américain par Catherine Dreyfus et Jean-Louis Dumont. Paris : Édition n° 1 : M. Laffon, 1991.)

Bonanno, Bill. *Bound by Honor*. New York : St. Martin's Press, 2000.

Bonelli, William G. *Billion Dollar Blackjack*. Beverly Hills : Civic Research Press, 1954.

Calvet, Corinne. *Has Corinne Been a Good Girl?* New York : St. Martin's Press, 1983.

Capozi Jr., George. *Bugsy*. New York : Pinnacle Books, 1973.

Carter, Vincent A. *LAPD's Rogue Cops*. Lucerne Valley, CA : Desert View Books, 1993.

Cassini, Oleg. *In My Own Fashion*. New York : Simon & Schuster, 1987.

Chandler, Raymond. *The Long Goodbye*. New York : Ballantine Books, 1953. (*The Long Goodbye : sur un air de navaja*. Traduit de l'américain par Henri Robillot et Janine Hérisson. Paris : Gallimard, 2008.)

Cohen, Mickey et John Peer Nugent. *Mickey Cohen : In My Own Words*. Englewood Cliffs, NJ : Prentice-Hall, 1975.

Colby, Robert. *The California Crime Book*. New York : Pyramid Books, 1971.

Connelly, Michael. *The Closers*. New York: Little, Brown, 2005.

Conrad, Harold. *Dear Muffo: 35 Years in the Fast Lane*. New York: Stein & Day, 1982.

Cox, Bette Yarborough. *Central Avenue: Its Rise and Fall*. Los Angeles: BEEM Press, 1996.

Crane, Cheryl avec la collaboration de Cliff Jahr. *Detour: A Hollywood Story*. New York: Arbor House/William Morrow, 1988. (*Ma vie en noir et blanc*. Traduit par Annie Hamel et Annick Le Goyat. Paris: Presses de la Cité; Montréal: Libre Expression, 1988.)

Davies, Marion. *The Times We Had*. New York: Ballantine Books, 1975.

Demaris, Ovid et Ed Reid. *The Green Felt Jungle*. New York: Pocket Books, 1964.

———. *The Last Mafioso*. New York: Times Books, 1981.

Denton, Sally et Roger Morris. *The Money and the Power*. New York: Alfred A. Knopf, 2001. (*Une hyper-Amérique: argent, pouvoir, corruption ou le modèle de Las Vegas*. Traduit de l'anglais (américain) par Geneviève Brzustowski; préface de Pap Ndiaye. Paris: Autrement, 2005.)

Dunne, Dominick. *The Way We Lived Then*. New York: Crown, 1999.

Eig, Jonathan. *Get Capone*. New York: Simon & Schuster, 2010.

Eisenberg, Dennis, Uri Dan, et Eli Landau. *Meyer Lansky: Mogul of the Mob*. New York: Paddington Press, 1979.

English, T.J. *Havana Nocturne*. New York: William Morrow, 2008. (*Nocturne à La Havane*. Traduit de l'anglais (États-Unis) par David Fauquemberg. Paris: La Table ronde, 2010.)

Fleming, E.J. *The Fixers*. Jefferson, NC: McFarland & Company, Inc., 2005.

Fowler, Will. *Reporters: Memoirs of a Young Newspaperman*. Malibu, CA: Roundtable Publishing, Inc., 1991.

Francis, Lee. *Ladies on Call*. Los Angeles: Holloway House Publishing, 1965.

Fried, Albert. *The Rise and Fall of the Jewish Gangster in America*. New York: Columbia University Press, 1993.

Friedrich, Otto. *City of Nets: A Portrait of Hollywood in the 1940s*. New York: Harper & Row, 1986.

Gabler, Neal. *An Empire of Their Own: How the Jews Invented Hollywood*. New York: Crown Publishers, 1988. (*Le Royaume de leurs rêves: la saga des Juifs qui ont fondé Hollywood*. Traduit de l'anglais par Johan-Frédérik Hel Guedj. Paris: Hachette, 2007.)

———. *Winchell*. New York: Alfred A. Knopf, 1994.

Gates, Daryl F. avec la collaboration de Diane K. Shah. *Chief: My Life in the LAPD*. New York: Pantheon Books, 1992.

Giesler, Jerry et Peter Martin. *The Jerry Giesler Story*. New York: Simon & Schuster, 1960.

Goodman, Ezra. *The Fifty-Year Decline and Fall of Hollywood*. New York: Simon & Schuster, 1961.

Goodwin, Betty. *Chasen's: Where Hollywood Dined, Recipes and Memories*. Los Angeles: Angel City Press, 1996.

Gosch, Martin A. et Richard Hammer. *The Last Testament of Lucky Luciano*. Boston: Little, Brown, 1974.

Granlund, Nils T. *Blondes, Brunettes, and Bullets*. New York: David McKay, 1957.

Hanna, David. *Bugsy Siegel: The Man Who Invented Murder Inc*. New York: Belmont Tower Books, 1974.

Hecht, Ben. *A Child of the Century*. New York: Primus, 1954.

Heinmann, Jim. *Sins of the City*. San Francisco: Chronicle Books, 1999.

Henstall, Bruce. *Sunshine and Wealth: Los Angeles in the Twenties and Thirties*. San Francisco: Chronicle Books, 1984.

Hodel, Steve. *Black Dahlia Avenger*. New York: Arcade, 2003. (*L'Affaire du Dahlia noir*. Traduit de l'anglais (États-Unis) par Robert Pépin. Paris: Éditions du Seuil, 2004.)

Hopper, Hedda et James Brough. *The Whole Truth and Nothing But*. Garden City, NY: Doubleday, 1963.

Horne, Gerald. *Class Struggles in Hollywood: 1930 – 1950*. Austin, TX: The University of Texas Press, 2001.

Howard, Jean. *Jean Howard's Hollywood*. New York: Harry Abrams, 1988.

Hull, Warren Robert avec la collaboration de Michael B. Druxman. *Family Secret*. Tucson, AZ: Hats Off Books, 2004.

Jennings, Dean. *We Only Kill Each Other*. Englewood Cliffs, NJ: Prentice-Hall, 1967.

Kagenhoff, Benjamin C. *Dictionary of Jewish Names and Their History*. New York: Schocken Books, 1977.

Kanin, Garson. *Hollywood*. New York: Viking Press, 1974. (*Hollywood, années folles*. Préface de François Chalais; traduit de l'anglais par Michel Lebrun. Paris: Ramsay, 1988.)

Katcher, Leo. *The Big Bankroll: The Life & Times of Arnold Rothstein*. New York: Da Capo Press, 1958.

Katz, Leonard. *Uncle Frank: The Biography of Frank Costello*. New York: Drake, 1973.

Kefauver, Estes. *Crime in America*. Garden City, NY: Doubleday, 1951.

Kelley, Kitty. *His Way: The Unauthorized Biography of Frank Sinatra*. New York: Bantam Books, 1986. (*Frank Sinatra*. Traduit par O. de Broca et al. Montréal: Libre Expression; Presses de la Cité, 1986.)

Lacey, Robert. *Little Man: Meyer Lansky and the Gangster Life*. Boston: Little, Brown, 1991. (*Le Parrain des parrains: Meyer Lansky, ou La Vie d'un gangster*. Traduit de l'anglais par Évelyne Châtelain et Alain Gnaedig. Paris: Payot, 1992.)

Lait, Jack et Lee Mortimer. *U.S.A. Confidential*. New York: Crown Publishers, 1952.

Lambert, Gavin. *Nazimova*. New York: Alfred A. Knopf, 1997.

Lamparski, Richard. *Lamparski's Hidden Hollywood*. New York: Simon and Schuster, 1981.

Leaming, Barbara. *Orson Welles: A Biography*. New York: Viking, 1985. (*Orson Welles*. Traduit de l'anglais par Jean-Pierre Carasso et Bruno Monthureux. Paris: Mazarine, 1986.)

Levinson, Peter J. *Tommy Dorsey: Livin' in a Great Big Way*. Cambridge, MA: Da Capo Press, 2005.

Lewis, Brad. *Hollywood's Celebrity Gangster: The Incredible Life and Times of Mickey Cohen*. New York: Enigma Books, 2007.

Lombard, Rav et Alexander Yochanan. *The Kohen's Handbook*. Jérusalem: Jerusalem Publications, 2005.

Manchester, William. *American Caesar*. New York: Little, Brown, 1978. (*MacArthur: un César américain, 1880-1964*. S.n.t. Paris, Laffont, 1981.)

Mann, William J. *Behind the Screen*. New York: Viking, 2001.

McCoy, Alfred W. *The Politics of Heroin: CIA Complicity in the Global Drug Trade*. Brooklyn: Lawrence Hill Books, 1991. (*La Politique de l'héroïne: l'implication de la CIA dans le trafic de drogues*. Traduit de l'anglais (États-Unis) pour la première édition par Jacques Schmitt et par Régina Langer pour les corrections et les augmentations de la seconde édition. Paris: Éditions du Lézard, 1999. [Édition mise à jour et augmentée].)

McDougal, Dennis. *The Last Mogul: Lew Wasserman, MCA and Hidden Hollywood*. New York: Crown, 1998.

Messick, Hank. *The Beauties and the Beasts: The Mob in Show Business*. New York: David McKay, 1973.

_____. *Lansky*. New York: G.P. Putnam's Sons, 1971.

_____. *The Silent Syndicate*. New York: Macmillan, 1967.

Morella, Joe et Edward Z. Epstein. *Lana: The Public and Private Lives of Miss Turner*. New York: Citadel, 1971.

Muir, Florabel. *Headline Happy*. New York: Holt, Rinehart, Winston, 1951.

Munn, Michael. *The Hollywood Connection*. London: Robson Books, 1993.

Newman, Peter C. *The Bronfman Dynasty: The Rothschilds of the New World*. Toronto: McClelland & Stewart, 1978. (*La Dynastie des Bronfman*. Traduit de l'anglais par Claire Dupond. Montréal: Éditions de l'Homme, 1979.)

Newton, Jim. *Justice for All*. New York: Riverhead Books, 2006.

Niklas, Kurt, avec la collaboration de Larry Cortez Hamm. *The Corner Table*. Los Angeles: Tuxedo Press, 2000.

Otash, Fred. *Investigation Hollywood*. Chicago: H. Regnery, 1976.

Pestos, Spero. *Pin-up: The Tragedy of Betty Grable*. New York: G.P. Putnam's Sons, 1986.

Pitt, Leonard et Dale Pitt. Los Angeles: *A to Z*. Los Angeles: University of California Press, 1997.

Powdermaker, Hortense. *Hollywood, the Dream Factory: An Anthropologist Looks at the Movie Makers*. Boston: Little, Brown, 1950.

Prager, Ted et Larry Craft. *Hoodlums: Los Angeles*. New York: Retail Distributors, 1959.

Prall, Robert H. et Norton Mockridge. *This Is Costello*. New York: Gold Medal Books, 1951.

Pye, Michael. *Moguls: Inside the Business of Show Business*. New York: Holt, Rinehart & Winston, 1979.

Quigley, Martin. *International Motion Picture Almanac*. New York: Quigley Publishing, 1936 – 75.

Rappleye, Charles et Ed Becker. *All-American Mafioso: The Johnny Rosselli Story*. New York: Doubleday, 1991.

Rayner, Richard. *A Bright and Guilty Place*. New York: Doubleday, 2009.

Redston, George, avec la collaboration de Kendall C. Crossen. *The Conspiracy of Death*. Indianapolis, IN: The Bobbs-Merril Company, 1965.

Reid, Ed. *The Grim Reapers*. New York: Bantam Books, 1970.

———. *Mickey Cohen: Mobster*. New York: Pinnacle Books, 1973.

Renay, Liz. *My Face for the World to See*. New York: Lyle Stuart, Inc., 1971. (*Prenez-moi comme je suis*. Adapté de l'américain par Raoul Ploquin. Paris: Éditions de la pensée moderne, 1975.)

Richardson, James H. *For the Life of Me: Memoirs of a City Editor*. New York: G.P. Putnam's Sons, 1954.

Riva, Maria. *Marlene Dietrich*. New York: Alfred A. Knopf, 1993. (*Marlene Dietrich*. Traduit de l'anglais par Anna Gibson, Anouk Neuhoff et Yveline Paume. Paris: Flammarion, 1993.)

Rose, Frank. *The Agency: William Morris and the Hidden History of Show Business*. New York: HarperCollins, 1995.

Rosenstein, Jack. *Hollywood Leg Man*. Los Angeles: Madison Press, 1950.

Rothmiller, Mike et Ivan G. Goldman. *Los Angeles's Secret Police*. New York: Pocket Books, 1992.

Russo, Gus. *Supermob*. New York: Bloomsbury USA, 2006.

Samish, Arthur H. et Bob Thomas. *The Secret Boss of California: The Life and High Times of Art Samish*. New York: Crown, 1971.

Sarlot, Raymond et Fred E. Basten. *Life at the Marmont*. Santa Monica, CA: Roundtable, 1987.

Schulberg, Budd. *Moving Pictures: Memories of a Hollywood Prince.* New York: Stein and Day, 1983.

_____. *What Makes Sammy Run?* New York: Vintage, Random House, 1941. (*Qu'est-ce qui fait courir Sammy?* Traduit de l'américain par Georges Belmont. Paris: Laffont, 1984.)

Server, Lee. *Robert Mitchum: Baby, I Don't Care.* New York: St. Martin's Press, 2001.

Sharp, Katherine. *Mr. and Mrs. Hollywood.* New York: Carroll & Graf, 2003.

Smith, John L. *The Animal in Hollywood.* New York: Barricade Book, 1998.

Starr, Kevin. *Americans and the California Dream: 1850 – 1915.* New York: Oxford University Press, 1973.

_____. *The Dream Endures.* New York: Oxford University Press, 1997.

_____. *Inventing the Dream.* New York: Oxford University Press, 1985.

_____. *Material Dreams.* New York: Oxford University Press, 1990.

Stern, Michael. *No Innocents Abroad.* New York: Viking, 1953.

Stevens, Steve et Craig Lockwood. *King of the Sunset Strip.* Nashville, TN: Cumberland House, 2006.

Stoker, Charles. *Thicker'N Thieves.* Santa Monica, CA: Sidereal, 1951.

Stone, Eric. *The Wrong Side of the Wall.* Guilford, CT: The Lyons Press, 2004.

Stuart, Mark A. *Gangster: The Story of Longie Zwillman.* London: W.H. Allen, 1986.

Summers, Anthony. *The Arrogance of Power.* New York: Penguin, 2000.

_____. *Goddess: The Secret Life of Marilyn Monroe.* New York: Macmillan, 1985. (*Les Vies secrètes de Marilyn Monroe.* Traduit de l'anglais par Denis Authier. Pointe-Claire: Signa, 1993.)

_____. *Official and Confidential: The Secret Life of J. Edgar Hoover.* New York: G.P. Putnam's Sons, 1993. (*Le plus grand salaud d'Amérique: J. E. Hoover, patron du FBI.* Traduit de l'anglais par Roland Vallier. Paris: Éditions du Seuil, 1995.)

Swanson, Gloria. *Swanson on Swanson.* New York: Random House, 1980. (*Swanson par elle-même.* Traduit de l'américain par Frank Straschitz. Paris: Ramsay, 2007.)

Thomas, Bob. *Clown Prince of Hollywood: The Antic Life & Times of Jack L. Warner.* New York: McGraw-Hill, 1990.

_____. *King Cohn: The Life and Times of Harry Cohn.* New York: G.P. Putnam's Sons, 1967.

Tosches, Nick. *Dino: Living High in the Dirty Business of Dreams.* New York: Doubleday, 1992. (*Dino: la belle vie dans la sale industrie du rêve.* Traduit de l'anglais (États-Unis) par Jean Esch. Paris: Rivages, 2003.)

_____. *King of the Jews.* New York: Ecco, 2005. (*Le Roi des Juifs.* Traduit de l'américain par François Lasquin. Paris: Albin Michel, 2006.)

Turkus, Burton et Sid Feder. *Murder, Inc.* New York: Farrar, Strauss & Young, 1951.

Turner, Lana. *Lana: The Lady, the Legend, the Truth.* New York: Dutton, 1982.

Underwood, Agness. *Newspaperwoman.* New York: Harper's and Brothers, 1948.

United States Treasury Department, Bureau of Narcotics. *Mafia: The Government's Secret File on Organized Crime.* New York: Collins, 2007.

Valentine, Douglas. *The Strength of the Wolf: The Secret History of America's War on Drugs.* London: Verso, 2004.

Vaus, Jim et D.C. Haskins. *Why I Quit Syndicated Crime.* Wheaton, IL: Van Kampen Press, 1952.

Vaus, Will. *My Father Was a Gangster.* Washington DC: Believe Books, 2007.

Wanger, Walter. *Beverly Hills: Inside the Golden Ghetto.* New York: Grosset & Dunlap, 1976.

Warner, Jack L., avec la collaboration de Dean Jennings. *My First Hundred Years in Hollywood.* New York: Random House, 1965.

Webb, Jack. *The Badge.* New York: Thunder's Mouth Press, 1958.

Weller, Sheila. *Dancing at Ciro's.* New York: St. Martin's Press, 2003.

Wilkerson III, W.R. *The Man Who Invented Las Vegas.* Beverly Hills, CA: Ciro's Books, 2000.

Winters, Shelley. *Shelley.* New York: Ballantine Books, 1980.

Wolf, George, avec la collaboration de Joseph Di Mona. *Frank Costello: Prime Minister of the Underworld.* New York: Morrow, 1974.

Wolf, Marvin J. et Katherine Mader. *Fallen Angels.* New York: Ballantine Books, 1986.

Wolfe, Donald H. *The Black Dahlia Files.* New York: Ragen Books, 2005.

Wolsey, Serge G. *Call House Madam.* San Francisco, CA: The Martin Tudordale Corp., 1954.

Woon, Basil. *Incredible Land.* New York: Liveright Publishing Corporation, 1933.

Young, Paul. *Los Angeles Exposed.* New York: St. Martin's Press, 2002.

Zevon, Crystal. *I'll Sleep When I'm Dead.* New York: Ecco Press, 2007.

Zion, Sidney. *Loyalty and Betrayal: The Story of the American Mob.* San Francisco, CA: Collins Publishers, 1994.

Sources photographiques

Archives photographiques de la famille Watson : 12, 70, 87, 128, 129, 132, 135, 167, 169, 197, 234 (bas de page), 236.

Collection personnelle de l'auteure : 23 (du dossier du FBI n° 755912), 35, 120 (du dossier du FBI n° 755912), 127, 193.

UCLA Charles E. Young Research Library Department of Special Collections, Los Angeles Times Photographic Archives. © Regents of the University of California, UCLA Library : 30, 32, 78, 95, 111, 139, 164, 184, 221, 273, 275, 277.

Reproduction autorisée par la University of Southern California, pour les USC Specialized Libraries and Archival Collections (Bibliothèques spécialisées et Archives de la USC) : 31, 34, 42, 85, 90, 91, 93, 119, 123, 126, 143, 145, 149, 155, 159, 168, 171, 175, 181, 205, 213, 226, 227, 234 (en haut), 235, 252, 260, 261.

Fonds du *Herald-Examiner*/Los Angeles Public Library : 66, 97, 217, 229, 231.

David Mills/ShutterPoint Photography : 189.

Fonds Ben Hecht, Newberry Library, *New York Herald Tribune*, 6 avril 6, 1957 : 201.

AP Photo : 241 (Henry Griffin), 244, 251 (HPM).

Bill Walker/Los Angeles Public Library : 255.

INDEX